Preparation for the Japanese Language Proficiency Test

「日本語能力試験」対策

にほんごチャレンジ

NIHONGO CHALLENGE

かんじ

Kanji 한자

N4-5

ask PUBLISHING

はじめに

このテキストははじめて漢字を勉強する学習者が楽しみながら、自然に漢字に親しめることを目的に作られました。

「漢字をおもしろく！」が教師たちの合言葉で、最初の110字のテキストができました。その後、日本語能力試験を受ける学生のために旧3級、4級の漢字を網羅した310字のテキストになりました。

本書の出版にあたり、多くの方々に支援していただきました。特にこのテキストを使って楽しみながら漢字を勉強し、意見を言ったり、疑問点をぶつけてくれたりした東京大学大学院工学系研究科社会基盤学専攻日本語教室の学生(彼らの意見や疑問が改良の原動力になりました)、英語をチェックしてくださったマイケル・ハンドフォード先生、何度も足を運んでくださったアスク出版の編集者、水谷さんに心から感謝いたします。

2010年9月
著者一同

Introduction

This book was written to allow new learners of Japanese language to enjoy studying and understanding kanji. “Have fun with kanji” is a phrase developed by us teachers when we made the first 110 kanji text book.

Later we revised the textbook by including all level 3 and 4 kanji of the old Japanese Language Proficiency Test for students who will take the test.

We wish to express our gratitude to Dr. Michael Handford, Ms.Mizutani from ASK Publishing and especially to our students of the Japanese language class of the Department of Civil Engineering, University of Tokyo. They have given us many comments, questions, and suggestions that we utilized to improve this textbook.

머리말

이 교재는 처음 한자를 공부하는 학습자가 즐기면서 자연스럽게 한자에 친숙해질 수 있도록 만들었습니다.

「한자를 재미있게!」라는 표어를 내 걸고, 처음 110자의 텍스트가 나왔습니다. 그 후, 일본어능력시험을 칠 학생을 위하여 구 3급, 4급 한자를 망라한 310자의 텍스트가 되었습니다.

본서의 출판에 있어서 많은 분들의 지원을 얻었습니다. 특히 텍스트를 사용하여 즐기면서 한자를 공부하고, 의견을 말하고 의문점을 터 놓아 준 도쿄대학 대학원 공학계연구과 사회기반학전공 일본어교실의 학생(이 분들의 의견이나 의문점이 개량의 원동력이 되었습니다), 영어를 체크해 주신 마이클 핸드포드 선생님, 몇 번이나 방문해 주신 애스크출판 편집자 미즈타니 씨께 진심으로 감사드립니다.

2010년 9월
저자 일동

Prefácio

Este livro foi elaborado com o intuito de oferecer ao estudante que estuda o kanji pela primeira vez uma maneira divertida e natural de aprendizagem.

¨ Aprender o kanji se divertindo! ¨ era o lema de alguns professores e daí surgiu o primeiro livro com 110 kanjis. Desde então, ele evoluiu para atender estudantes prestando o Exame de Proficiência em Língua Japonesa nos antigos níveis 3 e 4 e cobrir os 310 kanjis do exame.

Muitas pessoas colaboraram na publicação deste livro. Em especial gostaria de agradecer aos estudantes das aulas de japonês do Curso de Engenharia Civil do Departamento de Engenharia da Universidade de Tóquio que contribuíram utilizando este livro para aprender o kanji enquanto se divertiam e oferecendo sugestões e dúvidas, ao professor Michael Handford pela checagem do inglês e à editora da Editora Ask, Sra. Mizutani, pelas frequentes visitas.

Setembro de 2010
Os autores

にほんごチャレンジ N4・N5 かんじ

目　次

Contents of this book ／목차／ Índice

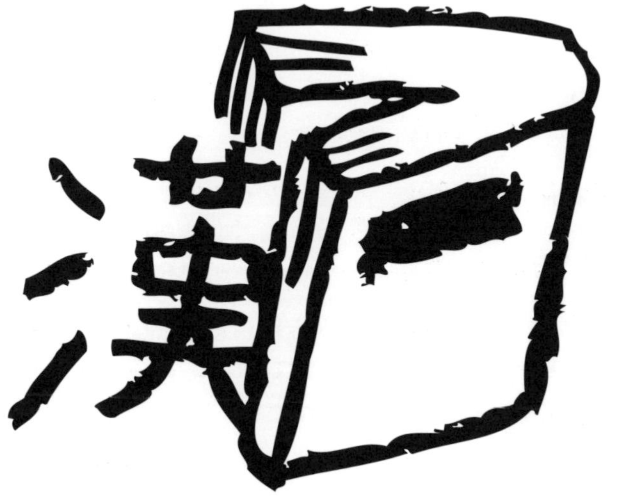

にほんごチャレンジ N4・N5 かんじ ｜ 目次（もくじ）

Contents of this book ／목차／ Índice

この本は1部11課、2部20課からなり（1部は日本語能力試験の旧4級レベル、2部は旧3級レベルの漢字を網羅)、全体で310字を学習できるようになっています。

This book is comprised of Chapter 1, 11 lessons and Chapter 2, (Capter 1 covers all level 4 kanji and Chapter 2 covers all level 3 kanji of the old JLPT test). 20 lessons presenting 310 kanji in all.

이 책은 1부 11과, 2부 20과로 이루어져(1부는 일본어능력시험 구4급 레벨, 2부는 구3급 레벨의 한자를 망라), 전체 310자를 학습할 수 있게 되어 있습니다.

Este livro possibilita o estudo de 310 kanjis no total sendo dividido em Parte Um, com onze capítulos, e Parte Dois, com 20 capítulos (a Parte Um compreende os kanjis do antigo nível 4 e a Parte Dois compreende os kanjis do antigo nível 3 do Exame de Proficiência de Língua Japonesa).

1部／ Part 1 ／1부／ Parte Um

2部（ぶ）／ Part 2 ／ 2부／ Parte Dois

本書の使い方

Ⅰ　各課の使い方

1　フロントページ

各課で勉強する漢字のイメージをつかみます。イラストを見て、タスクなどをしながら漢字の意味を考えます。

2　チャート

①漢字の意味、成り立ち、読み方、書き方、熟語を勉強します。

成り立ちの説明はいろいろな説の中から、学習者に分かりやすく、覚えやすいものを選びました。イラストで表すことにより、漢字に共通の部分があることが一目で分かり、新しい漢字もそのイラストを見たとき、意味が類推できるようになっています。

②音読み、訓読みを覚えます。

音読みは他の漢字と一緒に熟語で、訓読みは送りがなと一緒に覚えることが大切です。

③書き順を見ながら、練習スペースに漢字を書いてみます。

日本語能力試験では漢字を書くことは要求されませんが、読みを覚えるためにも、選択肢の中から正しい漢字を選ぶためにも書く練習は必要です。

④熟語は重要なものから並んでいます。網かけになっているものは覚えましょう。

3　練習（れんしゅう）

漢字の読み方と書き方を練習します。

Ⅱ　3課ごとの復習問題

3課分の漢字を日本語能力試験の4択形式で復習します。

Ⅲ　総合問題

1部と2部の最後にあります。

1部は1～110の110字を使った日本語能力試験形式の問題、2部は主に111～310の200字を使った日本語能力試験形式の問題です。

最後に、注意書きや広告、ちらしなどに用いられる漢字の読みや書きを選ぶ問題があり、日常生活を送る上で必要な漢字を学習することができます。

Ⅳ　解答

3課ごとの復習問題、総合問題の解答は巻末の解答をご覧下さい。

Ⅴ　漢字カード

アスク出版のホームページ（にほんごアスク.jp）に本書310字のカードを作ることができるページがあります。

課と漢字の番号が書いてあります。

【チャートの見方】

①45

学②

べんきょうする③
study
공부하다
estudar

④學

⑤

⑥

⑦(8)

⑧まなーぶ
・
ガク / ガッー
⑨

⑩
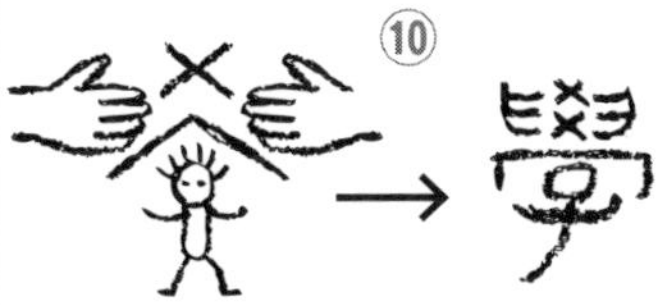

⑪
㓁(やねの　うえの　ふたつの　て) + 子(こども)
→先生(せんせい)と　子(こ)どもが　手(て)を　とりあってする
→べんきょうする
㓁 two hands on the roof + 子 children→teachers and children do something hand in hand→to study
㓁 (지붕 위의 두 손) + 子 (아이) →선생과 아이가 손을 맞잡고 있다 →공부하다
㓁 duas mãos sobre o telhado + 子 criança →professor e criança de mãos dadas→estudar

⑫

学生	がく せい	student	학생	estudante
大[8]学	だい がく	university	대학	universidade
科(か)学	かがく	science	과학	ciência
留(りゅう)学する	りゅうがくする	to study abroad	유학하다	estudar no exterior

大→Lesson 8

①漢字の通し番号
②漢字
③漢字の意味
④旧字
⑤書き順
⑥練習スペース
⑦画数
⑧訓読み（ひらがなで表記。ハイフンの後のひらがなは送り仮名）
⑨音読み（カタカナで表記。ガク / ガッー：斜線の後の読みは読み替え）
⑩漢字の成り立ちのイラスト
⑪イラストの説明
⑫熟語
例１　学生：１部の網かけはＮ５レベル、２部の網かけはＮ４レベル
例２　大[8]学：漢字右肩の小さい数字はこれから勉強するLessonの番号
漢字110までは１部のLessonの番号、漢字111以降は２部のLessonの番号
例３　科(か)学：ふりがなのある漢字は１部に出てこない漢字
漢字111以降は本書に出てこない漢字
⑬*特別な読み方
例　今日　*きょう　today

今	いま	now
今月	こん げつ	this month
今年	こ と し	this year
今日	⑬ *きょう	today

How to use this book

Ⅰ EACH LESSON

1 FRONT PAGE

On this page you can view the kanji you will learn in this lesson.

2 CHART

①You will study the meaning, On and Kun readings, compound words including this kanji, and how the kanji is created.
We selected the explanation that is intelligible and easy to memorize for students out of various opinions about how the kanji is created. With the help of illustrations, students can guess the meaning of new kanji when they look at some parts of kanji that they already know.

②On-reading, please memorize it as a compound word or words.
Kun- reading, please memorize it together with okurigana.

③Write the kanji character in a practice space, looking carefully at the stroke order. It is important to practice writing kanji in order to memorize the reading and choose the correct one from among alternatives in the JLPT test, although it is not required to write the kanji for the test.

④Compound words are given in order of importance, words in shaded words should be memorized.

3 PRACTICE

Practice writing kanji and writing the meaning of kanji in hiragana.

Ⅱ REVIEW EXERCISE EVERY 3 LESSONS

Try the JLPT test type multiple-choice questions.

Ⅲ COMPREHENSIVE EXERCISE

Chapter 1, 110 kanji, JLPT test type multiple-choice questions.
Chapter 2, 200 kanji # 110~310JLPT test type multiple-choice questions.
Also there are questions about kanji using illustrations of scenes from everyday life.

Ⅳ ANSWERS

Answers for Review exercises and Comprehensive exercises are given in the back of the book.

Ⅴ Kanji Cards

On the Ask Publishing website, we have pages for Kanji Cards.
310 Kanji Cards are provided withe the Kanji number and lesson number.

【チャートの見方】

① 45 学 ②	べんきょうする ③ study 공부하다 estudar ④ 學	⑤  ⑥ (space for practice) ⑦ (8)
⑧ まなーぶ ・ ガク / ガッー ⑨	⑩ 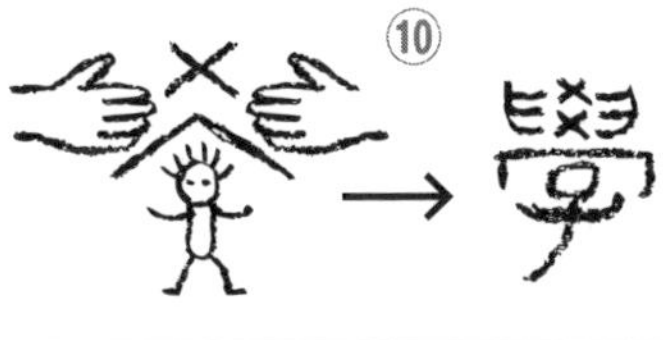	⑪ 𦥯(やねの　うえの　ふたつの　て)＋子(こども) →先生(せんせい)と　子(こ)どもが　手(て)を　とりあってする →べんきょうする 𦥯 two hands on the roof ＋ 子 children→teachers and children do something hand in hand→to study 𦥯 (지붕 위의 두 손) ＋ 子 (아이) →선생과 아이가 손을 맞잡고 있다 →공부하다 𦥯 duas mãos sobre o telhado ＋ 子 criança →professor e criança de mãos dadas→estudar

⑫

学生	がく せい	student	학생	estudante
大⁸学	だい がく	university	대학	universidade
科(か)学	かがく	science	과학	ciência
留(りゅう)学する	りゅうがくする	to study abroad	유학하다	estudar no exterior

大→Lesson 8

①Serial number
②The kanji
③Meanings
④Old form of the kanji
⑤Stroke order
⑥Space for practice
⑦Number of strokes
⑧Kun-reading in hiragana (hiragana following a hyphen are okurigana)
⑨On-reading in katakana（ガク / ガッー：readings following diagonal are alternative readings）
⑩Illustration to show how the kanji is created
⑪Explanation for the illustration
⑫Compound words with the kanji

Ex.1　学生：Shaded word in chapter 1→level N5
Shaded word in chapter 2→level N4

例2　大^{8}学：Small number on the right shoulder indicates the lesson number the kanji appears in chapter 1. (up to serial number 110)
Small number on the right shoulder indicates the lesson number the kanji appears in chapter 2. (serial number 111-310)

例3　科(か)学：Kanji with hiragana don't appear in chapter 1(up to serial number 110)
Kanji with hiragana don't appear in this book (serial number 111-310)

⑬*Special readings

Ex.　今日　*きょう　today

今	いま	now
今月	こん げつ	this month
今年	こ と し	this year
今日	⑬ *きょう	today

본서의 사용법

Ⅰ 각 과의 사용법

1 프론트 페이지

각 과에서 공부할 한자의 이미지를 파악할 수 있습니다. 삽화를 보고 과제를 하면서 한자의 의미를 생각합니다.

2 차트

①한자의 의미, 성립, 읽는 법, 쓰는 법, 숙어를 공부합니다.
성립에 관한 설명은 여러 설 가운데에서 학습자가 알기 쉽게 익히기 쉬운 것을 선택하였습니다. 삽화로 나타냄으로써 한자에 공통된 부분이 있음을 한 눈에 이해하고, 새로운 한자도 삽화를 보고 의미를 유추할 수 있도록 하였습니다.

②음독, 훈독을 익힙니다.
음독은 다른 한자와 같이 숙어로, 훈독은 오쿠리가나와 같이 익히는 것이 중요합니다.

③필순을 보면서 연습 공간에 한자를 써 봅니다.
일본어능력시험에서는 한자 쓰기는 요구하지 않지만, 읽기를 익히고 선택지 중에서 바른 한자를 고르기 위해서라도 쓰는 연습은 필요합니다.

④숙어는 중요한 것부터 나와 있습니다. 음영 부분은 외우도록 합시다.

3 연습

한자 읽는 법과 쓰는 법을 연습합니다.

Ⅱ 세 과마다 나오는 복습문제

세 과 분의 한자를 일본어능력시험 4지선택 형식으로 복습합니다.

Ⅲ 종합문제

1부와 2부 마지막에 있습니다.
1부는 1~110의 110자를 사용한 일본어능력시험 형식의 문제,
2부는 주로 111~310의 200자를 사용한 일본어능력시험 형식의 문제입니다.
마지막으로 주의 사항이나 광고, 전단지 등에 쓰이는 한자의 읽기와 쓰기를 고르는 문제가 있어서, 일상 생활에 필요한 한자를 학습할 수 있습니다.

Ⅳ 해답

세 과 마다 나오는 복습문제와 종합문제의 답은 권말의 해답을 보십시오.

Ⅴ 한자 카드

아스크출판 홈페이지에 본서 310자의 카드를 만들 수 있는 페이지가 있습니다. 각 과와 한자 번호가 적혀 있습니다.

【차트 보는 법】

①45

②学

③べんきょうする
study
공부하다
estudar

④學

⑤丶 丷 ⺍ 𭕄 ⺍ 学 学 学

⑥

⑦(8)

⑧まな－ぶ
・
⑨ガク / ガッ－

⑩
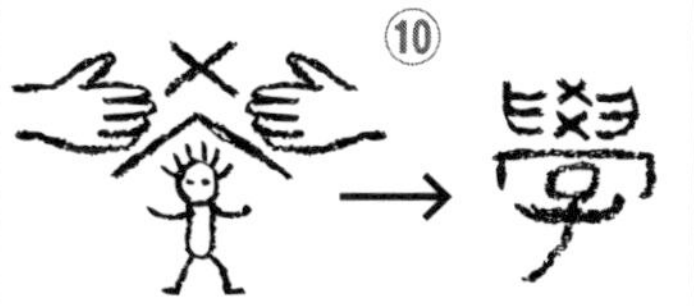

⑪ 𦥯(やねの うえの ふたつの て) + 子(こども)
→先生(せんせい)と 子(こ)どもが 手(て)を とりあってする
→べんきょうする
𦥯 two hands on the roof + 子 children→teachers and children do something hand in hand→to study
𦥯 (지붕 위의 두 손) + 子 (아이) →선생과 아이가 손을 맞잡고 있다
→공부하다
𦥯 duas mãos sobre o telhado + 子 criança
→professor e criança de mãos dadas→estudar

⑫

学生	がく せい	student	학생	estudante
大[8]学	だい がく	university	대학	universidade
科(か)学	かがく	science	과학	ciência
留(りゅう)学する	りゅうがくする	to study abroad	유학하다	estudar no exterior

大→Lesson 8

①한자 일련 번호
②한자
③한자의 의미
④옛형
⑤필순
⑥연습 공간
⑦획수
⑧훈독(히라가나로 표기. 하이픈 뒤의 히라가나는 오쿠리가나)
⑨음독(가타카나로 표기. ガク / ガッ－ : 사선 뒤는 또 다른 읽기)
⑩한자 성립의 그림
⑪일러스트의 설명
⑫숙어

例1 学生 : 1부의 음영은 N5 레벨, 2부의 음영은 N4 레벨
例2 大[8]学 : 한자 오른 쪽 위의 작은 숫자는 앞으로 학습할 과.
한자 110까지는 1부의 과 번호. 한자 111 이후는 2부의 과 번호.
例3 科(か)学 : 읽기를 달아 놓은 것은 1부에 나오지 않는 한자
한자 111 이후는 본서에 나오지 않는 한자

⑬*특별한 읽기

例 今日 *きょう 오늘

今	いま
今月	こん げつ
今年	こ と し
今日	⑬*きょう

Como usar este livro

I Como usar cada seção

1 Página Inicial

Ajuda a você assimilar a imagem dos kanjis estudados em cada capítulo. Você estuda os significados dos kanjis vendo as ilustrações e resolvendo exercícios.

2 Diagrama

①Você estuda o significado, a formação, a leitura, a escrita e as palavras compostas dos kanjis.

②Você aprende as leituras on e kun.
É importante aprender a leitura on em palavras compostas com outros kanjis e a leitura kun com o okurigana.

③Você escreve os kanjis vendo a ordem de escrita e exercitando nos espaços para exercício.
O Exame de Proficiência de Língua Japonesa não exige a escrita dos kanjis, mas para se aprender o kanji e escolher o kanji correto entre múltiplas escolhas é necessário exercitar a escrita.

④Palavras compostas estão em ordem de importância. Não deixar de aprender as palavras sombreadas.

3 Exercícios

Exercícios de leitura e escrita de kanjis.

II Exercícios de revisão a cada três capítulos

Revisão para o Exame de Proficiência de Língua Japonesa incluindo kanjis de três capítulos com exercícios de múltipla escolha.

III Exercícios Gerais

Localizado no final da Parte Um e Parte Dois.
A Parte Um traz exercícios do Exame de Proficiência de Língua Japonesa utilizando 110 kanjis, de 1 a 110, e a Parte Dois traz exercícios do Exame de Proficiência de Língua Japonesa utilizando 200 kanjis, de 111 a 200.

IV Respostas

Veja as respostas no final do livro dos Exercícios de Revisão a cada três capítulos e dos Exercícios Gerais.

V Cartão de kanji

Através do website da Editora Ask você pode fazer cartões de kanji com os 310 kanjis deste livro. Nele constam o capítulo e o número do kanji.

【Como ver o diagrama】

45 ① 学 ②	べんきょうする ③ study 공부하다 estudar ④ 學	⑤  ⑥ ⑪ ⑦ (8)
⑧ まな－ぶ ・ ガク / ガッ－ ⑨	⑩ 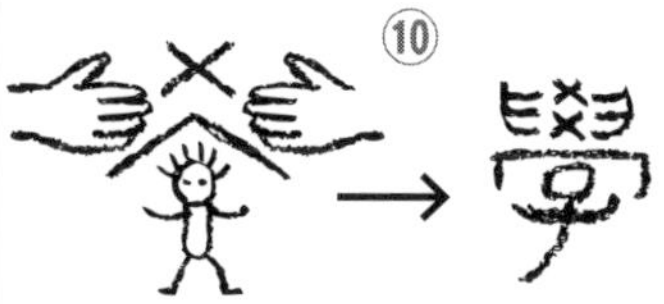	𦥑 (やねの　うえの　ふたつの　て) + 子 (こども) →先生(せんせい)と　子(こ)どもが　手(て)を　とりあってする →べんきょうする 𦥑 two hands on the roof + 子 children→teachers and children do something hand in hand→to study 𦥑 (지붕 위의 두 손) + 子 (아이) →선생과 아이가 손을 맞잡고 있다 →공부하다 𦥑 duas mãos sobre o telhado + 子 criança →professor e criança de mãos dadas→estudar

⑫

学生	がく せい	student	학생	estudante
大[8]学	だい がく	university	대학	universidade
科(か)学	かがく	science	과학	ciência
留(りゅう)学する	りゅうがくする	to study abroad	유학하다	estudar no exterior

大→Lesson 8

① Número do kanji
② Kanji
③ Significado do kanji
④ Figura com a formação do kanji
⑤ Kanji antigo
⑥ Ordem de escrita
⑦ Espaço para exercício
⑧ Número de traços
⑨ Leitura Kun (Escrito em hiragana. Hiragana depois do hífen é okurigana.)
⑩ Leitura On (Escrito em katakana. Gaku/Gak-: mudar a leitura depois da barra.)
⑪ Explicação da figura
⑫ Composto

Exemplo 1　学生：Parte Um - nível 5, Parte Dois - nível 4

Exemplo 2　大[8]学：O número na parte direita indica o capítulo a ser estudado
Kanjis até 110 tem número de capítulo da Parte Um, kanjis a partir de 111 tem número de capítulo da Parte Dois

Exemplo 3　科(か)学：Kanjis com furigana são kanjis que não aparecem na Parte Um
Kanjis a partir de 111 não aparecem neste livro

⑬ * Leitura especial

例　今日　＊きょう　hoje

今	いま	agora
今月	こん げつ	este mês
今年	こ と し	este ano
今日	⑬ ＊きょう	hoje

漢字について

1．漢字の歴史

漢字は今から3000年以上前、中国の殷(いん)王朝時代にできました。その時代の王や王妃の墓から亀の甲羅や動物の骨に書かれた漢字がみつかりました。

古い時代の漢字は象形文字が多く、その当時の生活、特に宗教的儀式と深い関係がありました。その後、長い時代を経てたくさんの漢字が作られました。今ではおよそ50000の漢字があるといわれますが、日本の学校教育で扱われるのは約2000字です。

2．漢字の種類

漢字には四つの種類があります。

①象形文字　絵からできた漢字（山 川 雨 馬）
②指事文字　印や記号からできた漢字（上 下 一 三）
③会意文字　象形文字と他の漢字の組み合わせで作られた漢字（林 男 明）
④形声文字　発音を表す部分と意味をあらわす部分を合わせて作られた漢字（時 持）
漢字の３分の２以上が形声文字だといわれています。

漢字を組み合わせて多くの漢字ができているので、最初の300字を勉強すると後の学習はやさしくなります。

3．日本の漢字の読み方

日本の漢字は１つの漢字に音読みと訓読みという異なる読み方があります。

音読み――漢字が日本へ伝えられた時の中国の発音をもとにした読み方
訓読み――漢字が持つ意味の日本語をその漢字の読み方にあてはめたもの

4．漢字の書き方

漢字を書くときには基本的なルールがあります。

1．横の線は左から右へ

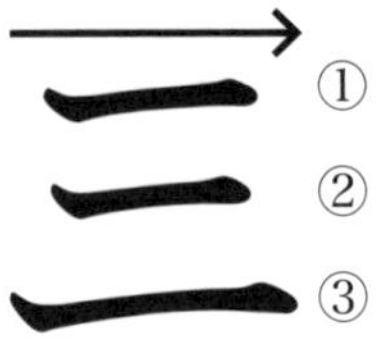

2．縦の線は上から下へ

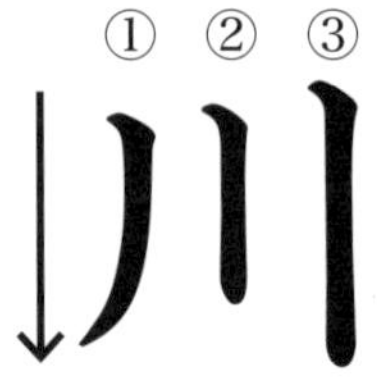

3．四角の書き方

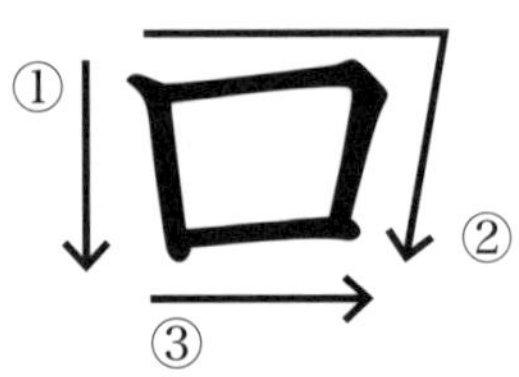

4．止め方の三つの種類

1）とめ　stop

2）はね　hook

3）はらい　stretch

Introduction (kanji characters)

1. History

The oldest form of kanji originated more than 3000 years ago in the period of Yin Dynasty, in ancient China. The tortoise shell and animal bones on which the kanji were written were found in the royal tomb. Most of the kanji in this age were pictographs and were deeply related to religious ceremonies.

It is said that there are more than 50,000 kanji characters but only about 2000 kanji characters are taught in the Japanese school education system.

2. Categories

Kanji can be classified into four main categories.

①Pictographic characters: originated from the pictures of objects.（ex.山 川 馬 雨）

②Indicative kanji: made of points and lines to indicate abstract ideas.（ex.一 三 上 下）

③Compound kanji: composed by combining pictographic kanji and other types of kanji.（ex.林 男 明）

④Phonetic - ideographic kanji: formed by combining phonetic and ideographic elements.（ex.時 持）More than two thirds of the kanji characters belong to this category.

Most kanji are formed by combining kanji characters. Learning the first 300 kanji thoroughly will help make it easier to study the other kanji characters.

3. On－readings and Kun－readings

Generally Japanese kanji has two readings; On－reading and the Kun－ reading.

On－readings; these are based on the Chinese pronunciation when they were introduced in Japan

Kun－readings; these are based on the pronunciation of the Japanese word whose meaning was close to that of the kanji character.

4. How to write kanji strokes

There are some rules for writing kanji.

1. Draw horizontal lines from left to right

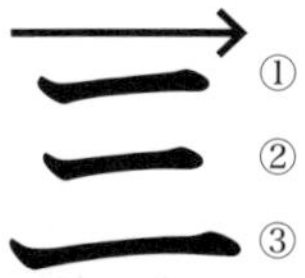

2. Draw vertical lines from top to the bottom

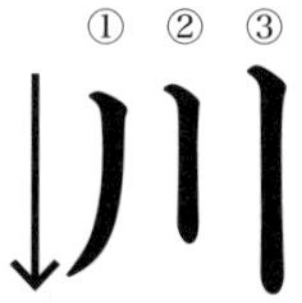

3. How to draw a square

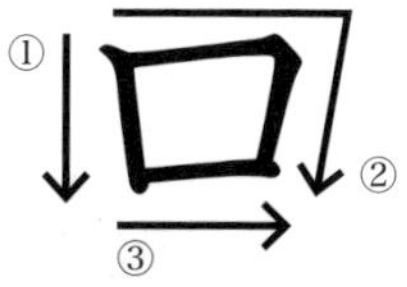

5. Stroke ending; there are three basic ways to end a stroke.

stop

hook

stretch

한자에 대하여

1. 한자의 역사

한자는 지금으로부터 3000년 이상 전, 중국의 은왕조 때에 생겼습니다. 그 시대의 왕과 왕비의 무덤에서 거북의 등이나 동물 뼈에 새긴 한자가 발견되었습니다.

옛 시대의 한자는 상형문자가 많고, 그 당시의 생활, 특히 종교적 의식과 깊은 관계가 있었습니다. 그 후 오랜 세월을 거쳐 많은 한자가 만들어졌습니다. 현재 약 50000 개의 한자가 있다고 하는데, 일본의 학교 교육에서 취급되는 것은 약 2천 자입니다.

2. 한자의 종류

한자에는 네 종류가 있습니다.

①상형문자 : 그림에서 생긴 한자（山 川 雨 馬）

②지사문자 : 점이나 선 등의 기호에서 생긴 한자（上 下 一 三）

③회의문자 : 상형문자와 다른 한자의 조합으로 만들어진 한자（林 男 明）

④형성문자 : 발음을 나타내는 부분과 의미를 나타내는 부분을 결합하여 만들어진 한자 (時 持). 한자의 3분의 2 이상이 형성문자라고 한다.

3. 일본 한자 읽기

일본 한자는 하나의 한자에 음독과 훈독이라는 다른 읽기가 있습니다.

음독——한자가 일본에 전해진 때의 중국어 발음에 의거한 읽기

훈독——한자가 가지는 의미의 일본어를 그 한자에 부합시켜 읽는 것

4. 한자 쓰는 법

한자를 쓸 때에는 기본적인 규칙이 있습니다.

1. 가로획은 왼쪽에서 오른쪽으로　2. 세로획은 위에서 아래로　3. 네모진 몸 쓰는 법

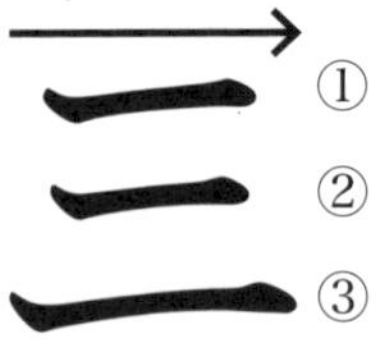

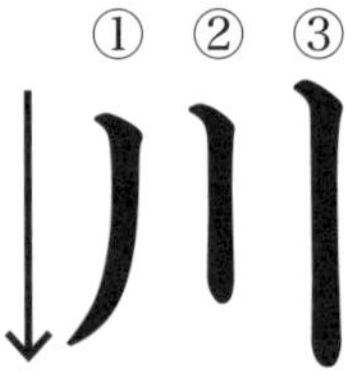

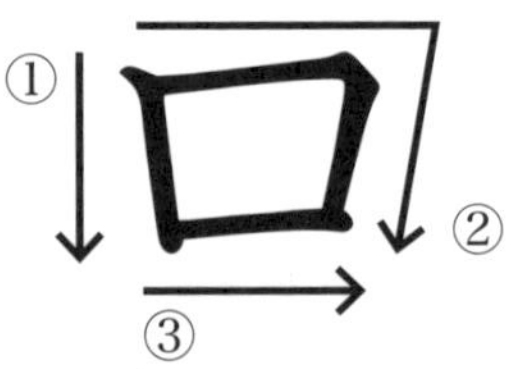

4. 멈춤의 3종류（止め方の3つの種類）

1）내려 긋기　2）갈고리　3）파임

Sobre o Kanji

1. A história do kanji

O kanji foi inventado na era da dinastia Yin da China há mais de 3.000 anos atrás. Foram encontrados cascos de tartaruga e ossos de animais inscritos de kanjis em túmulos de reis e rainhas dessa era.

Os kanjis antigos eram na maioria hieróglifos e extremamente ligados à forma de vida da época, em especial a cerimônias religiosas. A partir daí, muitos kanjis foram inventados ao longo do tempo. Atualmente existem cerca de 5.0000 kanjis, mas o sistema educacional japonês utiliza apenas 2.000 deles.

2. Tipos de kanjis

Existem quatro tipos de kanjis.

①HieróglifosKanjis derivados de figuras（山 川 雨 馬）

②Caracteres abstratos Kanjis derivados de símbolos e sinais（上 下 一 三）

③Ideograma Kanjis derivados da combinação de hieróglifos e outros kanjis（林 男 明）

④Morfosonoros Kanjis derivados da combinação de partes representando sons e partes representando idéias（時 持）Acredita-se que mais de dois terços dos kanjis sejam morfosonoros.

Há muitos kanjis derivados da combinação de outros kanjis, por isso estudar os primeiros 300 kanjis facilita a aprendizagem depois.

3. A leitura dos kanjis japoneses

O kanji japonês possui diferentes leituras tal que um kanji tem a leitura on e a leitura kun.

Leitura On Leitura baseada na pronúncia chinesa do kanji na época que foi transmitido ao Japão

Leitura Kun Leitura adaptada do kanji ao significado do mesmo em japonês

4. Modo de escrever o kanji

Existem regras básicas para a escrita do kanji.

1. Linha horizontal da esquerda para a direita

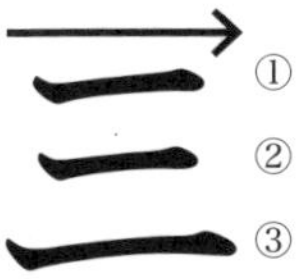

2. Linha vertical de cima para baixo

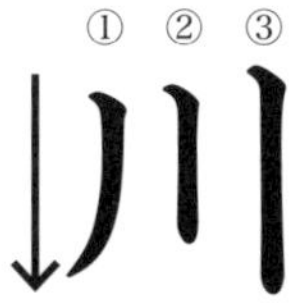

3. Escrita em quadrado

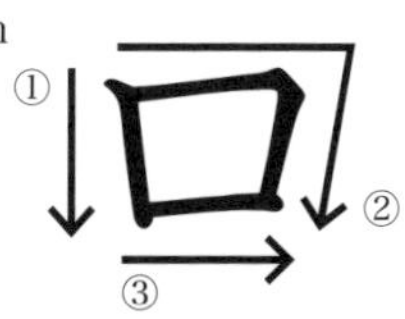

4. Os três tipos de finalização

1. parado

2. gancho

3. alongado

Part 1

かんじ 110

Lesson 1
⋮
Lesson 11
&
コラム
そうごうれんしゅう

Lesson 1 絵(え)からできた漢字(かんじ)1

Kanji made from pictures 1　그림으로 만들어진 한자 1　Kanjis Derivados de Figuras 1

山　川　田　日　月　火　水　木　金　土

漢字(かんじ)は　はじめ　人々(ひとびと)の　まわりに　あるものを　描(えが)くことから　つくられました。

In the beginning kanji characters were created by drawing objects surrounding people.
한자는 처음에 주변에 있는 것을 그림으로 나타내면서부터 만들어졌습니다
No início, os kanjis foram criados a partir de figuras das coisas que existiam ao redor das pessoas.

上(うえ)の　絵(え)を　見(み)て　漢字(かんじ)の　意味(いみ)を　考(かんが)えましょう。

Choose the meaning of the kanji by looking at the illustration above.
위의 그림을 보고 한자의 의미를 생각해 봅시다.
Veja a ilustração acima e adivinhe o significado do kanji.

1 山 やま　　　6 火 ひ
2 川 かわ　　　7 水 みず
3 田 た　　　8 木 き
4 日 ひ　　　9 金 きん
5 月 つき　　　10 土 つち

やま moutain 산 montanha／みず water 물 água／つち soil 흙 terra／かわ river 강 rio／つき moon 달 Lua／き tree 나무 árvore／きん gold 금 ouro／ひ fire 불 fogo／ひ sun 해 Sol／た rice field 논 arrozal

1 山

やま mountain
산
montanha

(3)

やま・サン

やまの　え
picture of mountains
산의 그림
figura de montanhas

山	やま	mountain	산	montanha
ふじ山	ふじ さん	Mt.Fuji	후지산	Monte Fuji
登山 (と)	と ざん	climbing	등산	escalada de montanha

2 川

かわ river
강
rio

(3)

かわ・セン

かわの　え
picture of a running river
강의 그림
figura de um rio

川	かわ	river	강	rio
山川さん	やま かわ さん	Mr./Ms Yamakawa	야마카와 씨	Senhor(a) Yamagawa
インダス川	インダス がわ	the Indus River	인더스강	Rio Indo

3 田

た rice field
논
arrozal

(5)

た・デン

たの　え
picture of a rice field
논의 그림
figura de um arrozal

田	た んぼ	rice field	논	arrozal
山田さん	やま だ さん	Mr./Ms Yamada	야마다 씨	Senhor (a) Yamada
水田	すい でん	rice field	수전	arrozal
油田 (ゆ)	ゆ でん	oil field	유전	campo de petróleo

4

日

ひ sun / 해 / Sol
ひ day / 날 / dia

日 日 日 日 日 日 (4)

ひ／び・ニチ／ニ ジツ

たいようと こくてんの え
picture of the sun with a sunspot
태양과 흑점의 그림
figura do Sol e uma mancha solar

日	ひ	the sun	해	Sol
日曜(よう)日	にち よう び	Sunday	일요일	domingo
日本[5]	に ほん	Japan	일본	Japão
休[10]日	きゅう じつ	holiday	휴일	feriado

本→Lesson 5 休→Lesson 10

5

月

つき moon / 달 / Lua
つき month / 월 / mês

月 月 月 月 月 月 (4)

つき・ゲツ －ガツ

つきと くもの え
picture of the moon with clouds
달과 구름의 그림
figura da Lua com nuvens

月	つき	the moon	월	Lua
月曜(よう)日	げつ よう び	Monday	월요일	segunda-feira
1月	いち がつ	January	1월	janeiro
今[11]月	こん げつ	this month	이번 달	este mês

今→Lesson 11

6

火

ひ fire / 불 / fogo

火 火 火 火 火 火 (4)

ひ・カ

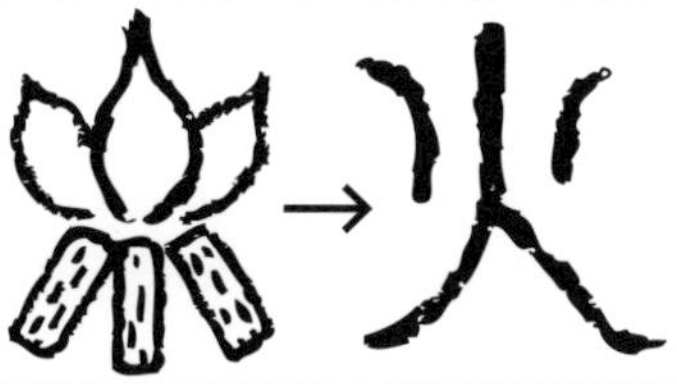

もえている ひの え
picture of burning fire
타고 있는 불의 그림
desenho de fogo flamejante

火	ひ	fire	불	fogo
火曜(よう)日	か よう び	Tuesday	화요일	terça-feira
火山	か ざん	volcano	화산	vulcão
火事(じ)	か じ	fire	화재	incêndio

7 水	みず water 물 água	丨 ｺ 才 水
		水 水 水 水 水 水 (4)
みず・スイ	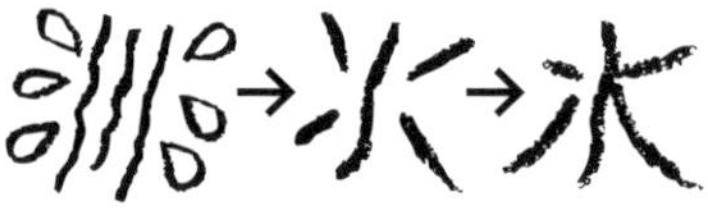	はねている　みずの　え picture of water splashing 물이 튀는 그림 figura de água espirrando

水	みず	water	물	água
水曜日 (よう)	すい よう び	Wednesday	수요일	quarta-feira
水田	すい でん	rice field	수전	arrozal
水道[10]	すい どう	waterworks	수도	encanamento de água

道→Lesson 10

8 木	き tree 나무 árvore	一 十 才 木
		木 木 木 木 木 木 (4)
き・モク	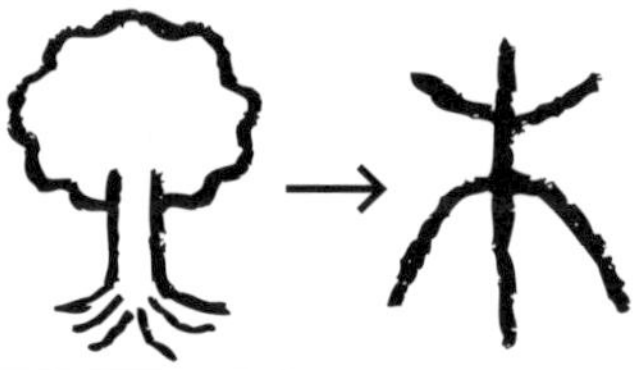	ねが　ついた　きの　え picture of a tree with root 뿌리가 붙은 나무 그림 figura de árvore com raízes

木	き	tree	나무	árvore
木曜日 (よう)	もく よう び	Thursday	목요일	quinta-feira

9 金	きん gold 금 ouro かね money 돈 dinheiro	ノ 八 亼 亼 全 余 余 金
		金 金 金 金 金 金 (8)
かね・キン		こうざんの　きんの　え picture of gold in the mine 광산의 금의 그림 figura de ouro em mina

お金	お かね	money	돈	dinheiro
金	きん	gold	금	ouro
金曜日 (よう)	きん よう び	Friday	금요일	sexta-feira

10 土	つち soil 흙 terra	一 十 土 土 土 土 土 土 土 (3)
つち ・ ド/ト		もりあげた　つちの　え picture of heaped up soil 쌓아 올린 흙의 그림 figura de terra amontoada

土	つち	soil, earth	흙	terra
土曜(よう)日	どようび	Saturday	토요일	sábado
土地(ち)	とち	land	토지	terreno

練習(れんしゅう) 1: 漢字(かんじ)の　読(よ)み方(かた)を　書(か)きましょう。

PRACTICE : Write the meanings of the following kanji in hiragana;
연습 : 한자 읽는 음을 히라가나로 써 봅시다 .
Exercício : escreva a leitura dos kanjis.

1. 山　やま
2. 川　かわ
3. 田　た
4. 日　ひ/び
5. 月　つき
6. 火　ひ
7. 水　みず
8. 木　き
9. お金　おかね
10. 土　つち

11. 日曜(よう)日、ともだちと　ふじ山へ　いきます。
にちようび、ともだちと、ふじさんへ いきます。

12. がっこうは　月曜(よう)日から　金曜(よう)日までです。
がっこうは げつようびからきんようびまでです。

13. 土曜(よう)日、山田さんの　うちへ　あそびに　いきます。
とようび、やまださんのうちへあそびにいきます。

14. アマゾン川は　せかいで　いちばん　ながいです。
アマゾンがわは せかいで いちばん ながいです。

15. 水曜(よう)日、テニスを　します。
すいようび、テニスをします。

練習2：下の□に漢字を書きましょう。

(れんしゅう　した　かんじ　か)

1. やま
[山]
mountain
산
montanha

2. かわ
[川]
river
강
rio

3. た
[田]
rice field
논
arrozal

4. ひ
[日]
the sun
해
Sol

5. つき
[月]
the moon
달
Lua

6. ひ
[火]
fire
불
fogo

7. みず
[水]
water
물
água

8. き
[木]
tree
나무
árvore

9. かね
お[金]
money
돈
dinheiro

10. つち
[土]
soil
흙
terra

11. がつ
1[月]
January
1월
janeiro

12. にち　び
[日]よう[日]
Sunday
일요일
domingo

13. げつ　び
[月]よう[日]
Monday
월요일
segunda-feira

14. か　び
[火]よう[日]
Tuesday
화요일
terça-feira

15. すい　び
[水]よう[日]
Wednesday
수요일
quarta-feira

16. もく　び
[木]よう[日]
Thursday
목요일
quinta-feira

17. きん　び
[金]よう[日]
Friday
금요일
sexta-feira

18. ど　び
[土]よう[日]
Saturday
토요일
sábado

Lesson 2 数字（すうじ）

Numbers 숫자 **Números**

一 二 三 四 五 六 七 八 九 十

絵（え）を 見（み）て 数（かず）を あらわす 漢字（かんじ）を 選（えら）びましょう。

Choose a kanji from the box below which expresses the number.
그림을 보고 수를 나타내는 한자를 골라 봅시다 .
Veja a ilustração e escolha o kanji que representa cada número.

1 Ex. （ 一 ） one ／일／ um(a)
いち

2 （ 二 ） two ／이／ dois/duas
に

3 （ 三 ） three ／삼／ três
さん

4 （ 四 ） four ／사／ quatro
よん・し

5 （ 五 ） five ／오／ cinco
ご

6 （ 六 ） six ／육／ seis
ろく

7 （ 七 ） seven ／칠／ sete
なな・しち

8 （ 八 ） eight ／팔／ oito
はち

9 （ 九 ） nine ／구／ nove
きゅう

10 （ 十 ） ten ／십／ dez
じゅう

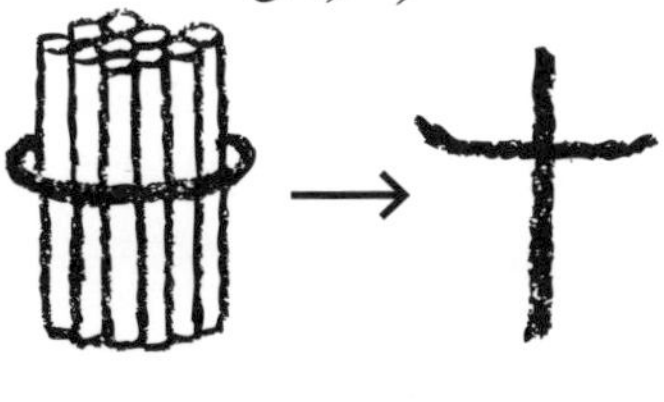

五	三	六	一 (Ex)	四	八	十	二	七	九

11

一

いち one
일
um(a)

一

一 一 一 一 一 一 (1)

ひとーつ
・
イチ / イッー

いっぽんの　ゆび
picture of a finger
한 손가락
um dedo

一つ	ひと つ	one (thing)	하나	um/uma unidade
一月	いち がつ	January	1월	janeiro
一日	*ついたち	the 1st day of a month	1일	dia primeiro
一日	いち にち	one day	하루	um dia

12

二

に two
이
dois/duas

一 二

二 二 二 二 二 二 (2)

ふたーつ
・
ニ

にほんの　ゆび
picture of two fingers
두 손가락
dois dedos

二つ	ふた つ	two (things)	둘	dois/duas unidades
二月	に がつ	February	2월	fevereiro
二日	ふつ か	the 2nd day of a month	2일	dia dois
二人[4]	ふたり	two people	두 사람	duas pessoas

人→Lesson 4

13

三

さん three
삼
três

一 二 三

三 三 三 三 三 三 (3)

みっーつ
・
サン

さんぼんの　ゆび
picture of three fingers
세 손가락
três dedos

三つ	みっ つ	three (things)	셋	três/três unidades
三月	さん がつ	March	3월	março
三日	みっ か	the 3rd day of a month	3일	dia três
三角(かく)	さん かく	triangle	삼각	triângulo

14 四	よん four 사 quatro	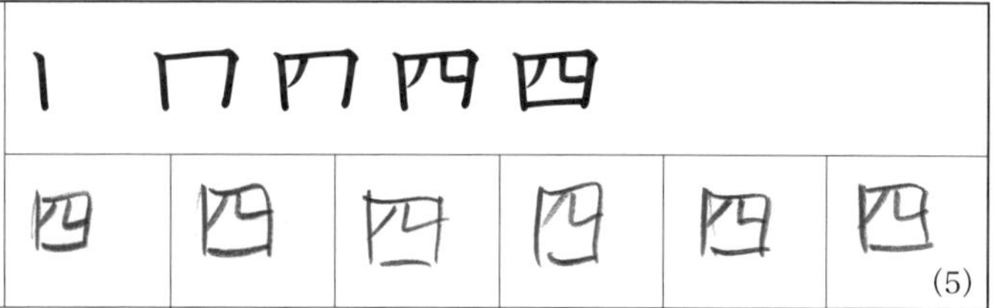 (5)
よっ－つ よん / よ ・ シ		にぎった 手(て)の よんほんの ゆび picture of the four fingers of a fist 주먹쥔 손의 네 손가락 figura de quatro dedos em punho fechado

四	よん	four	사	quatro
四つ	よっ つ	four (things)	넷	quatro/quatro unidades
四月	し がつ	April	4월	abril
四日	よっ か	the 4th day of a month	4일	dia quatro

15 五	ご five 오 cinco	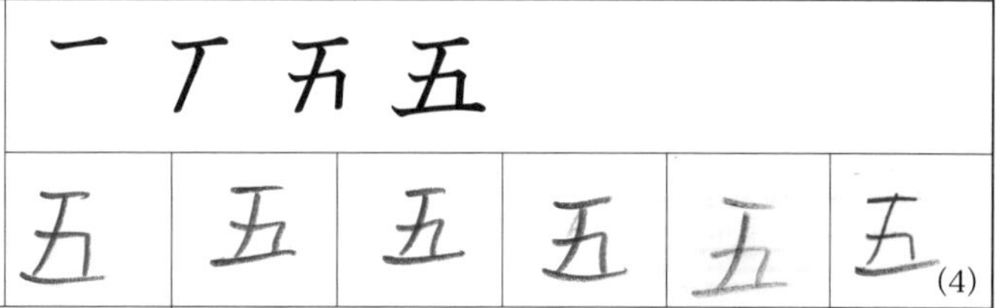 (4)
いつ－つ ・ ゴ		ごほんの ゆび picture of five fingers 다섯 손가락 cinco dedos

五つ	いつ つ	five (things)	다섯	cinco/cinco unidades
五月	ご がつ	May	5월	maio
五日	いつ か	the 5th day of a month	5일	dia cinco
五円[3]	ご えん	five yen	5엔	cinco ienes

円→Lesson 3

16 六	ろく six 육 seis	 (4)
むっ－つ ・ ロク / ロッー		おやゆびと ひとさしゆびを つきだした かたち、 ゆびが ろっぽん のこっている picture of hands with thumbs and index fingers pointing up, and six remaining fingers pointing downwards 엄지와 검지를 내민 모양. 여섯 손가락이 남아 있다. figura com polegares e indicadores apontando para cima e os demais seis para baixo.

六つ	むっ つ	six (things)	여섯	seis/seis unidades
六月	ろく がつ	June	6월	junho
六日	*むい か	the 6th day of a month	6일	dia 6
六本[5]木	ろっ ぽん ぎ	place name	롯폰기(지명)	Roppongi

本→Lesson 5

17 七

なな seven
칠
sete

一 七

七 七 七 七 七 七 (2)

なな一つ ・ シチ

おやゆびを はなした こぶし
→むかしは 7を あらわした

picture of a fist with a bent thumb under it
→in old times it indicated seven

엄지 손가락을 뗀 주먹. 옛날에는 7을 나타냈다.

figura de punho fechado com o polegar esticado, representava o número sete no passado

七	なな	seven	칠	sete
七つ	なな つ	seven (things)	일곱	sete/sete unidades
七月	しち がつ	July	7월	júlio
七日	*なの か	the 7th day of a month	7일	dia sete

18 八

はち eight
팔
oito

ノ 八

八 八 八 八 八 八 (2)

やっ一つ ・ ハチ / ハッー

おやゆびと こゆびを ひらいて 下(した)に むけた 手(て) むかしは 8 と 「分(わ)ける」 という いみを あらわした

picture of a fist bending three middle fingers→in old times it indicated eight, also it has the meaning of divide

엄지와 새끼 손가락을 벌려 아래를 향한 손. 옛날에는 8과 「나누다」 는 의미를 나타냈다.

a mão com dedos polegar e mindinho esticados para baixo representava o número oito e a palavra "dividir" no passado

八つ	やっ つ	eight (things)	여덟	oito/oito unidades
八月	はち がつ	August	8월	agosto
八日	*よう か	the 8th day of a month	8일	dia oito
八百屋(や)	やお や	vegetable shop	채소 가게	quitanda

19 九

きゅう nine
구
nove

ノ 九

九 九 九 九 九 九 (2)

ここの一つ ・ キュウ ク

おくにある ものを とろうとする 手(て)の かたち、1けた の さいごの すうじ

picture of a hand trying to catch something that lies deep inside, the last single digit number

속에 있는 것을 꺼내려는 손의 모양. 한 자릿 수의 마지막 숫자

figura de mão que vai retirar algo do fundo, último número de um dígito

九つ	ここの つ	nine (things)	아홉	nove/nove unidades
九月	く がつ	September	9월	setembro
九日	ここの か	the 9th day of a month	9일	dia nove
九州(しゅう)	きゅうしゅう	place name	규슈(지명)	Kyushu

20 十	じゅう ten 십 dez	一 十 十 十 十 十 十 十 (2)
とお ・ ジュウ ジュッー / ジッー	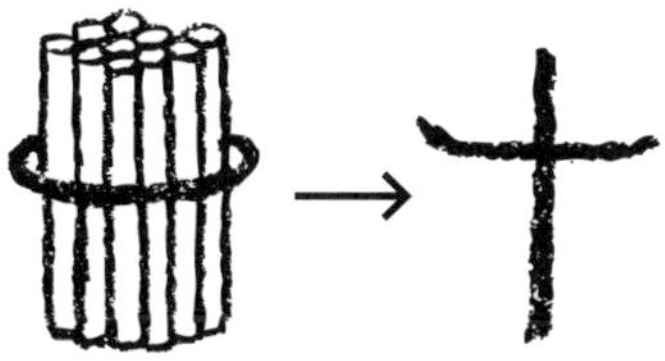	じゅっぽんの　ぼうを　まとめた　かたち picture of binding ten sticks 가지를 열 개 묶은 모양 figura de dez cabos ajuntados

十	とお/じゅう	ten	십／열	dez/dez unidades
十月	じゅう がつ	October	10월	outubro
十日	とお か	the 10th day of a month	10일	dia dez
十分[3]な	じゅう ぶん な	enough	십분, 충분	suficiente

分→Lesson 3

練習(れんしゅう) 1: 漢字(かんじ)の　読(よ)み方(かた)を　書(か)きましょう。

PRACTICE : Write the meanings of the following kanji in hiragana;
연습 : 한자 읽는 음을 히라가나로 써 봅시다 .
Exercício : escreva a leitura dos kanjis.

1. 一つ いち, ひとつ
2. 二つ に, ふたつ
3. 三つ さん, みっつ
4. 四つ よん, よっつ
5. 五つ ご, いつつ
6. 六つ ろく, むっつ
7. 七つ なな, しち, ななつ
8. 八つ はち, やっつ
9. 九つ きゅう, く, ここのつ
10. 十 じゅう, とお

11. 一月一日、あたらしい としが　はじまります。
いちがつついたち, あたらしいとしがはじまりま.
12. ともだちと　二人で　うみへ　いきます。
ともだちと ふたりでうみへいきます.
13. 七月七日は　たなばたまつりです。
じゅうがつとおか. はたなばたまつりです.
14. パーティーの　のみものは　十分　あります。
パーティーののみものはじゅうぶんなありまち.
15. たんじょうびは　八月八日です。
たんじょうびは はちがつようかです.

練習(れんしゅう)2：下(した)の　□に　漢字(かんじ)を　書(か)きましょう。

1. ひと
一つ
one (thing)
하나
um/uma unidade

2. ふた
二つ
two (things)
둘
dois/duas unidades

3. みっ
三つ
three (things)
셋
três/três unidades

4. よっ
四つ
four (things)
넷
quatro/quatro unidades

5. いつ
五つ
five (things)
다섯
cinco/cinco unidades

6. むっ
六つ
six (things)
여섯
seis/seis unidades

7. なな
七つ
seven (things)
일곱
sete/sete unidades

8. やっ
八つ
eight (things)
여덟
oito/oito unidades

9. ここの
九つ
nine (things)
아홉
nove/nove unidades

10. とお
十
ten
열
dez/dez unidades

11. いち　がつ　ついたち
一月一日
January the 1st
1월 1일
dia primeiro de janeiro

12. ふたり
二人
two people
두 사람
duas pessoas

13. じゅう　ぶん
十分な
enough
충분한
suficiente

14. はち　がつ　ようか
八月八日
August the 8th
8월 8일
dia 8 de agosto

15. ろく　がつ　むいか
六月六日
June the 6th
6월 6일
dia 6 de junho

Lesson 3 数と記号

かず　き ごう

Numbers & Signs　수와 기호　Números e Sinais

百　千　万　円　年　上　下　中　半　分

絵(え)を　見(み)て　漢字(かんじ)の　意味(いみ)を　考(かんが)えましょう。

Guess the meaning of kanji.
그림을 보고 한자의 의미를 생각해 봅시다.
Veja a ilustração e adivinhe o significado dos kanjis

	百	1	A とし	year / 해 / ano
	千	2	B ひゃく	hundred / 백 / cem
	万	3	C せん	thousand / 천 / mil
	年	4	D まん	ten thousand / 만 / dez mil
	円	5	E えん	circle / 원 / iene

	下	6	F なか	middle / 가운데 / dentro
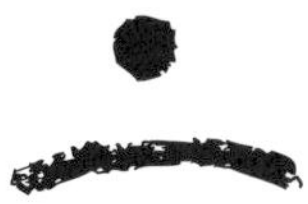	上	7	G した	under / 아래 / (a)baixo
	半	8	H うえ	up / 위 / (a)cima
	中	9	I わける	divide / 나누다 / dividir
	分	10	J はんぶん	half / 반 / metade

21 百

ひゃく　hundred
백
cem

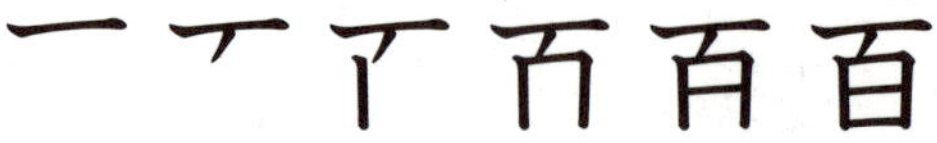

(6)

ヒャク
ービャク
ーピャク

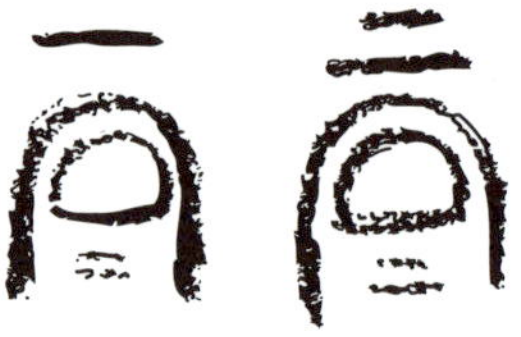

むかし　おやゆびで　ひゃくを　あらわした
old times the thumb indicated a hundred
옛날에 엄지 손가락으로 백을 나타내었다.
no passado o polegar indicava cem

百	ひゃく	100	백	cem
三百	さん びゃく	300	삼백	trezentos
六百	ろっ ぴゃく	600	육백	seiscentos
百科事典（かじてん）	ひゃっ か じてん	encyclopedia	백과사전	enciclopédia

22 千

せん　thousand
천
mil

(3)

ち
・
セン / ーゼン

たくさんの　へいたいを　まとめた　え
picture of bound up soldiers→many→a thousand
많은 병사들을 모은 그림
figura com muitos soldados juntos

千	せん	1,000	천	mil
二千	に せん	2,000	이천	dois mil
三千	さん ぜん	3,000	삼천	três mil
千葉県（ばけん）	ち ば けん	ChibaPrefecture	지바현	Província de Chiba

23 万

まん　ten thousand
만
dez mil

(3)

マン
バン

万	まん	10,000	만	dez mil
一万	いち まん			
万国[11]	ばん こく	all nations	만국	todos os países
万年筆（ひつ）	まん ねん ひつ	fountain penn	만년필	caneta tinteiro

水（みず）に　うかんでいる　水（みず）くさの　え　→ふつう　たくさんある→まん
picture of waterweed floating on the water
→usually they are numerous→ten thousand
물에 떠 있는 수초의 그림→수초는 보통 많이 있다
→만
figura de plantas aquáticas flutuando em água
→geralmente há muitas→dez mil

国→Lesson 11

24 円

まる circle 원 círculo

えん yen 엔 iene

(4)

エン

まるい うつわの え→えん

picture of a round container→round

둥근 용기의 그림→원

figura de pote redondo→círculo

円	えん	yen, circle	엔	iene
四万円	よん まん えん	40,000 yen	4만엔	40.000 ienes
円高[8]	えん だか	strong yen	엔고	iene valorizado

高→Lesson 8

25 年

ねん year 년 ano

とし age 해 ano

(6)

とし・ネン

ひとと いねのえ→しゅうかくに じかんが かかる→いちねん

picture of a man and an ear of rice→time needed to harvest→one year

사람과 벼의 그림→수확에 시간이 걸린다→1년

figura de uma pessoa e uma muda de arroz

→tempo que leva na colheita→um ano

年	とし	year, age	해	ano
二千年	に せん ねん	the year 2000	2000년	2.000 anos
来[9]年	らい ねん	next year	내년	ano que vem
年金	ねん きん	pension	연금	aposentadoria

来→Lesson 9

26 上

うえ above 위 cima

うえ on 위 ligado

(3)

あ－がる・ジョウ

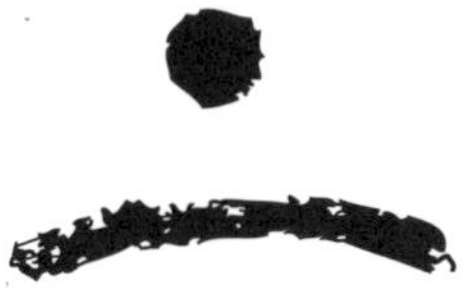

うえの しるし

sign of up, on

위를 나타내는 표시

sinal de cima

上	うえ	above, on	위	cima, ligado
上がる	あ がる	to go up	오르다	subir
水上スキー	すい じょう スキー	water-skiing	수상스키	esqui aquático
上着	うわ ぎ	jacket	겉옷	jaqueta

27 **下**	した under 아래 (a)baixo	一 丅 下 下 下 下 下 下 下 (3)
した さ－がる ・ カ ゲ		したの しるし sign of under 아래를 나타내는 표시 sinal de baixo

下	した	under	아래	(a)baixo
下がる	さ がる	to go down	내리다	diminuir
上下	じょう げ	up and down	상하	acima e abaixo
地(ち)下鉄(てつ)	ち か てつ	subway	지하철	metrô

28 **中**	なか middle 가운데 dentro	丨 冂 口 中 中 中 中 中 中 中 (4)
なか ・ チュウ／ －ジュウ		まるの ちゅうしんに 立(た)っている ぼう picture of a standing pole in the center of a circle 원의 중심에 서 있는 봉 figura de um cabo de pé no centro

中	なか	inside	안, 속	dentro
一日中	いち にち じゅう	all day (long)	하루종일	o dia todo
中学[5]	ちゅう がく	junior high school	중학교	ensino fundamental II
中心(しん)	ちゅう しん	center	중심	centro

学→Lesson 5

29 **半**	はんぶん half 반 metade	丶 丷 㐅 兰 半 半 半 半 半 半 半 (5)
ハン		二(ふた)つに わけた もの to divide something into two 둘로 나눈 것 algo dividido em dois

半年	はん とし	half a year	반년	metade
半分	はん ぶん	half	반	meio ano
四時[10]半	よ じ はん	4:30	4시 반	4:30
半日	はん にち	half a day	반일	metade de um dia

時→Lesson 10

30 **分**	わける divide 나누다 dividir わかる understand 알다 entender-se ふん mimute 분 minuto	ノ 八 分 分	分 分 分 分 分 分 (4)

わーける
わーかる
・
ブン
フン / ープン

ものを　ナイフで　わける→わける
to cut something with a knife→to divide
물건을 칼로 나누다→나누다
dividir algo com uma faca→dividir

分ける	わ ける	to divide	나누다	dividir
分かる	わ かる	to understand	알다	entender-se
10分	じゅっ ぷん	10minutes	10분	dez minutos
十分	じゅう ぶん	enough	충분	suficiente

練習(れんしゅう)1: 漢字(かんじ)の　読(よ)み方(かた)を　書(か)きましょう。

PRACTICE : Write the meanings of the following kanji in hiragana;
연습 : 한자 읽는 음을 히라가나로 써 봅시다 .
Exercício : escreva a leitura dos kanjis.

1. 百 ひやく
2. 二千年 にせんねん
3. 三万円 さんまんえん
4. 上 うえ
5. 下 した
6. 中 なか
7. 年 ねん
8. 上下 じゅうげ
9. 四時半 よじはん
10. 5分 ごふん

11. エレベーターで　七階(かい)へ　上がります。
エレベーターで ななかいへ あがります。
12. にほんごが すこし　分かります。
にほんごがすこしわかります。
13. いもうとと　おかしを　半分ずつ　分けました。
いもうとと おかしを はんぶんずつわけました。
14. 来年(らい)　中学(がく)へ　はいります。
らいねん ちゅうがく はいります。
15. きのうは　一日中　家(いえ)に　いました。
きのうは いちにちじゅういえに いました。

練習(れんしゅう)2：下(した)の □に 漢字(かんじ)を 書(か)きましょう。

1. うえ
[上]
up
위
a (cima)

2. した
[下]
under
아래
a (baixo)

3. ご ひゃく えん
[五][百][円]
five hundred yen
500엔
500 ienes

4. なか
[中]
middle
가운데
dentro

5. いち まん えん
[一][万][円]
ten thousand yen
만 엔
10.000 ienes

6. ろく じ はん
6時[半]
six thirty
6시 반
6:30

7. じょう げ
[上][下]
up and down
상하
acima e abaixo

8. に せん ねん
[二][千][年]
the year 2000
2000엔
2.000 ienes

9. わ
[分]かります
to understand
압니다
entender-se

10. ぷん
10[分]
ten minutes
10분
10 minutos

11. いち にち じゅう
[一][日][中]
all day long
하루종일
um dia inteiro

12. あ
[上]がります
to go up
올라갑니다
sobe

13. さ
[下]がります
to go down
내려갑니다
desce

14. はん ぶん わ
ケーキを[半][分]ずつ[分]けました。
We shared the cake half and half.
케익을 반씩 나누었습니다
Eu divido o bolo em duas metades.

Lesson
1~3

にほんごのうりょくしけん（JLPT）じっせん　れんしゅう

もんだい１　＿＿＿＿の　ことばは　ひらがなで　どう　かきますか。
１、２、３、４から　いちばん　いいものを　ひとつ　えらんで　ください。

１．これは　一つ①　いくらですか。――三百円②です。

① 1. いつ　2. いっつ　3. ひとつ　4. ひとっつ
② 1. さんひゃくえん　2. さんびゃくえん　3. さっぴゃくえん　4. さっびゃくえん

２．わたしの　たんじょうびは　五月五日③です。こどもの日④と　おなじです。

③ 1. ごうがつごにち　2. ごがつごうにち　3. ごがついつか　4. ごがつごにち
④ 1. ひ　2. び　3. にち　4. にじ

３．バスツアーの　お金⑤は　こんしゅうの　土よう日⑥までに　はらってください。

⑤ 1. きん　2. おきん　3. おがね　4. おかね
⑥ 1. どようび　2. とようび　3. もくようび　4. にちようび

４．川⑦の　そばに　おおきい　さくらの　木⑧が　ありました。

⑦ 1. がわ　2. かわ　3. かっわ　4. がっわ
⑧ 1. ぎ　2. ほん　3. やま　4. き

５．ペットボトルの　水⑨を　半分⑩　のみました。

⑨ 1. みす　2. みつ　3. みず　4. みっす
⑩ 1. まんぶん　2. まんふん　3. ばんぶん　4. はんぶん

６．ビルの　上⑪から　きれいな月⑫が　みえました。

⑪ 1. じょう　2. しょう　3. うえ　4. ううえ
⑫ 1. つき　2. すき　3. づき　4. ずき

７．山下さん⑬ですね。どうぞ　中⑭へ。

⑬ 1. やまあたさん　2. やまださん　3. やまちたさん　4. やましたさん
⑭ 1. なが　2. ちゅう　3. なか　4. ちゅ

もんだい2 ＿＿＿の ことばは どう かきますか。
1、2、3、4から いちばん いいものを ひとつ えらんで ください。

1．あのき①の した②で やすみましょう。

① 1. 木 2. 本 3. 山 4. 人
② 1. 上 2. 中 3. 下 4. 土

2．バスの まどから ふじさん③が はんぶん④ みえました。

③ 1. ふじ三 2. ふじ止 3. ふじ山 4. ふじ土
④ 1. 羊攵 2. 羊分 3. 半攵 4. 半分

3．パーティーは しがつようか⑤、かようび⑥です。

⑤ 1. 四月四日 2. 四月八日 3. 七月四日 4. 七月八日
⑥ 1. 日よう日 2. 月よう日 3. 火よう日 4. 川よう日

4．このりんごは みっつ⑦で よんひゃくえん⑧です。

⑦ 1. 四つ 2. 六つ 3. 三つ 4. 八つ
⑧ 1. 四百円 2. 四千円 3. 四万円 4. 四牛円

5．このかわ⑨は みず⑩が つめたいですから、およぐことが できません。

⑨ 1. 水 2. 川 3. 土 4. 山
⑩ 1. 米 2. 氷 3. 本 4. 水

6．いもうとは にせんねん⑪に うまれました。わたしより やっつ⑫ 下です。

⑪ 1. 二チ年 2. 二先年 3. 二千年 4. 二千牟
⑫ 1. 八つ 2. 四つ 3. 六つ 4. 七つ

7．おおきいのは いちまんえん⑬、ちいさいのは せんえん⑭です。

⑬ 1. 千万円 2. 百万円 3. 一万円 4. 五万円
⑭ 1. チ円 2. 千円 3. 一千円 4. 一百円

Lesson 4 絵(え)からできた漢字(かんじ)2

Kanji made from pictures 2　그림으로 만들어진 한자 2　Kanjis Derivados de Figuras 2

人　子　女　男　目　口　耳　手　足　力

漢字(かんじ)の　意味(いみ)を　考(かんが)えて、線(せん)で　結(むす)びましょう。

Guess the meaning of kanji.　한자의 의미를 생각하여 선으로 연결해 봅시다.
Adivinhe o significado dos kanjis e faça a ligação.

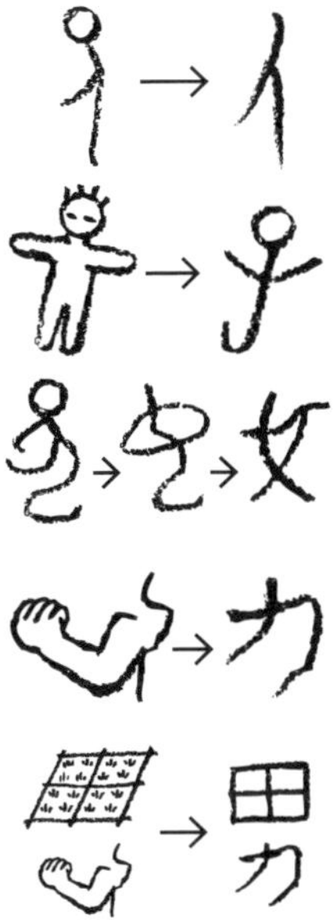

人	1 ●	● A おんな	woman 여자 mulher
子	2 ●	● B ひと	person 사람 pessoa
女	3 ●	● C こ	child 아이 criança
力	4 ●	● D おとこ	man 남자 homem
男	5 ●	● E ちから	power 힘 força

下(した)の　□から　記号(きごう)を　選(えら)びましょう。

Choose correct one from a-e in the box below.　아래의 □에서 기호를 골라 봅시다.
Escolha o sinal adequado do quadro abaixo.

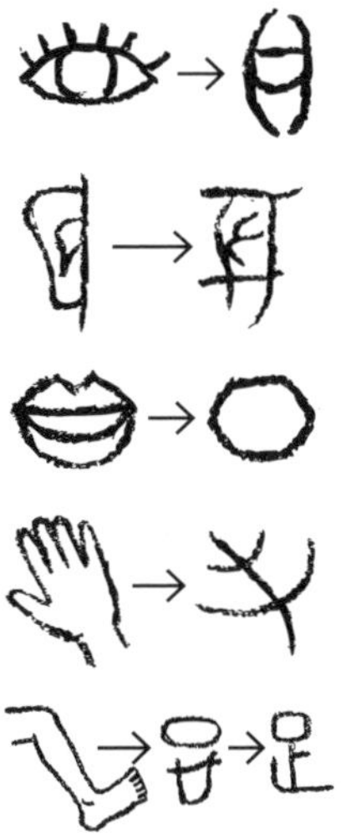

1	eye 눈 olho	C
2	ear 귀 orelha	d
3	mouth 입 boca	a
4	hand 손 mão	e
5	leg 발 pé	b

a 口 くち　b 足 あし　c 目 め　d 耳 みみ　e 手 て

31 人

ひと　person
사람
pessoa

ノ 人

(2)

ひと・ジン・ニン

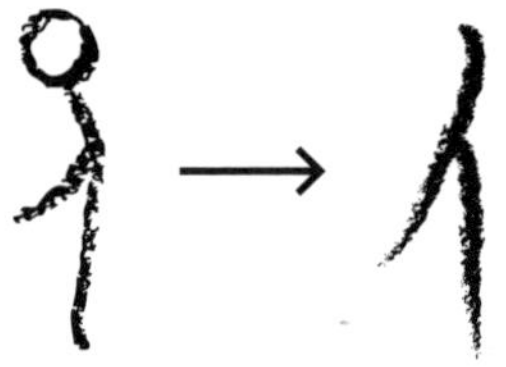

立(た)っている　ひとを　よこから　見(み)た　え
picture of a standing person in profile
서 있는 사람을 옆에서 본 그림
figura do perfil de uma pessoa de pé

人	ひと	person	사람	pessoa
一人	ひとり	one person	한 사람	uma pessoa
三人	さん にん	three people	세 사람	três pessoas
日本[5]人	に ほ んじん	Japanese	일본인	japonês

本→Lesson 5

32 子

こども　child
어린이
criança

フ 了 子

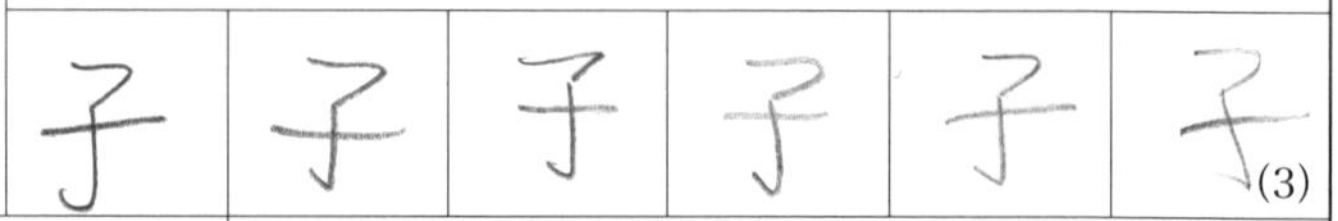

(3)

こ・シ

あかちゃんの　え
picture of a baby
아기의 그림
figura de um bebê

子ども	こども	child	어린이	criança
女子	じょし	female	여자	menina, feminino
親(おや)子	おやこ	parent and child	부모와 자식	pai e filho
調(ちょう)子	ちょうし	condition	상태, 기색	condição

33 女

おんな　woman
여자
mulher

く 女 女

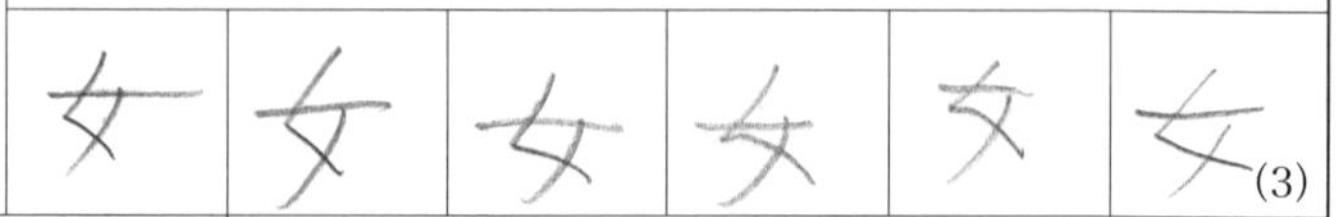

(3)

おんな・ジョ

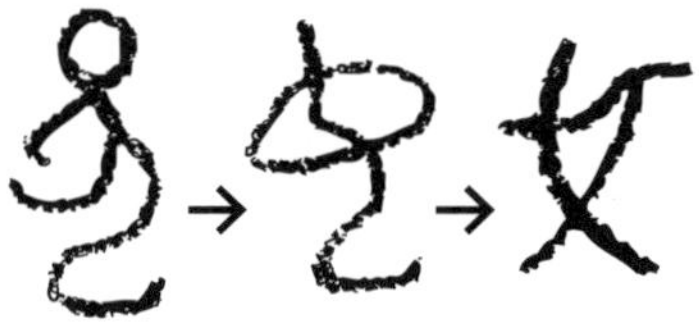

すわっている　おんなのひとの　え
picture of a sitting woman
앉아 있는 여자의 그림
figura de uma mulher sentada

女の人	おんな の ひと	woman	여자	mulher
女の子	おんな の こ	girl	여자 아이	menina
女性(せい)	じょ せい	woman	여성	mulher

34 男

おとこ　man
남자
homem

(7)

おとこ
・
ダン
ナン

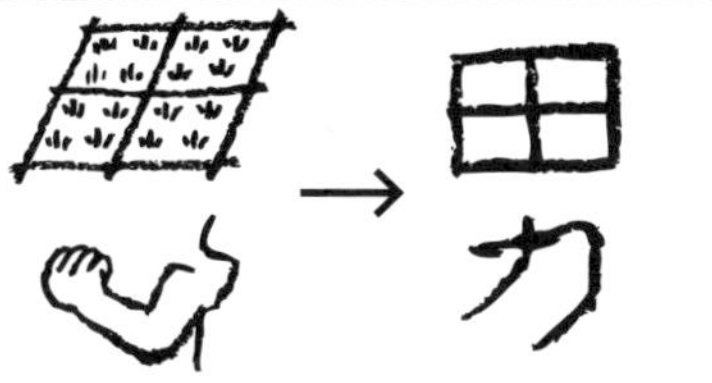

田（た）＋力（ちから）→田(た)で ちから いっぱい はたらく ひと →おとこ

田 rice field + 力 power→one who works with power in the rice field→man

田 (논) + 力 (힘) →논에서 힘써 일하는 사람→남자

田 arrozal + 力 força→pessoa que trabalha com toda força no arrozal→homem

男の子	おとこ の こ	boy	남자 아이	menino
男女	だん じょ	man and woman	남녀	mulher e homem
長[8]男	ちょう なん	eldest son	장남	primogênito
男性(せい)	だん せい	man	남성	homem

長→Lesson 8

35 目

め　eye
눈
olho

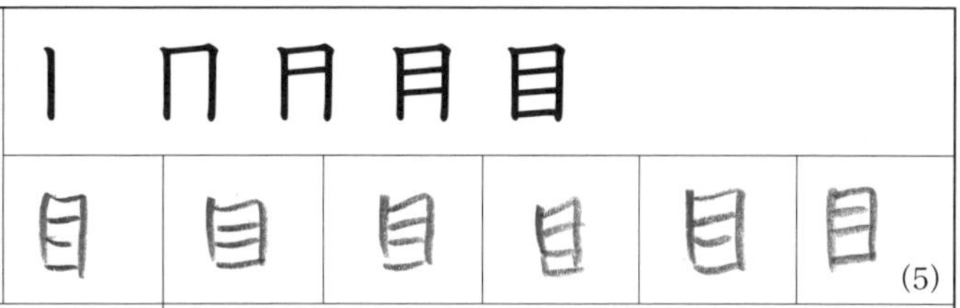
(5)

め
・
モク

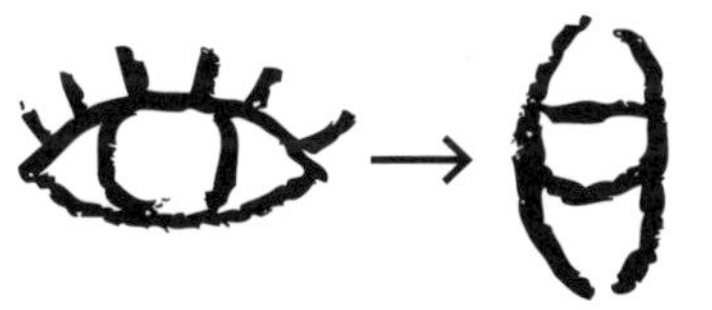

めの　え
picture of an eye
눈의 그림
figura de um olho

目	め	eye	눈	olho
一日目	いち にち め	the first day	첫째 날	primeiro dia
目薬(ぐすり)	め ぐすり	eye lotion	안약	colírio
目的(てき)	もく てき	purpose	목적	objetivo

36 口

くち　mouth
입
boca

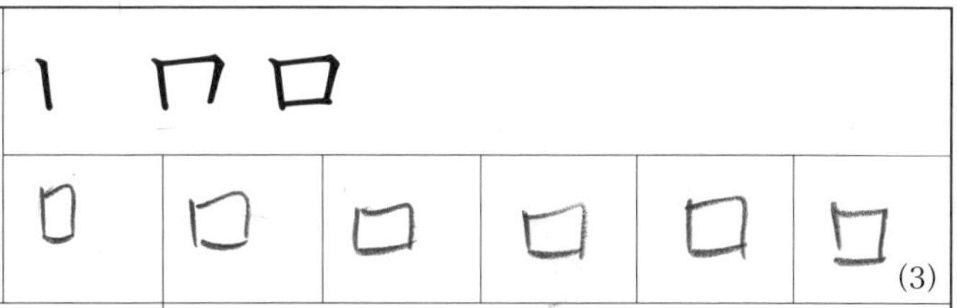
(3)

くち / －ぐち
・
コウ

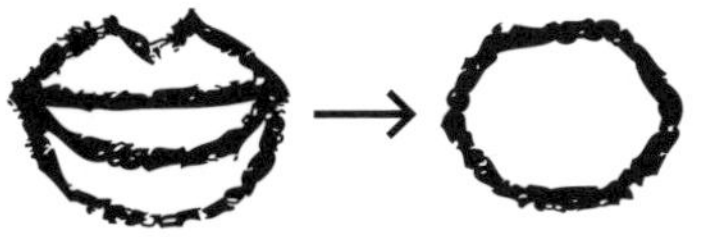

くちの　え
picture of a mouth
입의 그림
figura de uma boca

口	くち	mouth	입	boca
入[9]口	いりぐち	entrance	입구	entrada
人口	じんこう	population	인구	saída
非常口(ひじょう)	ひ じょう ぐち	emergency exit	비상구	saída de emergência

入→Lesson 9

37 耳

みみ　ear
귀
orelha

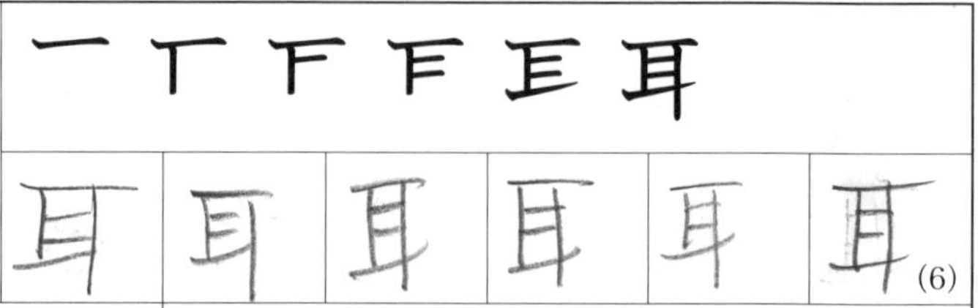
(6)

みみ・ジ

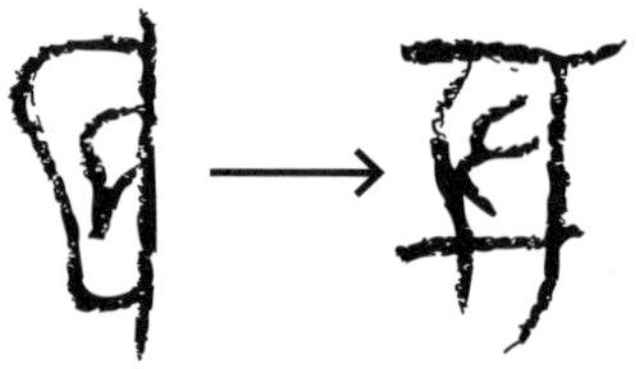

みみの　え
picture of an ear
귀의 그림
figura de uma orelha

耳	みみ	ear	귀	orelha
耳鼻科 (び か)	じ び か	N.E.T.clinic	이비인후과	otorrinologia

38 手

て　hand
손
mão

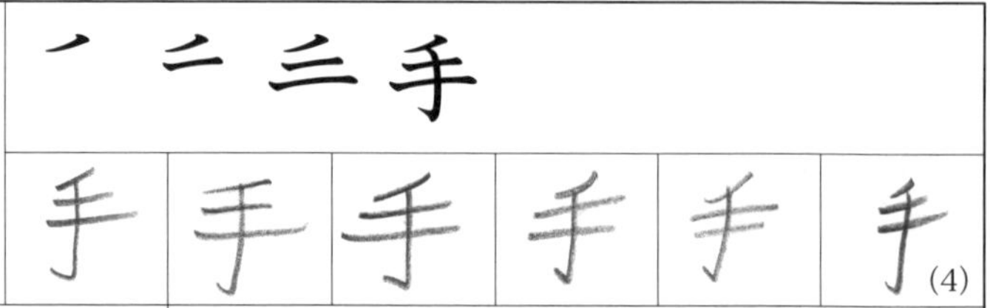
(4)

て・シュ

ての　え
picture of a hand
손의 그림
figura de uma mão

手	て	hand	손	mão
上手な	*じょうず な	skillful	능숙한	habilidoso
下手な	*へた な	unskillful	서툰	inabilidoso
手紙 (がみ)	て がみ	letter	편지	carta

39 足

あし　leg
다리
perna
あし　foot
발
pé

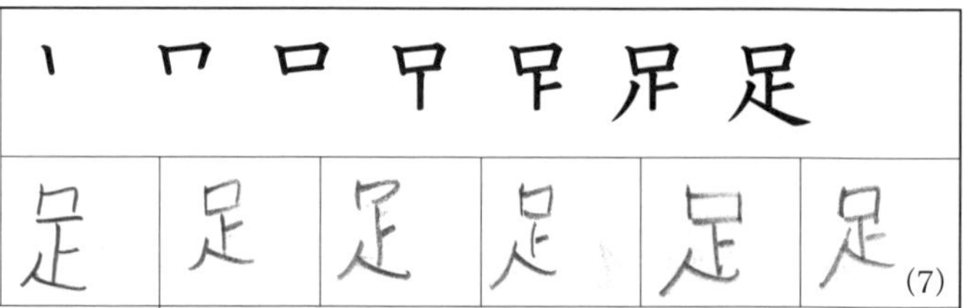
(7)

あし
たーりる
・
ソク

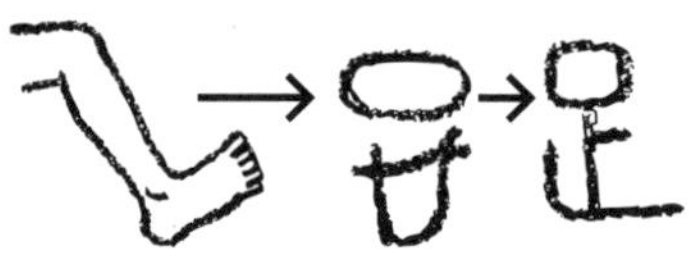

ひざと　あしの　え→あし
picture of a knee and foot→leg
무릎과 발의 그림→다리
figura de um pé e um joelho→pé

足	あし	leg	다리	perna
一足	いっ そく	a pair (of shoes)	한 켤레	um par (de calçados)
足りる	た りる	to be enough	족하다, 충분하다	ser suficiente
遠足 (えん)	えん そく	excursion	소풍	excursão

40 力	ちから power 힘 força	フカ 力 力 力 力 力 力 (2)
ちから ・ リョク リキ		きんにくの ついた うでの え →ちから picture of a well-muscled arm→power 근육이 붙은 팔의 그림→힘 figura com um braço musculoso→força

力	ちから	power	힘	força
水力	すい りょく	water power	수력	energia hidráulica
体(たい)力	たい りょく	physical strength	체력	força física

練習(れんしゅう)1: 漢字(かんじ)の 読(よ)み方(かた)を 書(か)きましょう。

PRACTICE : Write the meanings of the following kanji in hiragana;
연습 : 한자 읽는 음을 히라가나로 써 봅시다 .
Exercício : escreva a leitura dos kanjis.

1. 人 ひと
2. 子ども こども
3. 女 おんな
4. 男 おとこ
5. 目 め
6. 口 ぐち
7. 耳 みみ
8. 手 て
9. 足 あし
10. 力 ちから

11. わたしは 一人で にほんへ きました。
わたしは ひとりで にほんへ きました。
12. ジョンさんは テニスが 上手です。
ジョンさんは テニスが じょうずです。
13. えきの 入口は どこですか。
えきの いりぐちは どこですか。
14. こうえんで 男の子が 三人 あそんでいます。
こうえんで おとこのこが さんにん あそんでいます。
15. 一日目は ディズニーランドへ いきます。
いちにちめ デイズニーランドへ いきます。

練習2：下の　□に　漢字を　書きましょう。

1. ひと　人
person
사람
pessoa

2. こ　子
child
아이
criança

3. おんな　女
woman
여자
mulher

4. おとこ　男
man
남자
homem

5. め　目
eye
눈
olho

6. くち　口
mouth
입
boca

7. みみ　耳
ear
귀
orelha

8. て　手
hand
손
mão

9. あし　足
leg
발
pé, perna

10. ちから　力
power
힘
força

11. ひとり　一人
one person
한 사람
uma pessoa

12. ふたり　二人
two people
두 사람
duas pessoas

13. さん にん　三人
three people
세 사람
três pessoas

14. だん じょ　男女
man and woman
남녀
homem e mulher

15. いち にち め　一日目
the first day
첫째날
primeiro dia

16. じょう ず　上手な
skillful
능숙한
habilidoso

17. へた　下手な
unskillful
서툰
inabilidoso

18. いり ぐち　入口
entrance
입구
entrada

Lesson 5 絵(え)からできた漢字(かんじ)3

Kanji made from pictures 3　그림으로 만들어진 한자 3　Kanjis Derivados de Figuras 3

父　母　先　生　学　校　友　本　毎　何

漢字(かんじ)の　意味(いみ)を　考(かんが)えて　線(せん)で　結(むす)びましょう。

Guess the meaning of kanji.
한자의 의미를 생각하여 선으로 연결해 봅시다 .
Adivinhe o significado dos kanjis e faça a ligação.

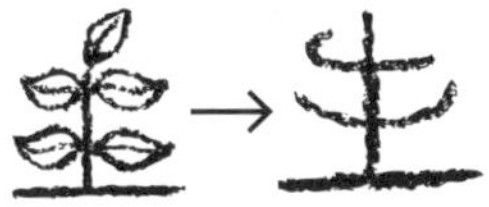
生 1

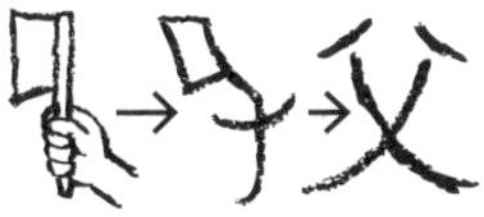
父 2

母 3

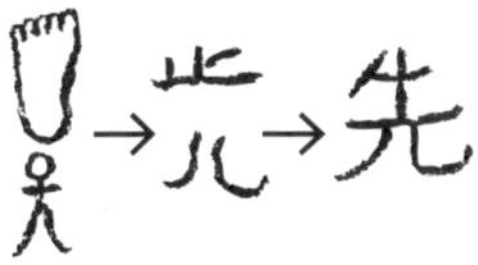
先 4

学 5

- A ちち　father / 아버지 / pai
- B さき　previous / 먼저 / anterior
- C べんきょうする　study / 공부하다 / aprender
- D うまれる　be born / 태어나다 / nascer
- E はは　mother / 어머니 / mãe

本 6

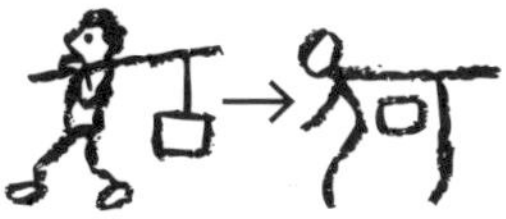
何 7

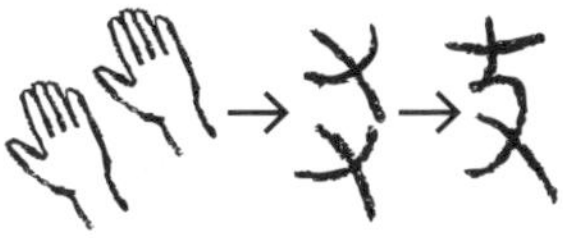
友 8

校 9

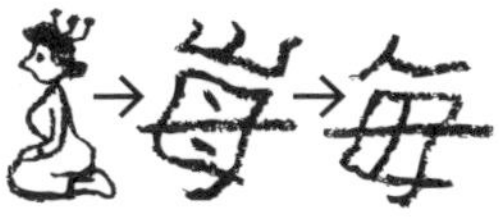
毎 10

- F ともだち　friend / 벗 / amigo
- G まい　every / 매 ~, 그때마다 / cada
- H がっこう　school / 학교 / escola
- I なに　what / 무엇 / o que
- J もと　root / 근원 / origem

41

父

ちち　father
아버지
pai

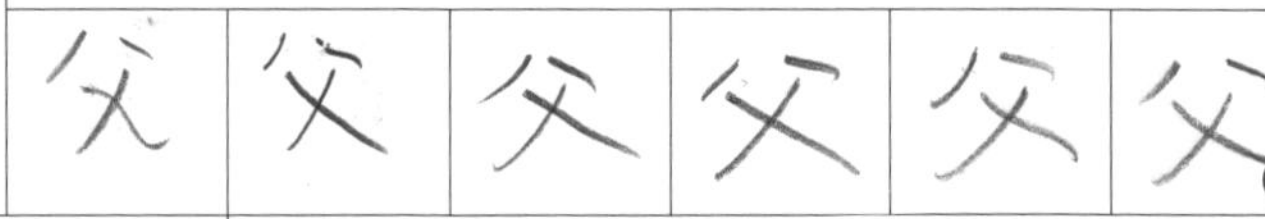

(4)

ちち・フ

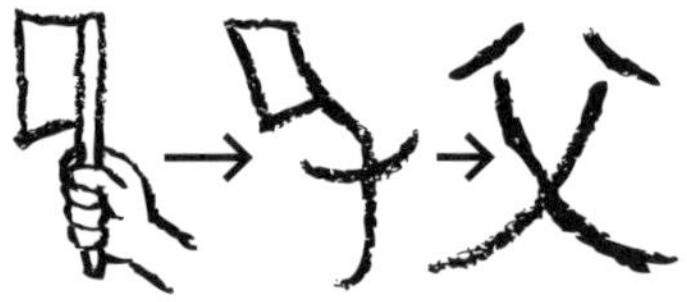

おのを　もった　手(て)→ちちの　やくめ→ちち

picture of a hand holding an ax
→father's role→father

도끼를 든 손
→아버지의 역할→아버지

figura de uma mão com um machado
→papel do pai→pai

父	ちち	father	아버지	pai
お父さん	*おとうさん	father	아버지	pai
父親(おや)	ちち おや	father	부친	pai

42

母

はは　mother
어머니
mãe

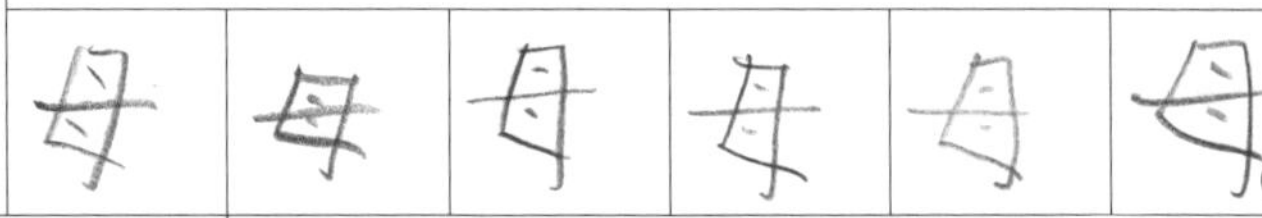

(5)

はは・ボ

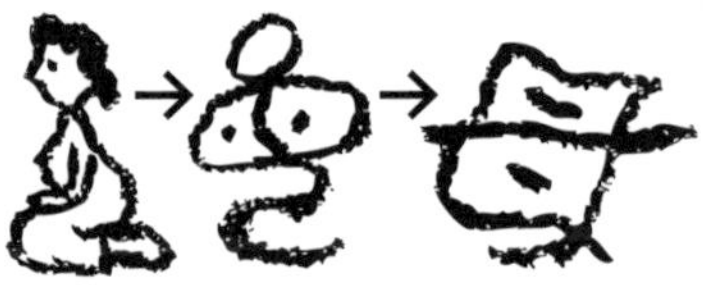

すわっている　女(おんな)の　人(ひと)

picture of a sitting woman

앉아 있는 여자

figura de uma mulher sentada

母	はは	mother	어머니	mãe
お母さん	*お かあ さん	mother	어머니	mãe
父母	ふ ぼ	parents	부모	pais
母国[11]	ぼ こく	mother country	모국	pátria

国→Lesson 11

43

先

さき　foregoing
먼저
anterior

まえ　previous
앞
antes

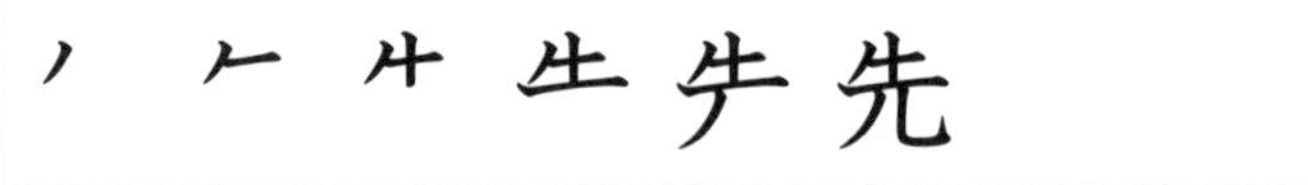

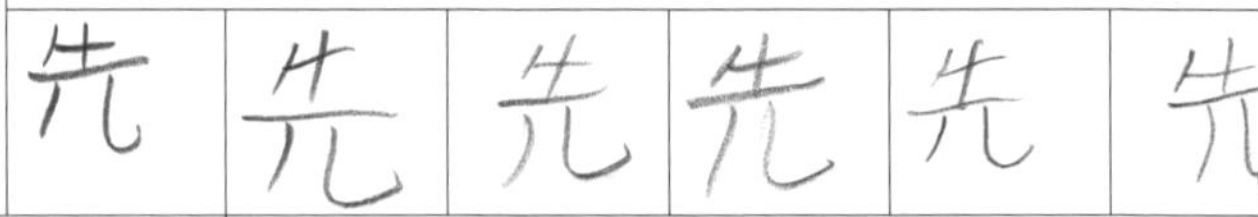

(6)

さき・セン

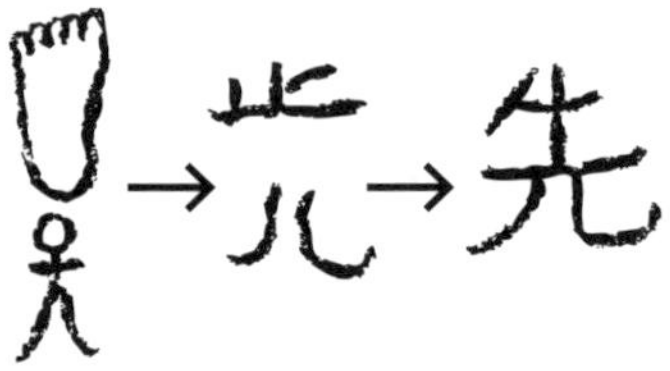

止（とまる）＋ 儿（ひと）
→しんだ　人(ひと)（そせん）
→さき・まえ

止 stop + 儿 person→dead people ,ancestors
→they lived before us→precede, previous

止（멈추다）＋ 儿（사람）→죽은 사람, 선조→먼저, 앞

止 parar + 儿 pessoa →pessoa morta（ancestral）
→anterior, antes

先	さき	future, ahead	장래, 앞날	anterior
先月	せん げつ	last month	지난 달	mês passado
先輩(ぱい)	せん ぱい	senior	선배	veterano

44 生

うまれる　be born　태어나다　nascer

いきる　live　살다　viver

うーまれる
いーきる
・
セイ

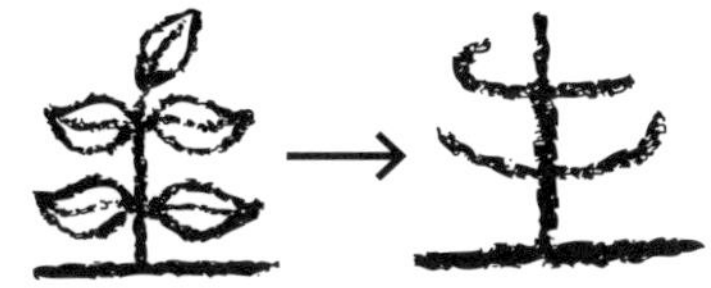

じめんから　出(で)てくる　しょくぶつ
→いのちの　シンボル→うまれる

picture of a plant coming out from the earth
→symbol of life→to be born

지면에서 나오는 식물→생명의 상징→태어나다

figura de planta saindo do solo
→símbolo da vida→nascer

生まれる	う まれる	to be born	태어나다	nascer
先生	せん せい	teacher	선생	professor
生きる	い きる	to live	살다	viver
生活(かつ)	せい かつ	life	생활	vida

45 学

べんきょうする　study　공부하다　estudar

學

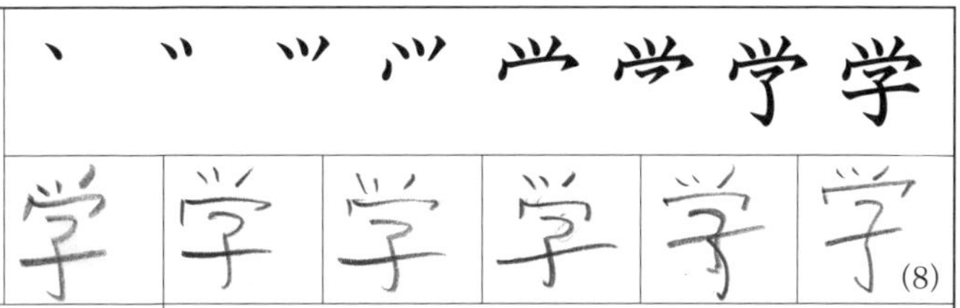

まなーぶ
・
ガク / ガッー

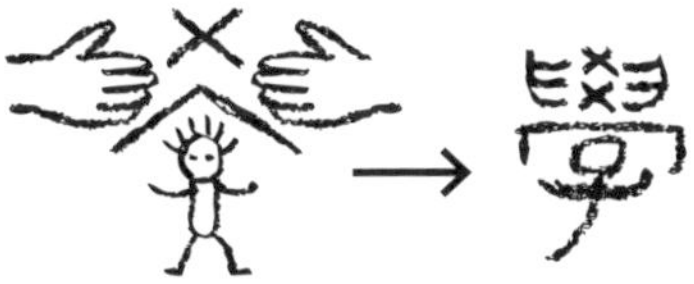

𦥯（やねの　うえの　ふたつの　て）＋子（こども）
→先生(せんせい)と　子(こ)どもが　手(て)を　とりあってする
→べんきょうする

𦥯 two hands on the roof ＋ 子 children→teachers and children do something hand in hand→to study

𦥯（지붕 위의 두 손）＋ 子（아이）→선생과 아이가 손을 맞잡고 있다
→공부하다

𦥯 duas mãos sobre o telhado ＋ 子 criança
→professor e criança de mãos dadas→estudar

学生	がく せい	student	학생	estudante
大[8]学	だい がく	university	대학	universidade
科(か)学	かがく	science	과학	ciência
留(りゅう)学する	りゅうがくする	to study abroad	유학하다	estudar no exterior

大→Lesson 8

46 校

がっこう　school　학교　escola

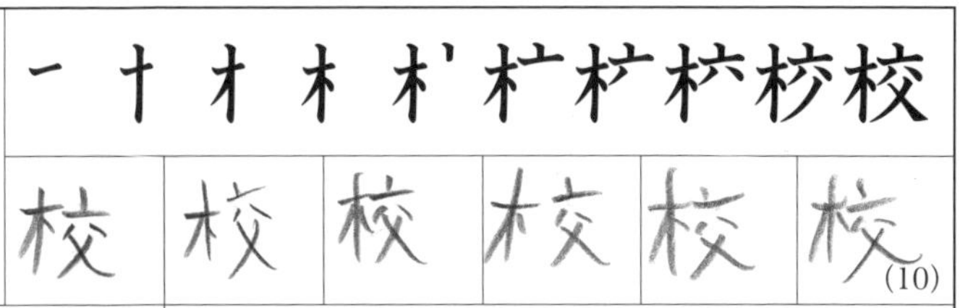

コウ

木（き）＋交（まじわる）→先生(せんせい)と
せいとが　いっしょに　べんきょうする
ところ→がっこう

木 tree ＋ 交 crossing→place where teachers and students meet and study→school

木（나무）＋ 交（교차하다）→선생과 학생이 같이 공부하는 곳→학교

木 árvore ＋ 交 cruzar-se →lugar onde professor e estudante estudam juntos→escola

学校	がっ こう	school	학교	escola
校長[8]	こう ちょう	school master	교장	diretor de escola
小[8]学校	しょうがっこう	primary school	초등학교	ensino fundamental I
母校	ぼ こう	alma mater	모교	escola de formação

長→Lesson 8　小→Lesson 8

47 友

ともだち　friend
친구
amigo

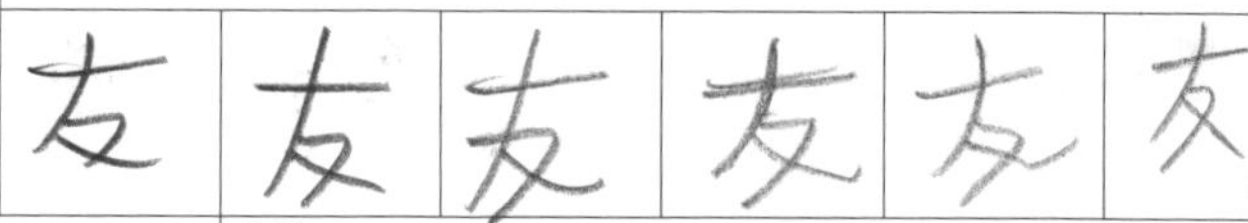

(4)

とも・ユウ

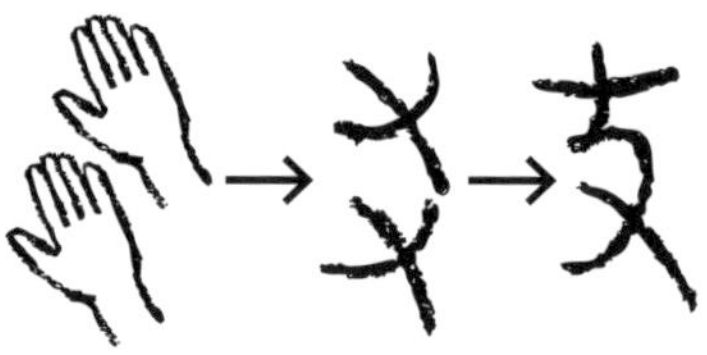

右手（みぎ て）が　ふたつ→たすけあう→ともだち

two right hands→help each other→friends

오른손이 둘 →서로 돕다→친구

duas mãos direitas→ajuda mútua→amigo

友だち	とも だち	friend	친구	amigo
友人	ゆう じん	friend	우인	amigo
親友（しん）	しん ゆう	close friend	친우, 친한 벗	amigo íntimo

48 本

ほん　book
책
livro

もと　root, origin
근본, 기본
origem

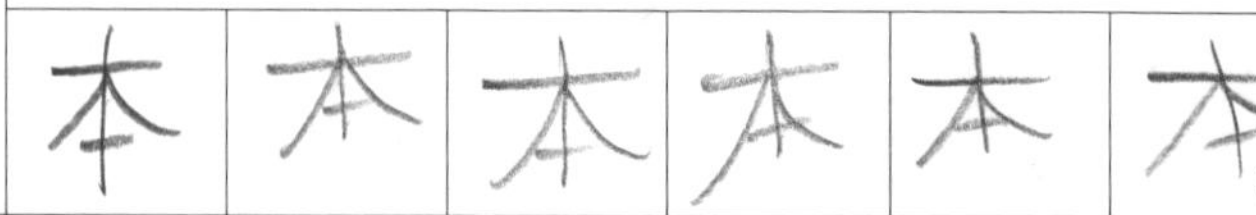

(5)

もと・ホン / ーポン / ーボン

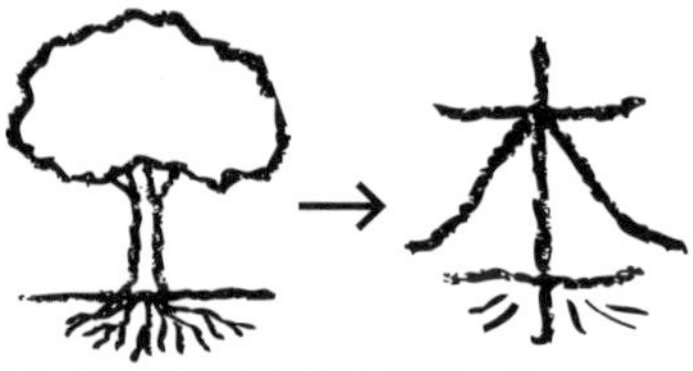

木（き）　の　ね

picture of a tree with roots

나무 뿌리

figura de raízes de uma árvore

本	ほん	book	책	livro
日本	に ほん/にっ ぽん	Japan	일본	Japão
本屋（や）	ほん や	book shop	책방, 서점	livraria
山本さん	やま もと さん	Mr.Yamamoto	야마모토 씨	Senhor (a) Yamamoto

49 毎

まい　every
매~, 그때마다
cada

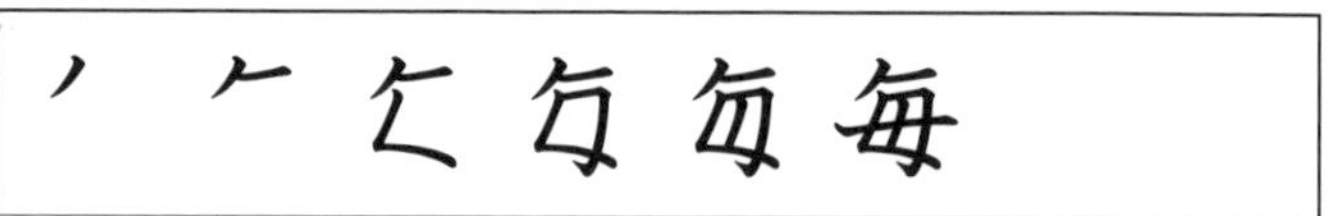

(6)

マイ

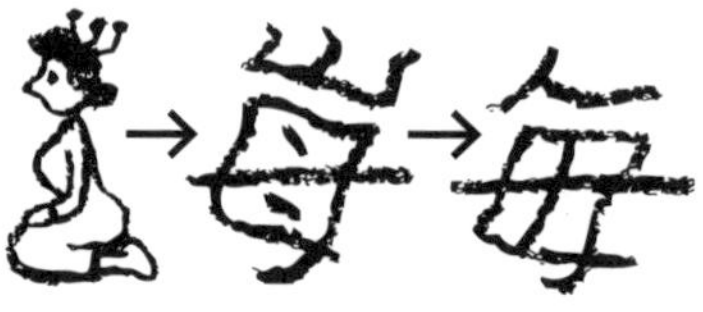

かみかざりを　つけた　お母（かあ）さん→つぎつぎに　子（こ）どもを　うむ→まい

picture of a mother with a hair pin→mother gives birth one after another→every

머리 장식을 얹은 어머니 →계속 아이를 낳다→매~

figura de mãe com adorno no cabelo→ter muitos filhos um atrás do outro→cada

毎日	まい にち	every day	매일	todos os dias
毎月	まい つき	every month	매월	todos os meses
毎年	まい とし/まい ねん	every year	매년	todos os anos
毎朝（あさ）	まい あさ	every morning	매일 아침	todas as manhãs

50 何	なに what 무엇 o que	ノ 亻 仁 仃 何 何 何 (7)

なに / なん

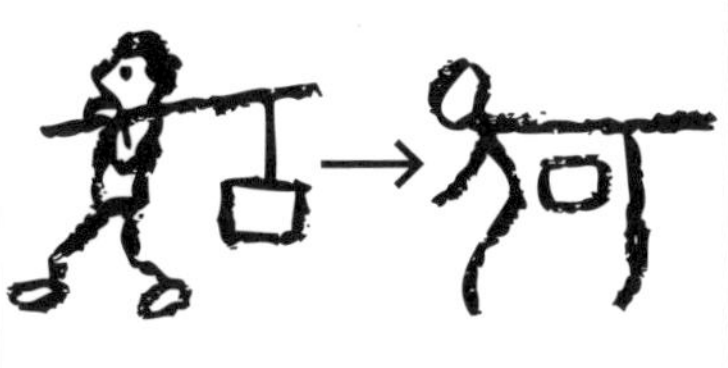

<ruby>大<rt>おお</rt></ruby>きい　にもつを　はこんでいる
<ruby>人<rt>ひと</rt></ruby>に　なかみは　なにと　きく
→なに

we ask what is inside to the person carrying a heavy baggage

큰 짐을 옮기고 있는 사람에게 무엇이냐고 묻다 →무엇

perguntar qual é conteúdo de uma grande bagagem carregada por uma pessoa→o que

何	なに	what	무엇	o que
何月	なん がつ	what month	몇 월	que mês
何人	なん にん	how many people	몇 사람	quantas pessoas
何時[10]	なん じ	what time	몇 시	que hora

時→Lesson 10

<ruby>練習<rt>れんしゅう</rt></ruby>1: <ruby>漢字<rt>かんじ</rt></ruby>の　<ruby>読<rt>よ</rt></ruby>み<ruby>方<rt>かた</rt></ruby>を　<ruby>書<rt>か</rt></ruby>きましょう。

PRACTICE : Write the meanings of the following kanji in hiragana;
연습 : 한자 읽는 음을 히라가나로 써 봅시다 .
Exercício : escreva a leitura dos kanjis.

1. 父 ちち
2. 先生 せんせい
3. 学校 かっこう
4. お父さん おとうさん
5. 友だち ともだち
6. 本 ほん
7. お母さん おかあさん
8. 毎年 まいねん
9. 学生 がくせい
10. 母 はは

11 かぞくは　何人ですか。
がぞくは なんにんですか。

12. 先月　けっこんしました。
せんげつ けっこんしました。

13. 毎日　何を　たべますか。
まいにち なにを たべますか。

14. どうぞ　お先に。
どうぞ おさきに。

15. わたしは　1990年に　日本で　生まれました。
わたしは 1990ねんに にほんで うまれました。

練習(れんしゅう)2：下(した)の □に 漢字(かんじ)を 書(か)きましょう。

1. とう
お父さん
father
아버지
pai

2. かあ
お母さん
mother
어머니
mãe

3. せん せい
先生
teacher
선생님
professor

3. なに
何
what
무엇
o que

5. がく せい
学生
student
학생
estudante

6. とも
友だち
friend
친구
amigo

7. ほん
本
book
책
livro

8. なん じ
何時ですか。
What time is it?
몇 시입니까?
que horas são?

9. ちち はは に ほん
父と母は日本にすんでいます。
My father and mother live in Japan.
아버지와 어머니는 일본에 살고 있습니다
Meu pai e minha mãe moram no Japão.

10. まい にち がっ こう
毎日8じに学校へ いきます。
Every day I go to school at 8.
매일 8시에 학교에 갑니다
Eu vou para a escola às 8:00 todos os dias.

Lesson 6 方角（ほうがく）

Directions 방위 **Direções**

前　後　外　左　右　東　西　南　北　名

絵（え）を　見（み）て　漢字（かんじ）の　意味（いみ）を　考（かんが）えましょう。

Guess the meaning of kanji.　그림을 보고 한자의 의미를 생각해 봅시다.
Veja a ilustração e adivinhe o significado dos kanjis.

ひがし east 동 leste　にし west 서 oeste　きた north 북 norte　みなみ south 남 sul

1　（ ひがし ）

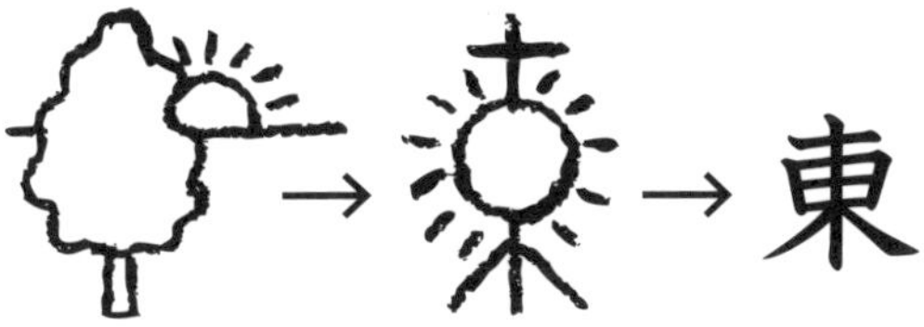

2　（みなみ）

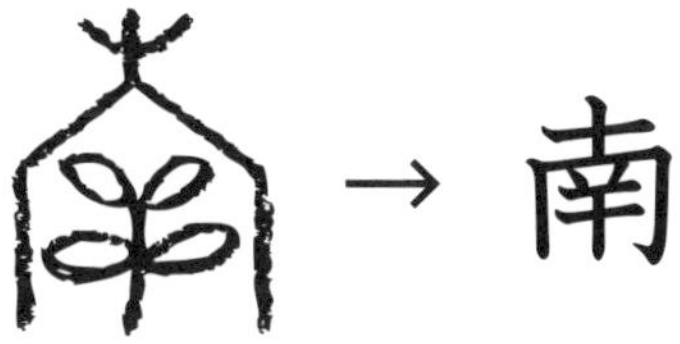

3　（きた）

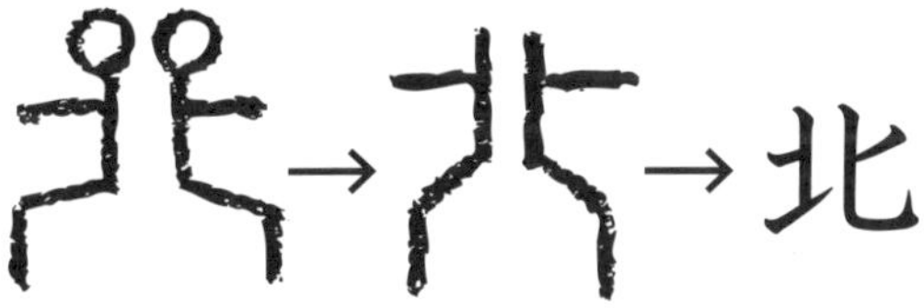

4　（にし）

みぎ right 오른쪽 direita　ひだり left 왼쪽 esquerda　まえ front 앞 frente　うしろ back 뒤 (a)trás

5　（まえ）

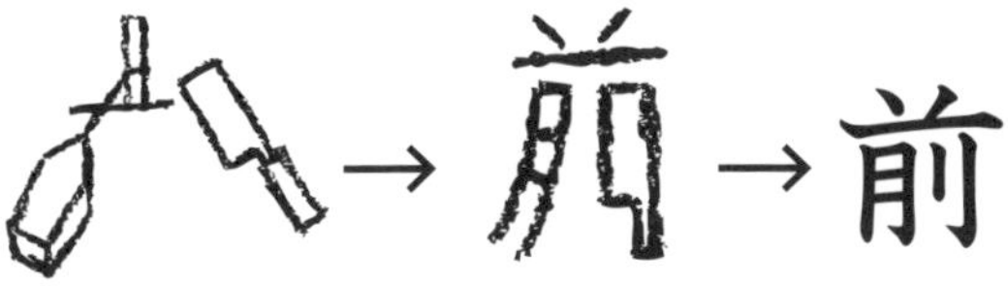

6　（ひだり）

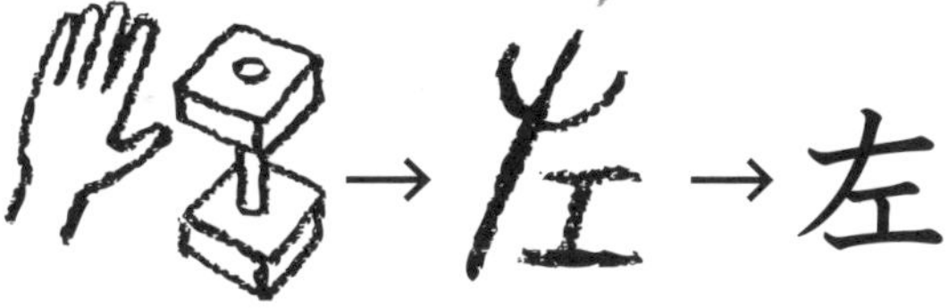

7　（うしろ）

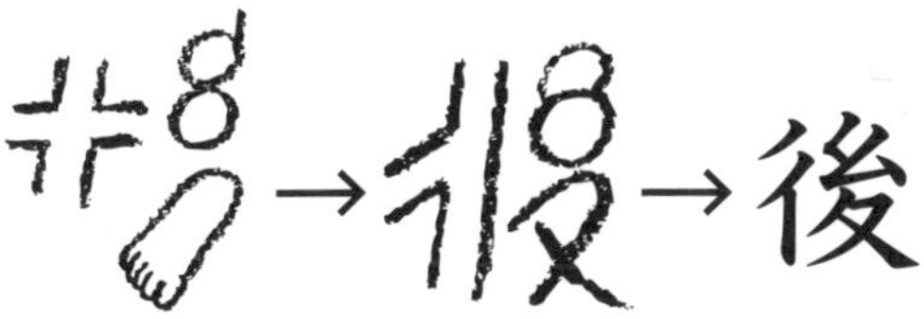

8　（みぎ）

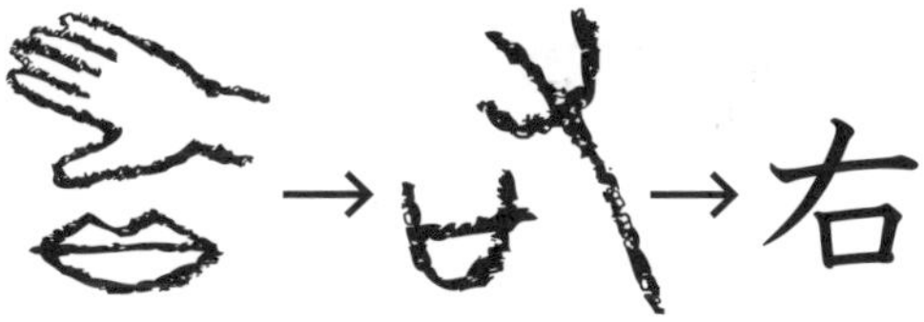

51 前

まえ　front　앞　frente

まえ　before　전　antes

(9)

まえ・ゼン

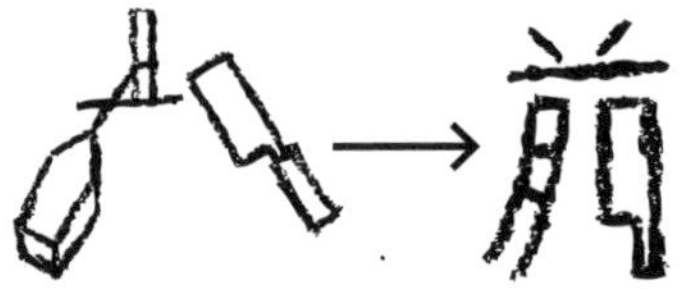

とめてある　ふねの　ロープを　ナイフで きる

cutting a rope of a tied up boat with a knife →to go ahead→front

묶어둔 뱃줄을 칼로 자르다

figura de uma faca cortando a corda de um barco atracado

前	まえ	the front	앞	frente
三日前	みっ か まえ	three days ago	사흘전	três dias atrás
前半	ぜん はん	the first half	전반	primeira metade

52 後

うしろ　back　뒤　(a)trás

あと　after　나중　depois

(9)

うしーろ　あと・ゴ　コウ

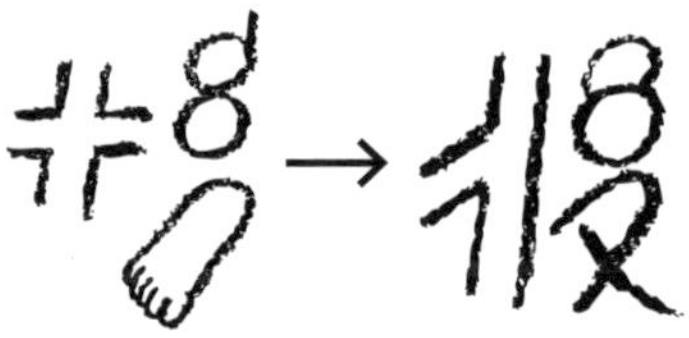

彳（いく）＋ 夊（あしに いとが からまる）→はやく あるけない→あとから　くる→うしろ

彳 go ＋ 夊 foot tangled by thread→one with his foot dragging cannot walk fast→come after→behind, back

彳（가다）＋ 夊（발에 실이 엉키다）→빨리 걷지 못하다→뒤에 처지다 →뒤

彳 ir ＋ 夊 linha enroscada no pé →não pode andar longe→vem por trás→atrás

後	あと	after ,later	나중	depois
後ろ	うし ろ	back, behind	뒤	(a)trás
前後	ぜん ご	back and forth	전후	frente e trás
最後 (さい)	さい ご	the last	최후	último

53 外

そと　outside　밖　fora

(5)

そと・ガイ

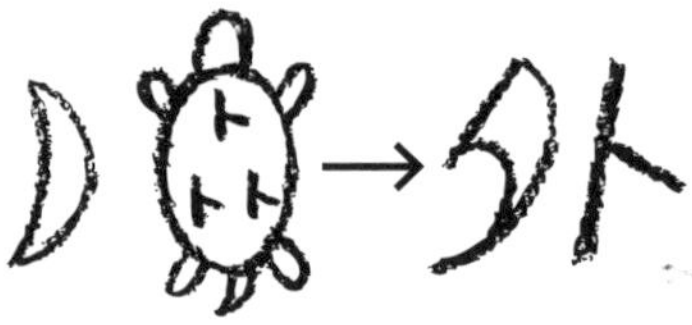

夕（ゆう）＋ト（うらなう）→カメの　こうらの　そとがわに　できた　われめで　うらなう→そとがわ

夕 evening ＋ ト tell one's fortune→people tell their fortune with a crack on the outside surface of a turtle shell→outside

夕（저녁）＋ ト（점치다）→거북의 등 바깥에 갈라진 금으로 점치다 →바깥

夕 anoitecer ＋ ト ler a sorte→ler a sorte pelas ranhuras no exterior do casco de tartaruga→fora

外	そと	outside	밖	fora
外国[11]	がい こく	foreign country	외국	país estrangeiro

国→Lesson 11

54 左

ひだり left
왼쪽
esquerda

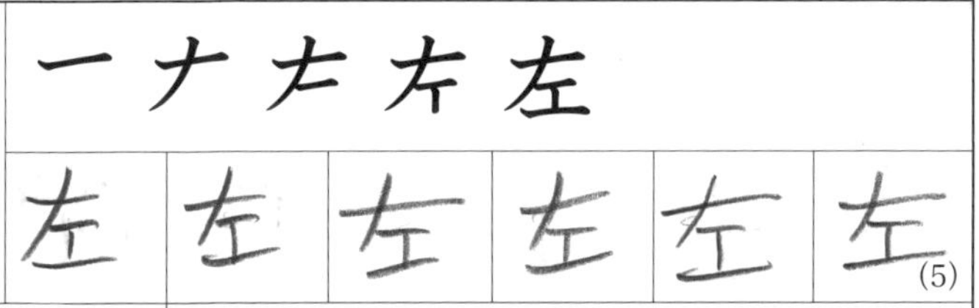

ひだり・サ

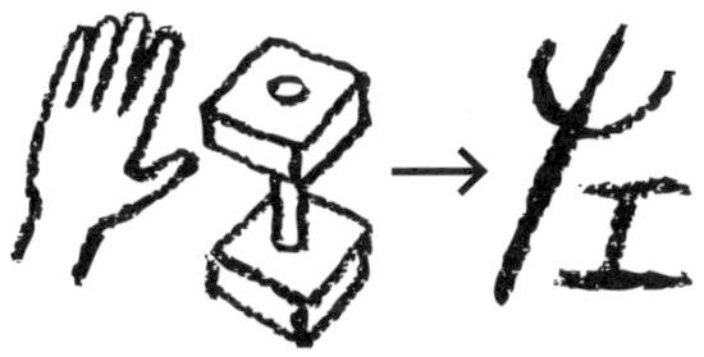

どうぐを　ささえる　手(て)→ひだり
hand to support tools→left hand→left
도구를 지탱하는 손 →왼쪽 손→왼쪽
figura de mão segurando ferramenta
→mão esquerda→esquerda

左	ひだり	left	왼쪽	esquerda
左手	ひだり て	lefthand	왼손	mão esquerda
左側	ひだり がわ	left side	왼편	lado esquerdo

55 右

みぎ right
오른쪽
direita

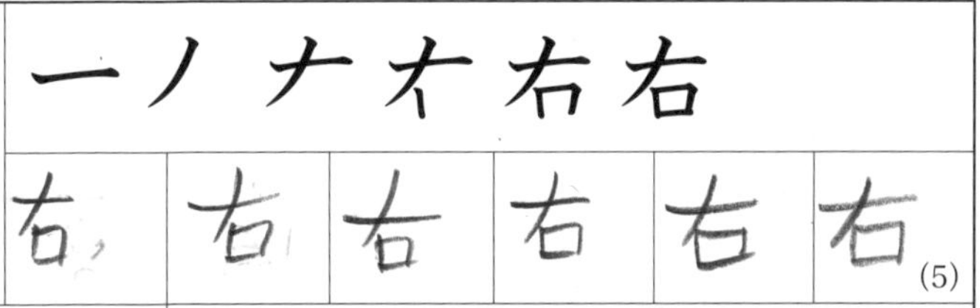

みぎ・ウ　ユウ

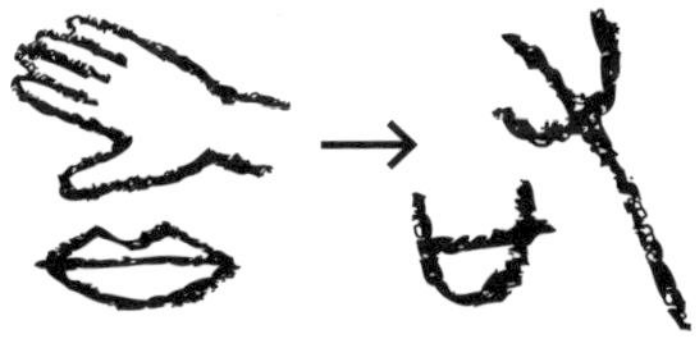

たべものを　たべる　手(て)→みぎ
hand to eat something with→right hand→right
음식을 먹는 손 →오른쪽 손→오른쪽
figura de mão segurando comida →mão direita
→direita

右	みぎ	right	오른쪽	direita
右手	みぎ て	righthand	오른손	mão direita
左右	さ ゆう	left and right	좌우	direita e esquerda
右側	みぎ がわ	right side	오른편	lado direito

56 東

ひがし east
동쪽
leste

ひがし・トウ

木(き)の うしろに　たいようが　のぼって
いる→ひがし
the sun rising behind a tree
→east
나무 뒤로 태양이 떠오르다
→동쪽
figura do Sol se levantando por detrás de uma
árvore→leste

東	ひがし	east	동쪽	leste
東口	ひがし ぐち	the east gate	동쪽 출구	saída leste
東京(きょう)	とう きょう	Tokyo	도쿄	Tóquio
東洋(よう)	とう よう	the Orient	동양	Oriente

57 西

にし west
서쪽
oeste

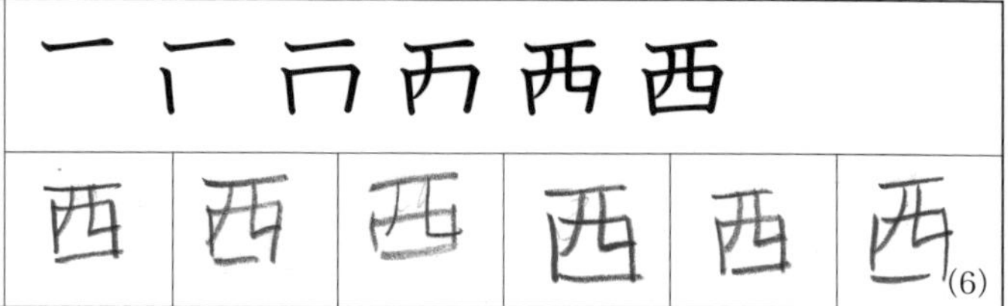
(6)

にし
・
サイ / ーザイ
セイ

ぶどうの　しるが　バスケットを
とおる→きえる
→たいようが　にしに　きえる→にし

wine drops go through the basket and dissapear
→the sun dissapear in the west→west
포도즙이 바구니에서 떨어지다→없어지다
→태양이 서쪽으로 지다→서쪽
figura de caldo de uva passando por cesta
→desaparecer→o Sol desaparece no oeste→oeste

西	にし	west	서쪽	oeste
西口	にし ぐち	the west gate	서쪽 출구	saída oeste
東西	とう ざい	east and west	동서	leste-oeste
西洋(よう)	せい よう	the West	서양	Ocidente

58 南

みなみ south
남쪽
sul

(9)

みなみ
・
ナン

いえの　中(なか)に　ある　しょくぶつの
え→あたたかい　ほうへ　むく
→みなみ

picture of a plant in the house
→warm side→south
집 안에 있는 식물의 그림
→따뜻한 쪽을 향하다→남쪽
figura de plantas dentro da casa
→voltam-se ao lado quente→sul

南	みなみ	south	남쪽	sul
南口	みなみ ぐち	the south gate	남쪽 출구	saída sul
東南アジア	とう なん アジア	Southeast Asia	동남아시아	Sudeste Asiático
南極(きょく)	なん きょく	South Pole	남극	Antártida

59 北

きた north
북쪽
norte

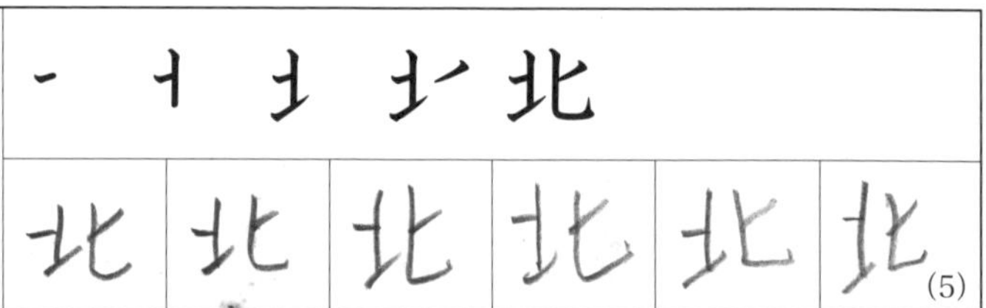
(5)

きた
・
ホク / ホッー

二人(ふたり)の　人(ひと)が　せなかあわせに
すわっている→つめたい　ふんいき
→つめたい　ほうこう→きた

two men sitting back to back→cold atmosphere
→cold direction→north
두 사람이 등을 맞대고 앉아 있다
→차가운 분위기→차가운 방향→북쪽
figura de duas pessoas sentadas com costas voltadas umas às outras→atmosfera fria→direção fria→norte

北	きた	north	북쪽	norte
北口	きた ぐち	the north gate	북쪽 출구	saída norte
南北	なん ぼく	north and south	남북	norte-sul
北海(かい)道[10]	ほっ かい どう	Hokkaido	홋카이도	Hokkaido

道→Lesson 10

60

名

なまえ　name
이름
nome

ノ　ク　タ　タ　名　名

名 名 名 名 名 名 (6)

な・メイ

月（つき）＋口（くち）→ゆうがた
人(ひと)びとは　じぶんの　なまえを
いって　おたがいに　たしかめた

月 moon+口 mouth→in the evening people say their names in a voice in order to identify each other

月（달）＋口（입）
→저녁때는 이름을 대고 서로 확인하였다

月 Lua ＋ 口 boca→anoitecer, as pessoas diziam os próprios nomes para confirmar a identidade

名前	なまえ	name	이름	nome
十名	じゅう めい	10 people	10명	10 pessoas
有(ゆう)名な	ゆう めい	famous	유명한	famoso
人名	じん めい	a person's name	인명	nome de pessoa

練習(れんしゅう) 1：漢字(かんじ)の　読(よ)み方(かた)を　書(か)きましょう。

PRACTICE : Write the meanings of the following kanji in hiragana;
연습 : 한자 읽는 음을 히라가나로 써 봅시다 .
Exercício : escreva a leitura dos kanjis.

1．前 まえ
2．後ろ うしろ
3．外 そと
4．右と左 みぎとひだり
5．前後 ぜんご
6．東 ひがし
7．西 にし
8．南 みなみ
9．北 きた
10．南北 なんぼく

11．先生が　学生の　名前を　よびました。
せんせいが がくせいの なまえをよびました。

12．三年後　外国(こく)へ　いきたいです。
さんねんあと がいこくへ いきたいです。

13．二年前　東南アジアへ　いきました。
にねんまえ どうなんアジアへ いきました。

14．スーパーの　前で　友だちに　あいました。
スーパーの まえで ともだちに あいました。

15．左右を　よくみて　みちを　わたります。
さゆうを よくみて みちを わたります。

練習(れんしゅう)2：下(した)の　□に　漢字(かんじ)を　書(か)きましょう。

1. ひがし
東
east
동
leste

2. にし
西
west
서
oeste

3. ひだり
左
left
왼쪽
esquerda

4. みぎ
右
right
오른쪽
direita

5. きた
北
north
북
norte

6. みなみ
南
south
남
sul

7. まえ
前
front
앞
frente

8. うしろ
後ろ
back
뒤
trás

9. そと
外
outside
밖
fora

10. めい
6名
six persons
6명
6 pessoas

11. なん ぼく
南北
north and south
남북
norte e sul

12. とう ざい
東西
east and west
동서
leste e oeste

13. ぜん ご
前後
back and forth
전후
frente e trás

14. さ ゆう
左右
left and right
좌우
direita e esquerda

15. 二年(ねん)前(ご)　外(がい)国(こく)へ　いきたいです。
I want to go abroad two years later.
2년후에 외국에 가고 싶습니다
Eu quero ir ao exterior em dois anos.

15. 先(せん)生(せい)が　名(な)前(まえ)を　よびました。
Teacher called my name.
선생님이 이름을 불렀습니다
Meu nome foi chamado pelo professor.

Lesson 4~6

にほんごのうりょくしけん（JLPT）じっせん　れんしゅう

もんだい１　＿＿＿＿の　ことばは　ひらがなで　どう　かきますか。
１、２、３、４から　いちばん　いいものを　ひとつ　えらんで　ください。

1．あの　女の子①は　テニスが　上手②ですね。

① 1. おとこのこ　2. おなのこ　3. おんなのこ　4. おんなのこう
② 1. じょず　2. うえて　3. じょうず　4. ちょうず

2．あたらしい　学校③の　名前④を　しっていますか。

③ 1. がこう　2. がっこう　3. かっこう　4. がっこ
④ 1. なまい　2. なめえ　3. あまえ　4. なまえ

3．あなたの　お母さん⑤は　きれいな　人⑥ですね。

⑤ 1. おかさん　2. おとうさん　3. おかあさん　4. おっかあさん
⑥ 1. にん　2. いと　3. びと　4. ひと

4．プールで　およぐと　目⑦や　耳⑧が　いたくなります。

⑦ 1. みみ　2. み　3. め　4. はな
⑧ 1. はな　2. め　3. み　4. みみ

5．えきの　東口⑨で　先生⑩に　あいました。

⑨ 1. ひがしくち　2. にしくち　3. にしぐち　4. ひがしぐち
⑩ 1. せんせ　2. せんせえ　3. せんぜい　4. せんせい

6．毎日⑪　ねる　まえに、何⑫を　しますか。

⑪ 1. まえにち　2. まいにち　3. まいび　4. まいばん
⑫ 1. なん　2. なぬ　3. ない　4. なに

7．先月⑬　足⑭に　けがを　したので　スキーは　できません。

⑬ 1. ぜんけつ　2. せんけつ　3. ぜんげつ　4. せんげつ
⑭ 1. あす　2. あし　3. あじ　4. あち

もんだい2 ＿＿＿の ことばは どう かきますか。
1、2、3、4から いちばん いいものを ひとつ えらんで ください。

1．スーパーの みぎ①に ほんや②が あります。

① 1. 右 2. 左 3. 友 4. 名
② 1. 木や 2. 禾や 3. 本や 4. 未や

2．いちばん うしろ③に ちち④が たっています。

③ 1. 役ろ 2. 前ろ 3. 後ろ 4. 俊ろ
④ 1. 母 2. 攵 3. 父 4. 父

3．リーさんは あの あし⑤が ながい ひと⑥です。

⑤ 1. 口 2. 走 3. 足 4. 赤
⑥ 1. イ 2. 入 3. 八 4. 人

4．まいつき⑦ ともだち⑧に 手がみを かきます。

⑦ 1. 毎月 2. 母月 3. 毎日 4. 莓月
⑧ 1. 反だち 2. 友だち 3. 皮だち 4. 有だち

5．おとうとは ゆきが ふった ひ⑨に うまれました⑩。

⑨ 1. 火 2. 目 3. 日 4. 見
⑩ 1. 生まれました 2. 主まれました 3. 先まれました 4. 午まれました

6．あしたの パーティーに おとこ⑪の ひとは なんにん⑫ きますか。

⑪ 1. 女 2. 子 3. 男 4. 父
⑫ 1. 可人 2. 付人 3. 何八 4. 何人

7．がくせい⑬は ちから⑭が ありますから、いすを もっていって もらいましょう。

⑬ 1. 学主 2. 学王 3. 学生 4. 学先
⑭ 1. 刀 2. 刃 3. 刄 4. 力

Lesson 7 絵(え)からできた漢字(かんじ)4

Kanji made from pictures 4　그림으로 만들어진 한자 4　Kanjis Derivados de Figuras 4

牛　馬　魚　貝　雨　天　気　車　門　午

漢字(かんじ)の　意味(いみ)を　考(かんが)えて、線(せん)で　結(むす)びましょう。

Guess the meaning of kanji.
한자의 의미를 생각하여 선으로 연결해 봅시다 .
Adivinhe o significado dos kanjis e faça a ligação.

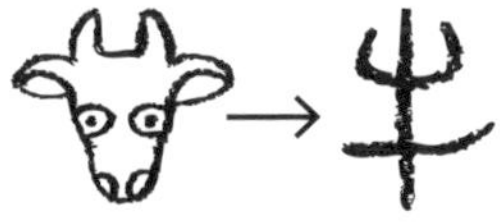
牛 1 ・

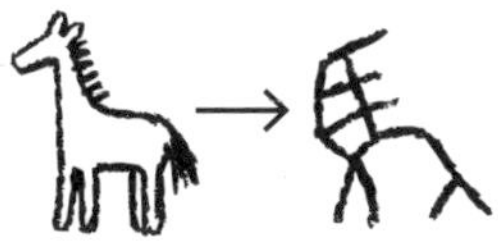
馬 2 ・

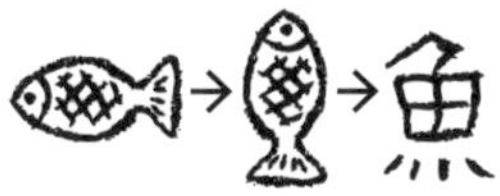
魚 3 ・

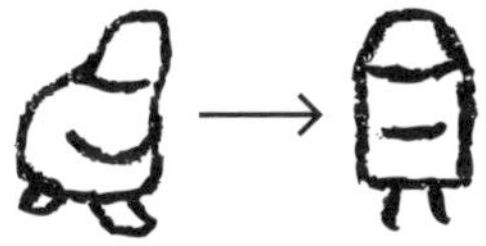
貝 4 ・

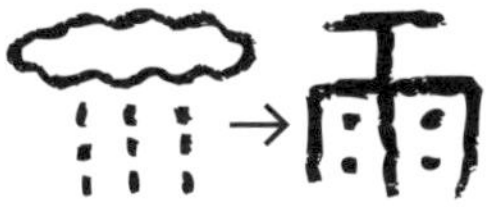
雨 5 ・

・ A さかな　fish 물고기 peixe
・ B かい　shellfish 조개 marisco
・ C うし　cow 소 boi
・ D あめ　rain 비 chuva
・ E うま　horse 말 cavalo

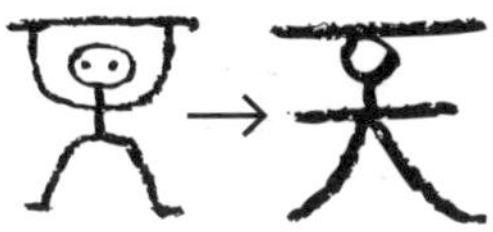
天 6 ・

気 7 ・

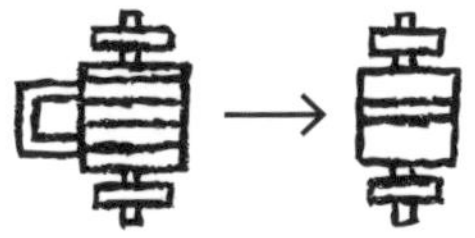
車 8 ・

門 9 ・

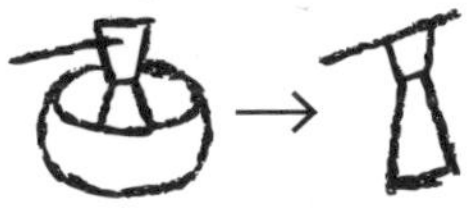
午 10 ・

・ F き　air 공기 ar
・ G もん　gate 문 portal
・ H てん　heaven 하늘 céu
・ I ご　noon 낮 , 정오 meio-dia
・ J くるま　car 차 carro

61		
牛	うし cow 소 boi	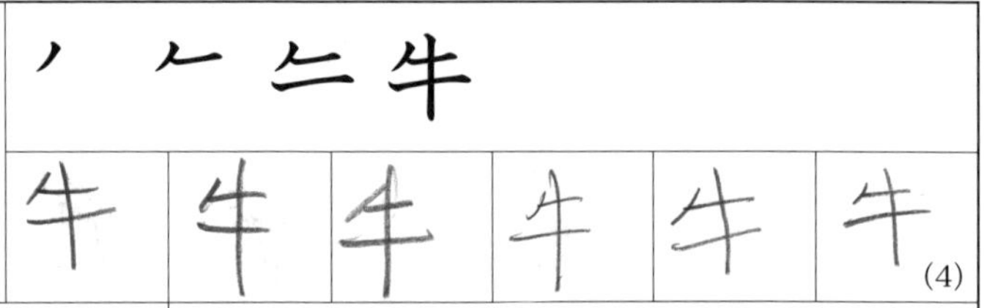 (4)
うし・ギュウ	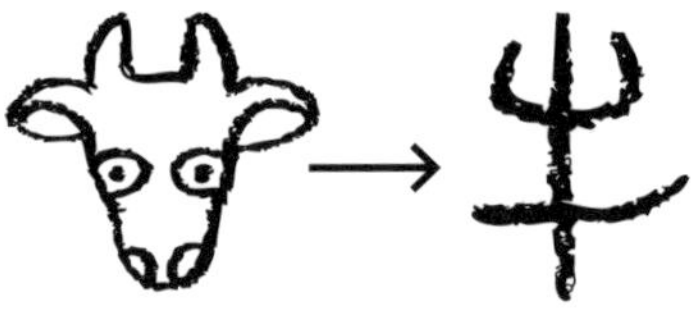	うしの　あたまと　つのの　え →うし picture of a cow's head and horns→cow 소 머리와 뿔의 그림→소 figura de cabeça e chifres de um boi→boi

牛	うし	cow	소	boi
水牛	すい ぎゅう	buffalo	물소	búfalo
牛肉（にく）	ぎゅう にく	beef	소고기	carne de vaca
牛乳（にゅう）	ぎゅう にゅう	cow's milk	우유	leite de vaca

62		
馬	うま horse 말 cavalo	 (10)
うま・バ	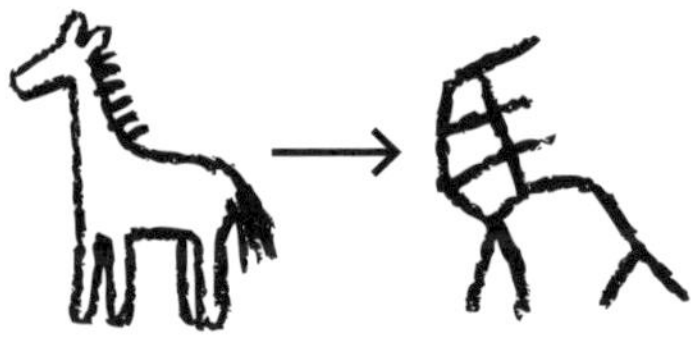	うまの　え picture of a horse 말의 그림 figura de um cavalo

馬	うま	horse	말	cavalo
馬車	ばしゃ	carriage	마차	carruagem
トロイの木馬	トロイの もく ば	Trojan horse	트로이의 목마	Cavalo de Tróia
乗（じょう）馬	じょう ば	horse riding	승마	hipismo

63		
魚	さかな fish 물고기 peixe	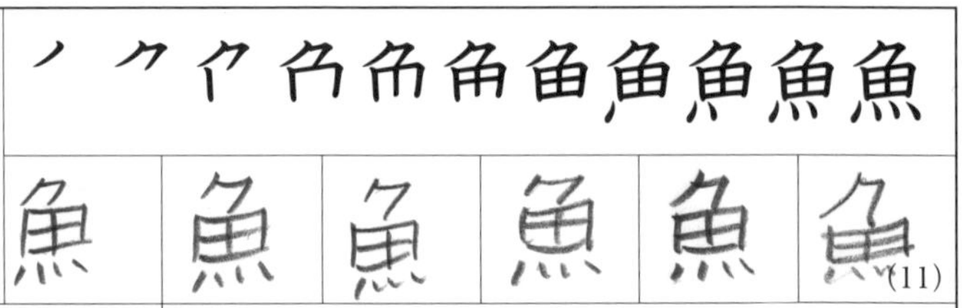 (11)
さかな・ギョ	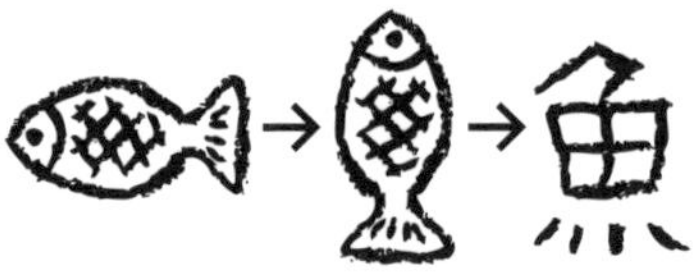	さかなの　え picture of a fish 물고기의 그림 figura de um peixe

魚	さかな	fish	물고기	peixe
金魚	きん ぎょ	goldfish	금붕어	peixe ornamental
人魚	にん ぎょ	mermaid	인어	sereia

64 貝

かい shellfish
조개
marisco

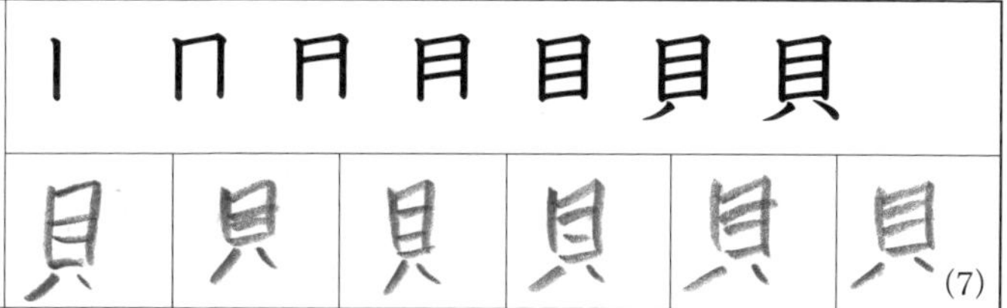
(7)

かい

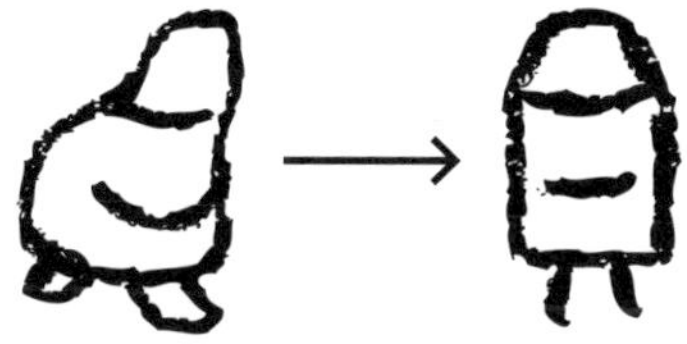

かいの　え
picture of a shell
조개의 그림
figura de um marisco

貝	かい	shellfish	조개	marisco
貝がら	かい がら	shell	조개 껍데기	concha de marisco

65 雨

あめ rain
비
chuva

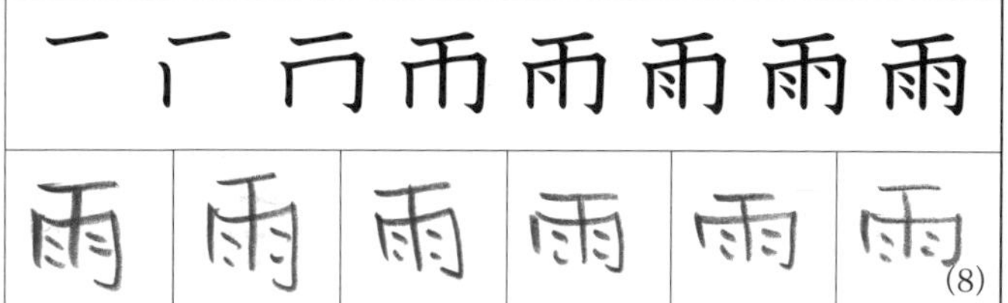
(8)

あめ
・
ウ

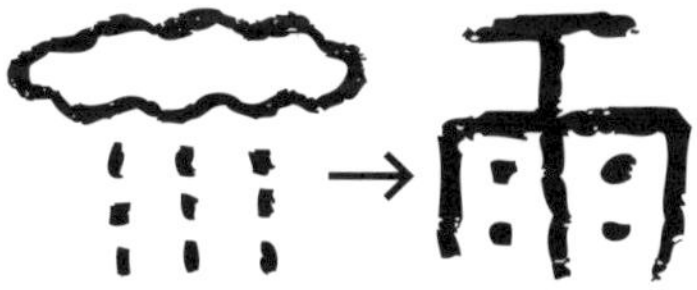

空(そら)から　ふってくる　あめの　え
→あめ
picture of raindrops falling down from the sky→rain
하늘에서 비가 오는 그림→비
figura de chuva caindo do céu→chuva

雨	あめ	rain	비	chuva
大[8]雨	おお あめ	heavy rain	큰 비	chuvaral
雨期	う き	rainy season	우기	estação das chuvas

大→Lesson 8

66 天

てん heaven
하늘
céu

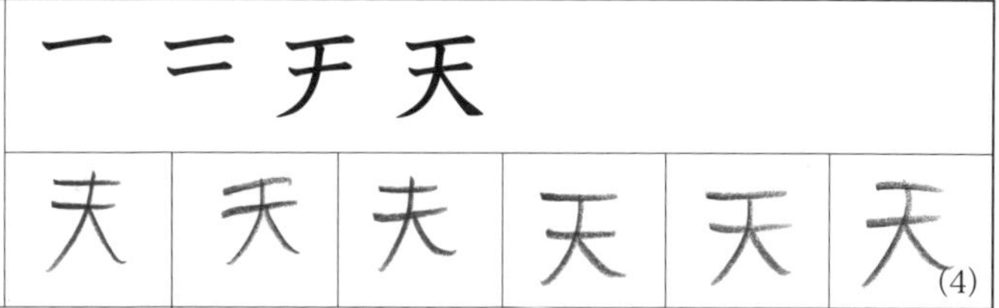
(4)

テン

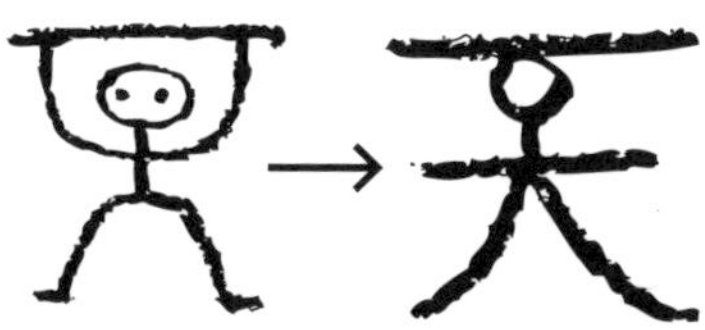

人(ひと)の　上(うえ)に　ある　てんの　え
picture of heaven above a man
사람 위에 있는 하늘의 그림
figura do céu acima de pessoa

天	てん	heaven	하늘	céu
天気[7]	てん き	weather	날씨	tempo (clima)
天国[11]	てん ごく	paradise	천국	paraíso

気→Lesson 7　国→Lesson 11

67

気

き　spirit
기
espírito

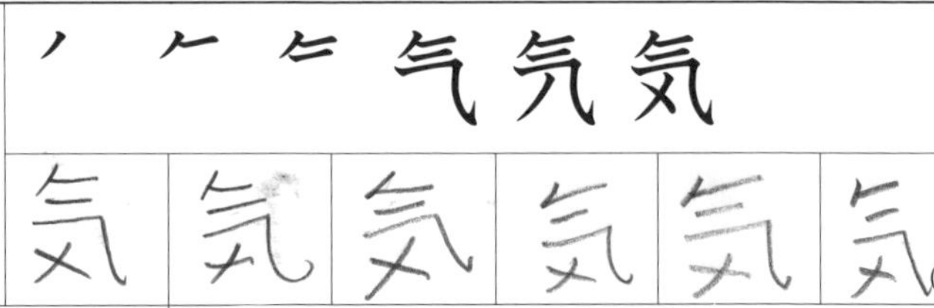
(6)

キ

あたたかい　ごはんの　ゆげ→見(み)えないもの→くうき、せいしん→き
vapors from steamed rice→something invisible→air, spirit
따뜻한 밥에서 나는 김→보이지 않는 것→공기, 정신→기
vapor de arroz quente→algo que não se vê→ar, espírito→ar

天気	てんき	weather	날씨	tempo (clima)
人気	にんき	popularity	인기	popularidade
気をつける	きをつける	to take care	조심하다, 주의하다	tomar cuidado
気持(も)ち	きもち	feeling	마음, 기분	sentimento

68

車

くるま　car
차
carro

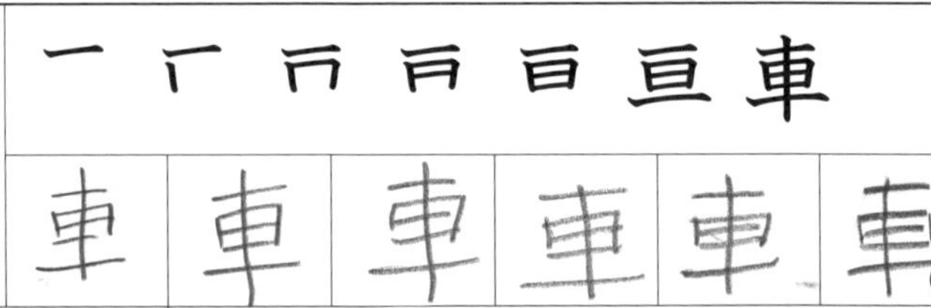
(7)

くるま・シャ

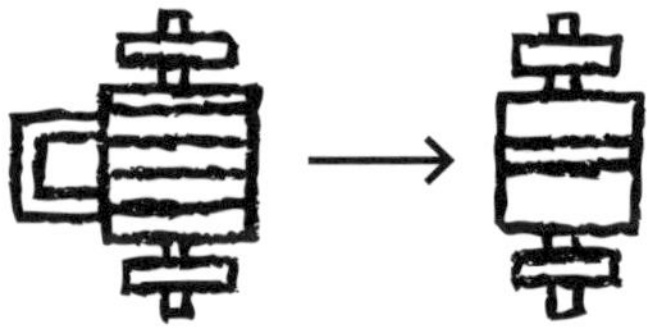

しゃりんが　二(ふた)つある　くるまの　え→くるま
picture of a car with two wheels→car
바퀴가 둘 달린 수레의 그림→차
figura de carro com duas rodas→carro

車	くるま	car	차	carro
電[11]車	でんしゃ	train	전차	trem
自動(じどう)車	じどうしゃ	automobile	자동차	automóvel

電→Lesson 11

69

門

もん　gate
문
portal

(8)

モン

もんの　え
picture of a gate
문의 그림
desenho de um portal

門	もん	gate	문	portal
正(せい)門	せいもん	main gate	정문	portão principal
専(せん)門	せんもん	major field of study	전문	especialidade de estudo

70 **午**	ひる　noon 낮, 점심 meio-dia	ノ　𠂉　𠂉　午 午　午　午　午　午　午 (4)
ゴ	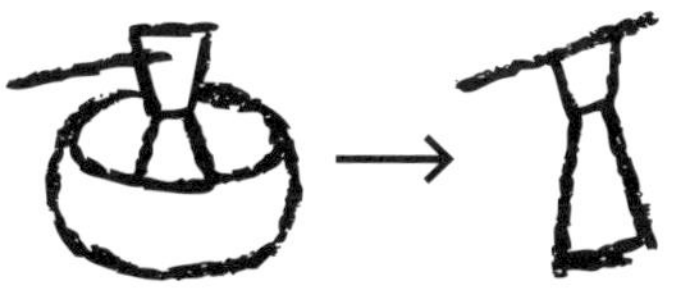	うすの　ちゅうしんを　うつ きねの　え →一日(いちにち)の　まんなか→ひる picture of a pestle hitting the center of a bowl →center of the day→noon 절구의 중심을 치는 그림→하루의 한 가운데 →낮 figura de um cabo batendo o centro de um pilão →o meio de um dia→meio-dia

午前	ごぜん	(in the) morning	오전	período da manhã
午後	ごご	(in the) afternoon	오후	período da tarde

練習(れんしゅう)1：漢字(かんじ)の　読(よ)み方(かた)を　書(か)きましょう。

PRACTICE : Write the meanings of the following kanji in hiragana;
연습 : 한자 읽는 음을 히라가나로 써 봅시다 .
Exercício : escreva a leitura dos kanjis.

1. 牛 うし　　2. 馬 うま

3. 魚 さかな　　4. 貝 かい

5. 雨 あめ　　6. 車 くるま

7. 門 もん　　8. 午前 ごぜん

9. 午後 ごご　　10. 天気 てんき

11. 日本人は　魚が　すきです。
にほんじんはさかなかすきです。

12. 六月は　たくさん　雨が　ふります。
ろくがつは たくさん あめが ふります。

13. 天気が　いいですから、こうえんを　さんぽします。
てんきが いいですから こうえんを さんぽしまます。

14. 門の　前で　あいましょう。
もんの まえで あいましょう。

15. 学校は　午前９じから　午後３じまでです。
がっこうは ごぜん9じから ごご3じまでです。

練習(れんしゅう)2：下(した)の □に 漢字(かんじ)を 書(か)きましょう。

1. うし

牛

cow
소
boi

2. うま

馬

horse
말
cavalo

3. さかな

魚

fish
물고기
peixe

4. かい

貝

shellfish
조개
marisco

5. あめ

雨

rain
비
chuva

6. てん き

天気

weather
날씨
tempo

7. くるま

車

car
차
carro

8. もん

門

gate
문
portal

9. ご ぜん

午前

(in the) morning
오전
de manhã

10. ご ご

午後

(in the) afternoon
오후
de tarde

11. もん まえ

門の前で あいましょう。

Let's meet in front of the gate.
문 앞에서 만납시다
Vamos nos encontrar em frente ao portão.

12. き

気を つけて ください。

Take care of yourself.
조심하십시오
Tome cuidado.

13. まい にち ぎゅう

毎日 牛にゅうを のみます。

I drink milk every day.
매일 우유를 마십니다
Eu tomo leite todos os dias.

Lesson 8 形容詞（けいようし）

Adjectives　형용사　Adjetivos

大　小　高　安　新　古　長　多　少　早

漢字（かんじ）の　意味（いみ）を　考（かんが）えて　線（せん）で　結（むす）びましょう。

Guess the meaning of kanji.
한자의 의미를 생각하여 선으로 연결해 봅시다.
Adivinhe o significado dos kanjis e faça a ligação.

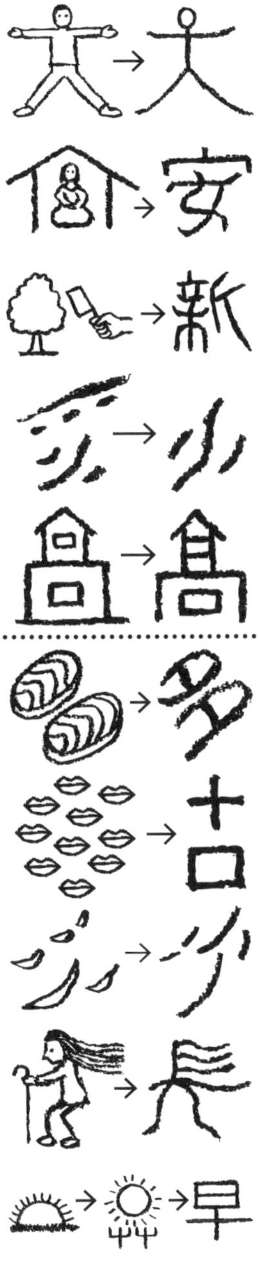

大	1	A あたらしい	new 새롭다 novo
安	2	B たかい	tall 높다 alto
新	3	C あんしん	safe 안심 seguro
小	4	D おおきい	big 크다 grande
高	5	E ちいさい	small 작다 pequeno
多	6	F すくない	few 적다 pouco
古	7	G おおい	many 많이 bastante
少	8	H ながい	long 길다 longo
長	9	I ふるい	old 오래 되다 velho
早	10	J はやい	early 이르다 cedo

71 大

おおきい big 크다 grande

一 ナ 大

大 大 大 大 大 大 (3)

おお－きい
・
ダイ / タイ

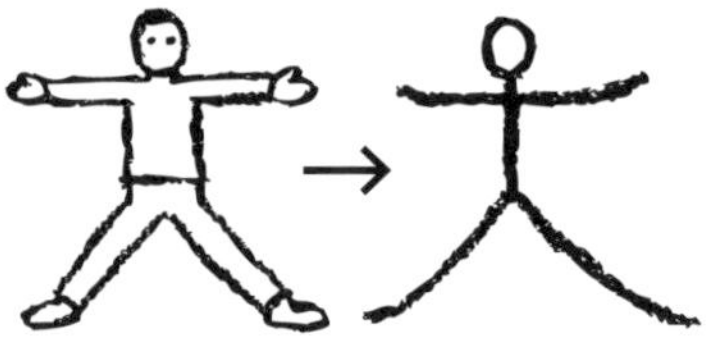

人(ひと)が　手(て)と　足(あし)を　ひろげている
→おおきい

picture of a man standing with arms and legs open wide→big

사람이 팔다리를 벌리고 있다 →크다

figura de uma pessoa com as mãos e pés esticados→grande

大きい	おお きい	big	크다	grande
大学	だい がく	university	대학	universidade
アジア大会[11]	アジア たい かい	Asian Games	아시안게임	campeonato asiático
大人	*おとな	adult	어른	adulto

会→Lesson 11

72 小

ちいさい small 작다 pequeno

亅 小 小

小 小 小 小 小 小 (3)

ちい－さい
お / こ
・
ショウ

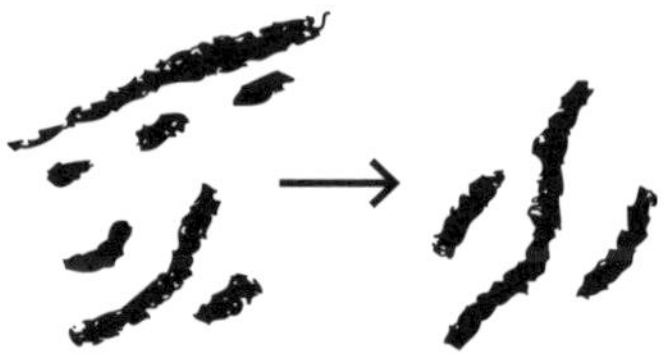

木(き)を　けずっていくと→ちいさい

shaving a stick into small chips→small

나무를 깎아내면 →작다

talhando madeira→pequeno

小さい	ちい さい	small	작다	pequeno
小川	お がわ	small stream	작은 강, 시내	riacho
小学校	しょう がっ こう	primary school	초등학교	ensino fundamental I
小犬(いぬ)	こ いぬ	puppy	강아지	filhote de cachorro

73 高

たかい high 높다 alto

たかい expensive 비싸다 caro

丶 亠 亠 亡 古 亨 亯 高 高 高

高 高 高 高 高 高 (10)

たか－い
・
コウ

タワーのような　たてもの
→たかい

picture of a tower→tall, high

탑과 같은 건물 →높다

prédio em formato de torre →alto

高い	たか い	high, expensive	높다, 비싸다	alto, caro
高校生	こう こう せい	high school student	고등학생	aluno de ensino médio
円高	えん だか	strong yen	엔고	iene valorizado

74 安

やすい	cheap 싸다 barato	
あんぜん	safe 안전 seguro	(6)

やすーい・アン

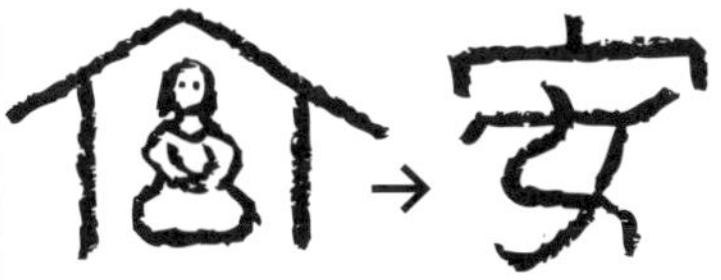

うちの 中(なか)の 女(おんな)の人(ひと)→あんぜん
a woman in a house→safety and peace
집 안의 여자→안전
mulher dentro de casa→seguro

安い	やすい	cheap	싸다	barato
安心(しん)する	あんしんする	to be relieved	안심하다	estar tranquilo
安全(ぜん)	あんぜん	safety	안전	segurança

75 新

あたらしい	new 새롭다 novo

(13)

あたらーしい・シン

辛（とがった）＋斤（おの）
→おので 木(き)を きる
→あたらしい 木(き)のめん→あたらしい
辛 sharp ＋ 斤 ax→cutting a tree with a sharp ax
→new surface→new
辛 (뾰족한) ＋ 斤 (도끼) →도끼로 나무를 베다
→새로운 나무의 단면→새롭다
辛 pontiagudo ＋ 斤 machado→cortar árvore com machado→nova superfície da madeira→novo

新しい	あたらしい	new	새롭다	novo
新聞[10]	しんぶん	newspaper	신문	jornal
新人	しんじん	newcomer	신인	novato
新年	しんねん	new year	새해	ano novo

聞→Lesson 10

76 古

ふるい	old 오래 되다 velho

(5)

ふるーい・コ

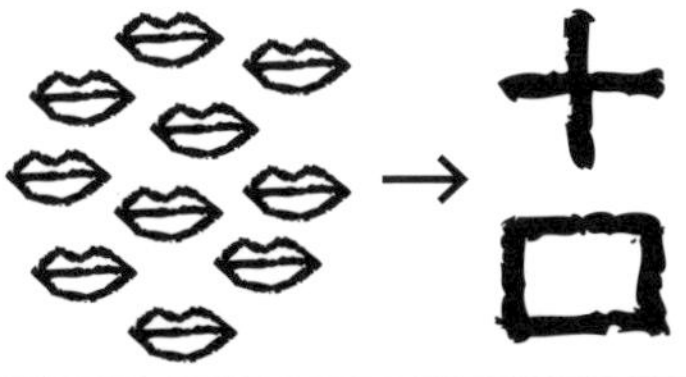

10かい 人(ひと)が 話(はな)した こと
→ふるい
a story told ten times→old
열번 이야기한 것 →오래 되다
história contada já 10 vezes →velho

古い	ふるい	old	오래 되다	velho
中古車	ちゅうこしゃ	used car	중고차	carro usado

77

長

ながい	long 길다 longo
いちばんうえのひと	chief　가장 윗 사람 pessoa no topo

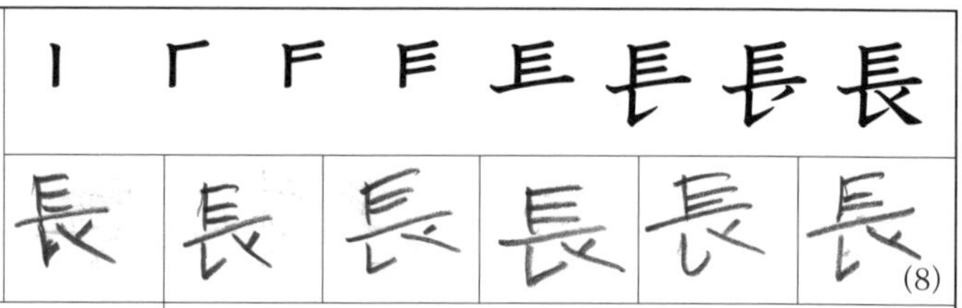
(8)

ながーい
・
チョウ

かみが　ながい　おじいさん
→ながい
picture of an old man with long hair→long
머리가 긴 노인 →길다
idoso de cabelo comprido→longo

長い	ながい	long	길다	longo
社[11]長	しゃちょう	company president	사장	presidente de companhia
学長	がくちょう	university president	학장	reitor de universidade
校長	こうちょう	school principal	교장	diretor de escola

社→Lesson 11

78

多

おおい	many 많다 muito
おおい	much 많다 bastante

(6)

おおーい
・
タ

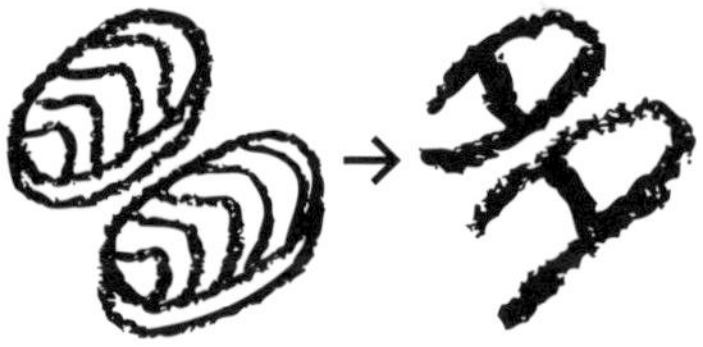

2きれの　にく→おおい
picture of two pieces of meat→many
고기 두 점 →많다
duas fatias de bife →bastante

多い	おおい	many,much	많다	muito, bastante
多少	たしょう	a little	다소	pouco
多数決（すうけつ）	たすうけつ	decision by majority	다수결	decisão por maioria

79

少

すくない	few 적다 pouco
すくない	little 적다 pequeno

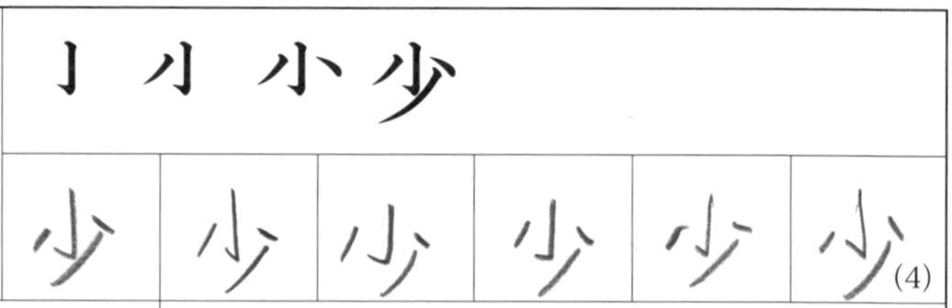
(4)

すくーない
すこーし
・
ショウ

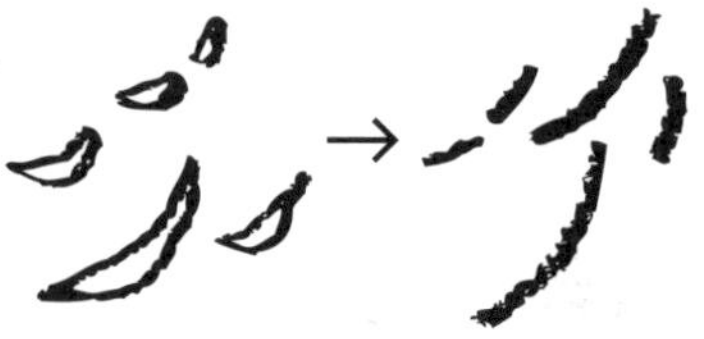

かけらを　ちいさく　する
→とても　ちいさい→すくない
make chips smaller→very small→small amount
조각을 작게 하다→아주 작다 →적다
transformar em pedaços menores →muito pequeno→pouco

少ない	すくない	few, little	적다	pouco, pequeno
少し	すこし	a few, a little	조금	um pouco
少年	しょうねん	boy	소년	garoto
少女	しょうじょ	girl	소녀	garota

80 早	はやい	early 이르다 cedo	 早 早 早 早 早 早 (6)
はや－い ・ ソウ			たいようが　のぼった　時(とき) →はやい the sun just rising→early 태양이 떴을 때→이르다 quando o Sol nasce →cedo

早い	はや い	early	이르다	cedo
早朝(ちょう)	そう ちょう	early morning	조조	de manhã cedo
早送(おく)り	はや おくり	fast forward	빨리 감기	avanço rápido

練習(れんしゅう) 1: 漢字(かんじ)の　読(よ)み方(かた)を　書(か)きましょう。

PRACTICE : Write the meanings of the following kanji in hiragana;
연습 : 한자 읽는 음을 히라가나로 써 봅시다 .
Exercício : escreva a leitura dos kanjis.

1. 長い ながい
2. 小さい ちさい
3. 高い たかい
4. 大きい おおきい
5. 新しい あたらしい
6. 古い ふるい
7. 早い はやい
8. 多い おおい
9. 少ない すくない
10. 安い やすい

11. あには　高校生　です。
あには こうこうせいです。
12. 少し　おまちください。
すこし おまちください。
13. これから　社長の　おはなしが　あります。
これから しゃちょうのおはなしがあります。
14. 安くて　大きい　テレビを　かいました。
やすくて おおきいテレビを かいました。
15. 新年おめでとうございます。
しんねんおめでとうございます。

練習(れんしゅう)2：下(した)の □に 漢字(かんじ)を 書(か)きましょう。

1. たか
高い
high, expensive
높다, 비싸다
alto, caro

2. やす
安い
cheap
싸다
barato

3. あたら
新しい
new
새롭다
novo

4. はや
早い
early
이르다
cedo

5. ふる
古い
old
오래 되다
velho

6. すく
少ない
few, little
적다
pouco

7. なが
長い
long
길다
comprido

8. おお
多い
many, much
많다
bastante

9. ちい
小さい
small
작다
pequeno

10. おお
大きい
big
크다
grande

11. に ほん すこ
日本ごが 少し わかります。
I understand Japanese a little.
일본어를 조금 압니다
Eu entendo um pouco de japonês.

12. あたら だい がく
新しい 大学が できました。
A new university was built.
새로운 대학이 생겼습니다
Abriu-se uma nova universidade.

Lesson 9

動詞

Verbs 동사 Verbos

行　来　食　見　入　出　立　書　言　飲

漢字の　意味を　考えて、線で　結びましょう。

Guess the meaning of kanji.
한자의 의미를 생각하여 선으로 연결해 봅시다 .
Adivinhe o significado dos kanjis e faça a ligação.

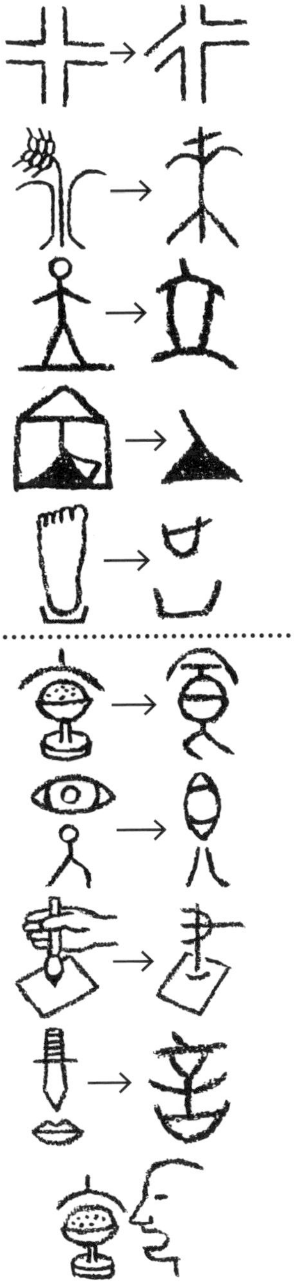

行	1	A きます	come 옵니다 vir
来	2	B はいります	enter 들어갑니다 entrar
立	3	C でます	go out 나갑니다 sair
入	4	D いきます	go 갑니다 ir
出	5	E たちます	stand 섭니다 ficar de pé
食	6	F のみます	drink 마십니다 beber
見	7	G たべます	eat 먹습니다 comer
書	8	H いいます	say 말합니다 dizer
言	9	I みます	look 봅니다 ver
飲	10	J かきます	write 씁니다 escrever

81 行

いく　go
가다
ir

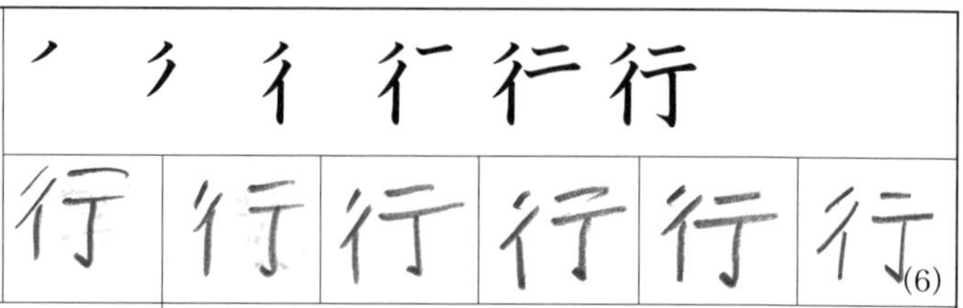
(6)

いーく
・おこなーう
・
コウ
ギョウ

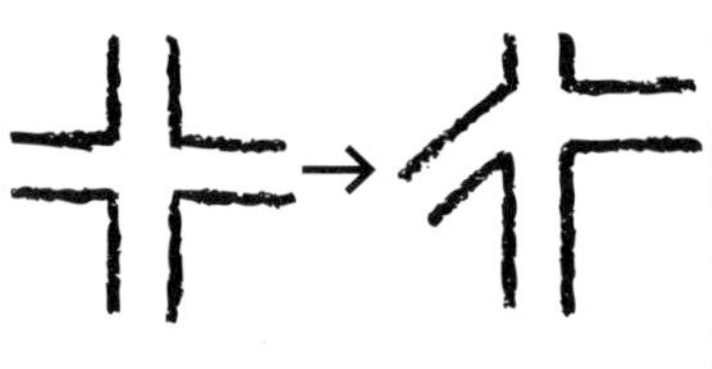

こうさてんの　え→いく
picture of crossing streets→to go
교차로의 그림→가다
figura de um cruzamento→ir

行く	いく	to go	가는 방법	ir
行き方	いきかた	how to get to Place	가는 방법	maneira de ir
銀行	ぎんこう	bank	은행	banco
三行目	さんぎょうめ	the third line	세째 줄	terceira linha

82 来

くる　come
오다
vir

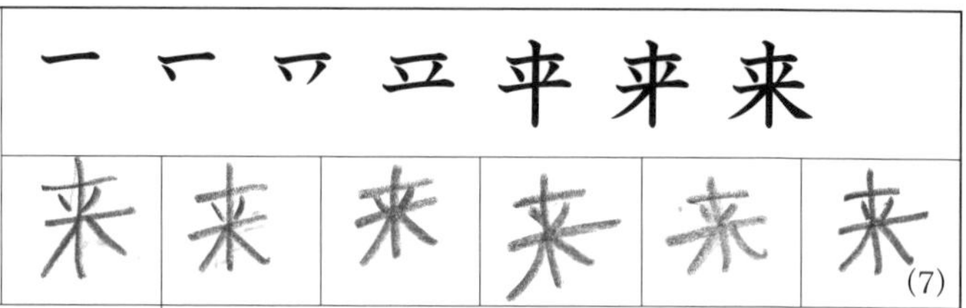
(7)

くーる／
こーない／
きーます
・
ライ

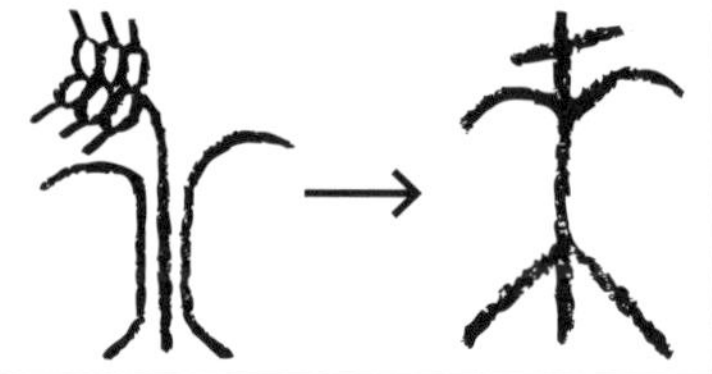

こむぎの　え→天（てん）からの　おくりもの→くる
picture of wheat plant
→thought to be a gift from heaven→to come
밀의 그림 →하늘에서 내린 선물→오다
figura de um pé de trigo
→presente dos céus→vir

来る	くる	to come	오다	vir
来年	らいねん	next year	내년	ano que vem
来週[10]	らいしゅう	nextweek	다음 주	semana que vem
将来	しょうらい	future	장래	futuro

週→Lesson 10

83 食

たべる　eat
먹다
comer

(9)

たーべる
・
ショク

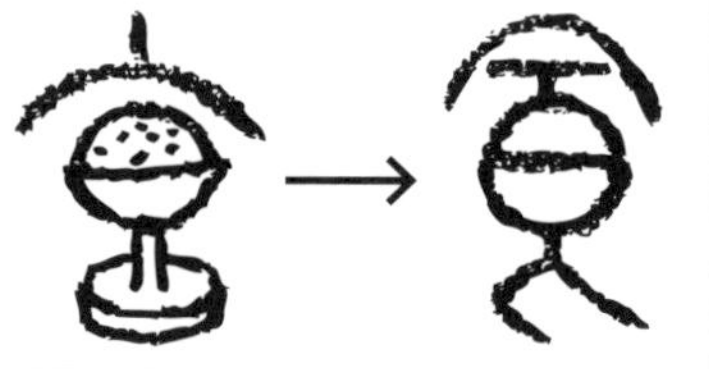

ふたのある　足（あし）つきの　いれものに
のせた　ごはん→たべる
cooked rice in a stemmed dish with a lid→to eat
뚜껑과 발이 달린 그릇에 담은 밥→먹다
figura de arroz dentro de uma panela com tampa e pernas→comer

食べる	たべる	to eat	먹다	comer
外食する	がいしょくする	to have a meal	외식하다	comer fora
食料品	しょくりょうひん	grocery	식료품	alimento
食堂	しょくどう	dining hall	식당	refeitório

84

見

みる　see
보다
ver

丨 冂 冃 月 目 貝 見

見 見 見 見 見 見 (7)

みーる
・
ケン

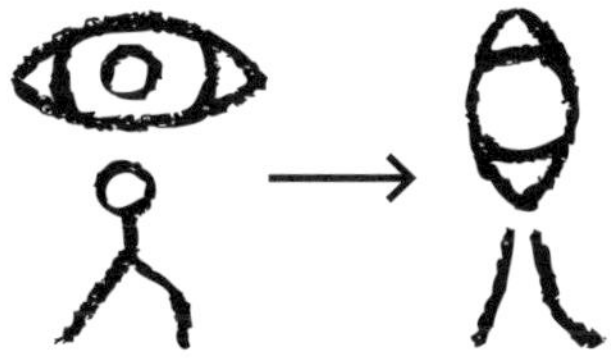

目（め）＋ル（ひと）→みる
目 eye ＋ ル person→to see
目（눈）＋ル（사람）→보다
目 olho ＋ ル pessoa→ver

見る	み る	to see, to look at	보다	ver
見せる	み せる	to show	보이다	mostrar
見学する	けん がく する	to visit for study	견학하다	visitar (tour)
意(い)見	い けん	opinion	의견	opinião

85

入

はいる　enter
들어가다, 들어오다
entrar
いれる　put in
넣다
colocar

ノ 入

入 入 入 入 入 入 (2)

はいーる
いーれる
・
ニュウ

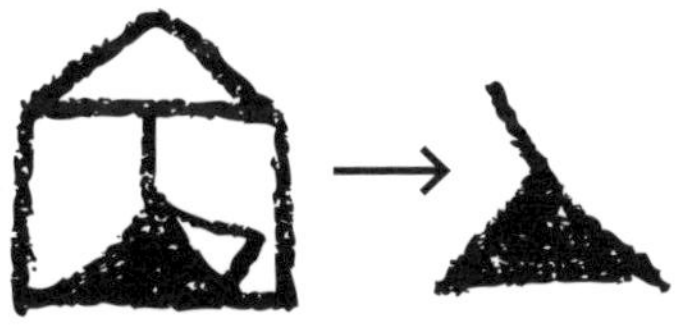

いりぐちの　え→はいる
pictureof entrance →to enter
입구의 그림→들어가다
figura de uma entrada→entrar

入る	はい る	to enter	들어가다, 들어오다	entrar
入れる	い れる	to put in	넣다	colocar
入口	いり ぐち	entrance	입구	entrada
入学する	にゅう がく する	to enter a school	입학하다	matrícular-se

86

出

でる　go out
나가다, 나오다
sair
だす　take out
내다
tirar

丨 凵 屮 出 出

出 出 出 出 出 出 (5)

でーる
だーす
・
シュツ /
シュッー

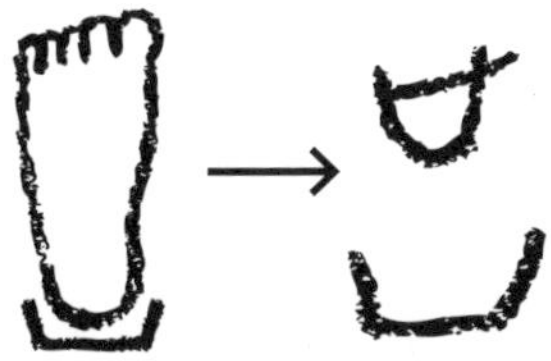

せんから　でた　足(あし)あとの　え→でる
a foot stepping over a line→to go out
선을 넘은 발자국의 그림→나가다
figura de pegadas ultrapassando a linha→sair

出る	で る	to go/come out	나가다, 나오다	sair
出す	だ す	to take out	내다	tirar
出口	で ぐち	exit	출구	saída
出席(せき)する	しゅっ せき する	to attend	출석하다	comparecer

87

立

たつ stand
서다
ficar de pé

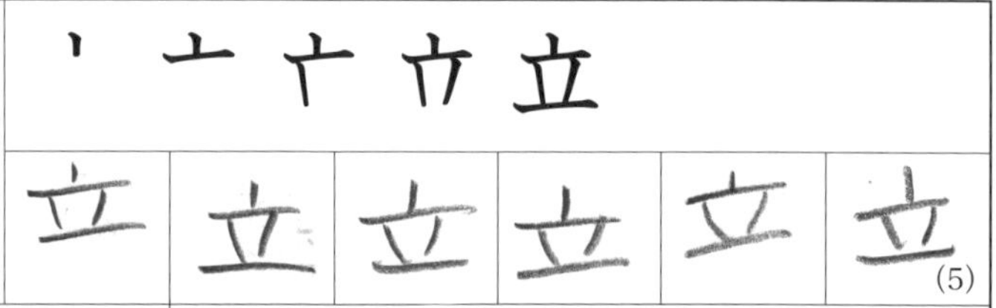
(5)

たーつ
・
リツ / リッー

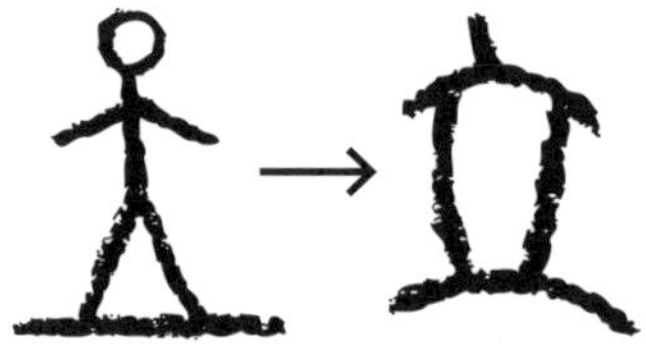

たっている人(ひと)の　え→たつ
a man standing on the ground→to stand
서 있는 사람의 그림→서다
figura de pessoa de pé→ficar de pé

立つ	たつ	to stand	서다	ficar de pé
立食パーティー	りっしょく	buffet party	입식 파티	festa tipo bufê
国[11]立大学	こくりつだいがく	national university	국립 대학	universidade nacional

国→Lesson 11

88

書

かく write
쓰다
escrever
ほん book
책, 서
livro

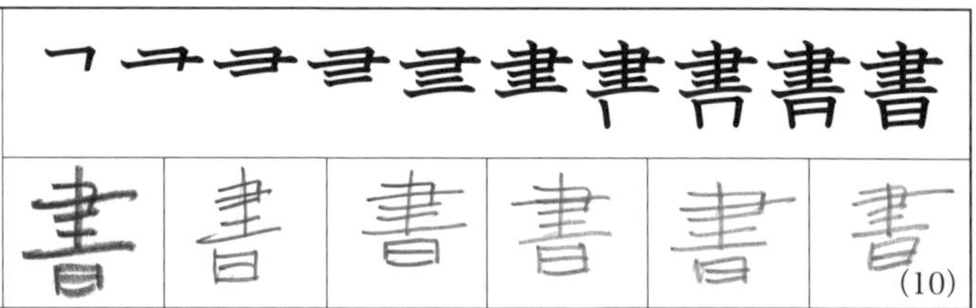
(10)

かーく
・
ショ

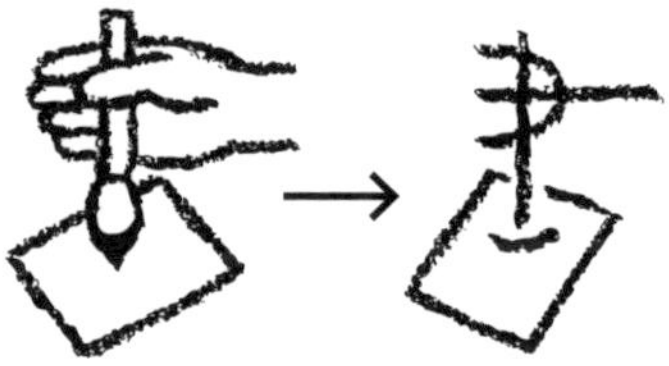

かみの　上(うえ)で　ふでを　もっている　手(て)→かく
a hand holding a brush over a piece of paper→to write
종이 위에서 붓을 들고 있는 손→쓰다
figura de uma mão segurando um pincel sobre um papel→escrever

書く	かく	to write	쓰다	escrever
読[10]書	どくしょ	reading books	독서	leitura
下書き	したがき	draft	초고, 초안	rascunho
辞(じ)書	じしょ	dictionary	사전	dicionário

読→Lesson 10

89

言

いう say
말하다
dizer

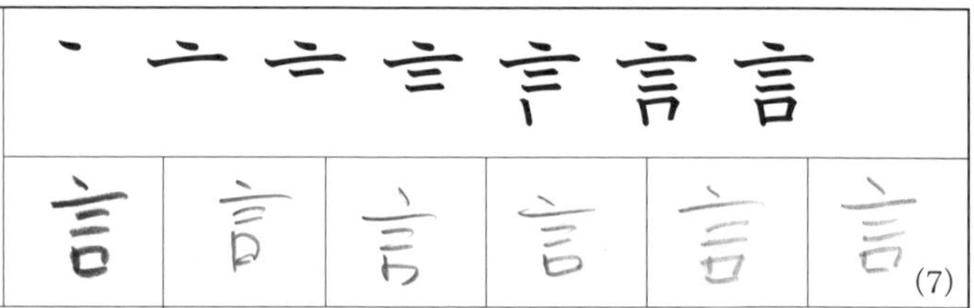
(7)

いーう
・
ゲン
ゴン

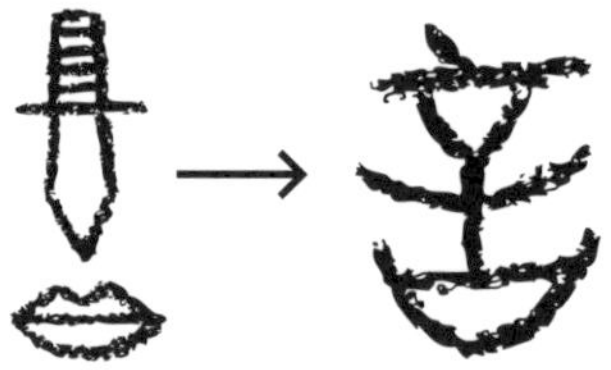

辛（はっきり）＋口（くち）
→ナイフで　きるように　はっきり　ものを　いう→いう
辛 sharp + 口 mouth
→to speak clearly like cutting things with knife→to say
辛（확실하게）＋口（입）→칼로 자르듯이 확실하게 말하다→말하다
辛 claramente + 口 boca
→dizer claramente como uma faca cortante→dizer

言う	いう	to say	말하다	dizer
言語[10]	げんご	language	언어	idioma
伝(でん)言	でんごん	message	전언	mensagem

語→Lesson 10

90 飲	のむ drink 마시다 beber	ノ 𠆢 𠆢 今 今 今 食 食 食 飲 飲 飲 飲 飲 飲 飲 飲 飲 (12)
のーむ ・ イン		食（たべる）＋欠（おおきい　くち）→のむ 食 eat + 欠 mouth open wide→to drink 食（먹다）＋欠（큰 입）→마시다 食 comer + 欠 grande boca→beber

飲む	のむ	to drink	마시다	beber
飲み物（もの）	のみもの	beverage	마실 것, 음료	bebida
飲食店[11]	いんしょくてん	restaurants	음식점	restaurante

店→Lesson 11

練習（れんしゅう）1：漢字（かんじ）の　読（よ）み方（かた）を　書（か）きましょう。

PRACTICE : Write the meanings of the following kanji in hiragana;
연습 : 한자 읽는 음을 히라가나로 써 봅시다.
Exercício : escreva a leitura dos kanjis.

1．行きます いきます　　2．来ます きます

3．食べます たべます　　4．見ます みます

5．入ります はいります　　6．出ます でます

7．立ちます たちます　　8．書きます かきます

9．言います いいます　　10．飲みます のみます

11．大学に　入学しました。
だいがくににゅうがくしました

12．来月　レポートを　出します。
らいげつレポートをでします。

13．新しいタワーを　見学しました。
あたらしいタワーをけんがくしました。

14．かばんに　本を　入れます。
かばんにほんをいれます。

15．出口が　わかりません。行き方（かた）を　おしえてください。
でぐちがわかりません。いきかたをおしえてください

練習(れんしゅう)2：下(した)の □に 漢字(かんじ)を 書(か)きましょう。

1. 行(い)きます

to go
갑니다
ir

2. 来(き)ます

to come
옵니다
vir

3. 入(はい)ります

to enter
들어갑니다
entrar

4. 書(か)きます

to write
씁니다
escrever

5. 見(み)ます

to see
봅니다
ver

6. 言(い)います

to say
말하다
dizer

7. 読(どく)書(しょ)

reading books
독서
leitura

8. 入(いり)口(ぐち)

entrance
입구
entrada

9. 来(らい)年(ねん)

next year
말하다
ano que vem

10. 見(けん)学(がく)します

to visit for study
견학합니다
visitar

11. 出(で)口(ぐち)に 立(た)っています。

I'm standing at the exit.
출구에 서 있습니다
Estou de pé na saída.

12. ごはんを 食(た)べて コーヒーを 飲(の)みました。

I ate supper and drank a cup of coffee.
밥을 먹고 커피를 마셨습니다
Tomei a refeição e depois tomei café.

Lesson
7~9

にほんごのうりょくしけん（JLPT）じっせん　れんしゅう

もんだい１　＿＿＿＿の　ことばは　ひらがなで　どう　かきますか。
１、２、３、４から　いちばん　いいものを　ひとつ　えらんで　ください。

1．あさ　早く①　うちを　出ました②。

① 1. ばやく　2. はやっく　3. はやく　4. あやく
② 1. でました　2. てました　3. だしました　4. だました

2．きのう　魚③を　食べました④。

③ 1. にく　2. さかな　3. たかな　4. ざかな
④ 1. だべました　2. たべました　3. とべました　4. かべました

3．あの先生⑤は　人気⑥が　あります。

⑤ 1. せんせい　2. せんせえ　3. せんぜえ　4. せんせ
⑥ 1. じんぎ　2. ひとき　3. にんき　4. にんぎ

4．　小さい⑦ほうの　車は　安い⑧です。

⑦ 1. ちさい　2. しょうさい　3. ちっさい　4. ちいさい
⑧ 1. やすい　2. やさい　3. たかい　4. だがい

5．へやに　入る⑨とき　そのノートに　名前を　書いて⑩ください。

⑨ 1. はいる　2. いる　3. いれる　4. くる
⑩ 1. はいて　2. かいて　3. きいて　4. あいて

6．校長⑪先生の　はなしは　長かった⑫です。

⑪ 1. しゃちょう　2. こちょう　3. こうちょう　4. こうちよう
⑫ 1. よかった　2. なかかった　3. ちょうかった　4. ながかった

7．来年⑬の　おしょうがつに　ちゅうごくへ　行きます⑭。

⑬ 1. まいねん　2. らいねん　3. きねん　4. れいねん
⑭ 1. ゆきます　2. すきます　3. いきます　4. こうきます

もんだい2 ＿＿＿＿の ことばは どう かきますか。
1、2、3、4から いちばん いいものを ひとつ えらんで ください。

1．まちの ひがしに あたらしい 高校が できた。
（ひがし ①、あたらしい ②）

① 1. 西　2. 東　3. 東　4. 某
② 1. 部しい　2. 親しい　3. 新しい　4. 薪しい

2．きょうは ごごから あめに なります。
（ごご ③、あめ ④）

③ 1. 午前　2. 矢前　3. 牛後　4. 午後
④ 1. 雨　2. 天　3. 車　4. 兩

3．みちを わたるとき くるまに きを つけましょう。
（くるま ⑤、き ⑥）

⑤ 1. 牟　2. 車　3. 東　4. 軍
⑥ 1. 気　2. 气　3. 氣　4. 汽

4．えきの まえに ふるい びょういんが あります。
（まえ ⑦、ふるい ⑧）

⑦ 1. 前　2. 蔀　3. 則　4. 後
⑧ 1. 占い　2. 吉い　3. 台い　4. 古い

5．あの うまは おおきいですね。
（うま ⑨、おおきい ⑩）

⑨ 1. 魚　2. 焦　3. 牛　4. 馬
⑩ 1. 犬きい　2. 大きい　3. 太きい　4. 丈きい

6．あの レストランは のみものが たかかったです。
（のみもの ⑪、たかかった ⑫）

⑪ 1. 飲みもの　2. 餡みもの　3. 飫みもの　4. 食みもの
⑫ 1. 音かった　2. 安かった　3. 高かった　4. 髙かった

7．あさ はやく 友だちが きました。
（はやく ⑬、きました ⑭）

⑬ 1. 阜く　2. 旱く　3. 早く　4. 皐く
⑭ 1. 来ました　2. 平ました　3. 采ました　4. 東ました

Lesson 10 組(く)み合(あ)わせ漢字(かんじ)1

Combinations 1　　조합 한자 1　　**Kanjis de Combinação1**

話 読 語 間 聞 買 休 時 週 道

漢字(かんじ)は 下(した)の イラストのように いくつかの 部分(ぶぶん)から できていて、位置(いち)が きまっています。

Most kanji characters are composed of two or more elements. Typical elements are as follows ; They are placed on the left, top, lower or surrounding position of the kanji.
한자는 아래와 같이 몇 가지 부분으로 구성되어 , 위치가 정해져 있습니다 .
Como na ilustração abaixo, os kanjis são formados por diversas partes que têm posição definida.

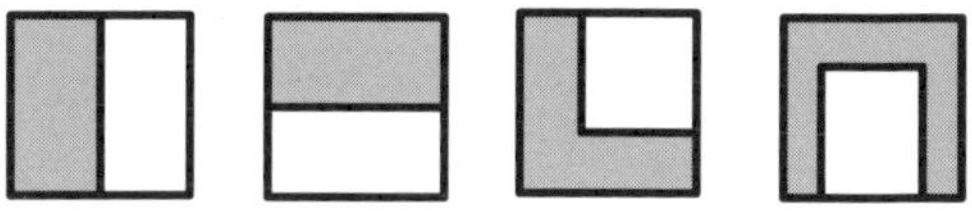

例(れい)を 見(み)ましょう。漢字(かんじ)の 黒(くろ)い 部分(ぶぶん)が 四角(しかく)の グレーの 部分(ぶぶん)です。

These are examples of kanji having these elements. The dark portion of the kanji would be written in the gray area.
예를 봅시다 . 한자의 검은 부분이 사각의 회색 부분입니다 .
Vejamos um exemplo. A parte negra do kanji é a parte cinza do quadrado.

へん
left
왼쪽 부수
esquerda

校 何 飲 後 行 (L.5–9)
話 読 語 休 時 (L.10)

かんむり
top
윗머리
topo

学 前 毎 高 安 (L.5–9)
買 (L.10)

にょう
lower left
받침
esquerda inferior

道 週 (L.10)

かまえ
enclosure
외측 부수
cercamento

間 聞 (L.10)

絵(え)を 見(み)て 漢字(かんじ)の 意味(いみ)を 考(かんが)えましょう。

Guess the meaning of kanji.　그림을 보고 한자의 의미를 생각해 봅시다 .
Veja o kanji e adivinhe o significado.

1 　亻＋木　休　1 やすむ

2 　門＋日　間　2 あいだ

3 　門＋耳　聞　3 きく

a あいだ
b きく
c やすむ

91 話

はなす　speak
이야기하다
conversar

(13)

はな－す
はなし
・
ワ

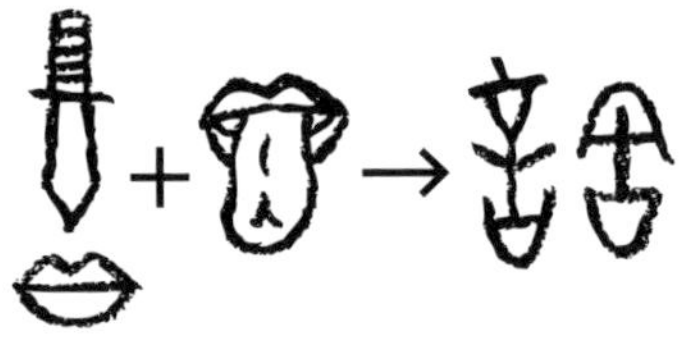

言（ことば）＋舌（した）→したを うごかして 言（い）う→はなす
言 word ＋ 舌 tongue→speak words with tongue→to speak
言（말）＋舌（혀）→혀를 움직여 말하다 →이야기하다
言 fala ＋ 舌 língua→dizer movimentando a língua→conversar

話す	はなす	to speak / talk	이야기하다	conversar
話	はなし	story	이야기	conversa
電[11]話	でんわ	telephone	전화	telefone
会[11]話	かいわ	conversation	회화	conversação

電→Lesson 11　会→Lesson 11

92 読

よむ　read
읽다
ler

(14)

よ－む
・
ドク

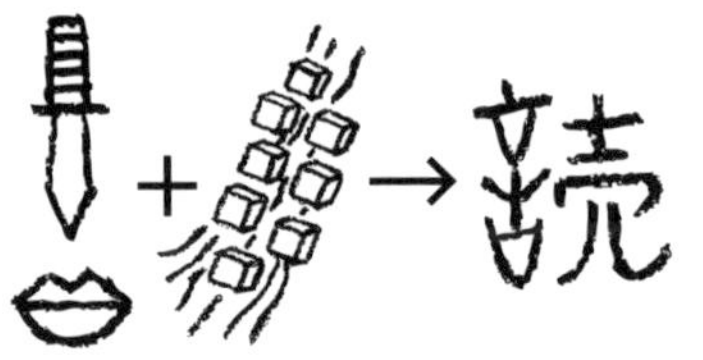

言（ことば）＋売（うる）→しょうひんが ながれるように ことばが ながれる→よむ
言 word ＋ 売 sell→words flow like products for sale flow→to read
言（말）＋売（팔다）→상품이 흘러 가듯이 말이 흐르다→읽다
言 fala ＋ 売 vender→palavras que fluem como mercadorias→ler

読む	よむ	to read	읽다	ler
読書	どくしょ	reading books	독서	leitura

93 語

ことば　word
말
fala

(14)

かた－る
・
ゴ

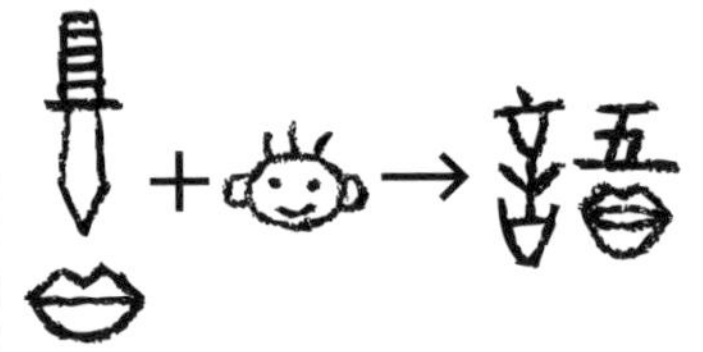

言（ことば）＋吾（わたし）→ことばで じぶんの かんがえを 言（い）う→かたる
言 word ＋ 吾 I→express one's idea→to talk
言（말）＋吾（나）→자기 생각을 말로 하다 →말하다
言 fala ＋ 吾 eu→dizer o que pensa em palavras→contar

日本語	にほんご	Japanese language	일본어	japonês
中国語	ちゅうごくご	Chinese language	중국어	chinês
外国語	がいこくご	foreign language	외국어	língua estrangeira

94 間

あいだ　between
사이
entre

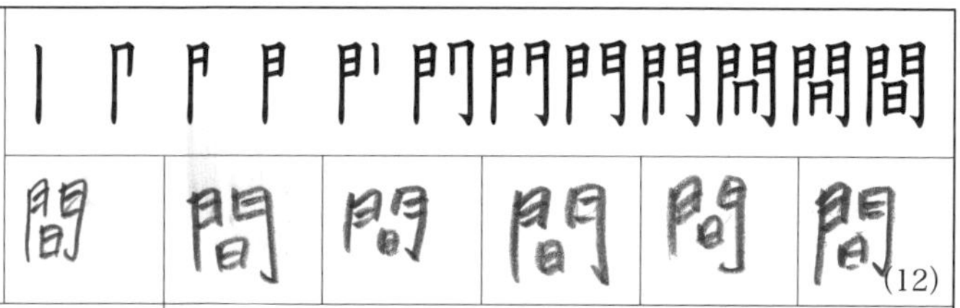

あいだ
ま
・
カン

門（もん）＋日（たいよう）→門(もん)の　あいだから　日(ひ)の　ひかりが　さしている→あいだ

門 gate ＋ 日 the sun→sun light through the gate→between

門（문）＋ 日（해）→문 틈으로 햇빛이 비치고 있다→사이

門 portal ＋ 日 Sol→brilho do sol através do portal→entre

間	あいだ	between	사이	entre
時間	じ かん	time	시간	tempo
一年間	いち ねん かん	(for) a year	1년간	um ano
間に合(あ)う	ま に あ う	to be in time	제 시간에 대다	dar tempo

95 聞

きく　listen
듣다
ouvir

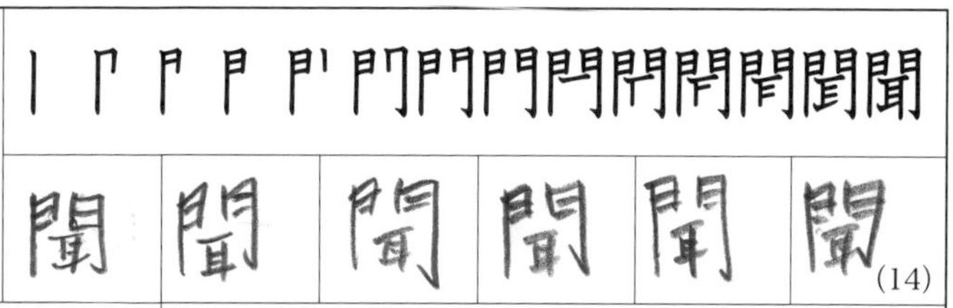

き－く
き－こえる
・
ブン

門（もん）＋耳（みみ）→門(もん)から　おとが　きこえる→きく

門 gate ＋ 耳 ear→hearing the sound through the gate→to hear

門（문）＋ 耳（귀）→문에서 소리가 들리다 →듣다

門 portal ＋ 耳 orelha→som que ecoa do portal→ouvir

聞く	き く	to listen to	듣다	ouvir
聞こえる	き こえる	can be heard	들리다	escutar
新聞	しん ぶん	newspaper	신문	jornal

96 買

かう　buy
사다
comprar

か－う
・
バイ

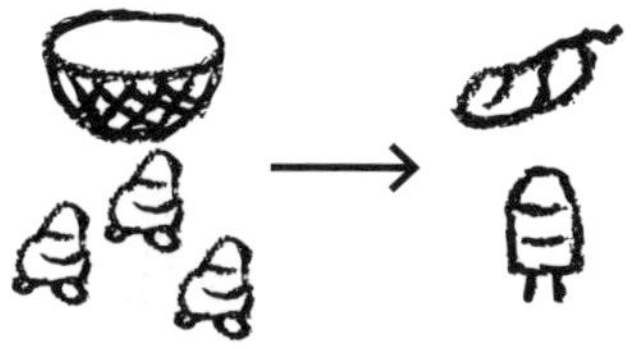

罒（あみ）＋貝（かい/おかね）→お金(かね)で　える→かう

罒 net ＋ 貝 shell /money→to get something with mony→to buy

罒（그물）＋ 貝（조개 / 돈）→돈으로 얻다 →사다

罒 rede ＋ 貝 marisco/dinheiro→adquirir usando dinheiro→comprar

買う	か う	to buy	사다	comprar
買い物(もの)する	か い もの する	to go shopping	쇼핑하다	fazer compras
売買(ばい)する	ばい ばい する	to buy and sell	매매하다	comprar e vender

97

休

やすむ　rest
쉬다
descansar

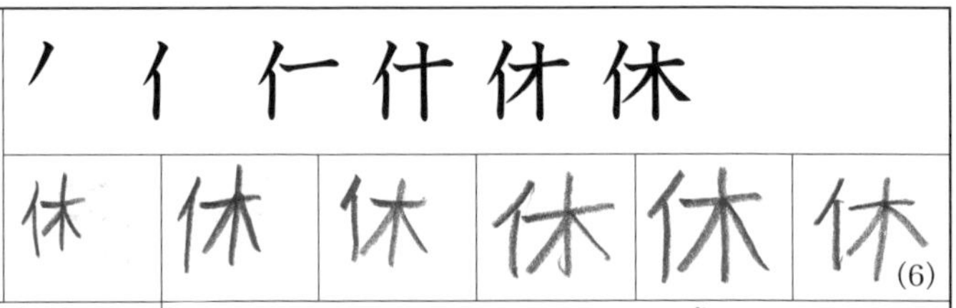

(6)

やす－む
・
キュウ

人（ひと）＋木（き）→木（き）の
そばに　すわっている人（ひと）→やすむ

人 person ＋ 木 tree→a man sitting besides a tree→to rest
人（사람）＋木（나무）→나무 옆에 앉아 있는 사람→쉬다
人 pessoa ＋ 木 árvore→pessoa sentada perto da árvore→descansar

休む	やすむ	to rest	쉬다	descansar
休み	やすみ	holiday	쉼, 휴식	descanso
休日	きゅうじつ	holiday	휴일	feriado
夏（なつ）休み	なつやすみ	summer vacation	여름 방학, 여름 휴가	férias de verão

98

時

じかん　time
시간
tempo

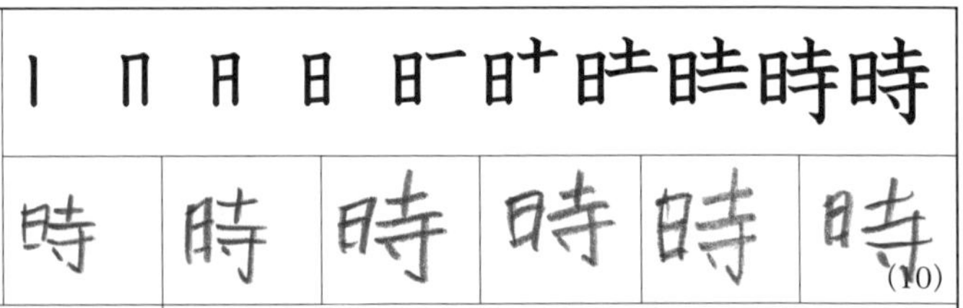

(10)

とき
・
ジ

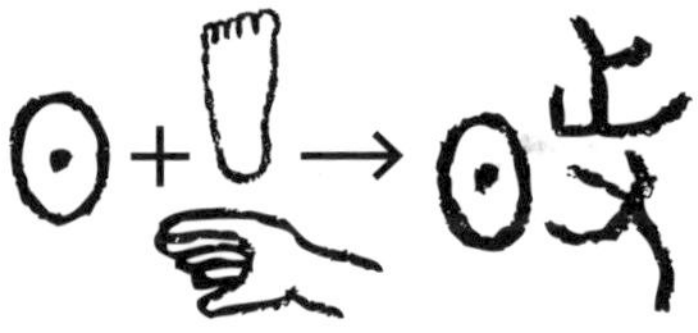

日（たいよう）＋土（あし）＋寸（て）
→日（ひ）が　うごく→じかん

日 the sun ＋ 土 foot ＋ 寸 hand→the sun goes→time
日（해）＋土（발）＋寸（손）→해가 움직이다→시간
日 Sol ＋ 土 pé＋ 寸 mão→o Sol se move→tempo

時	とき	time, when	때	tempo
4時	よじ	4 o'clock	4시	4:00
1時間	いちじかん	one hour	한 시간	uma hora
時計（けい）	とけい	clock, watch	시계	relógio

99

週

しゅう　week
주
semana

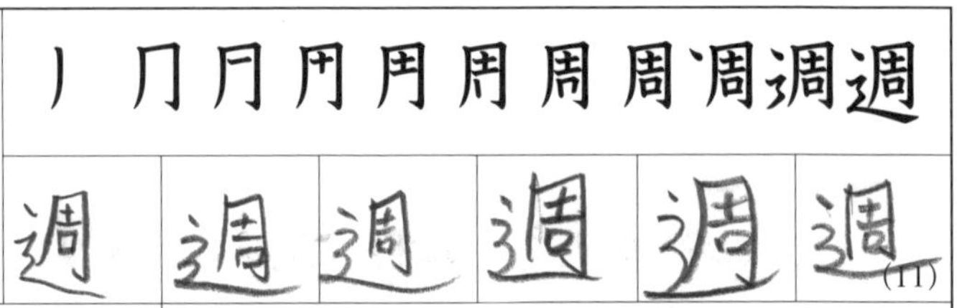

(11)

シュウ

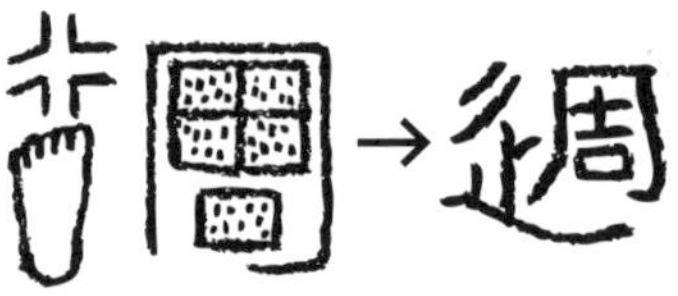

⻌（いく）＋周（めぐる）
→田（た）の　まわりを　あるく
→1しゅうかん　かかる→しゅう

⻌ go ＋ 周 around→go around the rice field
→it takes a week to look after the field→week
⻌（가다）＋周（돌다）→논 주위를 걷다→1주일이 걸리다→주
⻌ ir ＋ 周 dar volta→andar em volta de
arrozal→demora uma semana→uma semana

1週間	いっしゅうかん	one week	1주일	uma semana
来週	らいしゅう	next week	다음 주	semana que vem
先週	せんしゅう	last week	지난 주	semana passada
今[11]週	こんしゅう	this week	이번 주	este semana

今→Lesson 11

100

道

みち　street, road
길
caminho

道　道　道　道　道　道 (12)

みち・ドウ

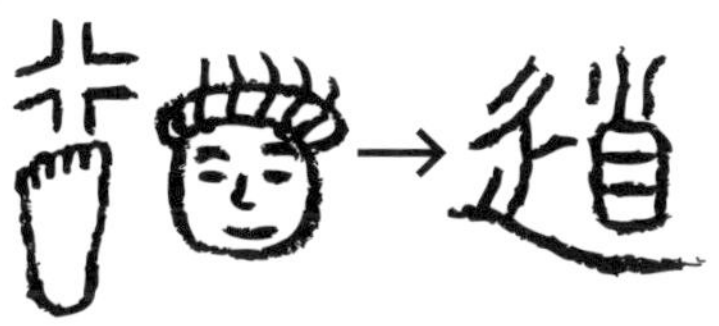

⻌（いく）＋首（くび）→人(ひと)が　前(まえ)へ　行(い)く
→みちが　できる→みち
⻌ go forward + 首 neck→a man goes forward→make the way→road
⻌ (가다) + 首 (목) →사람이 앞으로 가다 →길이 생기다→길
⻌ ir + 首 cabeça→pessoa indo em frente
→abre-se um caminho→caminho

道	みち	street, road, way	길	caminho
車道	しゃどう	roadway	차도	rodovia
水道	すいどう	waterworks	수도	encanamento de água
書道	しょどう	calligraphy	서도	caligrafia

練習(れんしゅう) 1: 漢字(かんじ)の　読(よ)み方(かた)を　書(か)きましょう。

PRACTICE : Write the meanings of the following kanji in hiragana;
연습 : 한자 읽는 음을 히라가나로 써 봅시다 .
Exercício : escreva a leitura dos kanjis.

1. 話します　はなします
2. 読みます　よみます
3. 中国語(ごく)　ちゅうごくご
4. 間　あいだ
5. 聞きます　ききます
6. 買います　かいます
7. 休みます　やすみます
8. 時間　じかん
9. 一週間　いっしゅうかん
10. 道　みち

11. 日本語で　新聞を　読みたいです。
にほんごでしんぶんをよみたいです。
12. 休みの日は　何を　しますか。
やすみのひはなにをしますか。
13. 父の　しゅみは　読書です。
ちちのしゅみはどくしょです。
14. 先週　スニーカーを　買いました。
せんしゅうスニーカーをかいました。
15. 来週　みんなの前で　日本語で　話します。
らいしゅうみんなのまえでにほんごではなします

練習(れんしゅう)2：下(した)の □に 漢字(かんじ)を 書(か)きましょう。

1. よ
読みます
to read
읽습니다
ler

2. はな
話します
to speak
이야기합니다
conversar

3. き
聞きます
to listen to
듣습니다
ouvir

4. か
買います
to buy
삽니다
comprar

5. やす
休みます
to rest
쉽니다
descansar

6. あいだ
間
between
사이
entre

7. みち
道
street
길
caminho

8. らい しゅう
来週
next week
다음 주
semana que vem

9. じ かん
時間
time
시간
tempo

10. に ほん ご
日本語
Japanese language
일본어
língua japonesa

11. ちち　　　　　どく しょ
父のしゅみは 読書です。
My father is interested in reading books.
아버지의 취미는 독서입니다
O hobby do meu pai é a leitura.

12. しゅう かん　　　か もの
1週間に 2かい 買い物します。
I go shopping twice a week.
1주일에 두 번 쇼핑을 합니다
Eu faço compras duas vezes por semana.

Lesson 11 組(く)み合(あ)わせ漢字(かんじ)2

Combinations 2　조합 한자 2　Kanjis de Combinação2

今　会　社　店　駅　花　国　白　空　電

この課(か)の　漢字(かんじ)は　イラストのようにいくつかの部分(ぶぶん)からできています。例(れい)をみましょう。

Kanji in this lesson have the following elements.
이 과의 한자는 아래와 같이 몇 부분으로 구성되어 있습니다. 예를 봅시다.
Como na ilustração abaixo, os kanjis desta lição são formados por diversas partes. Vejamos alguns exemplos.

へん
left
왼쪽 부수
esquerda

駅 社 (L.11)

かんむり
top
윗머리
topo

今 会 花 空 電 (L.11)

たれ
upper left
위에서 내려 쓴 부수
esquerda superior

店 (L.11)

かまえ
enclosure
외측 부수
cercamento

国 (L.11)

漢字(かんじ)の　意味(いみ)を　考(かんが)えて、線(せん)で　結(むす)びましょう。

Guess the meaning of kanji.
한자의 의미를 생각하여 선으로 연결해 봅시다.
Adivinhe o significado do kanji e faça a ligação.

八＋云＝会 

馬＋尺＝駅 

口＋玉＝国 

广＋占＝店 

雨＋电＝電 

1 ・　　・ a みせ　shop 가게 loja

2 ・　　・ b でんき　electricity 전기 eletricidade

3 ・　　・ c パーティー　party 파티 festa

4 ・　　・ d えき　station 역 estação

5 ・　　・ e くに　country 나라 país

101 今

いま now 지금 agora

ノ 人 亼 今

今 今 今 今 今 今 (4)

いま・コン

△（ふた）＋フ（もの）
→ながれる　ものを　ふたで　とめる
→じかんを　つかむ→いま

△ lid ＋ フ something→catch something that flows with a lid →catch time→now

△（뚜껑）＋フ（물건）→흐르는 것을 뚜껑으로 막다→시간을 잡다→지금

△ tampa ＋ フ coisa→parar com a tampa algo que flui →parar o tempo→agora

今	いま	now	지금	agora
今月	こんげつ	this month	이번 달	este mês
今年	ことし	this year	올해	este ano
今日	*きょう	today	오늘	hoje

102 会

あう meet 만나다 encontrar

ノ 人 亼 亼 会 会

会 会 会 会 会 会 (6)

あ－う・カイ

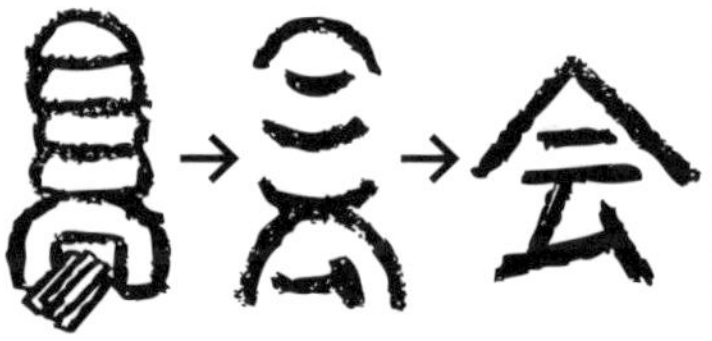

たくさんの　人（ひと）の　ための　むしき
→みんなが　あつまる→あう

piled up steam boxes on the stove cooked for many people→come together→to meet

많은 사람을 위한 찜기→모두 모이다 →만나다

várias caixas de vapor empilhadas para várias pessoas→várias pessoas se reúnem→encontrar

会う	あう	to meet	만나다	encontrar
会話	かいわ	conversation	회화	conversação
新年会	しんねんかい	New Year's party	신년회	festa de ano novo
会議（ぎ）	かいぎ	meeting	회의	reunião

103 社

かいしゃ company 회사 empresa

やしろ shrine 사당 templo

丶 ラ ネ ネ ネ一 ネ+ 社

社 社 社 社 社 社 (7)

シャ／－ジャ

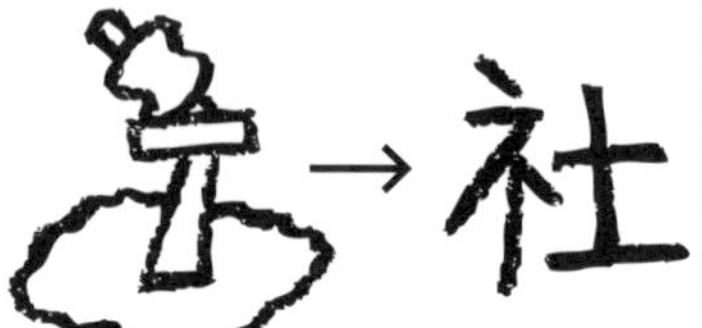

ネ（さいだん）＋土（じめん）
→しんせいな　ばしょ
→人が　あつまる　ところ→かいしゃ

ネ alter ＋ 土 ground→holy place/shrine →place people gather→company

ネ（촛대）＋土（지면）→신성한 장소 →사람이 모이는 곳→회사

ネ altar ＋ 土 chão→lugar sagrado →local onde pessoas se reunem→empresa

社会	しゃかい	society	사회	sociedade
会社	かいしゃ	company	회사	empresa
社長	しゃちょう	president	사장	presidente de empresa
神（じん）社	じんじゃ	shrine	신사	templo xintoísta

104 店

みせ shop
가게
loja

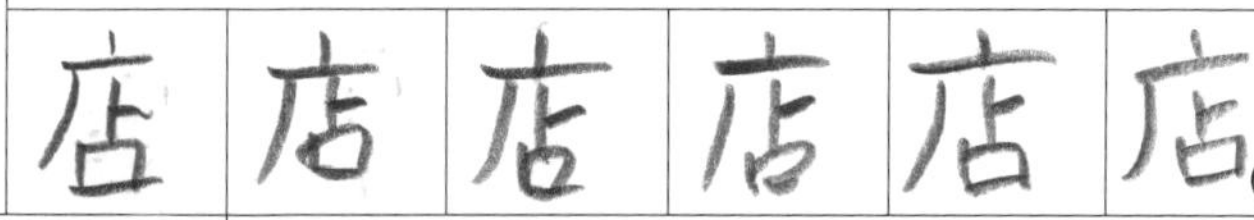
(8)

みせ・テン

かたがわが　あいていて　ものを
うっている　いえ→みせ
a house selling goods with one side open→shop
한 쪽을 열어 물건을 파는 집 →가게
Casa com um dos lados aberto para vender produtos→loja

店	みせ	shop	가게	loja
店員（いん）	てん いん	sales person	점원	atendente de loja
売店（ばい）	ばい てん	stand	매점	venda

105 駅

えき station
역
estação

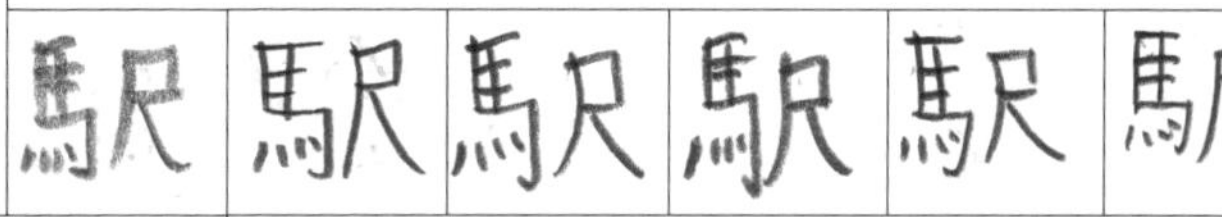
(14)

エキ

馬（うま）＋尺（リレーを　ゆびで
みせる）→うまと　リレー→うまを
とりかえる　ところ→えき
馬 (horse) ＋尺 relay→place to change horse
→station
馬 (말) ＋尺 (교대를 손가락으로 나타내다)
→말과 교대→말을 바꾸어 타는 곳→역
馬 cavalo ＋尺 distância mostrada pelo dedo→cavalo e
revezamento→troca de cavalos→estação

駅	えき	station	역	estação
駅長	えき ちょう	stationmaster	역장	chefe de estação
駅前	えき まえ	around the station	역전	praça em frente à estação

106 花

はな flower
꽃
flor

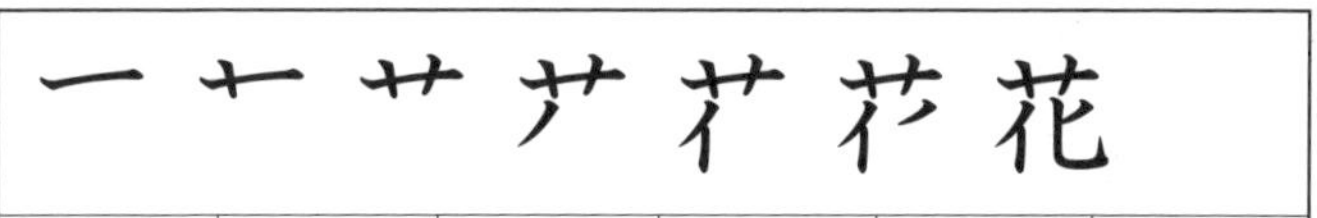

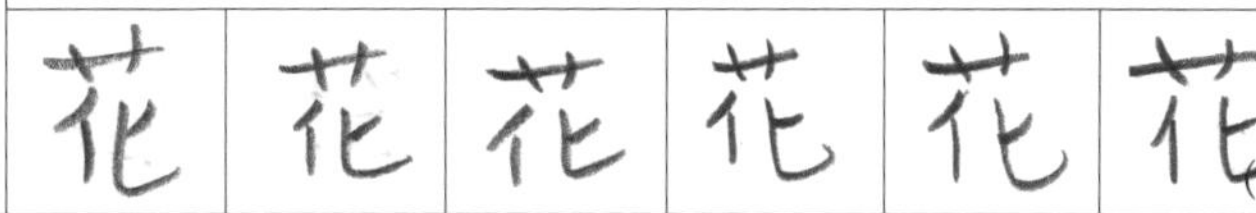
(7)

はな・カ

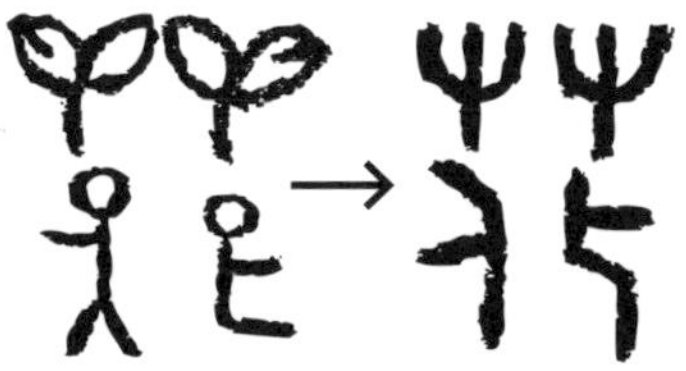

化→立っている人が　すわる→かわる
艹（しょくぶつ）＋化（かわる）
→しょくぶつが　かわる→はな
化→to change from standing to sitting down→change
艹plants ＋化 change→change in plant→flower
化→서 있는 사람이 앉다→변하다
艹 (식물) ＋化 (변하다) →식물이 변하다→꽃
flor→pessoa de pé se senta→mudar
艹 planta ＋化 mudar→a planta muda→flor

花	はな	flower	꽃	flor
花見	はな み	cherry-blossom viewing	꽃놀이	piquenique sob flores de cerejeira
花火	はな び	firework	불꽃	fogos-de-artifício
花屋	はな や	florist	꽃집	floricultura

107

国

くに country
나라
país

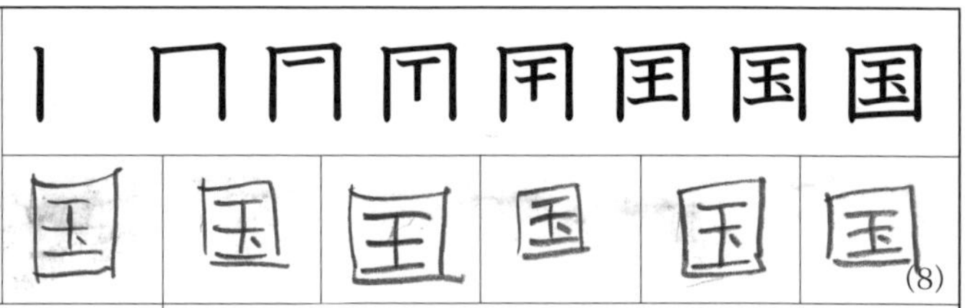

(8)

くに
・
コク / ーゴク

囗（かこまれた とち）＋ 玉（ほうせきを つけた おうさま）→くに

囗 enclosed area ＋ 玉 king with treasure→country

囗（둘러싸인 토지）＋ 玉（보석으로 치장한 왕）→나라

囗 terreno cercado ＋ 玉 rei adornado de pedras preciosas→país

国	くに	country, nation	나라	país
外国	がい こく	foreign country	외국	país estrangeiro
中国	ちゅう ごく	China	중국	China
国際(さい)会議(ぎ)	こく さい かい ぎ	international conference	국제회의	reunião internacional

108

白

しろ white
하얗다, 희다
branco

(5)

しろ
しろーい
・
ハク

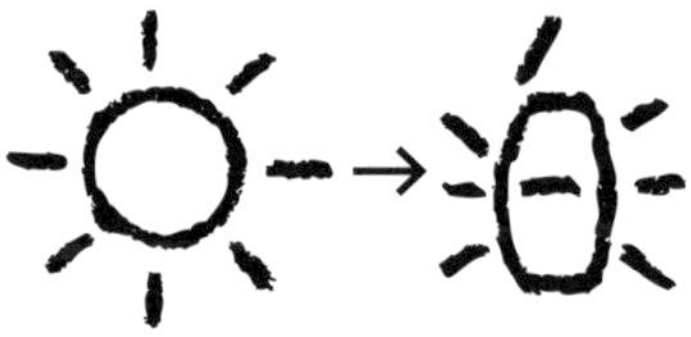

たいようは しろく かがやく

the sun shines white when it is bright

태양은 희게 빛난다

o Sol reluz com seu brilho branco

白い	しろ い	white	하얗다, 희다	branco
白書	はく しょ	official paper	백서	relatório oficial
まっ白	まっ しろ	snow white	새하얌	completamente branco

109

空

そら sky
하늘
céu
くう empty
빔, 공
vazio

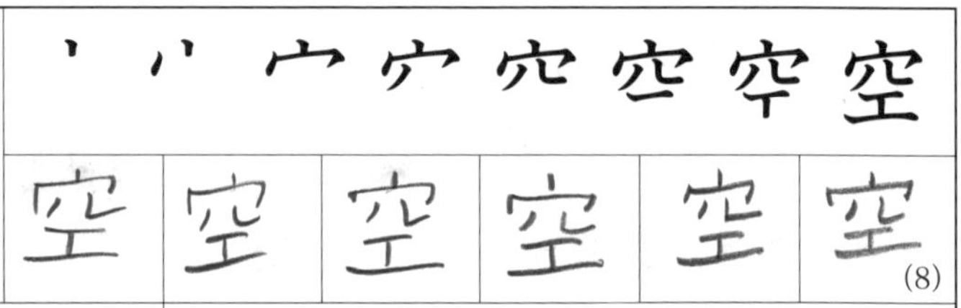

(8)

そら / ーぞら
・
クウ

穴（あな）＋ 工（こうぐ）→こうぐで あなを あける→から→そら

穴 hole ＋ 工 tool→making a hole with a tool→empty→sky

穴（구멍）＋ 工（공구）→공구로 구멍을 내다 →빔, 공→하늘

穴 buraco ＋ 工 ferramenta→abrir um buraco com ferramenta →vazio→céu

空	そら	sky	하늘	céu
空気	くう き	air	공기	ar
大空	おお ぞら	big sky	넓은 하늘	grande céu
空港(こう)	くう こう	airport	공항	aeroporto

110 電	でんき	electricity 전기 eletricidade	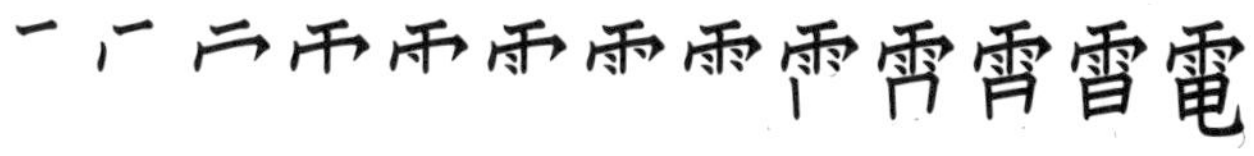
			電 電 電 電 電 電 (13)
デン			くもから　おちる　いなづま→でんき picture of a bolt of lightning from a cloud→electricity 구름에서 떨어지는 번개→전기 figura de relâmpagos que caem das nuvens →eletricidade

電車	でんしゃ	train	전차	trem
電話	でんわ	telephone	전화	telefone
電気	でんき	electricity, light	전기	eletricidade
電池	でんち	battery	전지	pilha

練習(れんしゅう)1: 漢字(かんじ)の　読(よ)み方(かた)を　書(か)きましょう。

PRACTICE : Write the meanings of the following kanji in hiragana;
연습 : 한자 읽는 음을 히라가나로 써 봅시다 .
Exercício : escreva a leitura dos kanjis.

1. 今 いま
2. 店 みせ
3. 駅 えき
4. 会社 かいしゃ
5. 空 そら
6. 国 くに
7. 白い花 しろいはな
8. 会います あいます
9. 外国 がいこく
10. 電気 でんき

11. 山の　空気は　おいしいです。
やまのくうきはおいしいです。
12. 今年は　さむいです。
ことしはさむです。
13. 国の　りょうしんに　電話しました。
くにのりょうしんにでんわしました。
14. 駅の　前に　すてきな　店が　あります。
えきのまえにすてきなみせがあります。
15. 電車で　空港(こう)まで　行きます。
でんしゃでくうこうまでいきます。

練習(れんしゅう)2：下(した)の　□に　漢字(かんじ)を　書(か)きましょう。

1. えき
駅
station
역
estação

2. みせ
店
shop
가게
loja

3. いま
今
now
지금
agora

4. くに
国
country
나라
país

5. はな
花
flower
꽃
flor

6. しろ
白い
white
희다
branco

7. そら
空
sky
하늘
céu

8. かい しゃ
会社
company
회사
empresa

9. でん き
電気
electricity
전기
trem

10. あ
会います
to meet
만납니다
encontrar

11. がい こく　でん わ
外国へ　電話を かけます。
I make an overseas call.
외국에 전화를 겁니다
Eu telefono ao exterior.

12. こ とし
今年は さむいです。
It is cold this year.
올해는 춥습니다
Faz frio este ano.

Lesson 10~11

にほんごのうりょくしけん（JLPT）じっせん　れんしゅう

もんだい１　＿＿＿＿の　ことばは　ひらがなで　どう　かきますか。
１、２、３、４から　いちばん　いいものを　ひとつ　えらんで　ください。

１．午後６時に　駅で　会いませんか。
①＝駅　②＝会いませんか

① 1. えぎ　2. もん　3. えき　4. いき
② 1. あいませんか　2. かいませんか　3. きいませんか　4. まいませんか

２．３時間　そのCDを　聞いています。
③＝時間　④＝聞いて

③ 1. じがん　2. じいかん　3. ちかん　4. じかん
④ 1. ぎいて　2. あいて　3. ひらいて　4. きいて

３．今日から　一週間　出かけます。
⑤＝今日　⑥＝一週間

⑤ 1. あす　2. あさって　3. きょう　4. きのう
⑥ 1. いっちゅかん　2. いちゅうかん　3. いっしゅかん　4. いっしゅうかん

４．コンビニで　新聞を　買います。
⑦＝新聞　⑧＝買います

⑦ 1. しんぶん　2. しんぷん　3. ちんぶん　4. ざっし
⑧ 1. あいます　2. かいます　3. がいます　4. いいます

５．先週　木下さんは　白いふくを　きていました。
⑨＝先週　⑩＝白い

⑨ 1. らいしゅう　2. さきしゅう　3. せんしゅう　4. ぜんしゅう
⑩ 1. しろい　2. じろい　3. はくい　4. しるい

６．会社で　レポートを　読みます
⑪＝会社　⑫＝読みます

⑪ 1. かいしや　2. かいしゃ　3. がいしや　4. がいしゃ
⑫ 1. やみます　2. よみます　3. のみます　4. かみます

７．外国語を　きいたり　話したり　することが　できますか。
⑬＝外国語　⑭＝話したり

⑬ 1. かいこくご　2. かいごくご　3. がいこくご　4. がいごくご
⑭ 1. ばなしたり　2. はなしたり　3. はなししたり　4. わなしたり

もんだい2 ＿＿＿＿の　ことばは　どう　かきますか。
1、2、3、4から　いちばん　いいものを　ひとつ　えらんで　ください。

1．きょうは　そらが　あおいですね。
　　①　　　②

① 1. 今日　2. 昨日　3. 合日　4. 今年
② 1. 突　2. 字　3. 空　4. 容

2．ちちの　かいしゃは　あの　しろい　ビルです。
　　　　③　　　　④

③ 1. 今杜　2. 会社　3. 合社　4. 会杜
④ 1. 日い　2. 古い　3. 白い　4. 新い

3．日本より　わたしの　くにの　ほうが　みちが　ひろいです。
　　　　　　　⑤　　　⑥

⑤ 1. 国　2. 周　3. 國　4. 国
⑥ 1. 週　2. 地　3. 道　4. 通

4．その　はなは　なんの　はな　ですか。
　　⑦　⑧

⑦ 1. 化　2. 花　3. 空　4. 草
⑧ 1. 同　2. 何　3. 向　4. 伺

5．よこはままで　でんしゃの　きっぷを　かいました。
　　　⑨　　　⑩

⑨ 1. 雪車　2. 雪話　3. 電車　4. 電話
⑩ 1. 会いました　2. 買いました　3. 貝ました　4. 頁ました

6．きのう　よんだ本について　友だちと　はなしました。
　　⑪　　　⑫

⑪ 1. 説んだ　2. 読んだ　3. 諄んだ　4. 話んだ
⑫ 1. 謡しました　2. 読しました　3. 苦しました　4. 話しました

7．えきの　中の　みせで　くすりを　かいました。
　⑬　　⑭

⑬ 1. 駃　2. 験　3. 駅　4. 訳
⑭ 1. 占　2. 店　3. 度　4. 客

コラム

(もんだい1)

かんじの　なかの　カタカナを　さがしましょう。

⇨こたえは　つぎの　ページに　あります。

(れい)
Ex.

(もんだい2)

せんの　うえに　かんじを　かきましょう。

(れい) 1か月は　30<u>日</u>か　31<u>日</u>　です。

1. 1______は　60分　です。

2. 1日は　24______　です。

3. 1________は　7日　です。

4. 1____は　365日　です。

こたえ

もんだい1　の　こたえ

1

エ

2

ニ

3

ナ

4

タ

5

ハ

もんだい2　の　こたえ

1. 時間　　2. 時間　　3. 週間　　4. 年

Lesson 1~11

そうごう　れんしゅう

もんだい１　＿＿＿＿の　ことばは　ひらがなで　どう　かきますか。
１、２、３、４から　いちばん　いいものを　ひとつ　えらんで　ください。

1．四月に　子どもが　生まれました。
（四月＝①、生まれました＝②）

① 1. よんげつ　2. しげつ　3. よんがつ　4. しがつ
② 1. せいまれました　2. くまれました　3. うまれました　4. つまれました

2．来週から　外国語の　クラスが　はじまります。
（来週＝③、外国語＝④）

③ 1. せんしゅう　2. こんしゅう　3. らいしゅう　4. らいしゆう
④ 1. かいこくご　2. がいこくご　3. がいごくご　4. がいこくこ

3．たいしかんの　入口で　名前を　書きました。
（入口＝⑤、書きました＝⑥）

⑤ 1. いりくち　2. いりぐち　3. でぐち　4. はいりぐち
⑥ 1. ききました　2. まきました　3. おきました　4. かきました

4．校長先生が　じしんについて　話しました。
（校長＝⑦、話しました＝⑧）

⑦ 1. こうちょう　2. ごうちょう　3. しゃちょう　4. こうじょう
⑧ 1. わしました　2. ばなしました　3. はなしました　4. おろしました

5．あの人の　えいごは　半分しか　分かりません。
（半分＝⑨、分かりません＝⑩）

⑨ 1. はんふん　2. はんぷん　3. ほんぶん　4. はんぶん
⑩ 1. わかりません　2. まかりません　3. れかりません　4. らかりません

6．このワインは　八本　二千円です。
（八本＝⑪、二千円＝⑫）

⑪ 1. はちぼん　2. はちぽん　3. はっぽん　4. はっぽん
⑫ 1. にいぜんえん　2. にいせんえん　3. にせんえん　4. にぜんえん

7．毎日　7時に　あさごはんを　食べます。
（毎日＝⑬、食べます＝⑭）

⑬ 1. あいにち　2. まいび　3. まいにち　4. まいひ
⑭ 1. まべます　2. たべます　3. くべます　4. なべます

8．まちの　東西⑮に　大きい　川⑯が　あります。

⑮　1. ひがしにし　2. にしひがし　3. とうざい　4. とうせい
⑯　1. かわ　2. がわ　3. かい　4. がい

9．駅前⑰の　きっさてんで　コーヒーを　飲みました⑱。

⑰　1. えぎまえ　2. えきまい　3. えぎまい　4. えきまえ
⑱　1. すみました　2. のみました　3. よみました　4. たのみました

10．あの　白い⑲　馬⑳は　はやいですね。

⑲　1. あかい　2. くろい　3. あおい　4. しろい
⑳　1. さかな　2. とり　3. かい　4. うま

11．きのう　母㉑に　スニーカーを　買って㉒もらいました。

㉑　1. ちち　2. はは　3. ばば　4. まま
㉒　1. うって　2. きって　3. かって　4. まって

12．今年は　電気㉓じどうしゃが　安くなりました㉔。

㉓　1. てんき　2. てんぎ　3. でんぎ　4. でんき
㉔　1. たかくなりました　2. やすくなりました　3. やさくなりました　4. やずくなりました

13．今日㉕の　新聞㉖は　もう　読みましたか。

㉕　1. きのう　2. けさ　3. きょう　4. きよう
㉖　1. しぶん　2. ちんぶん　3. しんふん　4. しんぶん

14．わたしの　クラスに　新しい㉗　学生が　入りました㉘。

㉗　1. あらたしい　2. あらだじい　3. あだらしい　4. あたらしい
㉘　1. はいりました　2. いりました　3. はりました　4. かいりました

もんだい2　＿＿＿＿の　ことばは　ひらがなで　どう　かきますか。1、2、3、4から　いちばん　いいものを　ひとつ　えらんで　ください。

1．わたしの　かいしゃから　スカイツリーが　みえます。
①　②

① 1. 今杜　2. 会社　3. 合社　4. 会祉
② 1. 兄えます　2. 貝えます　3. 見えます　4. 自えます

2．えきの　にしに　おおきい　ショッピングセンターが　できました。
③　④

③ 1. 東　2. 東　3. 西　4. 酉
④ 1. 犬きい　2. 太きい　3. 夭きい　4. 大きい

3．毎週　すいようび　ごみを　だします。
⑤　⑥

⑤ 1. 木よう日　2. 水よう日　3. 氷よう日　4. 永よう日
⑥ 1. 止します　2. 世します　3. 出します　4. 歩します

4．きょうは　ごごから　てんきが　わるくなります。
⑦　⑧

⑦ 1. 午役　2. 牛役　3. 午後　4. 牛後
⑧ 1. 天气　2. 夫気　3. 天気　4. 夫气

5．らいねん　がいこくへ　あそびに　いきます。
⑨　⑩

⑨ 1. 未午　2. 未年　3. 来年　4. 来年
⑩ 1. 海外　2. 外國　3. 外国　4. 占国

6．がっこうに　ふるい　もんが　あります。
⑪　⑫

⑪ 1. 字交　2. 字校　3. 学校　4. 学校
⑫ 1. 古い　2. 吉い　3. 占い　4. 杏い

7．かいしゃへ　くるまで行く人は　すくないです。
⑬　⑭

⑬ 1. 車　2. 東　3. 牟　4. 車
⑭ 1. 沙ない　2. 小ない　3. 少ない　4. 水ない

8．はさみは　はこの　なか⑮に　いれて⑯ください。

⑮ 1. 甲　2. 中　3. 内　4. 申

⑯ 1. 言れて　2. 行れて　3. 人れて　4. 入れて

9．しょうがくせい⑰　が　かいだんの　まえ⑱で　あそんでいます。

⑰ 1. 上学生　2. 少学生　3. 小学生　4. 中学生

⑱ 1. 前　2. 則　3. 後　4. 萠

10. ちょっと　この　みせ⑲で　やすみませんか⑳。

⑲ 1. 店　2. 占　3. 点　4. 店

⑳ 1. 体みませんか　2. 本みませんか　3. 牀みませんか　4. 休みませんか

11. とも㉑だちと　いっしょに　先生に　てがみを　かきました㉒。

㉑ 1. 友　2. 右　3. 反　4. 皮

㉒ 1. 聞きました　2. 画きました　3. 書きました　4. 書きました

12. ゆうめいな　かいしゃの　しゃちょう㉓が　テレビで　はなして㉔いました。

㉓ 1. 校長　2. 課長　3. 社長　4. 杜長

㉔ 1. 話して　2. 言して　3. 読して　4. 語して

13. あたらしい㉕くつを　はいていったら　あし㉖が　いたくなりました。

㉕ 1. 親しい　2. 新しい　3. 折しい　4. 訴しい

㉖ 1. 足　2. 耳　3. 手　4. 疋

14. 一日　2じかん㉗　えいごの　本を　よみます㉘。

㉗ 1. 待問　2. 時問　3. 待間　4. 時間

㉘ 1. 読みます　2. 売みます　3. 続みます　4. 語みます

もんだい3

北海道（ほっかいどう）へ　A いきませんか

① 空のたび　ひこうきで　羽田（はねだ）から　② 一時間半

B きたの　山は　③ 空気が　おいしい

たくさんの　C うしや　うまに　会えるよ

川では　④ 魚つりも　できます

3泊（ぱく）4日（か）　⑤ 毎週　D すいようび　出発（しゅっぱつ）

もんだい3-1　①～⑤の　ことばは　ひらがなで　どう　かきますか。
1、2、3、4から　いちばん　いいものを　ひとつ　えらんで　ください。

① 1. うみ　2. そら　3. ぞら　4. そうら

② 1. いちちかんはん　2. いじじかんはん　3. いじじがんはん　4. いちじかんはん

③ 1. くき　2. くっき　3. くうきい　4. くうき

④ 1. さかな　2. ざがな　3. ざかな　4. さがな

⑤ 1. めいしゅう　2. まいしゅ　3. まいしゅう　4. まいしゆう

もんだい3-2　A～Dの　ことばは　どう　かきますか。
1、2、3、4から　いちばん　いいものを　ひとつ　えらんで　ください。

A. 1. 往きませんか　2. 行きませんか　3. 言きませんか　4. 仵きませんか

B. 1. 扎　2. 比　3. 北　4. 西

C. 1. 牛　2. 馬　3. 午　4. 朱

D. 1. 氷よう日　2. 永よう日　3. 氺よう日　4. 水よう日

もんだい4 アンケートの結果（けっか）

小学生（しょうがくせい）100人（にん）にアンケートをしました。

① 学校で　いちばん　すきなことは　A なんですか？

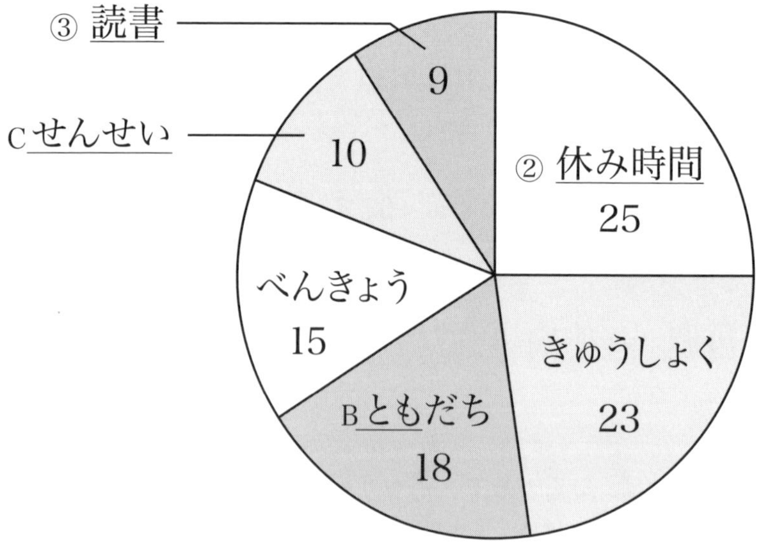

もんだい4-1 ①～③の　ことばは　ひらがなで　どう　かきますか。
1、2、3、4から　いちばん　いいものを　ひとつ　えらんで　ください。

① 1. がつこう　2. かっこう　3. がこう　4. がっこう

② 1. よみじかん　2. やすみじかん　3. やすみじがん　4. やずみじかん

③ 1. どくしょう　2. とくしょう　3. どくしょ　4. どくしよ

もんだい4-2 A～Cの　ことばは　どう　かきますか。
1、2、3、4から　いちばん　いいものを　ひとつ　えらんで　ください。

A. 1. 可　2. 伺　3. 佤　4. 何

B. 1. 友　2. 右　3. 反　4. 支

C. 1. 告生　2. 先生　3. 完生　4. 完主

Part 2

かんじ 200

Lesson 1

⋮

Lesson 20

&

コラム

そうごうれんしゅう

Part 2 のかんじ

Lesson1	住所（じゅうしょ）／Address／주소／Endereço	住	所	京	都	府	県	市	区	町	村
Lesson 2	形容詞（けいようし）1／Adjective1／형용사1／Adjetivos 1	明	暗	遠	近	強	弱	重	軽	太	細
Lesson 3	形容詞（けいようし）2／Adjective2／형용사2／Adjetivos 2	特	別	有	便	利	不	切	元	好	急
Lesson 4	形容詞（けいようし）3／Adjective3／형용사3／Adjetivos 3	低	広	短	良	悪	正	変	赤	青	黒
Lesson 5	趣味（しゅみ）／Hobby／취미／Hobbies	映	画	音	楽	歌	写	真	旅	世	界
Lesson 6	仕事（しごと）／Profession／일／Trabalho	仕	事	銀	員	医	者	働	屋	産	業
Lesson 7	自然（しぜん）／Nature／자연／Natureza	林	森	地	池	海	洋	雪	光	台	風
Lesson 8	季節（きせつ）／Seasons／계절／Estações do Ano	季	節	春	夏	秋	冬	暑	寒	暖	涼
Lesson 9	体（からだ）／Body／몸／O corpo	体	頭	顔	首	心	声	病	薬	科	内
Lesson 10	時（とき）／Time／때／Tempo	朝	昼	夜	夕	方	晩	計	曜	以	度
Lesson 11	動詞（どうし）1／Verbs1／동사1／Verbos 1	止	歩	走	起	持	待	借	貸	始	終
Lesson 12	家族（かぞく）／Family／가족／Família	家	族	私	自	親	両	兄	弟	姉	妹
Lesson 13	生活（せいかつ）／Everyday life／생활／Vida Diária	活	回	主	色	形	品	民	服	犬	同
Lesson 14	食べ物（たべもの）／Food／음식／Comida	米	料	理	肉	鳥	野	菜	茶	飯	味
Lesson 15	部首（ぶしゅ）／Radical／부수／Radicais	代	使	作	化	信	進	送	返	洗	注
Lesson 16	場所（ばしょ）／Place／장소／Lugares	場	建	物	院	館	堂	室	工	図	号
Lesson 17	交通（こうつう）／Traffic／교통／Trânsito	交	通	動	乗	降	運	転	帰	発	着
Lesson 18	学校（がっこう）1／School 1／학교／Escola 1	漢	字	文	教	勉	習	英	考	研	究
Lesson 19	学校（がっこう）2／School 2／학교2／Escola 2	問	題	試	験	質	合	答	用	紙	意
Lesson 20	動詞（どうし）2／Verbs 2／동사2／Verbos 2	引	開	閉	去	死	集	知	売	説	思

Lesson 1 住所（じゅうしょ）

Address　　주소　　**Endereço**

住　所　京　都　府　県　市　区　町　村

1都1道2府43県

市・区＞町＞村

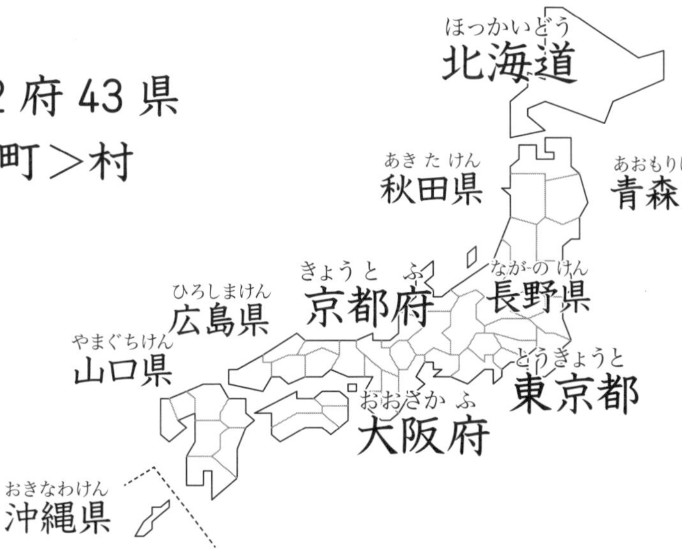

イラストの　意味（いみ）を　考（かんが）えて、線（せん）で　結（むす）びましょう。

Guess the meaning of the illustrations below.
그림의 의미를 생각하여 선으로 연결해 봅시다.
Adivinhe o significado da ilustração abaixo e faça a ligação.

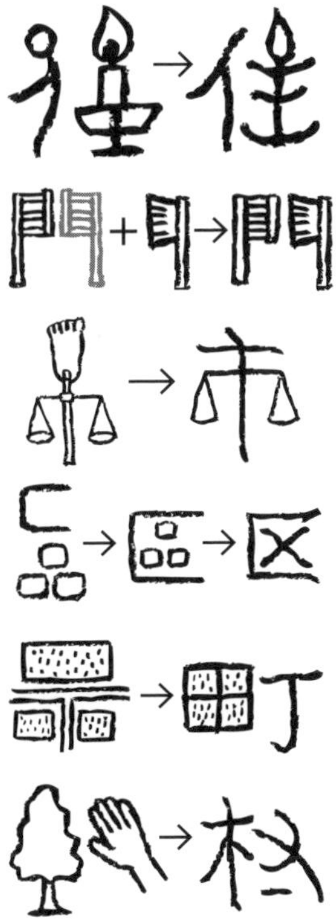

1 ● ● A 市 し　city / 시 / cidade

2 ● ● B 住 すむ　live / 살다 / morar

3 ● ● C 所 ところ　place / 곳 / local

4 ● ● D 町 まち　town / 도회 / município

5 ● ● E 区 く　ward / 구 / distrito

6 ● ● F 村 むら　village / 마을 / vila

111

住

すむ live 살다 morar

ノ イ イ' 亻' 仁 仹 住

住 住 住 住 住 住 (7)

すーむ
・
ジュウ

イ（ひと）＋ 主（うごかない ろうそくの ほのお）→動（うご）かない 人（ひと）→すむ

イ person ＋ 主 blaze burning still→person staying still→to live

イ（사람）＋ 主（움직이지 않는 촛불）→움직이지 않는 사람→살다

イ pessoa ＋ 主 chama de vela que não se move →pessoa que não se move→morar

住む	すむ	to live	주민	morar
住民[13]	じゅう みん	inhabitants	장소	morador

民→Lesson 13

112

所

ばしょ place 장소 lugar

一 ㇇ ㇋ 戸 戸' 戸丆 所 所

所 所 所 所 所 所 (8)

ところ／
－どころ
・
ショ

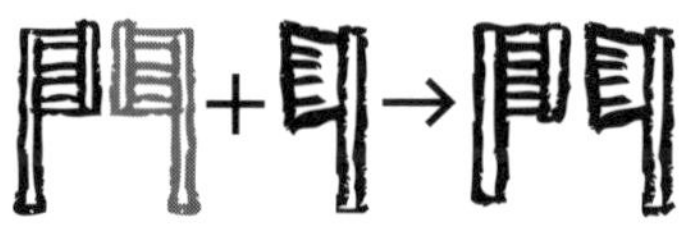

戸（と）＋ 斤（おの）→おのを とのそばに おく→おのを おく ばしょ →ところ

戸 door ＋ 斤 ax→place to keep an ax beside the door→place

戸（문）＋ 斤（도끼）→도끼를 문 옆에 두다→도끼를 두는 장소 →곳

戸 porta ＋ 斤 machado→o machado deixado perto da porta →local para deixar o machado→local

所	ところ	place	곳	local
住所	じゅう しょ	address	주소	endereço
台[7]所	だい どころ	kitchen	부엌	cozinha
場[16]所	ば しょ	place	장소	lugar

台→Lesson 7　場→Lesson 16

113

京

みやこ capital 수도 capital

丶 亠 亠' 亣 亨 亨 京 京

京 京 京 京 京 京 (8)

キョウ

おかの上（うえ）に 建（た）てた 大（おお）きい家（いえ） →としの 中心（ちゅうしん）→しゅと

A big house built on a hill→center of cities →capital

언덕 위에 세운 큰 집→도시의 중심 →수도

casa grande construída sobre uma colina →centro da cidade→capital

東京	とう きょう	Tokyo	도쿄	Tóquio

114 都

みやこ　metropolis / 도읍지 / capital

一 十 土 耂 耂 者 者 者 者⁷ 者³ 都

都 都 都 都 都 都 (11)

みやこ・トツ

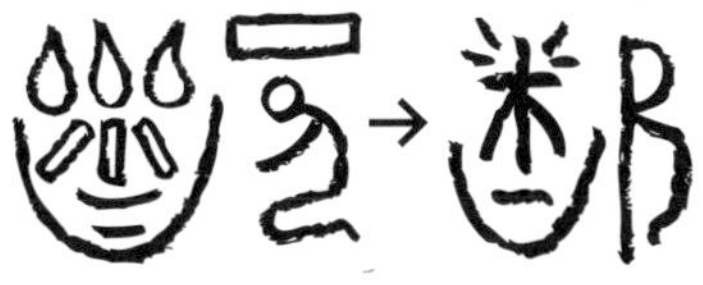

者（あつまる）＋阝（むら）
→むらが　たくさん　集(あつ)まる
→大(おお)きい　まち→しゅと

者 gather ＋ 阝 village→place where many villages gather→big city→capital

者（모이다）＋ 阝（마을）→마을이 많이 모이다
→큰 도회지→수도

者 reunir-se ＋ 阝 vila→muitas vilas se juntam→grande distrito→capital

東京都	とうきょうと	metropolis of Tokyo	도쿄도	região metropolitana de Tóquio
都合[19]がいい	つごうがいい	convenient	사정이 좋다	conveniente
首[9]都	しゅと	capital	수도	capital

合→Lesson 19　首→Lesson 9

115 府

ふ　administrative prefecture / 부（행정기관 소재지）/ província

丶 亠 广 广 庁 庁 府 府

府 府 府 府 府 府 (8)

フ

广（いえ）＋付（ひとが　はたらく）
→せいふの　しょるいを　ほかんする
そうこ→せいふが　ある　ところ

广 storehouse ＋ 付 people work→storehouse of government to keep the documents→government center

广（집）＋ 付（사람이 일하다）→정부의 서류를 보관하는 창고→정부가 있는 곳

广 casa ＋ 付 pessoa trabalhando→armazém de documentos do governo→local onde fica o governo

京都府	きょうとふ	Kyoto Prefecture	교토부	província de Kyoto
大阪(さか)府	おおさかふ	Osaka Prefecture	오사카부	província de Osaka
政(せい)府	せいふ	government	정부	governo

116 県

けん　prefecture / 현 / província

縣

丨 冂 冃 月 目 亘 県 県 県

県 県 県 県 県 県 (9)

ケン

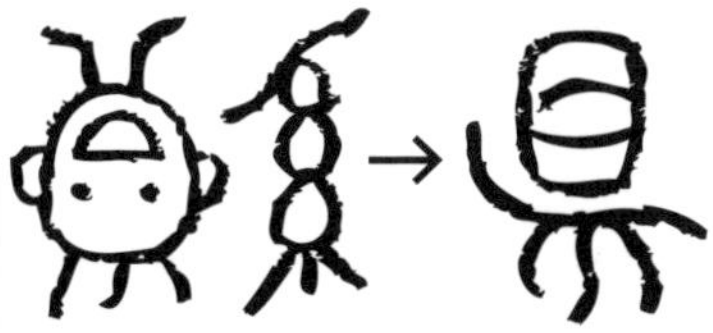

県（さかさの　くび）＋系（いとで
ぶらさげる）→せいふの　下(した)に　ある
→けん

県 head upside down ＋ 系 rope→head hanging upside down to show the power of authorities→subordinate the government→prefecture

県（거꾸로 된 首（머리））＋ 系（실로 매달다）
→정부 밑에 있다→현

県 cabeça ao contrário＋ 系 pendurado por linha
→subordinado ao governo→província

山口県	やまぐちけん	Yamaguchi Prefecture	야마구치현	Província de Yamaguchi
県知[20]事[6]	けんちじ	prefectural governor	현 지사	governador de província

知→Lesson 20　事→Lesson 6

117

市

し city
시
cidade

いち market
시장
mercado

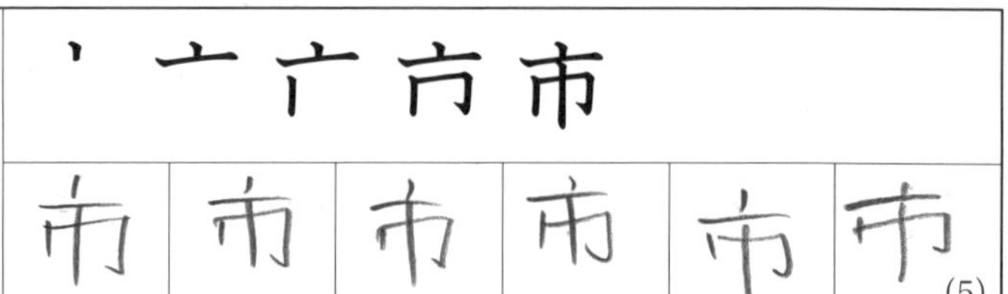

(5)

いち・シ

足（とまる）＋はかり→人(ひと)が集(あつ)まって、バランスのとれたねだんで　とりひきする→いち

足 stop ＋ balance→people gather and trade things for balanced price→market, city

足（멈추다）＋ 저울 →사람이 모여서 흥정하며 거래하다→시장

足 parar ＋ balança→pessoas se reúnem e há transações com preço balanceado→cidade

京都市	きょうとし	Kyoto City	교토시	cidade de Kyoto
市長	しちょう	mayor	시장	prefeito de cidade
市場[16]	いちば	market	시장	mercado

場→Lesson 16

118

区

く ward
구
distrito

區

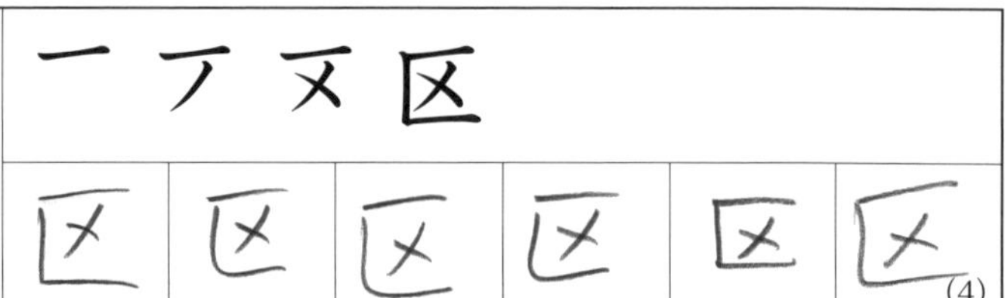

(4)

ク

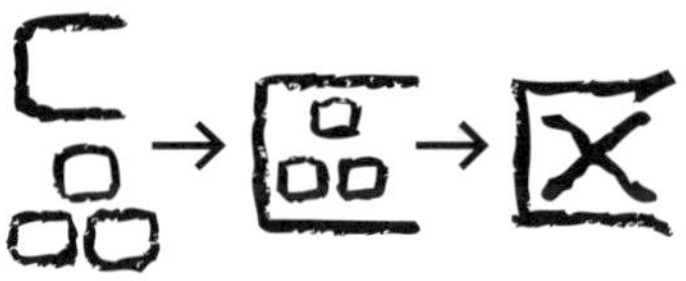

匚（かこい）＋品（しなもの）→いろいろな　品物(しなもの)を　くぎってわける→人(ひと)が　すむ　ばしょを　わける→く

匚boundary ＋ 品things→divide things→divide area→ward

匚（울타리）＋ 品（물품）→여러 가지 물품을 구분하여 나누다→사람이 사는 장소를 나누다→구

匚 cercamento＋ 品 mercadoria→dividir diversas mercadorias em categorias→dividir o local onde pessoas vivem→distrito

北区	きたく	Kita Ward	기타구	distrito Norte
文[18]京区	ぶんきょうく	Bunkyo Ward	분쿄구	distrito Bunkyo
区長	くちょう	ward mayor	구청장	chefe distrital

文→Lesson 18

119

町

まち town
도시
município

(7)

まち・チョウ

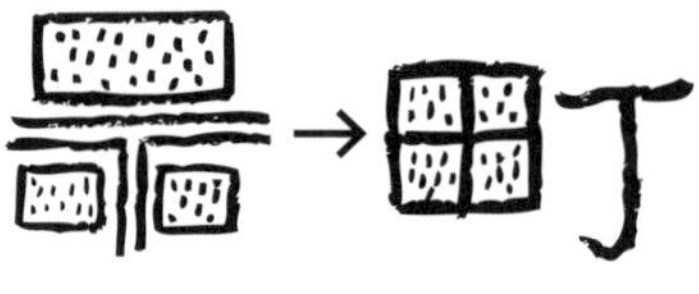

田（た）＋丁（くぎ→みち）→田(た)と道(みち)が　ある→まちが　できる→まち

田rice field ＋ 丁（nail→road）→town

田（논）＋ 丁（못→길）→논과 길이 있다→마을이 생기다→도시

田 arrozal＋ 丁 estaca→caminho →há arrozais e caminhos→forma-se um município→município

町	まち	town	도시	município
下町	したまち	downtown	도시의 번화가	região comercial
町長	ちょうちょう	town leader	町의 장, 읍장	prefeito de município

120 村	むら village 마을 vila	一 十 才 木 村 村 村
		村 村 村 村 村 村 (7)

むら
・
ソン

木（き）＋寸（て）→木(き)に　手(て)を　つけて　休(やす)む→人(ひと)が　集(あつ)まる→むら

木 tree ＋ 寸 hand→people rest touching the tree→people gather→village

木 (나무) ＋ 寸 (손) →나무에 손을 대고 쉬다 →사람이 모이다→마을

木 árvore＋ 寸 mão→descansar com a mão na árvore →pessoas se reúnem→vila

村	むら	village	마을	vila
村人	むら びと	villager	마을 사람	moradores de vila
村長	そん ちょう	village leader	村의 장, 촌장	chefe de vila

練習(れんしゅう) 1: 漢字(かんじ)の　読(よ)み方(かた)を　書(か)きましょう。

PRACTICE : Write the meanings of the following kanji in hiragana;
연습 : 한자 읽는 음을 히라가나로 써 봅시다 .
Exercício : escreva a leitura dos kanjis.

1. 住所 じゅうしょ
2. 所 どころ，ばしょ
3. 東京 とうきょう
4. 京都 きょうと
5. 京都府 きょうとふ
6. 山口県 やまぐちけん
7. 京都市 きょうとし
8. 区 く
9. 町 まち
10. 村 むら

11. スキーが　できる　所に　住みたいです。
スキーが　できる　どころに　すみたいです。
12. 明日　ミーティングを　します。ーすみません。ちょっと　都合(ごう)が　わるいんですが…。
あしたミーティングをします。ーすみません。ちょっとつごうが　わるいんですが…
13. 日本には　県が　43　あります。
にほんには　けんが　よんじゅうさん　あります。
14. 東京都には　区が　23　あります。
とうきょうとには　くが　にじゅうさん　あります。
15. 天気が　いい日に　となりの　村まで　サイクリングしようと　思(おも)っています。
てんきが　いいひに　となりの　むらで　サイクリングしようと　おもっています。

練習2：下の □に 漢字を 書きましょう。

(れんしゅう　した　かんじ　か)

1. す
住んでいます
to live
살고 있습니다
morar

2. ところ
所
place
곳
local

3. とう きょう
東京
Tokyo
도쿄
Tóquio

4. きょう と
京都
Kyoto
교토
Quioto

5. おお さか ふ
大阪府
Osaka Prefecture
오사카부
província de Osaka

6. やま ぐち けん
山口県
Yamaguchi Prefecture
야마구치현
província de Yamaguchi

7. よこ はま し
横浜市
Yokohama City
요코하마시
cidade de Yokohama

8. きた く
北区
Kita Ward
기타쿠
distrito Norte

9. はこ ね まち
箱根町
Hakone Town
하코네마치
município de Hakone

10. やま かわ むら
山川村
Yamakawa Village
야마카와무라
vila de Yamakawa

11. じゅう しょ
住所
address
주소
endereço

12. つ ごう
都合がいい
convenient
형편이 좋다
conveniente

13. し ちょう
市長
mayor
시장
prefeito

Lesson 2 形容詞 1
けいようし

Adjectives 1　형용사 1　**Adjectives 1**

明　暗　遠　近　強　弱　重　軽　太　細

反対(はんたい)の　ことば　です。(　　　　)に　ひらがなを　書(か)きましょう。

Guess the antonyms of the following ; 반대말입니다 . (　) 안에 히라가나를 써 봅시다 .
São antônimos. Escreva a leitura em hiragana entre os parênteses.

明るい ⟷ 暗い
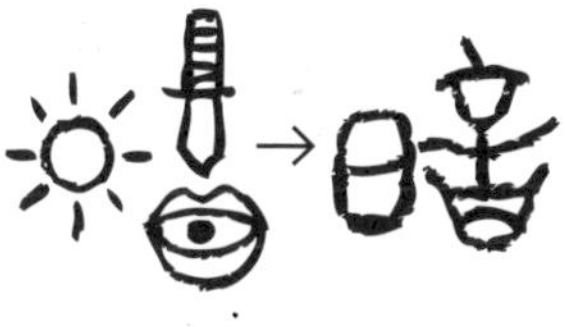

(あがるい)　くらい

近い ⟷ 遠い

(ちか　い)　とおい

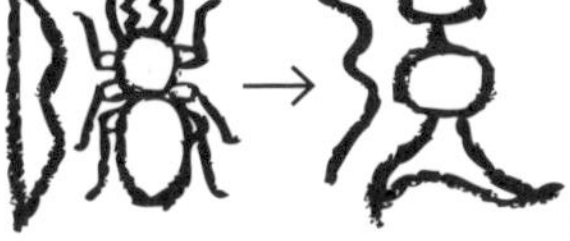
強い ⟷ 弱い
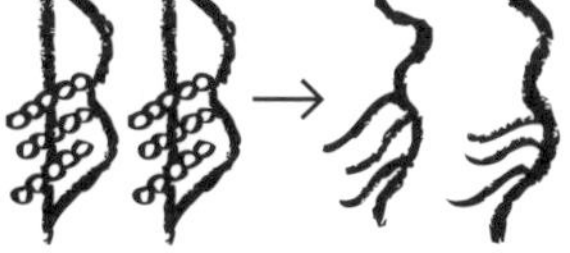

(つよ　い)　よわい

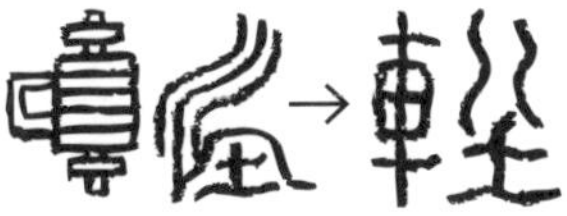
軽い ⟷ 重い

かるい　(おも　い)

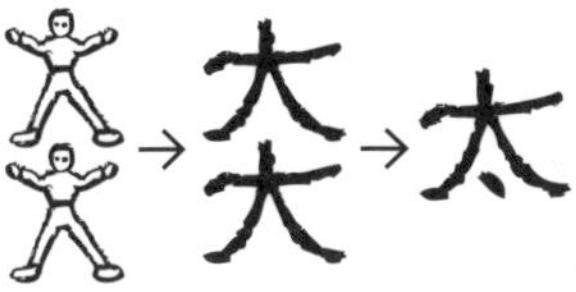
太い ⟷ 細い

(ふと　い)　ほそい

121 明

あかるい bright 밝다 claro

はっきり clear 분명히 claro

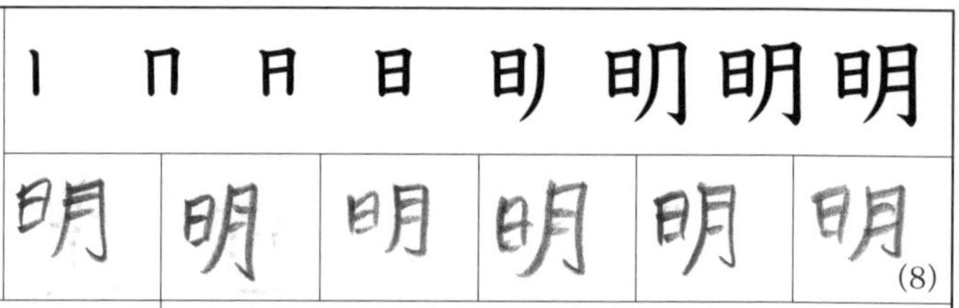

あか―るい ・ メイ

日（たいよう）＋月（つき）
→あかるい

日 sun ＋ 月 moon → bright
日（해）＋ 月（달）→밝다
日 Sol ＋ 月 Lua → claro

明るい	あか るい	bright, cheerful	밝다, 분명히	claro
明日	*あした/あす	tomorrow	내일	amanhã
説[20]明	せつ めい	explanation	설명	explicação
発[17]明	はつ めい	invention	발명	invenção

説→Lesson 20　発→Lesson 17

122 暗

くらい dark 어둡다 escuro

くら―い ・ アン

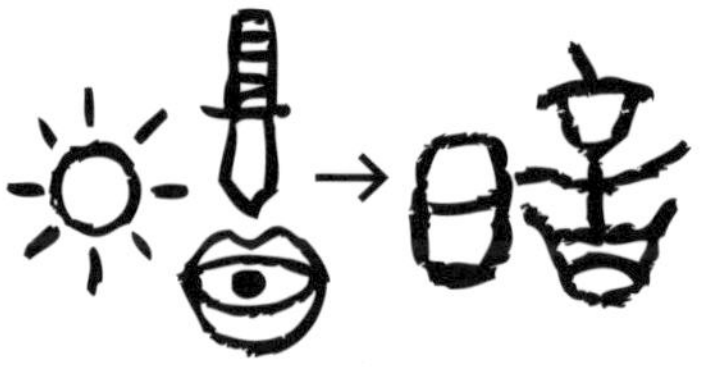

日（たいよう）＋音（くちの　なかに
ものが　あって　ことばが　はっきりしない）
→はっきりしない、くらい　光（ひかり）→くらい

日 daylight ＋ 音 sounds (not so clear as words　because something is in the mouth) → not clear, shaded light → dark
日（해）＋ 音（입 속에 뭔가 있어서 말이 분명치 않다）
→분명하지 않은 어두운 빛→어둡다
日 Sol ＋ 音 algo dentro da boca que impede que a fala seja clara → brilho escuro e tosco → escuro

暗い	くら い	dark	어둡다	escuro
暗号[16]	あん ごう	secret code	암호	código secreto

号→Lesson 16

123 遠

とおい far 멀다 longe

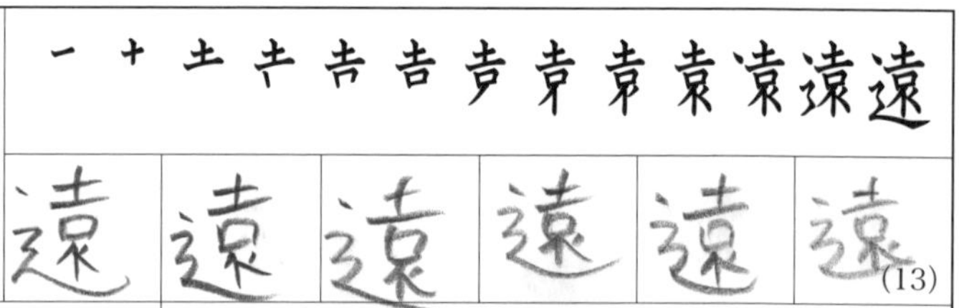

とお―い ・ エン

之（すすむ）＋袁（ゆったりした
ながい　ふく）→長（なが）い道（みち）→とおい

之 go ＋ 袁 loose, long robe
→ long way → far
之（나아가다）＋ 袁（헐렁한 긴 옷）
→긴 길→멀다
之 avançar ＋ 袁 roupa longa e folgada
→ longa via → longe

遠い	とお い	far	멀다	longe
遠足	えん そく	excursion	소풍	excursão

124

近

ちかい　near　가깝다　perto

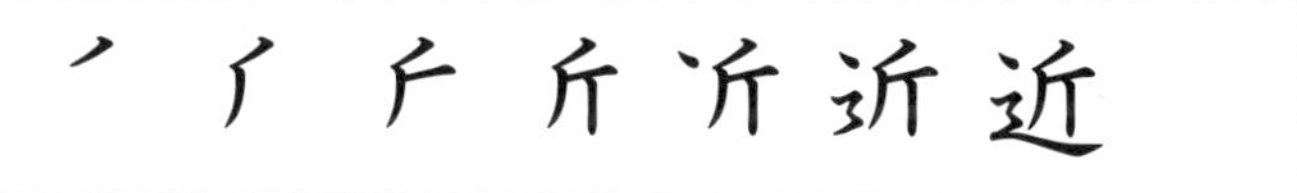

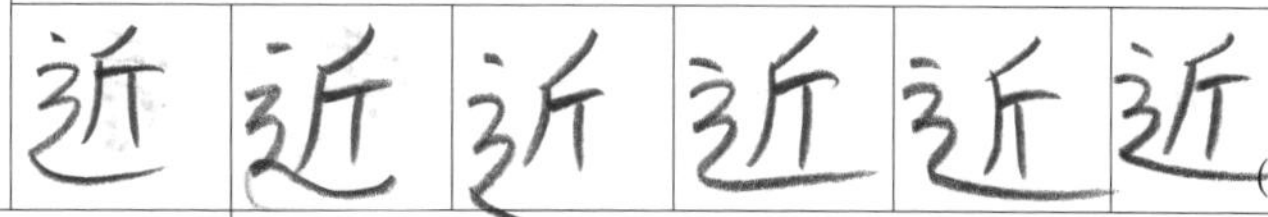

(7)

ちかーい・キン

辶（すすむ）＋斤（おの）→切(き)るときは　おのを ものに ちかづける→ちかい

辶 movement + 斤 ax→movement of nearing an ax to cut something→near

辶（나아가다）＋斤（도끼）→자를 때에는 도끼를 물건에 가까이 대다→가깝다

辶 avançar + 斤 machado→para cortar algo se aproxima o machado do objeto→perto

近い	ちかい	near	가깝다	perto
近所	きんじょ	neighborhood	근처, 근방	vizinhança
最(さい)近	さいきん	recently	최근	ultimamente

125

強

つよい　strong　강하다　forte

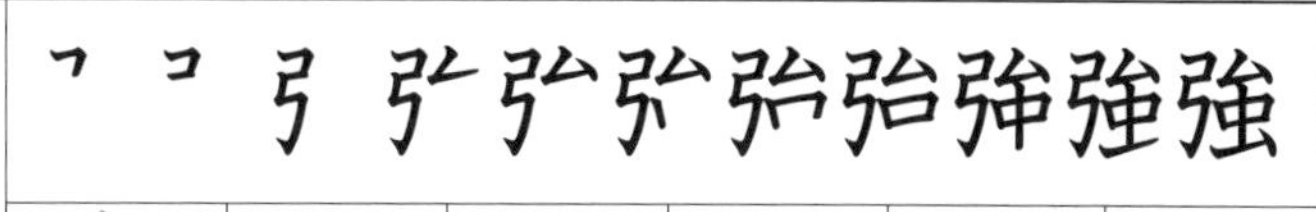

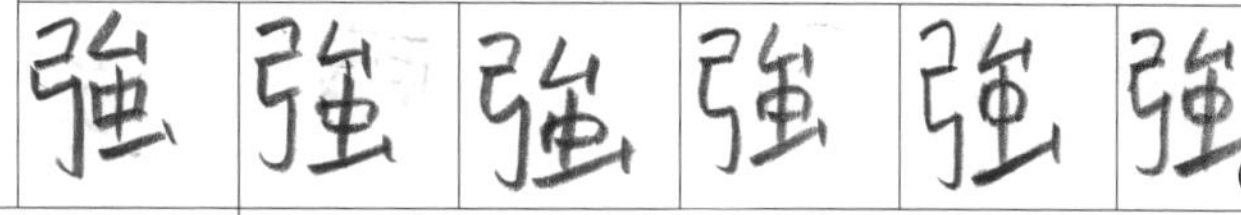

(11)

つよーい・キョウ

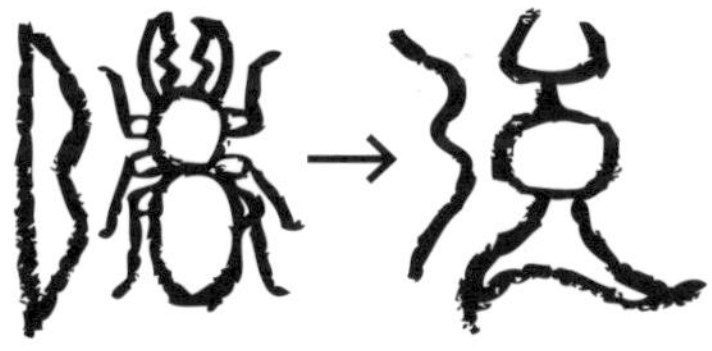

弓（つよく　はった　ゆみ）＋虫（まるい　あたまの　むし）→がっちりした カブトむし→じょうぶ、つよい

弓 strong bow + 虫 insect having round head →big, strong insect→strong

弓（팽팽해진 활）＋虫（머리가 둥근 벌레）→딱딱한 투구벌레→튼튼하다, 강하다

弓 arco fortemente esticado + 虫 inseto de cabeça redonda →besouro robusto→robusto, forte

強い	つよい	strong	강하다	forte
勉[18]強する	べんきょうする	to study	공부하다	estudar
強風[7]	きょうふう	big wind	강풍	ventania

勉→Lesson 18　風→Lesson 7

126

弱

よわい　weak　약하다　fraco

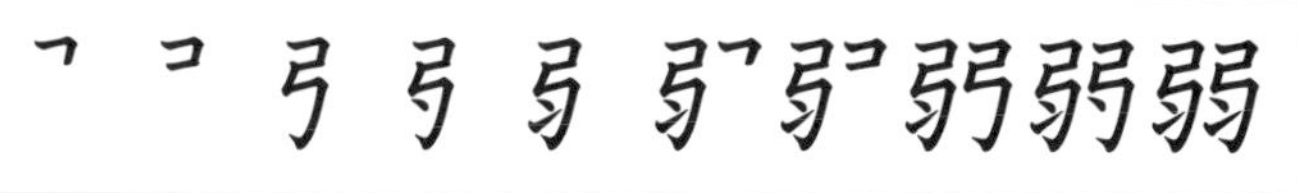

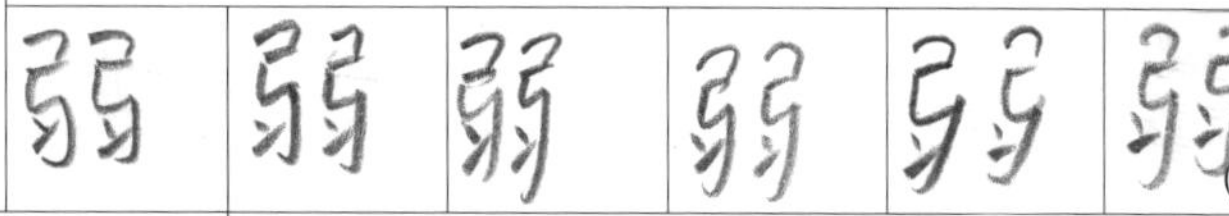

(10)

よわーい・ジャク

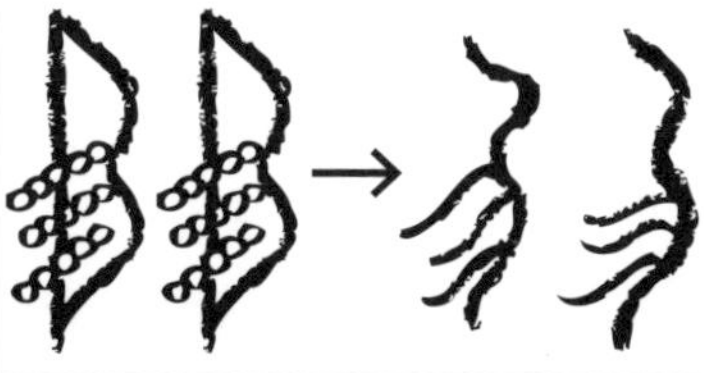

㢲（かざりの　ある　よわい　ゆみ）＋㢲→つよくない→よわい

㢲 bow with decorative horse hair + 㢲 bow →not strong→weak

㢲（장식이 달린 약한 활）＋㢲→강하지 않다 →약하다

㢲 arco fraco com adorno + 㢲 →não é forte→fraco

弱い	よわい	weak	약하다	fraco
強弱	きょうじゃく	strong and weak	강약	força e fraqueza

127

重

おもい heavy 무겁다 pesado

だいじな important 중요하다 importante

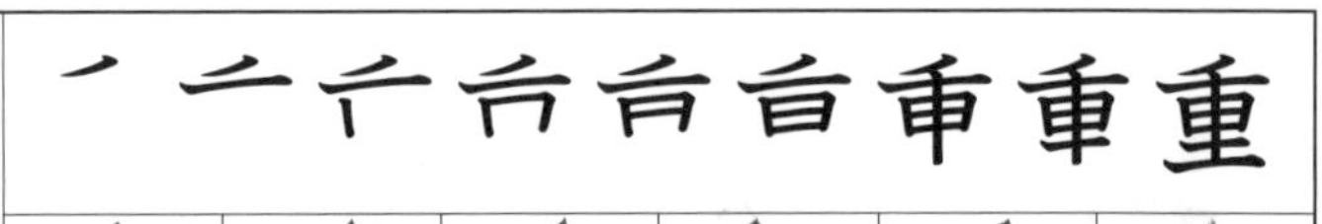

(9)

おもーい・ジュウ

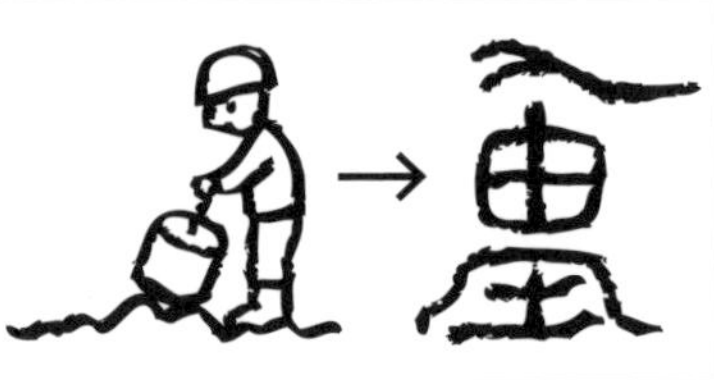

ノ（ひと）＋車（おもい　もの）＋土（じめん）→おもい

ノ person ＋ 車 heavy stuff ＋ 土 ground→heavy

ノ（사람）＋ 車（무거운 것）＋ 土（지면）→무겁다

ノ pessoa ＋ 車 coisa pesada ＋ 土 chão→pesado

重い	おもい	heavy	무겁다	pesado
重大な	じゅうだいな	important	중대한	sério
体[9]重	たいじゅう	body weight	체중	peso

体→Lesson 9

128

軽

かるい light 가볍다 leve

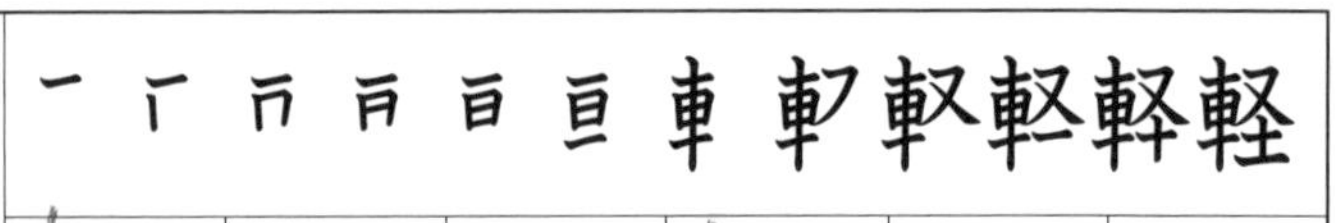

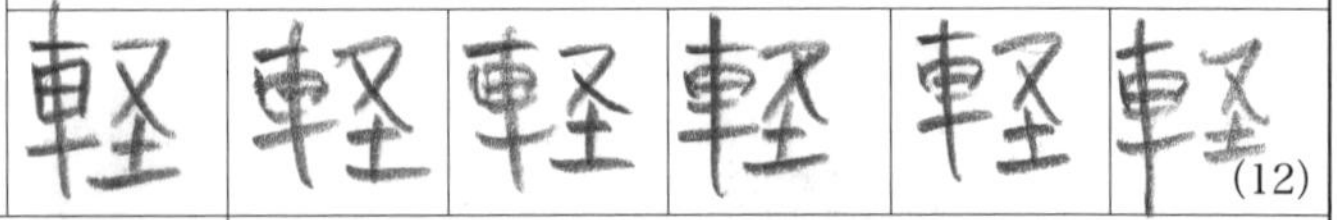

(12)

かるーい・ケイ

車（くるま）＋圣（ほそい　みち）→細(ほそ)い　道(みち)でも　通(とお)れる　かるい車(くるま)→かるい

車 vehicle ＋ 圣 narrow road→light car which can drive through a narrow road→light

車（차）＋ 圣（좁은 길）→좁은 길이라도 지나갈 수 있는 가벼운 수레→가볍다

車 carro ＋ 圣 caminho estreito→carro leve que passa até mesmo em caminhos estreitos→leve

軽い	かるい	light	가볍다	leve
軽食	けいしょく	snack	경식	lanche

129

太

ふとい fat 굵다 pesado

一 ナ 大 太

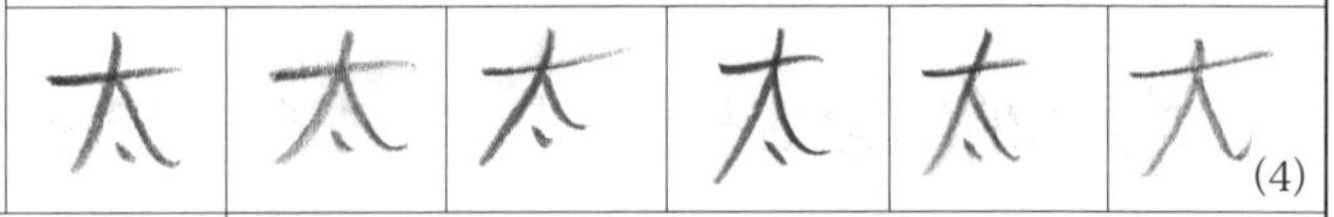

(4)

ふとーい・タイ

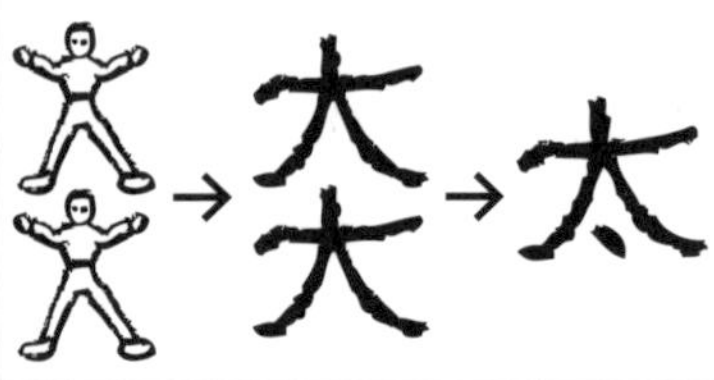

大（おおきい）＋大（おおきい）→とても大(おお)きい→ふとい

大 big ＋ 大 big (doubling of big) →very big→fat

大（크다）＋ 大（크다）→아주 크다→굵다

大 grande ＋ 大 grande→muito grande→pesado

太い	ふとい	fat	굵다	pesado
太陽(よう)	たいよう	sun	태양	Sol

130 細	ほそい	slender 가늘다 fino	く 纟 幺 乡 糸 糸 糹 紅 細 細 細
	こまかい	fine 미세하다 delicado	細 細 細 細 細 細 (11)

ほそーい
こまーかい
・
サイ

糸（いと）＋田（あかちゃんの あたま）→どちらも 小（ちい）さい →ほそい、こまかい

糸 thread ＋ 田 baby's head → both are small → slender, fine

糸 (실) ＋ 田 (아기의 머리) →어느 것이나 작다→가늘다, 미세하다

糸 linha ＋ 田 cabeça de bebê →ambos pequenos→fino, delicado

細い	ほそ い	slender	가늘다	fino
細かい	こま かい	fine	미세하다	delicado
細工[16]	さい く	craftmanship	세공	artesanato

エ→Lesson 16

練習（れんしゅう）1：漢字（かんじ）の　読（よ）み方（かた）を　書（か）きましょう。

PRACTICE : Write the meanings of the following kanji in hiragana;
연습 : 한자 읽는 음을 히라가나로 써 봅시다 .
Exercício : escreva a leitura dos kanjis.

1. 明るい あかるい
2. 近い ちかい
3. 強い つよい
4. 軽い かるい
5. 太い ふとい
6. 暗い くらい
7. 遠い とおい
8. 弱い よわい
9. 重い おもい
10. 細い ほそい

11. 近所に　新しい　スーパーが　できました。
きんじょにあたらしいスーパーが できました。

12. 明日から　一週間　学校は　休みです。
あしたから いっしゅうかんがっこうはやすみです。

13. このアパートは　駅から　遠い。
このアパートはえきからとおい。

14. 本だなは　重くて　はこべません。
ほんだなはおもくてはこべません。

15. このボールペンは　太くて　書きやすい。
このボールペンはふとくてかきやすい。

練習2：下の □に 漢字を 書きましょう。

1. あか
明るい
bright
밝다
claro

2. くら
暗い
dark
어둡다
escuro

3. とお
遠い
far
멀다
longe

4. ちか
近い
near
가깝다
perto

5. つよ
強い
strong
강하다
forte

6. よわ
弱い
weak
약하다
fraco

7. おも
重い
heavy
무겁다
pesado

8. かる
軽い
light
가볍다
leve

9. ふと
太い
fat
굵다
grosso

10. ほそ
細い
slender
가늘다
fino

11. あした
明日 国へ かえります。
I will return my country tomorrow.
내일 귀국합니다
Eu volto amanhã o meu país.

12. きんじょ
よく 近所の コンビニへ 行きます。
I often stop by a neighborhood convenience store.
종종 근처 편의점에 갑니다
Eu vou com frequência à loja de conveniência da vizinhança.

Lesson 3 形容詞(けいようし) 2

Adjectives 2　형용사 2　Adjectivos 2

特　別　有　便　利　不　切　元　好　急

絵(え)を見(み)て、漢字(かんじ)の　意味(いみ)を　考(かんが)えましょう。

Guess the meaning of kanji.
그림을 보고 한자의 의미를 생각해 봅시다 .
Veja a ilustração e adivinhe o significado dos kanjis

元気な　1 ●

好きな　2 ●

不便な　3 ●

便利な　4 ●

急な　5 ●

特別な　6 ●

有名な　7 ●

● A すきな　かしゅ

● B ふべんな　へや

● C べんりな　へや

● D げんきな　子ども

● E ゆうめいな　人

● F きゅうな　びょうき

● G とくべつな　日

131 特

とくべつな special 특별한 especial

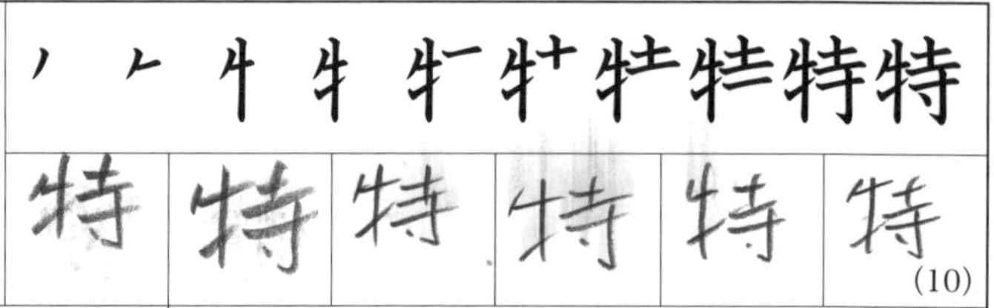

(10)

トク / トッ

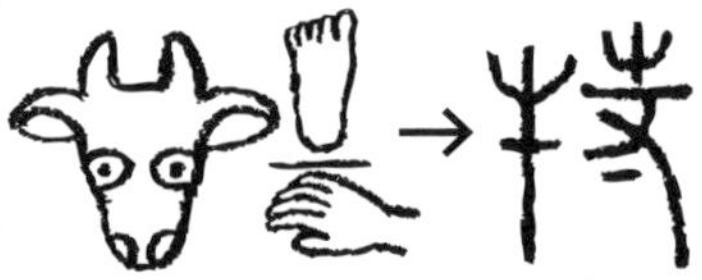

牛（うし）＋寺（てら）→寺（てら）へささげた　とくべつな牛（うし）→とくべつ

牛 bull + 寺 temple→special bull sacrificed for the temple→special

牛（소）＋寺（절）→절에 바친 특별한 소→특별

牛 boi + 寺 templo→boi especial oferecido ao templo→especial

特に	とく に	especially	특히	especialmente
特別な	とく べつ な	special	특별한	especial
特急	とっ きゅう	limited express	특급	expresso

132 別

わかれる separate 헤어지다 separar-se

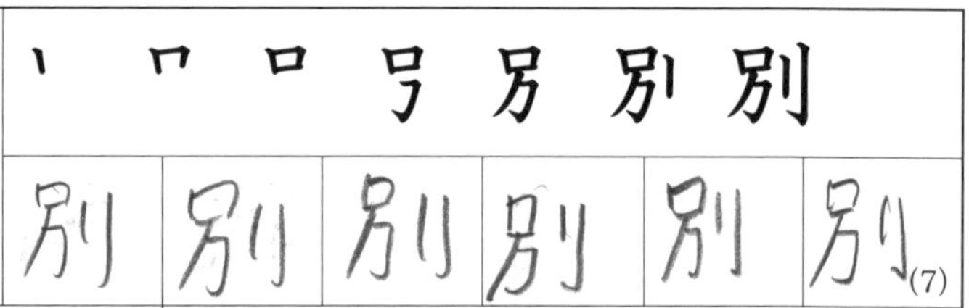

(7)

わか−れる・ベツ

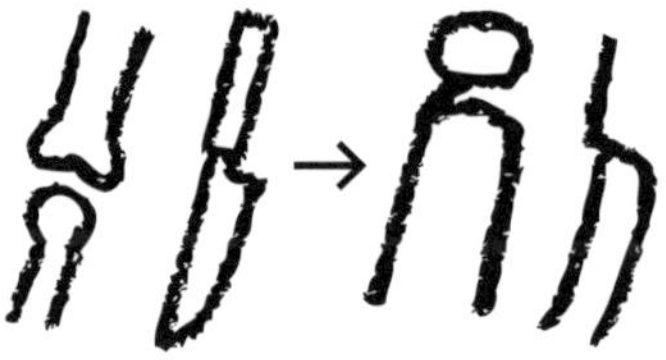

另ほね＋刂ナイフ→ほねを　ナイフで　切（き）り分（わ）ける→わかれる

另 bone + 刂 knife→chop the bones with a knife→to separate

另（뼈）＋刂（칼）→뼈를 칼로 잘라 나누다→헤어지다

另 osso + 刂 faca→despedaçar o osso com a faca→separar-se

別れる	わか れる	separate	헤어지다	separar-se
別々に	べつ べつ に	separately	따로따로	separados
区別する	く べつ する	distinguish	구별하다	distinguir
分別する (ゴミ)	ぶん べつ する	cllassify	분별하다 (쓰레기)	selecionar (lixo)

133 有

ある exist 있다 haver

(6)

あ−る・ユウ

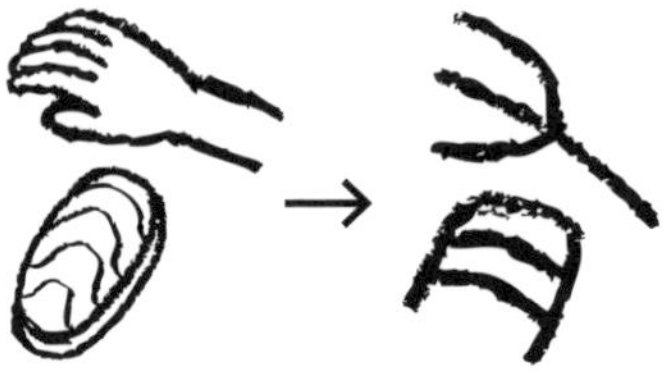

にくを　もつ　手（て）→にくが　ある→ある

hand holding meat→have→to exist, to have

고기를 든 손→고기가 있다→있다

mão segurando carne→ter carne→haver

有る	ある	to exist, to be	있다	haver
有名な	ゆう めい な	famous	유명한	famoso
有料[14]	ゆう りょう	pay toll	유료	pago

料→Lesson 14

134 便

べんり convenience 편리 conveniência

びん mail 편지, 소식 postagem

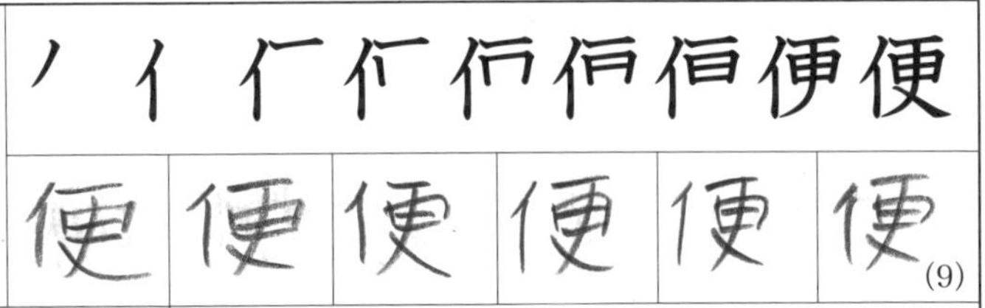
(9)

たよ－り・ベン ビン

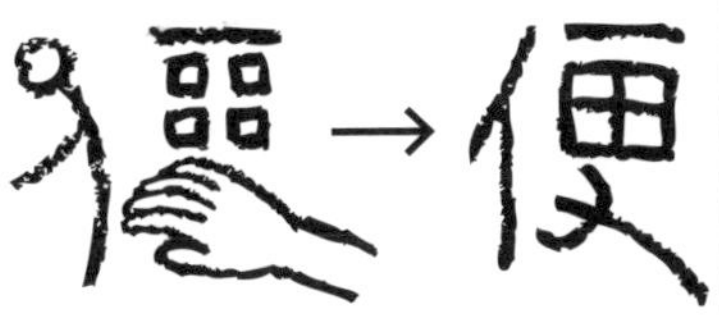

亻（ひと）＋ 更（ものと　て）
→人（ひと）＋サービス→べんり

亻 person＋ 更 things and a hand
→person＋service→convenience

亻（사람）＋ 更（물건과 손）→사람＋서비스
→편리

亻 pessoa ＋ 更 coisa e mão
→pessoa＋serviço→conveniência

便り	たより	letter	소식	carta
郵（ゆう）便局（きょく）	ゆうびんきょく	post office	우체국	correios
船（ふな）便	ふなびん	sea mail	선편，배편	correio marítimo

135 利

りえき profit 이익 lucro, benefício

(7)

り

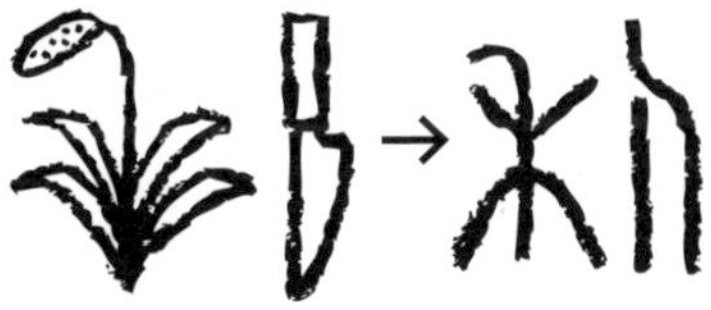

禾（いね）＋ 刂（ナイフ）
→するどい　ナイフで　切（き）る
→やくに　立（た）つ→りえき

禾 rice plant＋ 刂 knife→cutting the rice plant with sharp knife→effective→profit

禾（벼）＋ 刂（칼）→날카로운 칼로 자르다
→도움이 되다→이익

禾 muda de arroz ＋ 刂 faca→cortar com uma faca afiada
→ser útil→lucro

便利な	べんりな	convenient	편리한	conveniente
利用[19]する	りようする	to use	이용하다	usar
利子	りし	interest	이자	juros
有利な	ゆうりな	advantageous	유리한	vantajoso

用→Lesson 19

136 不

～ではない not- ~가 아니다 não ～

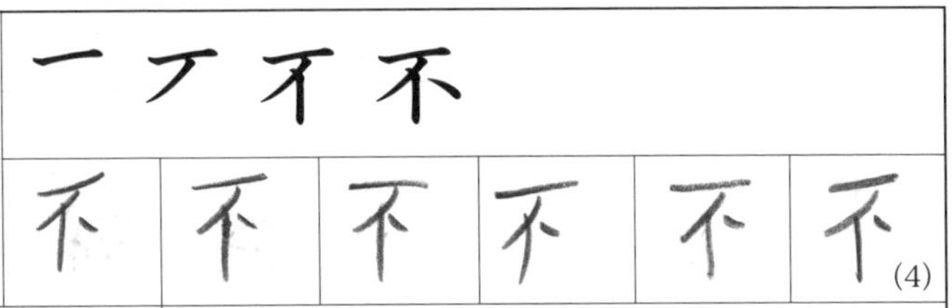
(4)

フ／ブ

ふくらんだ　つぼみの　え
→口（くち）を　ふくらませて　出（だ）す「ブッ」
という　音（おと）→～ではない

swollen bud→puff out one's cheeks when a person shows rejection→not-

부푼 꽃봉오리의 그림→입을 부풀려서 내는「부」하는 소리
→~가 아니다

figura de botão de flor inchado
→som "buu" emitido por uma boca inflada→não ～

不便な	ふべんな	inconvenient	불편한	inconveniente
不足する	ふそくする	run short	부족하다	faltar
不安な	ふあんな	anxious	불안한	inseguro
不運[17]な	ふうんな	unfortunate	불운의	desafortunado

運→Lesson 17

137

切

きる　cut
자르다, 끊다
cortar

一 七 七 切

切 切 切 切 切 切 (4)

きーる
きっ
・
セツ

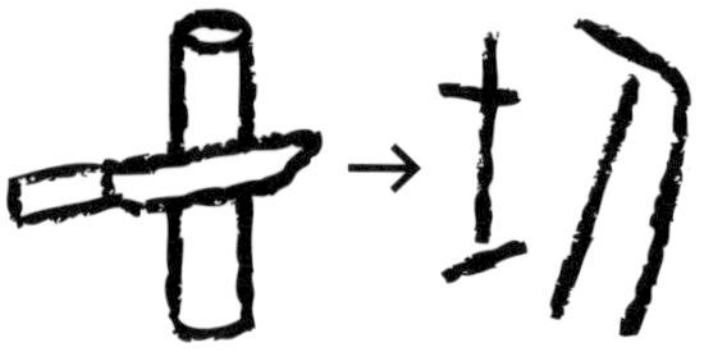

七(ものをきる　ようす)＋刀(かたな)→きる

七 image of cutting＋刀 sword→to cut
七 (물건을 자르는 모양) + 刀 (칼) →자르다
七 imagem de algo sendo cortado ＋ 刀 espada→cortar

切る	きる	to cut	자르다, 끊다	cortar
切手	きって	postage stamp	우표	selo
大切な	たいせつな	important	귀중한	importante
親[12]切な	しんせつな	kind	친절한	gentil

親→Lesson 12

138

元

もと　origin
근원
origem

一 二 テ 元

元 元 元 元 元 元 (4)

もと
・
ゲン / ガン

人(ひと)の　上(うえ)に　まるい　あたま→あたまは　人(ひと)の　おもな　ぶぶん→はじめ、もと

a round head on a person→person's prime part→prime, origin
사람 위에 둥근 머리→머리는 사람의 주요 부분→시초, 근원
cabeça redonda sobre uma pessoa→a cabeça é a parte mais importante de uma pessoa→início, origem

元気な	げんきな	fine, active	건강한	saudável
元日	がんじつ	New Year's Day	설날(새해 첫날)	dia de ano novo
紀(き)元前	きげんぜん	before Christ	기원전	antes de Cristo

B.C

139

好

すき　like
좋아하다
gostar de

く 女 女 女' 奵 好

好 好 好 好 好 好 (6)

すーき
・
コウ

女（おんな）＋子（こども）→女(おんな)の人(ひと)は　子(こ)どもを　かわいがる→すき

女 woman ＋ 子 child→woman loves a child→to like
女 (여자) + 子 (아이) →여자는 아이를 예뻐하다→좋아하다
女 mulher ＋ 子 criança→a mulher ama a criança→gostar de

好きな	すきな	favorite	좋아하는	favorito
好意[19]	こうい	affection	호의	afeição
好物[16]	こうぶつ	favorite dish	좋아하는 것, 즐기는 음식	comida favorita

意→Lesson 19　物→Lesson 16

140 急	いそぐ きゅうに	hurry 서두르다 apressar-se suddenly 급히 de repente	ノ ク ⺈ 刍 刍 刍 急 急 急 (9)

キュウ
・
いそーぐ

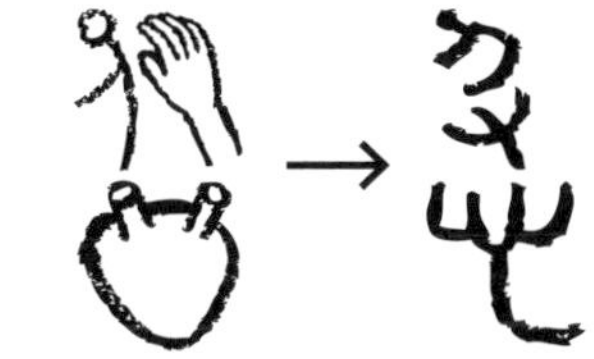

心（こころ）＋ ⺈（にげる　ひとを　つかまえる　て）→いそぐ　心（こころ）→きゅうに

心 heart＋ ⺈ a hand trying to reach someone →hurry→suddenly

心 (마음) ＋ ⺈ 도망가는 사람을 잡는 손→서두르는 마음→급히

心 coração ＋ ⺈ mão prendendo alguém que foge →coração apressado→repente

急に	きゅう に	suddenly	급히	de repente
特急	とっ きゅう	limited express	특급	expresso
急ぐ	いそ ぐ	hurry	서두르다	apressar-se
急用[19]	きゅう よう	urgent business	급한 볼일	urgência

用→Lesson 19

練習（れんしゅう）1: 漢字（かんじ）の　読（よ）み方（かた）を　書（か）きましょう。

PRACTICE : Write the meanings of the following kanji in hiragana;
연습 : 한자 읽는 음을 히라가나로 써 봅시다 .
Exercício : escreva a leitura dos kanjis.

1. 別れます わかれます
2. 利用（よう）します りようする
3. 切ります きります
4. 急ぎます いそぎます
5. 特別な とくべつな
6. 切手 きって
7. 親切な しんせつな
8. 不便な ふべんな
9. 有名な ゆうめいな
10. 元気な げんきな
11. 音楽（おんがく）を　きくのが　好きです。（す）
12. この駅は　特急が　とまるので　便利です。（えき）（とっきゅう）（べんり）
13. 大切な　話が　あります。（たいせつ）（はなし）
14. 急に　雨が　ふってきました。（きゅう）（あめ）
15. 父の好物を　特別に　よういしました。（こうぶつ）（とくべつ）

練習（れんしゅう）2：下（した）の □に 漢字（かんじ）を 書（か）きましょう。

1. げんき
[元][気]な
active
건강한
saudável

2. ゆうめい
[有][名]な
famous
유명한
famoso

3. ふべん
[不][便]な
inconvenient
불편한
inconveniente

4. とくべつ
[特][別]な
special
특별한
especial

5. たいせつ
[大][切]な
important
소중한
importante

6. き
[切]ります
to cut
자릅니다
cortar

7. わか
[別]れます
to separate
헤어집니다
separar-se

8. いそ
[急]ぎます
to hurry up
서두릅니다
apressar-se

9. きって　す
[切][手]を あつめるのが [好]きです。
I like collecting stamps.
우표 모으기를 좋아합니다
Eu gosto de colecionar selos.

10. とっきゅう　べんり
[特][急]が とまるので [便][利]だ。
The station is very convenient for the limited express trains stop.
특급이 서기 때문에 편리하다
O trem expresso pára aqui por isso é conveniente.

Lesson
1~3

にほんごのうりょくしけん（JLPT）じっせん　れんしゅう

もんだい１　＿＿＿＿の　ことばは　ひらがなで　どう　かきますか。
1、2、3、4から　いちばん　いいものを　ひとつ　えらんで　ください。

1．住所を　書いて　ください。
　　①　　②

① 1. しゅうしょ　2. じゆうしょ　3. じゅうしょう　4. じゅうしょ
② 1. かいて　2. おいて　3. がいて　4. きいて

2．京都は　おおさかから　近いです。
　　③　　　　　　　　④

③ 1. きょと　2. きょうと　3. きようと　4. とうきょう
④ 1. とおい　2. ちがい　3. せまい　4. ちかい

3．軽くて　じょうぶな　かばんを　買いました。
　　⑤　　　　　　　　　　⑥

⑤ 1. ほそくて　2. やすくて　3. かるくて　4. おもくて
⑥ 1. あいました　2. つかいました　3. かいました　4. がいました

4．あの道は　細くて　暗い。
　　　　⑦　⑧

⑦ 1. ほそくて　2. こまかくて　3. かるくて　4. あかるくて
⑧ 1. ながい　2. ちがい　3. くらい　4. くろい

5．さとう先生は　いつも　明るくて　元気だ。
　　　　　　　　⑨　⑩

⑨ 1. かるくて　2. まるくて　3. あかるくて　4. あきるくて
⑩ 1. てんきだ　2. げんぎだ　3. けんきだ　4. げんきだ

6．この駅は　特急が　とまるので　便利です。
　　　　⑪　　　　⑫

⑪ 1. とっきゅう　2. ときゅう　3. どっきゅう　4. ときゆう
⑫ 1. びんり　2. びんりい　3. べんり　4. べんりい

7．このロープは　太いけれども　弱い。
　　　　　⑬　　　　⑭

⑬ 1. ぶとい　2. ふとい　3. おおきい　4. おおい
⑭ 1. つよい　2. やわい　3. つおい　4. よわい

もんだい2 ＿＿＿の　ことばは　どう　かきますか。
1、2、3、4から　いちばん　いいものを　ひとつ　えらんで　ください。

1．このアパートは　駅から　とおくて①　ふべんだ②。

① 1. 近くて　2. 通くて　3. 道くて　4. 遠くて
② 1. 不便　2. 不更　3. 不使　4. 不吏

2．あのむら③は　おんせんで　ゆうめい④だ。

③ 1. 町　2. 区　3. 村　4. 林
④ 1. 夕名　2. 友名　3. 月名　4. 有名

3．せんしゅたちが　しちょう⑤に　あいました⑥。

⑤ 1. 士長　2. 市長　3. 村長　4. 府長
⑥ 1. 合いました　2. 云いました　3. 会いました　4. 伝いました

4．ジャンさんは　あかるい⑦人が　すき⑧だと　言っていました。

⑦ 1. 朋るい　2. 肚るい　3. 田るい　4. 明るい
⑧ 1. 好き　2. 妨き　3. 奴き　4. 奸き

5．この　けん⑨は　人口が　すくない⑩。

⑨ 1. 直　2. 県　3. 首　4. 具
⑩ 1. 小ない　2. 交ない　3. 少ない　4. 沙ない

6．今日は　となりの　まち⑪で　たいせつ⑫な　会があります。

⑪ 1. 盯　2. 区　3. 町　4. 訂
⑫ 1. 大切　2. 太功　3. 犬切　4. 大功

7．この　にもつは　とくべつ⑬　おもい⑭。

⑬ 1. 持利　2. 特別　3. 持別　4. 特利
⑭ 1. 車い　2. 動い　3. 軽い　4. 重い

Lesson 4 形容詞3（けいようし）

Adjectives 3　형용사 3　Adjetivos

低　広　短　良　悪　正　変　赤　青　黒

反対（はんたい）の　ことばです。（　　）に　ひらがなを　書（か）きましょう。

Guess the antonyms of the following ;　반대말입니다 . (　) 안에 히라가나를 써 봅시다 .
São antônimos. Escreva a leitura em hiragana entre os parênteses.

高い ⟷ 低い（1 ひく い）

広い（2 ひろ い） ⟷ せまい

長い ⟷ 短い（3 みじか い）
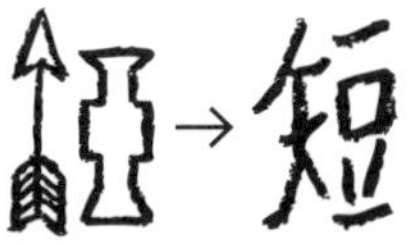

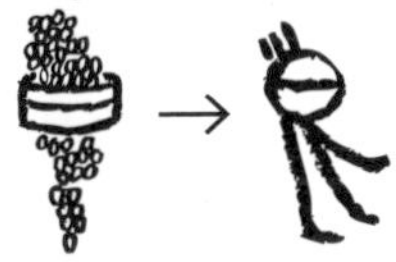
良い（4 よ い） ⟷ 悪い（5 わる い）
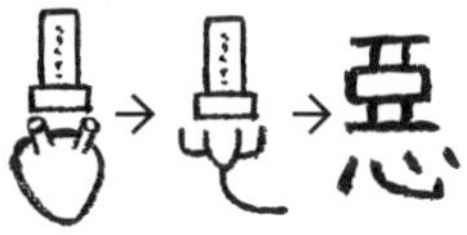

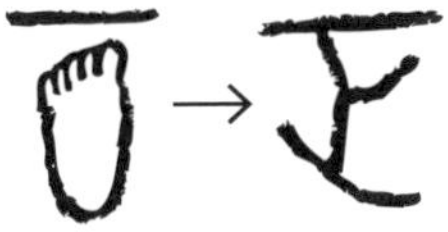
正しい（6 ただ しい） ⟷ まちがって いる

ふつう ⟷ 変な（7 へん な）
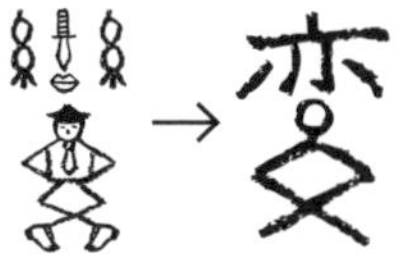

イラストの　意味（いみ）を　考（かんが）えて、線（せん）で　結（むす）びましょう。

Guess the meaning of the illustrations below.　그림의 의미를 생각하여 선으로 연결해 봅시다 .
Adivinhe o significado da ilustração abaixo e faça a ligação.

色（いろ）

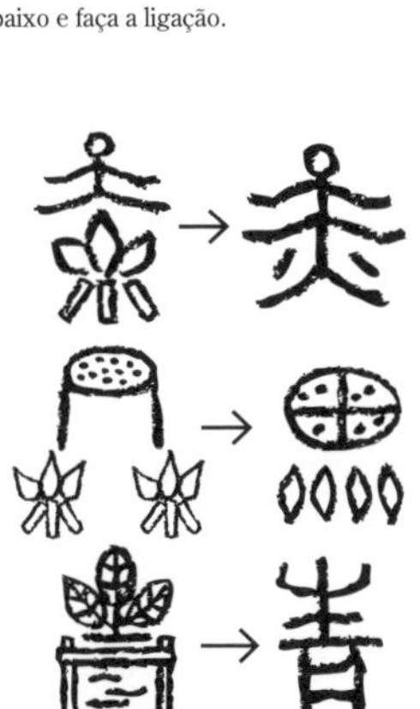

1 ●	● A　青　あお	blue 푸른 색 azul
2 ●	● B　黒　くろ	black 검은 색 preto
3 ●	● C　赤　あか	red 붉은 색 vermelho

141 低

ひくい　low
낮다
baixo

ノ イ 亻 亻𠂊 仾 低 低

低 低 低 低 低 低 (7)

ひくーい
・
テイ

イ（ひと）＋ 氐（おかの　した）
→みぶんの　ひくい人（ひと）は　おかの
下（した）に　住（す）む→ひくい

人 person ＋ 氐 bottom→lower class people live at the bottom of a hill→low

イ（사람）＋ 氐（언덕 밑）
→신분이 낮은 사람은 언덕 밑에 산다→낮다

イ pessoa ＋ 氐 parte baixa da colina→pessoas de baixo estatus vivem na parte baixa da colina→baixo

低い	ひくい	low	낮다	baixo
低下する	ていかする	to fall	저하하다	diminuir
低気圧（あつ）	ていきあつ	low pressure	저기압	baixa pressão atmosférica

142 広

ひろい　spacious
넓다
espaçoso

廣

丶 亠 广 広 広

広 広 広 広 広 広 (5)

ひろーい
・
コウ

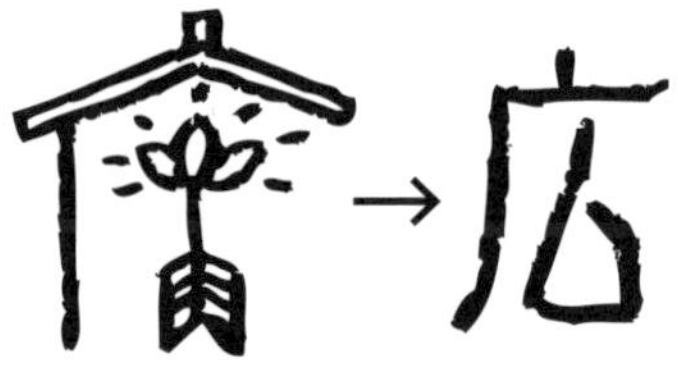

广（いえ）＋ 黄（ひが　ついた　や）
→やの　先（さき）に　ついた　火（ひ）の　あかりが
へや中（じゅう）に　ひろがっている→ひろい

广 house ＋ 黄 flaming arrow→light reaches all through the room→spacious

广（집）＋ 黄（불 붙은 화살）
→화살 끝에 붙은 불빛이 온 방에 퍼지다→넓다

广 casa ＋ 黄 flecha em chamas→a luz da chama na ponta da flecha ilumina todo o ambiente→espaçoso

広い	ひろい	spacious	넓다	espaçoso
広場[16]	ひろば	plaza	광장	praça
広大な	こうだいな	vast	광대한	vasto

場→Lesson 16

143 短

みじかい　short
짧다
curto

ノ ㇑ 𠂉 午 矢 矢一 矢𠃍 矢戸 矩 矩 短 短

短 短 短 短 短 短 (12)

みじかーい
・
タン

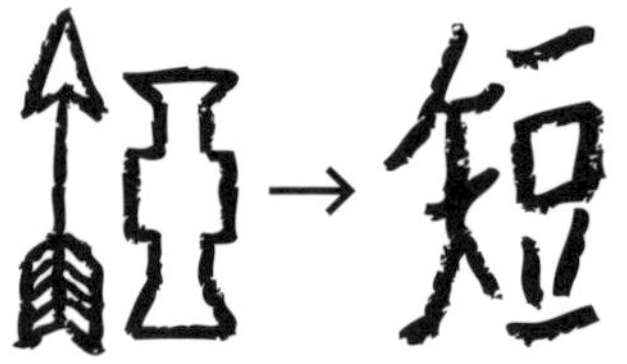

矢（や）＋ 豆（せの　ひくい
しょっき）→二（ふた）つとも　たけの
みじかい　ものの　シンボル→みじかい

矢 arrow ＋ 豆 food vessel→both are simbol of shortness→short

矢（화살）＋ 豆（키가 작은 식기）
→둘 다 길이가 짧은 것을 상징한다→짧다

矢 flecha ＋ 豆 vasilha de comida baixa
→ambos são símbolos de baixa estatura→curto

短い	みじかい	short	짧다	curto
短時間	たんじかん	short time	단시간	tempo curto

144

良

よい good 좋다 bom

(7)

よーい・リョウ

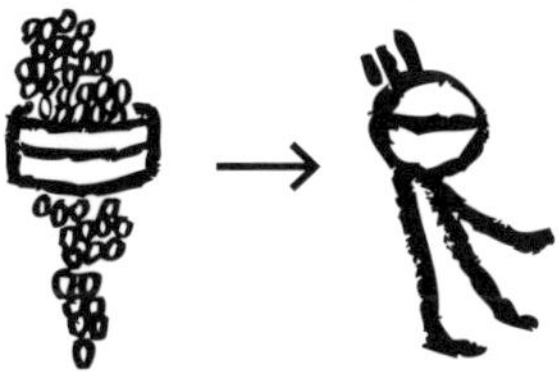

こくもつの 中(なか)から よいものを えらぶ こしき→よい

riddle to select the good from grain→good

곡물 중에서 좋은 것을 고르는 체→좋다

peneira que seleciona grãos que são bons→bom

良い	よい	good	좋다	bom
良心[9]	りょうしん	consience	양심	boa consciência

心→Lesson 9

145

悪

わるい bad 나쁘다 ruim, mau

(11)

わるーい・アク

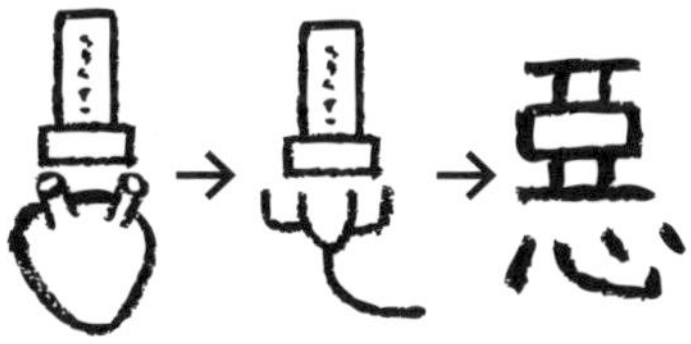

亜(はか) + 心(こころ) →はかを 前(まえ)にして 心(こころ)が 重(おも)くなる→わるい

亜 grave + 心 heart→feel unpleasant in front of the grave→feel bad→bad

亜(무덤) + 心(마음) →무덤 앞에서 마음이 무거워지다→나쁘다

亜 túmulo + 心 coração →o coração dói em frente ao túmulo→ruim

悪い	わるい	bad	나쁘다	ruim, mau
悪人	あくにん	bad person	악인	vilão

146

正

ただしい correct 옳다 correto

ただしい right 바르다 direito

(5)

ただーしい・セイ・ショウ

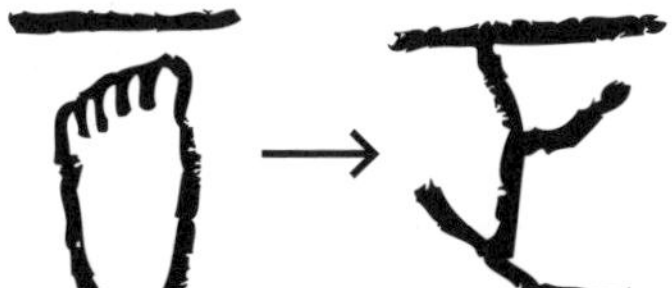

一(もくてきち) + 足(あし) →もくてきちの 前(まえ)に ただしく 止(と)まる→ただしい

一 destination + 足 foot→stopping at the right position →right, correct

一(목적지) + 足(발) →목적지 앞에 바로 서다 →바르다, 옳다

一 local de destino + 足 pé→parar corretamente em frente ao local de destino→correto, direito

正しい	ただしい	correct, right	바르다, 옳다	correto, direito
正月	しょうがつ	the New Year	정월	ano novo
正門	せいもん	main gate	정문	portão principal

147

変

かわる change 바뀌다, 변하다 mudar

へんな strange 이상한 estranho

變

(9)

かわ-る
かえ-る
・
ヘン

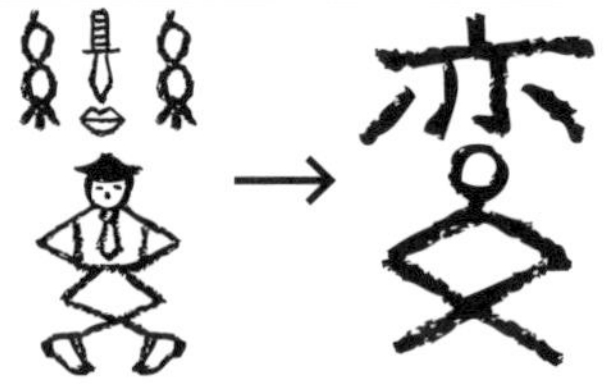

亦（いと）＋夂（こうさした　あし）
→もつれた　いと→ふつうではない
→へんな

亦 thread ＋ 夂 tangled legs→not normal→strange
亦（실）＋夂（꼬인 다리）→엉킨 실
→보통이 아니다→이상한
亦 linha ＋ 夂 pernas cruzadas
→linha embaraçada→incomum→estranho

変わる	か わる	to change	바뀌다, 변하다	mudar
変な	へん な	strange	이상한	estranho
大変な	たい へん な	hard	대단한	penoso
変化[15]する	へん か する	to change	변화하다	mudar

化→Lesson 15

148

赤

あか red 붉은 색 vermelho

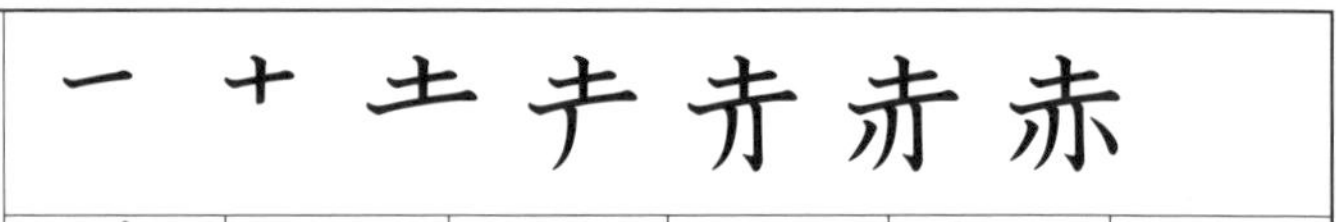

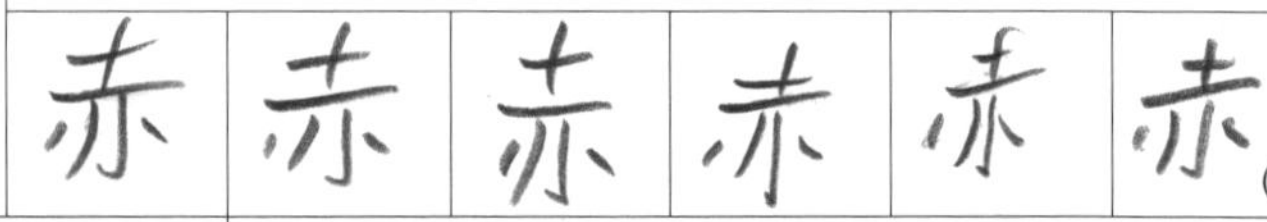

(7)

あか-い
・
セキ

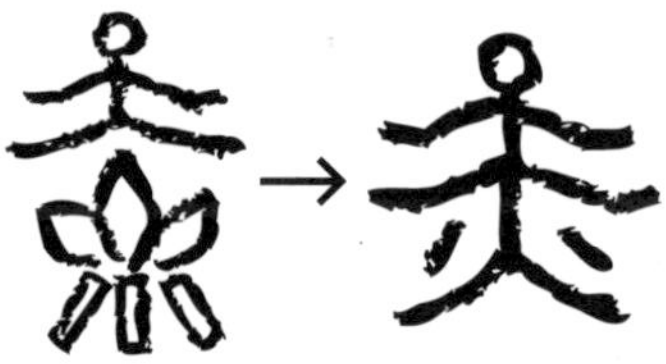

大（おおきい）＋火（ひ）
→大（おお）きく　もえている　火（ひ）→あかい

大 big ＋ 火 fire→blaze of a big fire→red
大（크다）＋火（불）→크게 타고 있는 불→빨갛다
大 grande ＋ 火 fogo→chamas enormes ardendo→vermelho

赤い	あか い	red	빨갛다	vermelho
赤ちゃん	あか ちゃん	baby	아기	bebê
赤信[15]号[16]	あか しん ごう	red light	적신호	sinal vermelho
赤道	せき どう	equator	적도	linha do equador

信→Lesson 15　号→Lesson 16

149

青

あお blue 푸른 색 azul

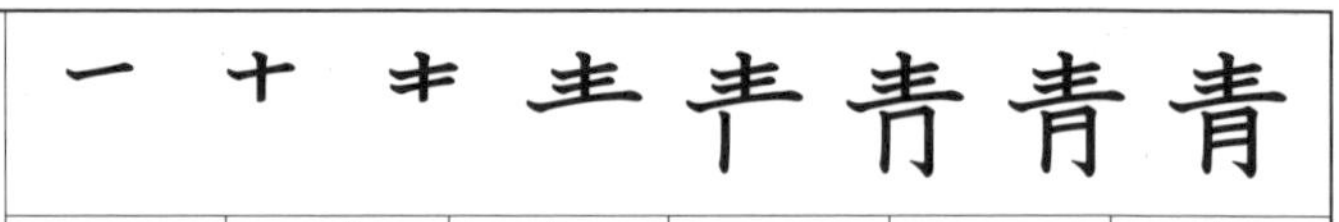

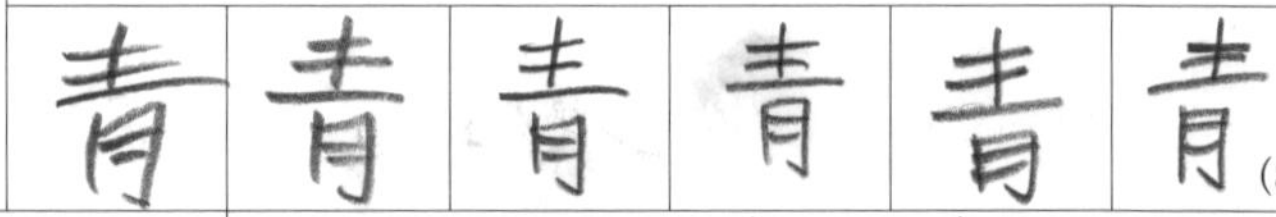

(8)

あお-い
・
セイ

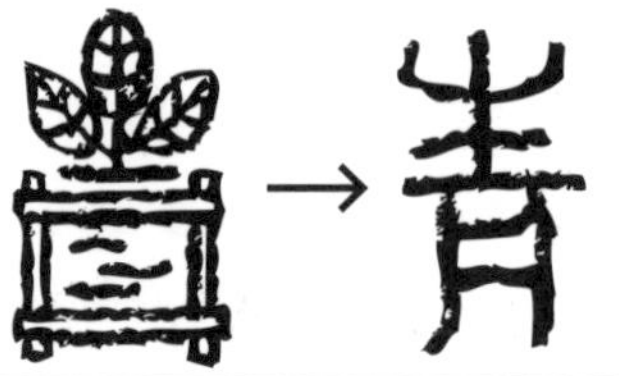

生（わかくさ）＋月（いど）
→めを　だしたばかりの　わかくさと
きれいな　いどの　水（みず）→あおい

生 young leaves ＋ 月 well→both are blue→blue
生（어린 풀）＋月（우물）→막 싹이 올라온 어린 풀과 깨끗한 우물물→파랗다
生 capim novo ＋ 月 poço→capim que acabou de brotar e água limpa do poço→azul

青い	あお い	blue	파랗다	azul
青空	あお ぞら	blue sky	청공, 푸른 하늘	céu azul
青春[8]	せい しゅん	youth	청춘	juventude

春→Lesson 8

150 黒	くろ black 검은 색 preto 黑	丨 冂 日 日 甲 甲 里 里 黒 黒 黒
		 (14)
くろ－い・コク	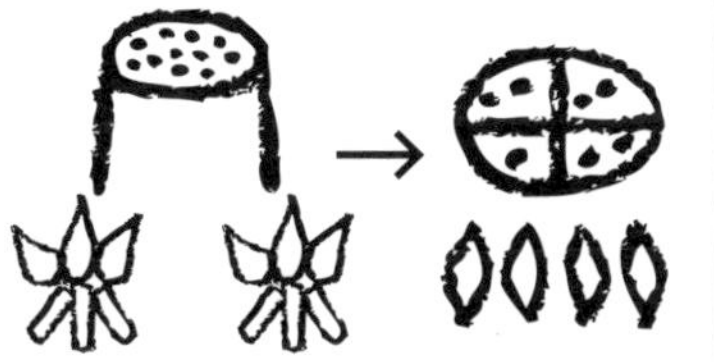	㶳 えんとつ ＋ 灬（ひ）→すすで まっくろな えんとつ→くろい 㶳 chimney ＋ 灬 fire→sooty→black 㶳（굴뚝）＋ 灬（불）→그을려서 새까맣게 된 굴뚝→검다 㶳 chaminé ＋ 灬 fogo→chaminé preta de fuligem→preto

黒い	くろい	black	검다	preto
真[5]っ黒	まっくろ	pitch black	새까맘	completamente preto

真→Lesson 5

練習(れんしゅう)1：漢字(かんじ)の　読(よ)み方(かた)を　書(か)きましょう。

PRACTICE : Write the meanings of the following kanji in hiragana;
연습 : 한자 읽는 음을 히라가나로 써 봅시다.
Exercício : escreva a leitura dos kanjis.

1. 低い ひくい　　2. 広い ひろい

3. 短い みじかい　　4. 良い いい

5. 悪い わるい　　6. 正しい ただしい

7. 大変な たいへんな　　8. 赤 あか

9. 青 あお　　10. 黒 くろ

11. 遠くても　いいですから、広い　アパートに　住みたいです。
とおくても いいですから ひろい アパートに すみたいです。

12. パソコンの　ちょうしが　悪いです。
パソコンの ちょうしが わるいです。

13. 黒い　ぼうしを　かぶった　変な　男の人が　いました。
くろい ぼうしを かぶった へんな おとこのひとが いました。

14. お正月に　国へ　かえりたいです。
おしょうがつにくにへ かえりたいです。

15. 青くて、短い　スカートを　買いました。
あおくて、みじかい スカートを かいました。

練習(れんしゅう)2: 下(した)の □に 漢字(かんじ)を 書(か)きましょう。

1. ひく
低い
low
낮다
baixo

2. ひろ
広い
spacious
넓다
espaçoso

3. みじか
短い
short
짧다
curto

4. よ
良い
good
좋다
bom

5. わる
悪い
bad
나쁘다
ruim, mal

6. ただ
正しい
correct
맞다, 옳다
correto

7. へん
変な
strange
이상한
estranho

8. あか
赤い
red
빨갛다
vermelho

9. あお
青い
blue
파랗다
azul

10. くろ
黒い
black
검다
preto

11. たい へん
大変な
hard
굉장한
penoso

12. しょう がつ
正月
the New Year
정월
ano novo

13. か
変わります
to change
변합니다
mudar-se

14. あか
赤ちゃん
baby
아기
bebê

15. しんごうが 青(あお)に 変(か)わります。
The signal changes to green.
신호가 파란 색으로 바뀝니다
O semáforo muda para verde.

Lesson 5 趣味（しゅみ）

Hobby　취미　Hobbies

映　画　音　楽　歌　写　真　旅　世　界

(　　)に　読（よ）みかたを　書（か）きましょう。

Write the meaning of kanji in the brackets in hiragana.
(　　)에 읽기를 히라가나로 써 봅시다
Escreva a leitura do kanji nos parênteses.

あなたの　しゅみは　なんですか。

A

(1 えいが)

映画

を　見ることです。

B

(2 おんがく)

音楽 を　きくことです。

C

(3 りょこう)

旅行 する　ことです。

(4 せかいへ)

世界へ

D

(5 しゃしん)

写真 を　とることです。

(6 うた う)

E　カラオケで 歌う ことです。

151 映

うつす reflect
비추다
refletir

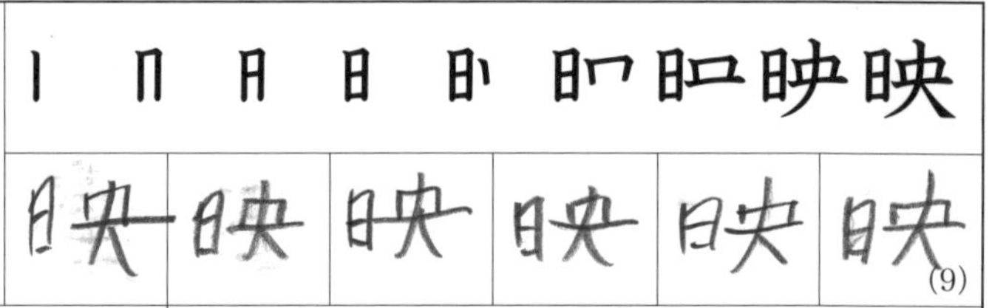

(9)

うつ−す
・
エイ

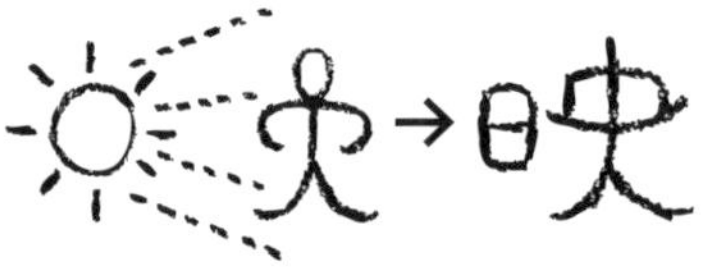

日（たいよう）＋央（まんなか）
→明（あか）るい　日（ひ）の光（ひかり）で　物（もの）の　かたちが
はっきり　見（み）える→うつす

日sun＋央center→sunlight makes the shape of objects clear by making shadows→to reflect

日（해）＋央（한가운데）→밝은 햇빛에 사물의 형태가 분명히 보이다→비추다

日 Sol ＋ 央 centro→fácil de ver a forma de algo com a claridade dos raios de sol→refletir

映す	うつ す	to reflect	비추다	refletir
映画	えい が	movie	영화	filme, cinema
映画館[16]	えい が かん	movie theater	영화관	sala de cinema

館→Lesson 16

152 画

え picture
그림
desenho

畫

(8)

ガ / カク

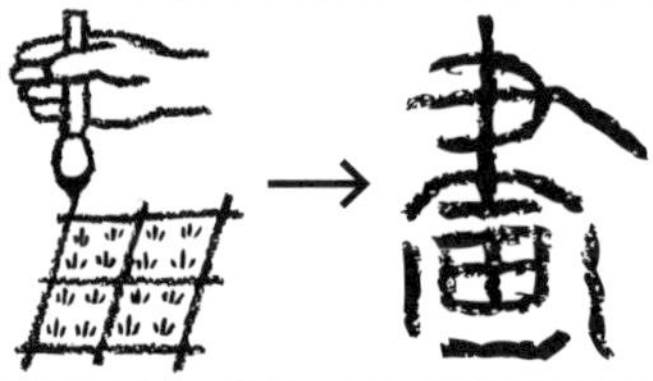

書（ふでを もった て）＋田（た）
→紙（かみ）の　上（うえ）に　えを　かくように
田（た）を　分（わ）ける→え

書 hand holding brush ＋ 田 rice field→to separate fields with brush on a paper like drawing→picture

書（붓을 쥔 손）＋田（논）
→종이 위에 그림을 그리듯 논을 나누다→그림

書 mão segurando um pincel ＋ 田 arrozal→dividir o arrozal como se desenhasse sobre o papel→desenho

計[10]画	けい かく	plan	계획	plano
画家[12]	が か	painter	화가	pintor
日本画	にほん が	Japanese painting	일본화	pintura japonesa

計→Lesson 10　家→Lesson 12

153 音

おと sound
소리
som

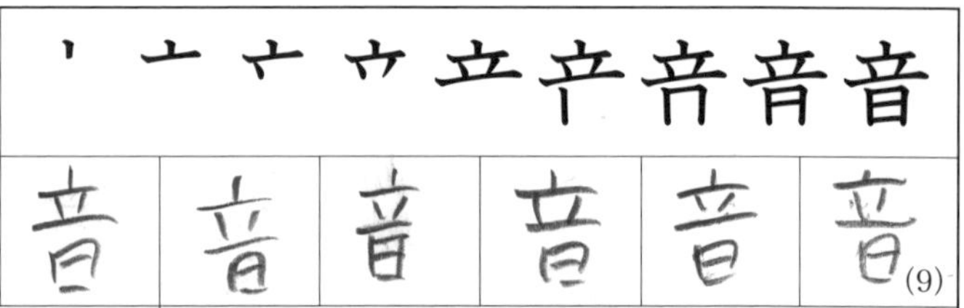

(9)

おと
・
オン

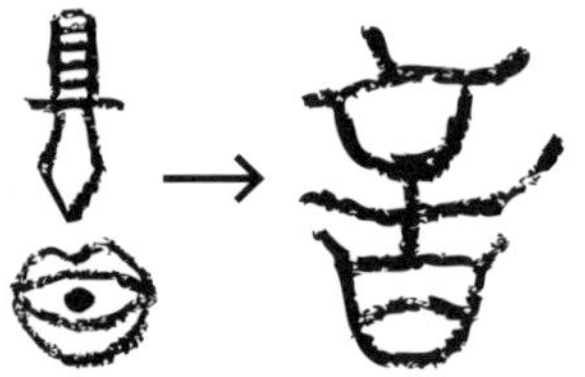

口（くち）の中（なか）に　ものが　あって　ことばが
はっきりしない→おと

if something is inside the mouth, one cannot say words clearly→unclear words→sounds

입 속에 뭔가 있어서 말이 분명치 않다
→소리

fala obstruída por algo dentro da boca
→som

音	おと	sound	소리	som
発[17]音	はつ おん	pronunciation	발음	pronúncia
高音	こう おん	high note	고음	som agudo

発→Lesson 17

154

楽

たのしい enjoyable 즐겁다 divertido

かんたん easy 편하다 fácil

(13)

たのーしい・ガク ラク

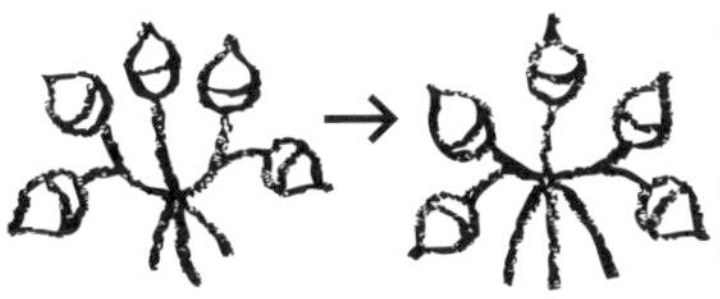

木(き)のみで 作(つく)った がっき →おとを 出(だ)す→たのしい

instrument with noisy nuts
→make pleasant sounds→enjoyable

나무 열매로 만든 악기
→소리를 내다→즐겁다

instrumento musical feito de frutos de árvores
→emitir de sons→divertido

楽しい	たの しい	enjoyable	즐겁다	divertido
音楽	おん がく	music	음악	música
楽な	らく な	easy	편한	fácil

155

歌

うた song 노래 canção

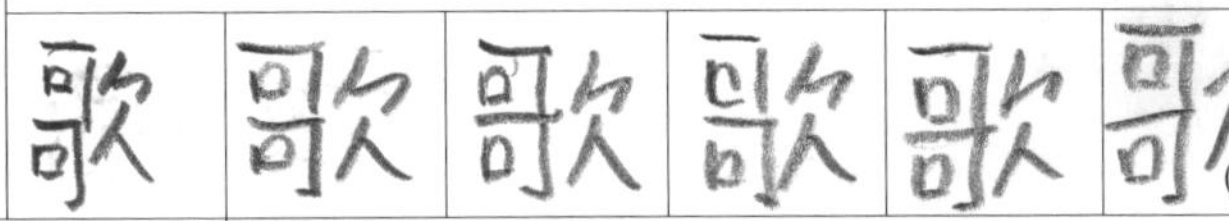
(14)

うた うたーう・カ

丁(のど) + 口(くち) +欠(おおきい くち) →大(おお)きい 口(くち)を あけて のどから 声(こえ)を 出(だ)す→うたう

丁 throat + 口 mouth +欠 big mouth
→make sounds through throat→to sing

丁 (목) +口 (입) + 欠 (큰 입) →크게 입을 벌려 목에서 소리를 내다→노래하다

丁 garganta + 口 boca + 欠 boca grande
→emitir voz da garganta abrindo a boca grande→cantar

歌う	うた う	to sing	노래하다	cantar
歌手	か しゅ	singer	가수	cantor

156

写

うつす copy 베끼다 copiar

寫

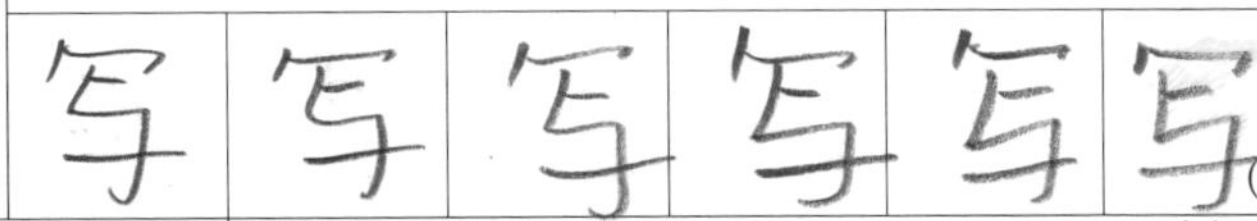
(5)

うつーす・シャ

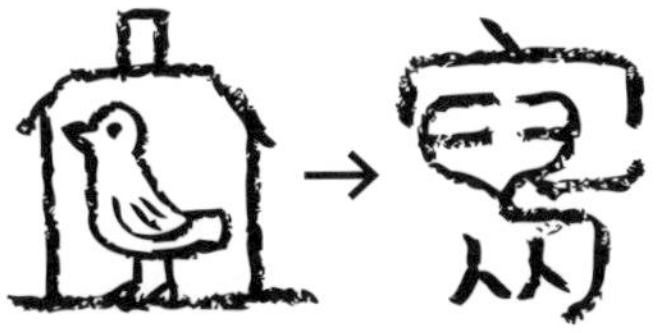

宀 (うち) + 舃 (とり) →うちの 中(なか)の 鳥(とり)を ほかの所(ところ)へ うつす→書(か)いてある ものを うつす→書(か)きうつす

宀 house + 舃 bird→to transfer the bird to another place
→to transfer written items→to copy

宀 (집) + 舃 (새) →집 안의 새를 다른 곳으로 옮기다
→문서 따위를 전사하다→베껴 쓰다

宀 casa + 舃 pássaro →tirar o pássaro de dentro da casa e colocar em outro lugar→copiar escritos→escrever copiando

写真	しゃ しん	a photograph	사진	foto
写す	うつ す	to copy	베끼다, 그리다	copiar

157

真

ほんとう truth
참, 참됨
verdade

眞

一 十 𠂇 冇 冇 有 直 直 真 真

(10)

ま／まっー
・
シン

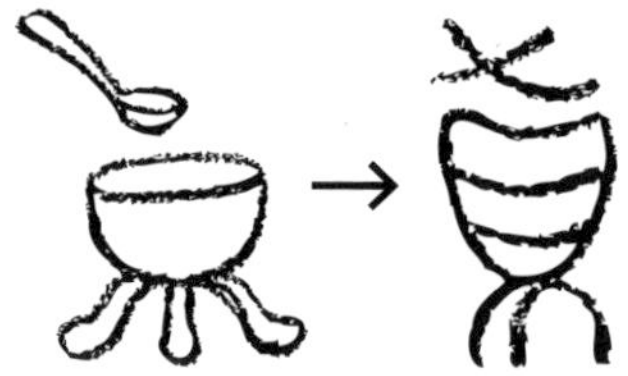

七（スプーン）＋鼎（いれもの）→食(た)べものが　いっぱいの　いれもの→足(た)りない　ところが　ない→うそがない→ほんとう

七 spoon ＋ 鼎 container→container which is full of food →completely full→no space for lies→truth

七（숟가락）＋鼎（용기）→음식이 가득한 용기 →부족함이 없다→거짓이 없다→참

七 colher ＋ 鼎 vasilha→vasilha repleta de comida →não há falta→não há mentira→verdade

真ん中	まんなか	midmost	한가운데	centro
真っ白	まっしろ	pure white	새하얀	completamente branco
真実(じつ)	しんじつ	truth	진실	verdade

158

旅

たび trip
여행
viagem

丶 亠 方 方 方 方 方 旅 旅 旅

(10)

たび
・
リョ

はたの　後(うし)ろを　人(ひと)が　ならんで　歩(ある)く→たび

two people walking following a flag→trip

깃발 뒤를 줄지어 걷다→여행

pessoas enfileiradas caminhando atrás da bandeira→viagem

旅行する	りょこうする	to take a trip	여행하다	viajar
旅館[16]	りょかん	Japanese-style hotel	여관	hotel estilo japonês
旅	たび	trip	여행	viagem

館→Lesson 16

159

世

せかい world
세계
mundo

せだい generation
세대
geração

一 十 廾 廾 世

(5)

よ
・
セ／セイ

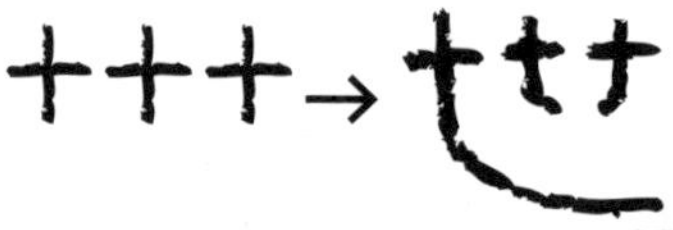

十が　3つ→30年→人(ひと)の　一生(いっしょう)→よの中(なか)

十 ten, three tens→thirty years →long period for people→the world

10이 셋→30년 →사람의 일생→세상

três 10→30 anos →uma vida inteira→mundo

世話をする	せわをする	to take care of	도와주다, 보살피다	cuidar
世の中	よのなか	world, society	세상	mundo, vida
21世紀(き)	21せいき	21st century	21세기	século 21

160

界

さかいめ　boundary　경계선，갈림길　fronteira

丨 冂 罒 田 田 罗 畀 界 界

界 界 界 界 界 界 (9)

カイ

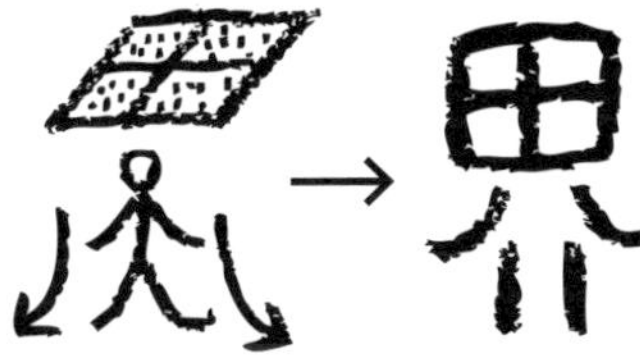

田（た）＋ 介（あいだに　はいる　ひと）→土地(とち)を分(わ)ける→さかい

田 rice field ＋ 介 person acting as a go between
→divide the area of rice field→boundary

田（논）＋ 介（사이에 들어가는 사람）
→토지를 나누다→경계

田 arrozal ＋ 介 pessoa intermediária
→dividir o terreno→limite

世界	せ かい	world	세계	mundo
政(せい)界	せい かい	political world	정계	mundo da política

練習(れんしゅう) 1: 漢字(かんじ)の　読(よ)み方(かた)を　書(か)きましょう。

PRACTICE : Write the meanings of the following kanji in hiragana;
연습 : 한자 읽는 음을 히라가나로 써 봅시다 .
Exercício : escreva a leitura dos kanjis.

1. 写真 しゃしん
2. 音 おと
3. 歌 うた
4. 世界 せかい
5. 音楽 おんがく
6. 映画 えいが
7. 旅館 りょかん
8. 画家 がか
9. 歌手 かしゅ
10. 楽しい たのしい
11. みんなで　旅行の　計画(けいかく)を　たてましょう。
みんなで りょこうのけいかくをたてましょう.
12. i-pod は　音が　いいですね。
i-podは おとがいいですね。
13. 小さい　子の　世話をするのは　大変でしょう。
ちさい こどものせわをするのはたいへんでしょう.
14. へやの　真ん中に　テーブルを　おきます。
へやの まんなかにテーブルを おきます
15. パーティーは　歌ったり　おどったり　楽しかったです。
パーティーは うたったりおどったりたのしかったです.

練習(れんしゅう)2：下(した)の □に 漢字(かんじ)を 書(か)きましょう。

1. しゃ しん

写真

photograph
사진
fotografia

2. おと

音

sound
소리
som

3. うた

歌

song
노래
canção

4. せ かい

世界

world
세계
mundo

5. おん がく

音楽

music
음악
música

6. えい が

映画

movie
영화
cinema, filme

7. りょ こう

旅行

trip
여행
viagem

8. が か

画家

painter
화가
pintor

9. か しゅ

歌手

singer
가수
cantor

10. たの

楽しい

enjoyable
즐겁다
divertido

11. この けいたいは 音(おと)が いい。

This mobile phone makes good sounds.
이 휴대전화는 소리가 좋다
O som deste celular é bom.

12. 毎日 いぬの 世話(せわ)を します。

I take care of my dog every day.
매일 개를 돌봅니다
Eu cuido do cachorro todos os dias.

Lesson 6

仕事（しごと）

Profession　일 , 업무　Trabalho

仕　事　銀　員　医　者　働　屋　産　業

絵（え）をみて　漢字（かんじ）の　意味（いみ）を　考（かんが）えましょう。

Guess the meaning of the illustrations below.
그림을 보고 한자의 의미를 생각해 봅시다 .
Veja a ilustração e adivinhe o significado do kanji.

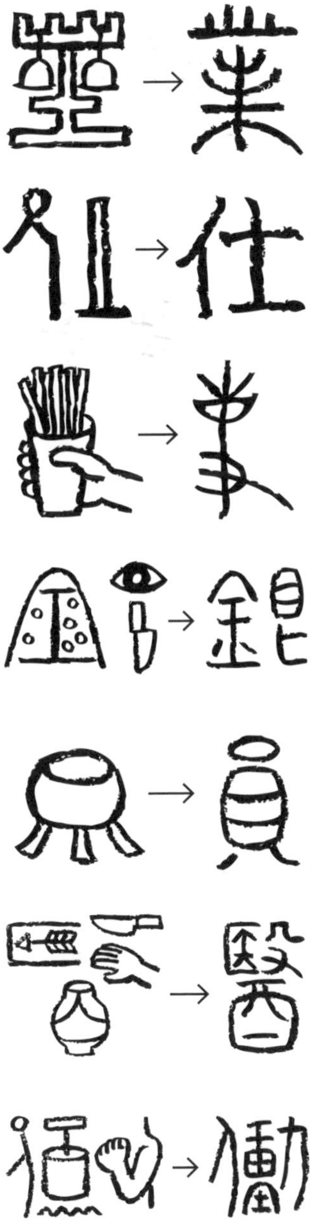

1 ・
2 ・
3 ・
4 ・
5 ・
6 ・
7 ・

- ・A 事 こと — matter / 일 , 것 / assunto
- ・B 業 わざ — difficult task / 업 , 행위 / destreza
- ・C 仕 つかえる — to serve / 섬기다 , 시중들다 / servir
- ・D 銀 ぎん — silver / 은 / prata
- ・E 働 はたらく — to work / 일하다 / trabalhar
- ・F 員 なかま — member / 원 , 동료 / membro
- ・G 医 いしゃ — doctor / 의사 / médico

161 仕

つかえる serve 섬기다 servir

(5)

つか－える・シ

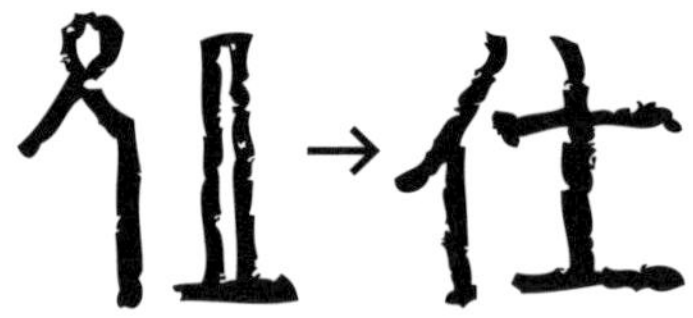

イ（ひと）＋ 士（まっすぐに　たって　いる　ぼう）→主人（しゅじん）のそばに　まっすぐ　立（た）っている人（ひと）→つかえる

イ person ＋ 士 a pole standing straight
→a person who is standing beside his/her master→to serve

イ（사람）＋ 士（똑바로 서 있는 막대기）
→주인 편에 똑바로 서 있는 사람→섬기다

イ pessoa ＋ 士 cabo reto de pé
→pessoa de pé ao lado do mestre→servir

仕事	しごと	job	일, 업무	trabalho
仕方[10]がない	しかたがない	there is no choice	하는 수 없다	não há escolha

方→Lesson 10

162 事

こと matter 것 assunto

(8)

こと・ジ

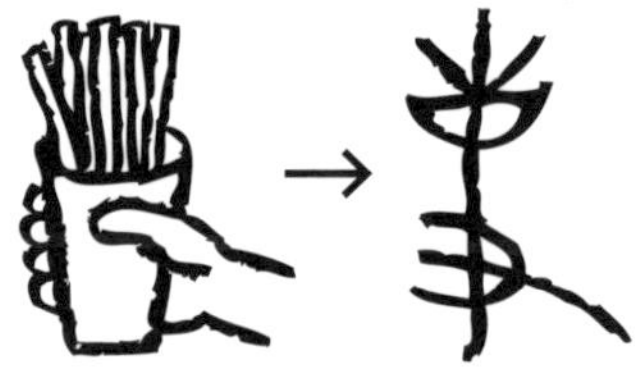

ぼうの　入（はい）った　いれものを　もつ手（て）→品物（しなもの）を　かぞえる→しごと→こと

hand holding a case with sticks→used to count things
→job→matter

막대기가 든 용기를 쥔 손→물건을 세다
→일→것

mão que segura vasilha com cabo dentro
→contar mercadorias→trabalho→assunto

火事	かじ	fire	화재	incêndio
用[19]事	ようじ	business	볼일	afazer
大事な	だいじな	important	중요한	importante
事	こと	matter	일, 것	assunto

用→Lesson 19

163 銀

ぎん silver 은 prata

(14)

ギン

金（きんこう）＋ 艮（めとナイフ）→金（きん）ぞくを　じっと見（み）て　ナイフで　ほる→ぎん

金 goldmine ＋ 艮 eye and knife→stare and dig the mine
→silver

金（금광）＋ 艮（눈과 칼）
→금속을 잘 보고 칼로 캐다→은

金 mina de ouro ＋ 艮 olho e faca
→observar a mina de ouro e cavar com a faca→prata

銀行	ぎんこう	bank	은행	banco
銀	ぎん	silver	은	prata
銀座	ぎんざ	Ginza (place)	긴자(지명)	Ginza

164 員

なかま member
원, 동료
membro

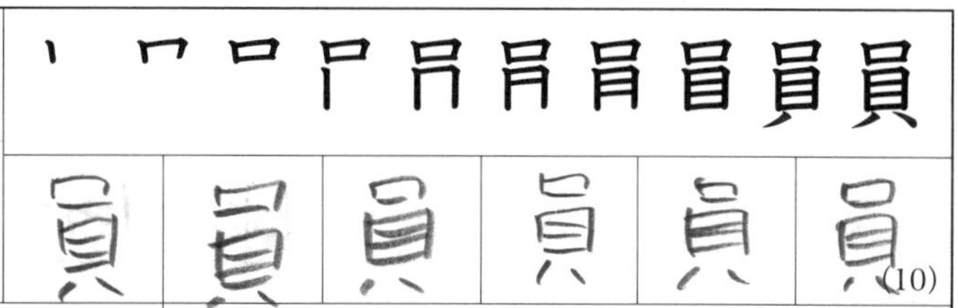

(10)

イン

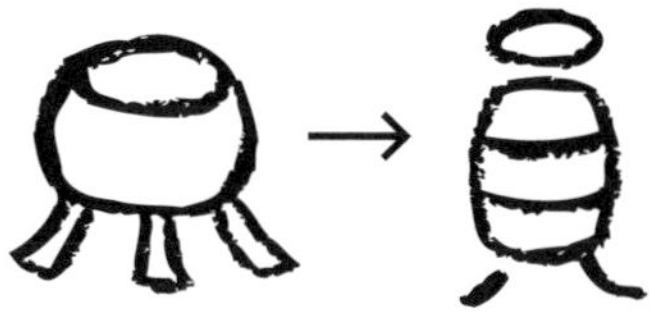

たべものを　入(い)れる　まるい
いれもの→いれものを　かぞえる
→なかま

a round container for food→to count containers
→member
음식을 넣는 둥근 용기→용기를 세다
→동료
vasilha redonda para colocar alimento
→contar as vasilhas→companheiro

会社員	かいしゃいん	employee of a company	회사원	funcionário de empresa
銀行員	ぎんこういん	bank clerk	은행원	bancário
店員	てんいん	clerk	점원	atendente
会員	かいいん	membership	회원	membro

165 医

いがく medicine
의학
medicina

醫

(7)

イ

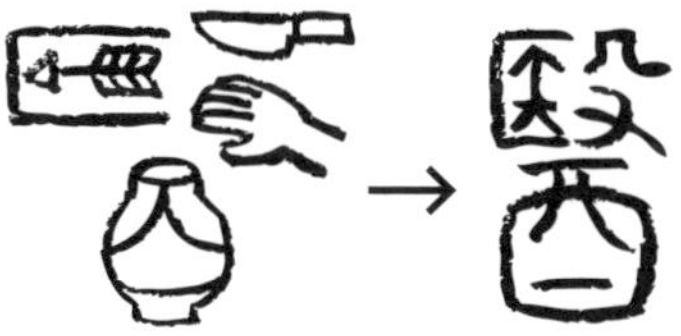

匸（やが　はいったケース）＋殳（はたらくて）＋酉（さけ）→さけと　どうぐを　使(つか)って　病気(びょうき)を　なおす　いがく

匸 arrow in case＋殳 working hand＋酉 alcohol
→medical care→medicine
匸（화살이 든 통）＋殳（일하는 손）＋酉（술）
→술과 도구로 병을 고치는 의학
匸 vasilha com flecha＋殳 mão que trabalha＋酉 bebida alcoólica→medicina que cura doenças com álcool e ferramentas

医者	いしゃ	doctor	의사	médico
医学	いがく	medical science	의학	medicina
医院[16]	いいん	doctor's office	의원	clínica

院→Lesson 16

166 者

ひと person
자, 사람
pessoa

(8)

もの・シャ

木(き)を　こんろの上(うえ)で　もやしているえ
→ひとが　たくさん　集(あつ)まる→ひと

burning wood on the stove→people gather around the stove
→person
나무를 풍로 위에서 태우는 그림
→사람이 많이 모이다→사람
figura de madeira se queimando sobre um forno
→muitas pessoas se reúnem→pessoa

者	もの	person	자, 사람	pessoa
歯(は)医者	はいしゃ	dentist	치과 의사	dentista
学者	がくしゃ	scholar	학자	acadêmico
作[15]者	さくしゃ	author	작자, 지은이	autor

作→Lesson 15

167

働

はたらく work 일하다 trabalhar

(13)

はたら－く
・
ドウ

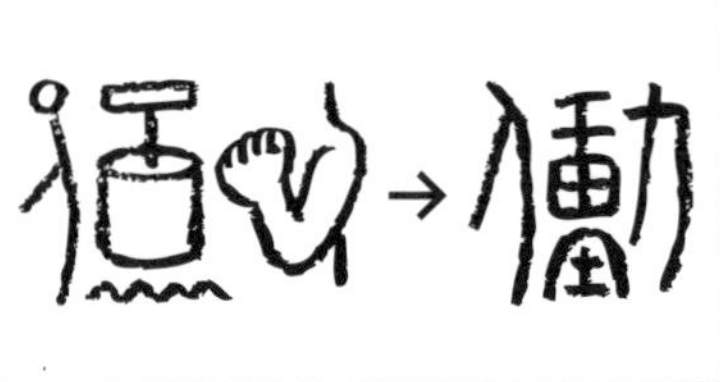

イ（ひと）＋重（おもい）＋力（ちから）→人（ひと）が　重（おも）いものを　力（ちから）を入（い）れて　動（うご）かす→はたらく

イ person ＋ 重 heavy＋力 power
→person moves heavy things with power→to work

イ（사람）＋ 重（무겁다）＋ 力（힘）
→사람이 무거운 것을 힘써 옮기다→일하다

イ pessoa ＋ 重 pesado ＋ 力 força
→pessoa movendo coisas pesadas usando força→trabalhar

働く	はたらく	to work	일하다	trabalhar
労（ろう）働者	ろうどうしゃ	laborer, worker	노동자	trabalhador

168

屋

やね roof 지붕 telhado

(9)

や
・
オク

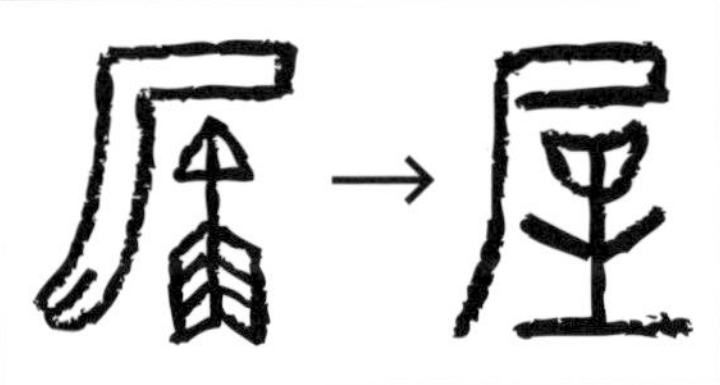

尸（うえから　たれた　ぬの）＋至（やが　とどく）→やね

尸 cloth covering a hut ＋ 至 arrow reaches the end→roof

尸（위에서 늘어뜨린 천）＋ 至（화살이 닿다）→지붕

尸 tecido pendurado em cima ＋ 至 a flecha alcança→telhado

本屋	ほんや	bookstore	책방, 서점	livraria
屋上	おくじょう	roof, housetop	옥상	laje
八百屋	*やおや	grocery	채소 가게	quitanda
部（へ）屋	へや	room	방	sala, cômodo

169

産

つくる produce 낳다 produzir

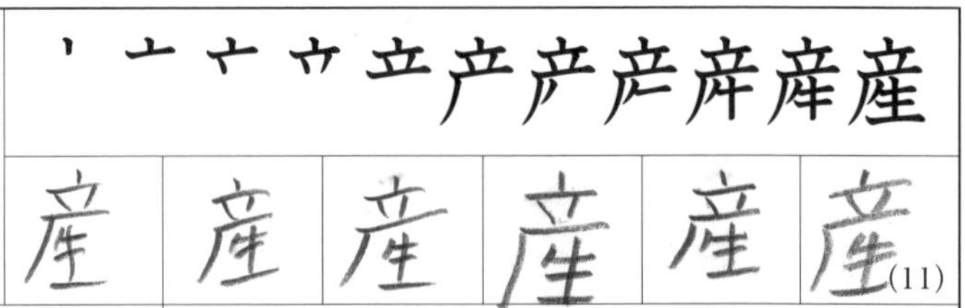

(11)

う－む
・
サン

文（どきを　かざる）＋生（うまれる）→うつくしい　形（かたち）で　うまれる→つくる

文 decorate the pod ＋ 生 come out→beautiful figure
→to be born→to produce

文（토기를 꾸미다）＋ 生（태어나다）
→아름다운 모양으로 태어나다→낳다

文 adorno em cerâmica de barro ＋ 生 nascer
→nascer em bela forma→produzir

産む	うむ	to give birth	낳다	dar à luz
生産する	せいさんする	to produce	생산하다	produzir
財（ざい）産	ざいさん	fortune	재산	fortuna

170 業	わざ deed 업, 행위 destreza	丨 丨丨 ⺌ 业 ... 業 (stroke order) 業 業 業 業 業 業 (13)
ギョウ	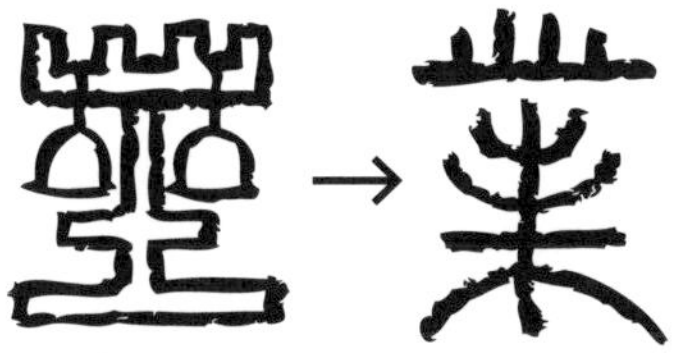	かねが　かけてある　がっきの　え →えんそうが　むずかしい →むずかしい　しごと→わざ musical instrument with bells→hard to handle →difficult work→deed 종이 달린 악기의 그림→연주가 어렵다 →어려운 일→업 figura instrumento musical com sinos →concerto difícil→trabalho difícil→destreza

産業	さん ぎょう	industry	산업	indústria
工[16]業	こう ぎょう	manufacture	공업	indústria manufatureira
授業（じゅ）	じゅ ぎょう	class, lesson	수업	aula
本日休業	ほんじつきゅうぎょう	closed today	금일 휴업	fechado hoje

工→Lesson 16

練習（れんしゅう）1: 漢字（かんじ）の　読（よ）み方（かた）を　書（か）きましょう。

PRACTICE : Write the meanings of the following kanji in hiragana;
연습 : 한자 읽는 음을 히라가나로 써 봅시다 .
Exercício : escreva a leitura dos kanjis.

1. 屋上 おくじょう
2. 銀 ぎん
3. 者 もの
4. 本屋 ほんや
5. 火事 かじ
6. 医者 いしゃ
7. 店員 てんいん
8. 産業 さんぎょう
9. 産みます うみまち
10. 働きます はたらきまち
11. わたしは　会社員　です。
わたしは かいしゃいんです。
12. 仕事は　9時から　です。
しごとは9じからです。
13. 今日の午後、大事な　用（よう）事が　あります。
きょうのごご、だいじなようじがあります。
14. 母は　銀行で　働いています。
はははぎんこうではたらいていまち。
15. この町の　産業は　自（じ）動（どう）車です。
このまちの さんぎょうは じどうしゃでち。

練習(れんしゅう)2：下(した)の　□に　漢字(かんじ)を　書(か)きましょう。

1. いしゃ
医者
doctor
의사
médico

2. ぎん
銀
silver
은
prata

3. かいしゃいん
会社員
company employee
회사원
funcionário de empresa

4. だいじ
大事な
important
중요한
importante

5. さんぎょう
産業
industry
산업
indústria

6. しごと
仕事
job
일
trabalho

7. てんいん
店員
clerk
점원
atendente de loja

8. こうぎょう
工業
manufacture
공업
indústria manufatureira

9. おくじょう
屋上
rooftop
옥상
laje

10. ほんや　かじ
本屋が火事でした。
There was a fire in the bookstore.
서점에 불이 났습니다
Houve um incêndio na livraria.

11. ぎんこう　はたら
銀行で働いています。
I'm working for the bank.
은행에서 일하고 있습니다
Eu trabalho num banco.

Lesson
4~6

にほんごのうりょくしけん（JLPT）じっせん　れんしゅう

もんだい1　＿＿＿＿の　ことばは　ひらがなで　どう　かきますか。
1、2、3、4から　いちばん　いいものを　ひとつ　えらんで　ください。

1．この　黒い①　コートは　わたしには　ちょっと　短い②です。

① 1. くらい　2. しろい　3. くろい　4. くるい
② 1. みちかい　2. みしかい　3. みぢかい　4. みじかい

2．世界③は　広くて④　知らないところが　たくさん　あります。

③ 1. せいかい　2. せがい　3. せかい　4. せえかい
④ 1. ひろくて　2. ひらくて　3. しろくて　4. しらくて

3．しょうらい　医者⑤に　なって　良い⑥　しごとが　したい。

⑤ 1. いしゃ　2. いしや　3. いじゃ　4. おいしゃ
⑥ 1. りょい　2. わりい　3. よい　4. わるい

4．大事⑦な　写真⑧ですから　なくさないように　して　ください。

⑦ 1. たいじ　2. だいじ　3. たいせつ　4. たいし
⑧ 1. さしん　2. しやしん　3. しゃしん　4. しゃじん

5．田中さんは　せが　低い⑨ですが、サッカーが　上手⑩です。

⑨ 1. ひくい　2. いくい　3. ひろい　4. しくい
⑩ 1. しょうず　2. じょず　3. じょうず　4. しょず

6．この本屋⑪は　たくさん　店員⑫が　います。

⑪ 1. はんや　2. ほんにゃ　3. はんにゃ　4. ほんや
⑫ 1. でんいん　2. てんいん　3. てんにん　4. ていん

7．屋上⑬の　ビアガーデンは　会社員⑭で　いっぱいです。

⑬ 1. やじょう　2. やしょう　3. おくしょう　4. おくじょう
⑭ 1. がいしゃいん　2. かいしゃいん　3. かいしやいん　4. がいしやいん

もんだい2 ＿＿＿＿の　ことばは　どう　かきますか。
1、2、3、4から　いちばん　いいものを　ひとつ　えらんで　ください。

1．父は　おしょうがつ(①)も　はたらきます(②)。

① 1. お小月　2. お少月　3. お生月　4. お正月
② 1. 動きます　2. 働きます　3. 慟きます　4. 勲きます

2．たいへん(③)　おせわ(④)に　なりました。ありがとうございました。

③ 1. 大変　2. 太変　3. 太恋　4. 大英
④ 1. お廿話　2. お世話　3. お世語　4. お廿語

3．この　えいが(⑤)は　特に　おんがく(⑥)が　すばらしいと　いわれています。

⑤ 1. 英画　2. 絵画　3. 映画　4. 暎画
⑥ 1. 音楽　2. 音薬　3. 昔楽　4. 音学

4．しごと(⑦)が　おわったら、1週間くらい　りょこうする(⑧)　つもりです。

⑦ 1. 仕事　2. 任事　3. 用事　4. 任事
⑧ 1. 放行する　2. 族行する　3. 施行する　4. 旅行する

5．きのう　ぎんこう(⑨)の　となりの　ビルが　かじ(⑩)に　なりました。

⑨ 1. 金行　2. 艱行　3. 銀行　4. 銕行
⑩ 1. 火業　2. 日事　3. 米事　4. 火事

6．パーティーには　有名な　かしゅ(⑪)や　がか(⑫)が　来ていました。

⑪ 1. 歌者　2. 歌手　3. 歌毛　4. 哥手
⑫ 1. 絵家　2. 画手　3. 絵者　4. 画家

7．この　くに(⑬)は　IT　さんぎょう(⑭)で　大きく　なりました。

⑬ 1. 国　2. 囙　3. 国　4. 回
⑭ 1. 山業　2. 産業　3. 彦業　4. 竒業

Lesson 7

自(し)然(ぜん)

Nature　자연　Natureza

林　森　地　池　海　洋　雪　光　台　風

絵(え)をみて、漢字(かんじ)の　意味(いみ)を　考(かんが)えましょう。

Guess the meaning of the illustrations below.
그림을 보고 한자의 의미를 생각해 봅시다.
Veja a ilustração e adivinhe o significado do kanji.

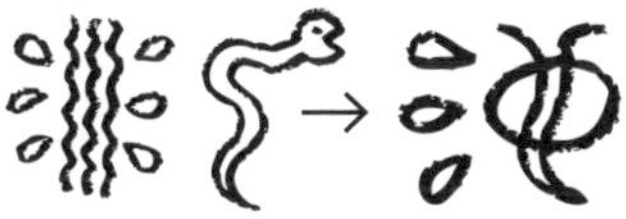
1 •　　• A 風 かぜ　wind 바람 vento

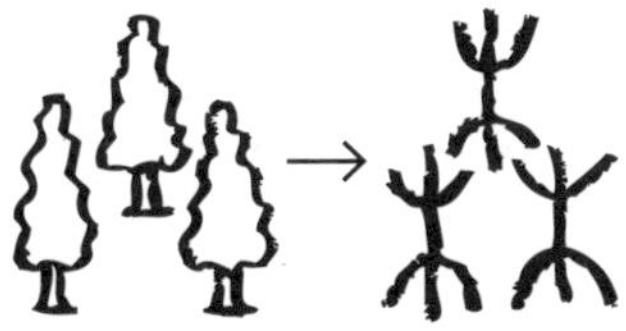
2 •　　• B 林 はやし　wood 숲 bosque

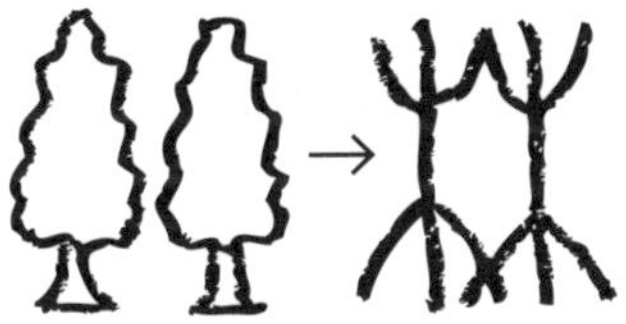
3 •　　• C 森 もり　forest 수풀, 삼림 floresta

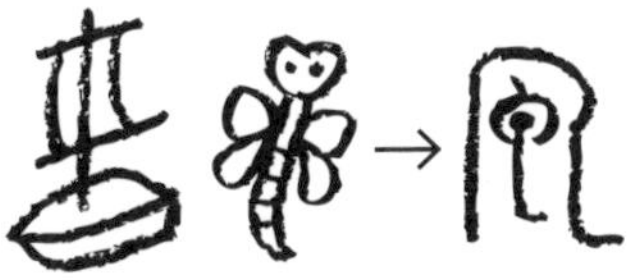
4 •　　• D 池 いけ　pond 못 lago

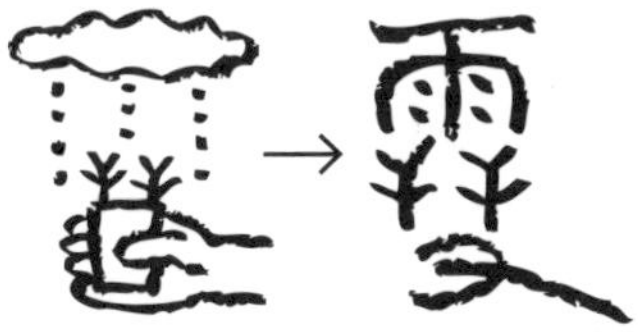
5 •　　• E 光 ひかり　light 빛 luz

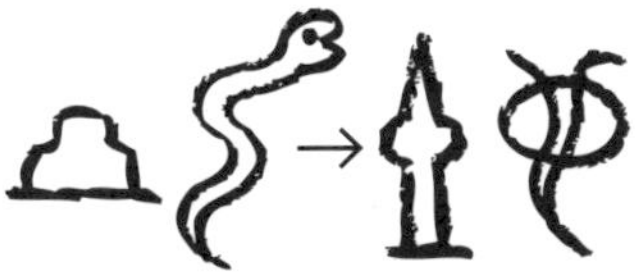
6 •　　• F 雪 ゆき　snow 눈 neve

7 •　　• G 地 じめん　ground 땅 chão

171

林

はやし　wood
숲
bosque

(8)

はやし
・
リン

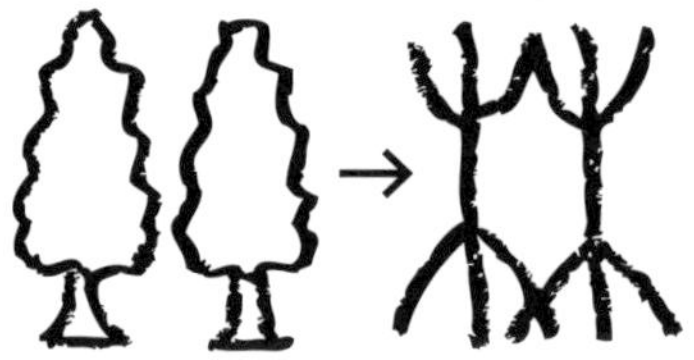

木（き）＋木→はやし

木 tree ＋ 木 tree→wood
木（나무）＋ 木→숲
木 árvore ＋árvore→bosque

林	はやし	wood, grove	숲	bosque
小林さん	こ ばやし さん	Mr. or Ms. Kobayasi	고바야시 씨	Senhor(a) Kobayashi
林道	りん どう	forest road	임도	estrada de floresta

172

森

もり　forest
수풀, 삼림
floresta

(12)

もり
・
シン

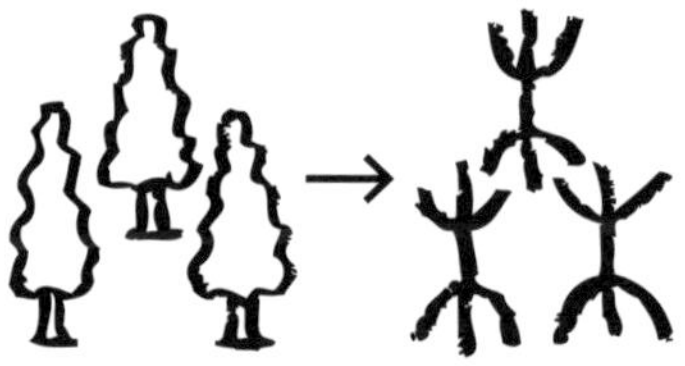

木（き）＋ 木 ＋ 木→もり

木 tree ＋ 木 tree ＋ 木 tree→forest
木（나무）＋ 木 ＋ 木→수풀, 삼림
木 árvore ＋ 木 árvore ＋ 木 árvore
→floresta

森	もり	forest	수풀, 삼림	floresta
森さん	もり さん	Mr. or Ms. Mori	모리 씨	Senhor (a) Mori
森林	しん りん	forest	삼림	floresta

173

地

じめん　ground
지면
chão

(6)

ジ
チ

土（つち）＋ 也（ヘビ）→ヘビの
すむ　ところ→じめん

土 soil ＋ 也 snake-like animal→place where a snake lives
→ground
土（흙）＋ 也（뱀）→뱀이 사는 곳
→지면
土 terra ＋ 也 cobra
→lugar onde mora a cobra→chão

地図[16]	ちず	map	지도	mapa
地下鉄(てつ)	ちかてつ	subway	지하철	metrô
土地	とち	land	토지	terreno
地震(しん)	じしん	earthquake	지진	terremoto

図→Lesson 16

174

池

いけ　pond
못
lago

丶 丷 氵 汀 沖 池

池 池 池 池 池 池 (6)

いけ・チ

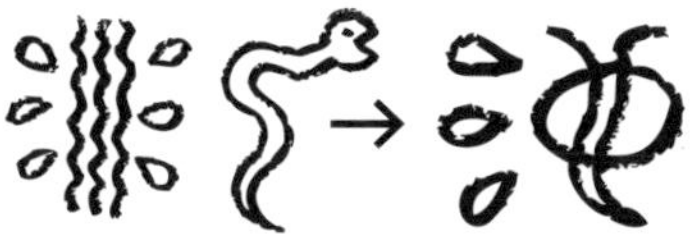

氵（みず）＋ 也（ヘビ）
→ヘビの　すむ　水（みず）→いけ

氵 water + 也 snake-like animal→water where a snake lives →pond

氵（물）＋ 也（뱀）→뱀이 사는 물→못

氵 água + 也 cobra
→água em que mora a cobra→lago

池	いけ	pond	못	lago
電池	でんち	battery	전지	pilha

175

海

うみ　sea
바다
mar

丶 丷 氵 氵 汇 汇 海 海 海

海 海 海 海 海 海 (9)

うみ・カイ

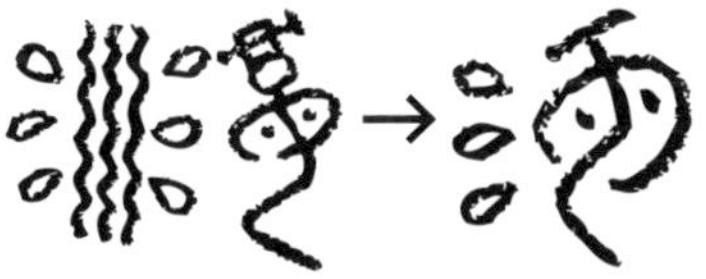

氵（みず）＋ 毎（まいにち）→毎日（まいにち）
いろいろな　ものを　うむ　水（みず）→うみ

氵 water + 毎 every→water where many things are created everyday→the sea

氵（물）＋ 毎（매일）
→매일 다양한 것을 만들어 내는 물→바다

氵 água + 毎 todos os dias
→água que cria coisas diferentes todos os dias→mar

海	うみ	the sea, the ocean	바다	mar
海外	かいがい	overseas	해외	exterior
北海道	ほっかいどう	Hokkaido	홋카이도	Hokkaido

176

洋

おおきいうみ
ocean
큰 바다
grande mar

丶 丷 氵 氵 氵 氵 洋 洋 洋

洋 洋 洋 洋 洋 洋 (9)

ヨウ

氵（水）＋ 羊（ひつじ）→ひつじの
むれは　なみのように　うごく
→大（おお）きいうみ

氵 water + 羊 sheep→a herd of a sheep moves like waves →ocean

氵（물）＋ 羊（양）→양떼는 파도처럼 움직인다
→큰 바다

氵 água + 羊 ovelha→rebanho de ovelhas se movimentando como uma onda→grande mar

西洋	せいよう	the West	서양	Ocidente
東洋	とうよう	the East	동양	Oriente
洋服 [13]	ようふく	clothes	양복	roupas ocidentais
大西洋	たいせいよう	the Atlantic (Ocean)	대서양	Oceano Atlântico

服→Lesson 13

177 雪

ゆき snow
눈
neve

(11)

ゆき
・
セツ

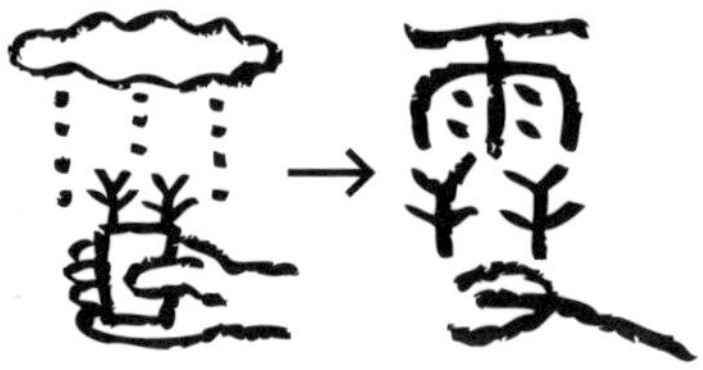

雨（あめ）＋ 彗（ほうき）→天から ふってきて じめんを ほうきで はいたように きれいにする→ゆき

雨 something from heaven ＋ 彗 broom→snow clears away everything like sweeping with a broom→snow

雨（비）＋ 彗（빗자루）→비가 내려 빗자루로 쓴 것처럼 땅을 깨끗하게 하다→눈

雨 chuva ＋ 彗 vassoura→chove algo do céu sobre o chão que depois é limpo como se tivesse sido varrido por vassoura→neve

雪	ゆき	snow	눈	neve
大雪	おお ゆき	heavy snow	대설	nevasca
新雪	しん せつ	fresh snow	신설(새로 내린 눈)	neve fresca

178 光

ひかり light
빛
luz

(6)

ひかり
ひか－る
・
コウ

火（ひ）＋ 人（ひと）→頭の 上に 火を のせている 人→ひかり

火 fire ＋ 人 person→a person carrying fire on the head →light

火（불）＋ 人（사람）→머리 위에 불을 얹은 사람 →빛

火 fogo ＋ 人 pessoa →pessoa com fogo sobre a cabeça→luz

光	ひかり	light	빛	luz
光る	ひか る	to shine	빛나다	reluzir
日光	にっ こう	sunlight	일광	raios solares
観光	かん こう	sightseeing	관광	turismo

179 台

だい table
대
plataforma

臺

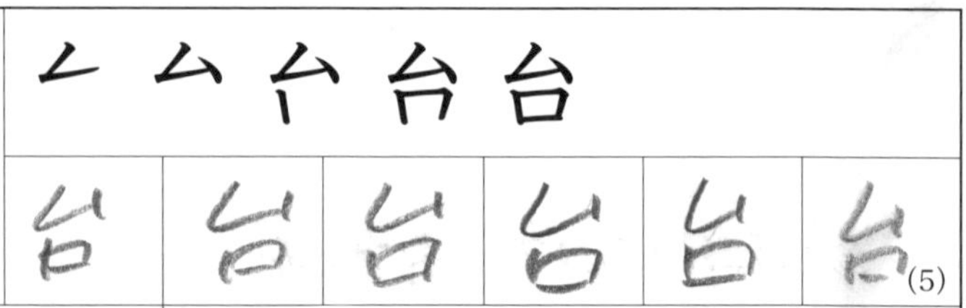

(5)

ダイ
タイ

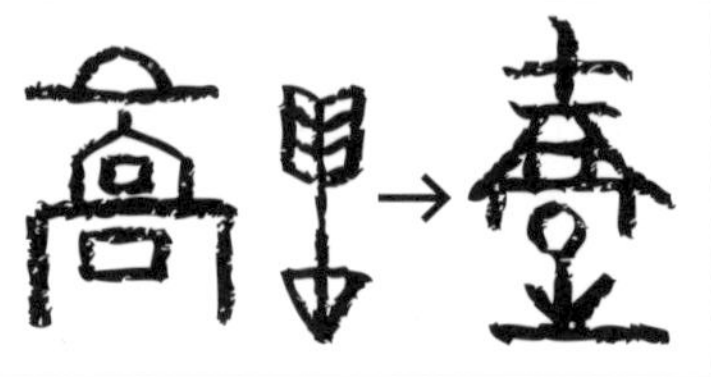

土（おか）＋ 高（たてもの）＋ 至（とどける）→みはりを おいた おかの 上の 建物→みはらしだい→だい

土 hill ＋ 高 building ＋ 至 to post→to post a guard in a building on the hill→platform→stand, table

土（언덕）＋高（건물）＋ 至（닿게 하다）→파수꾼이 있는 언덕 위의 건물→전망대→대

土 colina ＋ 高 prédio ＋ 至 entregar→ prédio de vigilância no alto da colina→plataforma de observação→plataforma

台	だい	table	대	plataforma
台所	だい どころ	kitchen	부엌	cozinha
～台	～ だい	counter for machines	~대(차나 기계를 세는 말)	~ unidades (máquinas)
土台	ど だい	foundation	토대	base

180 風	かぜ wind 바람 vento ふう style 풍, 양식 estilo	ノ 几 凡 凡 凬 凬 風 風 風
		風 風 風 風 風 風 (9)
かぜ・フウ	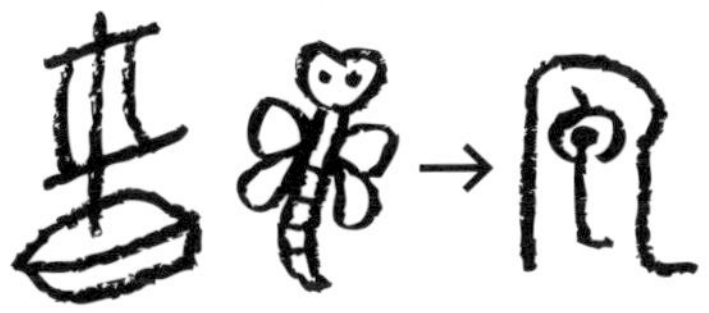	凡（ふねの　ほ）＋虫（むし） →かぜで　うごく→かぜ 凡 sail ＋ 虫 insect→both are blown by the wind →wind 凡（배의 돛）＋ 虫（벌레）→바람으로 움직이다 →바람 凡 vela de barco ＋ 虫 inseto →movimentado pelo vento→vento

風	かぜ	wind	바람	vento
台風	たい ふう	typhoon	태풍	furacão
洋風	よう ふう	western style	서양풍	estilo ocidental
風景	ふう けい	scenery	풍경	paisagem

練習1: 漢字の　読み方を　書きましょう。

（れんしゅう　かんじ　よ　かた　か）

PRACTICE : Write the meanings of the following kanji in hiragana;
연습 : 한자 읽는 음을 히라가나로 써 봅시다 .
Exercício : escreva a leitura dos kanjis.

1. 林 はやし　　2. 森 もり

3. 地下鉄（てつ） ちかてつ　　4. 池 いけ

5. 海 うみ　　6. 雪 ゆき

7. 光 ひかり　　8. 風 かぜ

9. 西洋 せいよう　　10. 台所 だいどころ

11. 車が　三台　来ました。
くるまがさんだいきました。

12. 東洋の　花が　好きです。
とうようの はながすきです。

13. 町に　大雪が　ふりました。
まちに おおゆきがふりました。

14. 台風が　近づいています。
たいふうが

15. リモコンに　電池を　入れました。

練習2：下の□に漢字を書きましょう。
(れんしゅう　した　かんじ　か)

1. いけ
池
pond
못
lago

2. ゆき
雪
snow
눈
neve

3. ひかり
光
light
빛
luz

4. かい　がい
海外
overseas
해외
exterior

5. もり
森
forest
삼림
floresta

6. はやし
林
wood
숲
bosque

7. せい　よう
西洋
the West
서양
Ocidente

8. うみ
海
sea
바다
mar

9. かぜ
風
wind
바람
vento

10. と　ち
土地
land
토지
terreno

11. でん　ち
電池
battery
전지
pilha

11. だい　どころ
台所
kitchen
부엌
cozinha

12. ほっ　かい　どう　たい　ふう
北海道に台風がきました。
The typhoon comes to Hokkaido.
홋카이도에 태풍이 왔습니다
Um tufão veio à Hokkaido.

Lesson 8 季節（きせつ）

Seasons　계절　Estações do Ano

季　節　春　夏　秋　冬　暑　寒　暖　涼

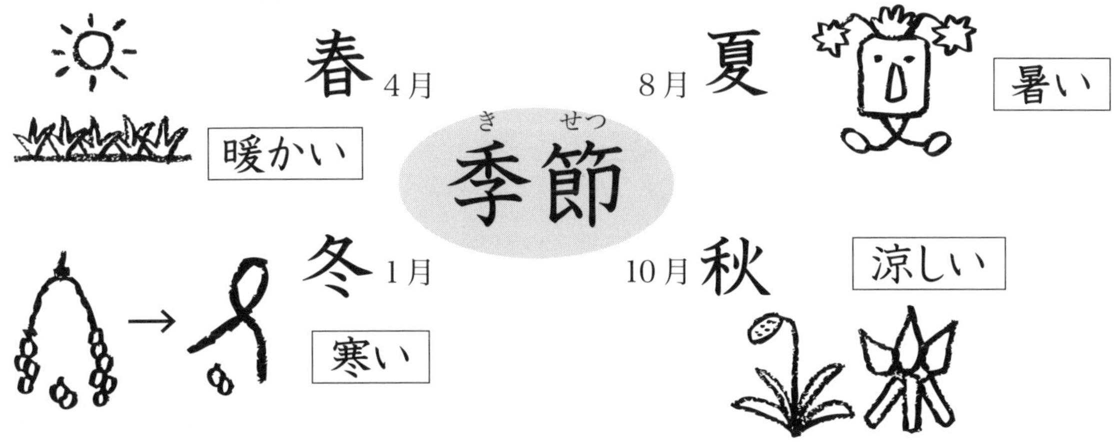

漢字（かんじ）の　意味（いみ）を　考（かんが）えて、線（せん）で　結（むす）びましょう。

Guess the meaning of kanji.

한자의 의미를 생각하여 선으로 연결해 봅시다 .　Adivinhe o significado do kanji e faça a ligação.

春	1	A あき	autumn / 가을 / Outono
夏	2	B なつ	summer / 여름 / Verão
秋	3	C ふゆ	winter / 겨울 / Inverno
冬	4	D はる	spring / 봄 / Primavera
暖かい	5	E すずしい	cool / 선선하다 / fresco
暑い	6	F あたたかい	warm / 따뜻하다 / um pouco quente
涼しい	7	G さむい	cold / 춥다 / frio
寒い	8	H あつい	hot / 덥다 / quente

181

季

きせつ　season
계절
estação do ano

(8)

キ

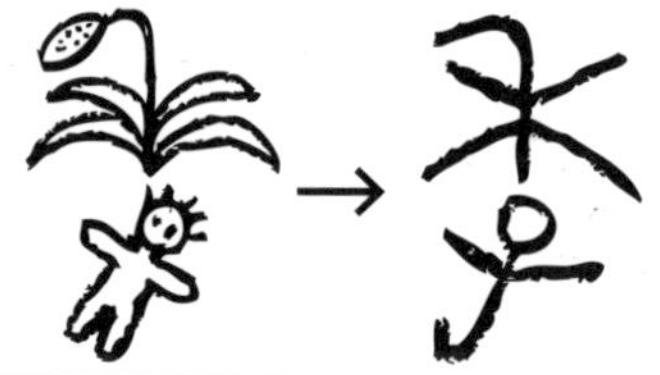

禾（いね）＋子（こ）→いねの子[こ]どもが　大[おお]きくなる→1年[ねん]　かかる→きせつ

禾 rice plant + 子 child→it takes one year to grow→season

禾（벼）+ 子（아이）→어린 벼가 자라다→1년 걸리다→계절

禾 muda de arroz + 子 criança→a planta de arroz cresce→demora um ano→estação do ano

四季　しき　four seasons　사계　quatro estações do ano

182

節

くぎり　joint
절, 절기
seção

(13)

ふし・セツ

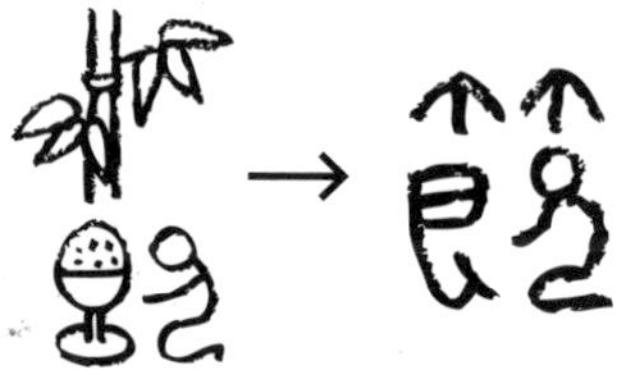

竹（たけ）＋即（たべものの　まえで　すわる）→たけと　ひざ→ふしが　ある→くぎり

竹 bamboo + 即 kneeling before food→bamboo and knee→both have joints→joint

竹（대나무）+ 即（음식 앞에 앉다）→대와 무릎→마디가 있다→단락

竹 bambu + 即 sentar em frente à comida→bambu e joelho→têm seção→seção

季節　きせつ　season　계절　estação do ano
節分　せつぶん　the traditional end of winter　입춘 전날　último dia antes da primavera

183

春

はる　spring
봄
primavera

(9)

はる・シュン

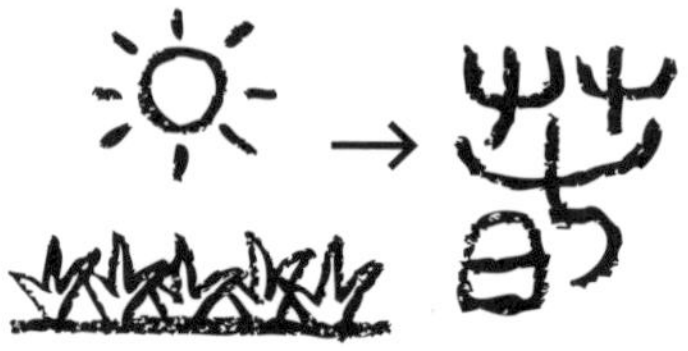

艸（くさ）＋屯（つきでる）＋日（たいよう）→くさが　日[ひ]の光[ひかり]を　あびて　たくさん　はえてくる→はる

艸 grass + 屯 grow + 日 the sun→sunlight grows the grass→grass sticks out from the ground→spring

艸（풀）+ 屯（뚫고 나오다）+ 日（해）→햇빛을 받고 풀이 많이 나다→봄

艸 capim + 屯 estar saliente + 日 Sol→o capim cresce muito absorvendo raios solares→primavera

春　はる　spring　봄　primavera
青春　せいしゅん　youth　청춘　juventude

184

夏

なつ summer
여름
verão

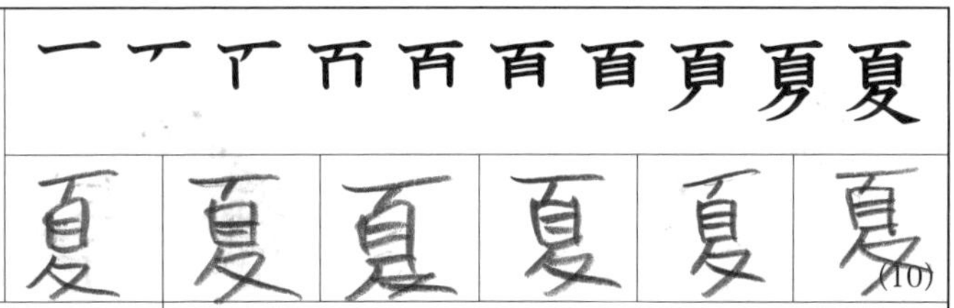
(10)

なつ・カ

亘（あたま）＋夂（あし）→かざりのついた　おめんを　かぶって　はげしく　おどっている人（ひと）→なつ

亘 head ＋ 夂 leg → energetic dancer wearing big mask → summer

亘（머리）＋夂（발）→장식이 붙은 탈을 쓰고 춤추는 사람→여름

亘 cabeça ＋ 夂 pé → pessoa dançando freneticamente com máscara adornada → verão

夏	なつ	summer	여름	verão
夏休み	なつ やすみ	summer holidays	여름 방학, 휴가	férias de verão
夏まつり	なつ まつり	summer festival	여름 축제	festival de verão
夏服[13]	なつ ふく	summer clothes	하복	roupas de verão

服→Lesson 13

185

秋

あき autumn
가을
outono

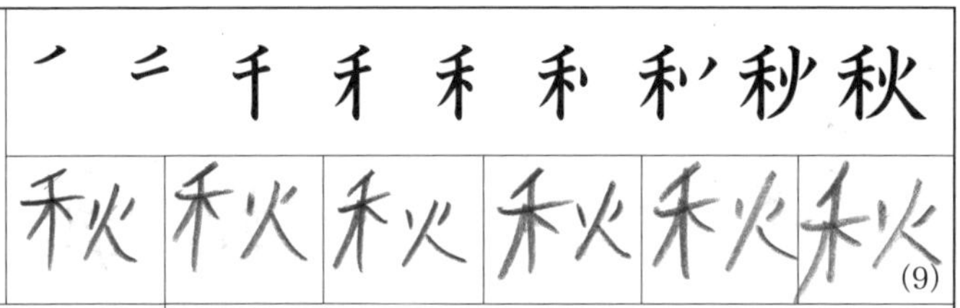
(9)

あき・シュウ

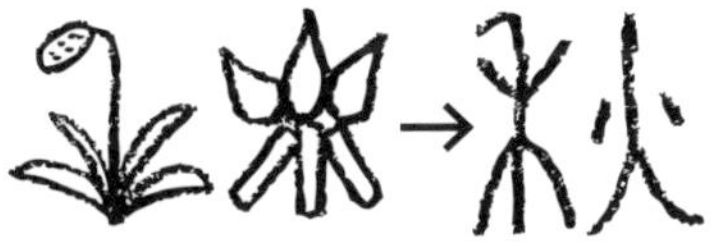

禾（いね）＋火（ひ）→みのった　いねを　火（ひ）で　かわかす　→しゅうかくの　きせつ→あき

禾 rice plant ＋ 火 fire → dry crops with fire → harvest season → autumn

禾（벼）＋火（불）→익은 벼를 불로 건조시키다 →수확의 계절→가을

禾 muda de arroz ＋ 火 fogo → secar a muda cheia de arroz com fogo → época de colheita → outono

秋	あき	autumn	가을	outono
秋田県	あき た けん	Akita Prefecture	아키타 현	província de Akita
秋分の日	しゅう ぶん の ひ	Autumnal Equinox Day	추분의 날	dia do equinócio de outono

186

冬

ふゆ winter
겨울
inverno

(5)

ふゆ・トウ

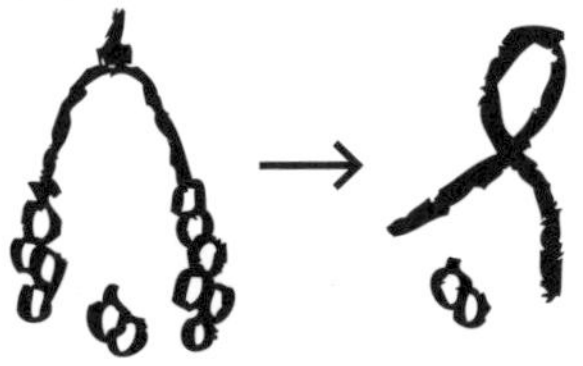

夂（つるす）＋⺀（いとの　むすびめ）→食（た）べ物（もの）を　つるして　ほぞんする　さむい　きせつ→ふゆ

夂 hang ＋ ⺀ knot → preserve food hanging outside in cold weather → winter

夂（매달다）＋⺀（실의 매듭）→음식을 매달아서 보존하는 추운 계절→겨울

夂 pendurar ＋ ⺀ nó de linha → estação fria do ano em que se pendura alimentos para conservá-los → inverno

冬	ふゆ	winter	겨울	inverno
冬休み	ふゆ やすみ	winter holidays	겨울 방학	férias de inverno
春夏秋冬	しゅん か しゅう とう	spring, summer, autumn, winter	춘하추동	primavera, verão, outono e inverno

187 暑

あつい — hot / 덥다 / quente

(12)

あつ－い・ショ

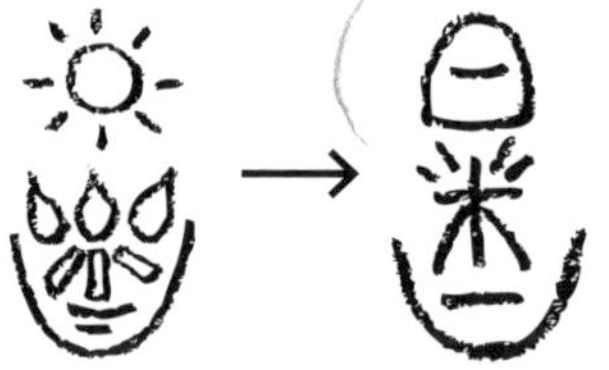

日（たいよう）＋ 者（あつまる）
→たくさんの　日(ひ)の光(ひかり)→あつい
日 the sun ＋ 者 gather→many sun beams→hot
日（해）＋ 者（모이다）→많은 햇빛→덥다
日 Sol ＋ 者 reunir-se→bastantes raios solares→quente

暑い	あつ い	hot	덥다	quente
残(ざん)暑	ざん しょ	late-summer heat	잔서	calor no fim do verão

188 寒

さむい — cold / 춥다 / frio

(12)

さむ－い・カン

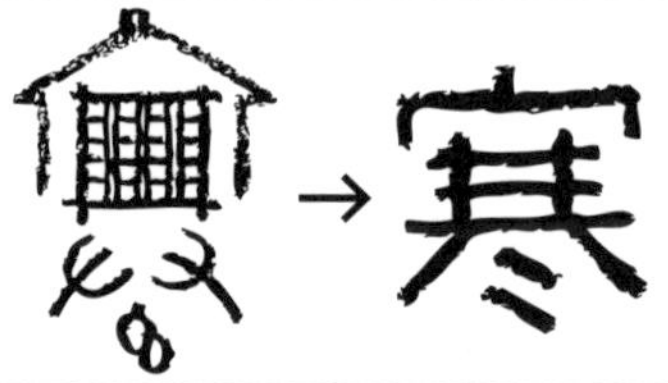

宀（いえ）＋ 井（ふとん）＋ 手（りょうて）＋ 冫（こおり）→こおりのように　さむい夜(よる)、りょうてで　ふとんを　しっかりと　おさえている→さむい
宀 house ＋ 井 futon ＋ 手 right and left hand＋ 冫 ice→in the frozen night one holds blanket firmly→cold
宀（집）＋ 井（이불）＋ 手（양 손）＋ 冫（얼음）→얼음과 같이 추운 밤에 양 손으로 이불을 꽉 잡아 누르고 있다→춥다
宀 casa ＋ 井 cobertor ＋ 手 ambas as mãos ＋ 冫 gelo→em noites frias como gelo, ambas as mãos seguram firmemente o cobertor→frio

寒い	さむ い	cold	춥다	frio
寒波(ぱ)	かん ぱ	cold wave	한파	onda de frio

189 暖

あたたかい — warm / 따뜻하다 / um pouco quente

(13)

あたた－かい・ダン

日（たいよう）＋ 爰（ゆきわたる）
→日(ひ)が　ゆきわたる→あたたかい
日 the sun ＋ 爰 spread→the sun light spreads everywhere →warm
日（해）＋ 爰（골고루 미치다）
→ 해가 골고루 널리 퍼지다→따뜻하다
日 Sol ＋ 爰 alcançar→os raios de Sol alcançam →um pouco quente

暖かい	あたた かい	warm	따뜻하다	um pouco quente
暖冬	だん とう	warm winter	난동(따뜻한 겨울)	inverno quente
暖房(ぼう)	だん ぼう	heating	난방	calefação
温(おん)暖化[15]	おん だん か	warming	온난화	aquecimento

化→Lesson 15

190 涼	すずしい cool 선선하다 fresco	、 ⺀ 氵 氵 汁 汁 泞 泞 涥 涼 涼
		涼 涼 涼 涼 涼 涼 (11)
すず－しい・リョウ	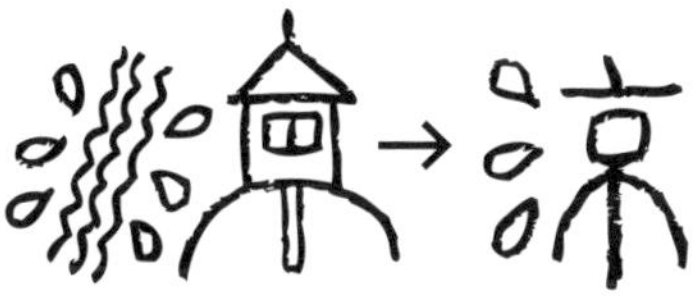	氵（みず）＋京（みやこ） →みやこには　きれいな水(みず)が たくさん　ある→すずしい 氵 water ＋ 京 capital→water makes the city cool →cool 氵（물）＋ 京（도읍） →도읍지에는 깨끗한 물이 많이 있다→선선하다 氵 água ＋ 京 capital →há muita água limpa na capital→fresco
涼しい　すずしい　cool　선선하다　fresco 涼風(ふう)　りょう ふう　cool breeze　선들바람　vento fresco		

練習(れんしゅう) 1: 漢字(かんじ)の　読(よ)み方(かた)を　書(か)きましょう。

PRACTICE : Write the meanings of the following kanji in hiragana;
연습 : 한자 읽는 음을 히라가나로 써 봅시다 .
Exercício : escreva a leitura dos kanjis.

1. 季節 きせつ
2. 春 はる
3. 夏 なつ
4. 秋 あき
5. 冬 ふゆ
6. 暑い あつい
7. 寒い さむい
8. 暖かい あたたかい
9. 涼しい すずしい
10. 春夏秋冬 しゅんかしゅうとう

11. 夏休みに　北海道へ　行くつもりです。
なつやすみに ほかいどうへ いくつもりです。
12. わたしは　一年で　春が　いちばん　好きです。
わたしは いちねんで はるがいちばんすきです。
13. 秋は　くだものが　おいしい　季節です。
あきは くだものがおいしいきせつです。
14. 暑い日は　プールへ　およぎに　行きます。
あついひは プールへ およぎに いきます。
15. 冬は　寒いですが、スキーが　できるので　うれしいです。
ふゆは さむいですが、スキーができるのでうれしいです。

練習(れんしゅう)2：下(した)の □に 漢字(かんじ)を 書(か)きましょう。

1. きせつ
季節
season
계절
estações do ano

2. はる
春
spring
봄
primavera

3. なつ
夏
summer
여름
verão

4. あき
秋
autumn
가을
outono

5. ふゆ
冬
winter
겨울
inverno

6. あつ
暑い
hot
덥다
quente

7. さむ
寒い
cold
춥다
frio

8. あたた
暖かい
warm
따뜻하다
um pouco quente

9. すず
涼しい
cool
선선하다
fresco

10. なつやす
夏休み
summer holidays
여름방학
férias de verão

11. あきたけん
秋田県
Akita Prefecture
아키타현
província de Akita

12. ふゆやす
冬休み
winter holidays
겨울방학
férias de inverno

13. しゅんかしゅうとう
春夏秋冬
spring, summer, autumn, winter
춘하추동
primavera verão, outono e inverno

14. 日本の 冬(ふゆ)は 寒(さむ)いです。
It is cold in winter in Japan.
일본의 겨울은 춥습니다
O inverno no Japão é frio.

Lesson 9

体（からだ）

Body　몸　O Corpo

体　頭　顔　首　心　声　病　薬　科　内

(　　　)に　□の中（なか）から　選（えら）んで　読（よ）みかたを　書（か）きましょう。

Write the meaning of kanji in the brackets from the box.
한자의 읽기를 □에서 골라 봅시다
Escolha a leitura do kanji do quadro.

体
1 (からだ)

2 (こえ)
声

頭
3 (あたま)

顔
4 (かお)

首
(ex. くび)

心
5 (こころ)

あたま
からだ
こころ
かお
~~くび~~
こえ
くすり
びょういん

けがを　した　とき　どこへ　行きますか。

病院（いん）
6 (びょういん)

かぜを　ひいた　とき　何を　飲みますか。

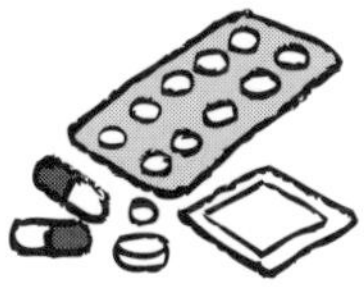

薬
7 (くすり)

191

体

からだ　body
몸
corpo

(7)

からだ
・
タイ

人（ひと）＋本（もと）
→人(ひと)の　もとになる　もの→からだ

人 person ＋ 本 root→root of a person
→body
人（사람）＋ 本（근본）→사람의 근본이 되는 것
→몸
人 pessoa ＋ 本 origem
→coisa que é a origem do corpo→corpo

体	からだ	body	몸	corpo
体力	たい りょく	physical strength	체력	força física
体重	たい じゅう	body weight	체중	peso corporal

192

頭

あたま　head
머리
cabeça

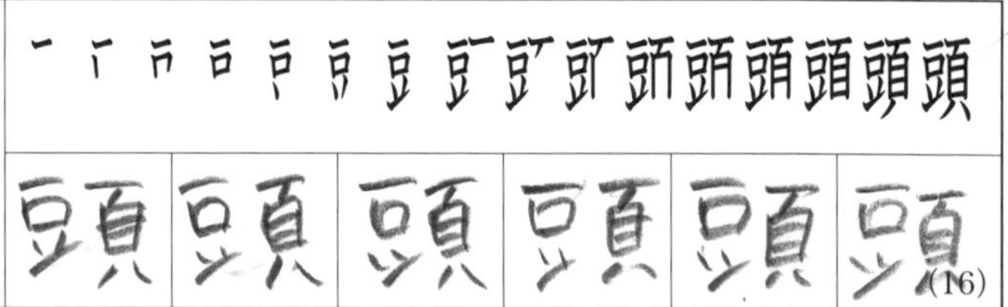

(16)

あたま
・
ズ

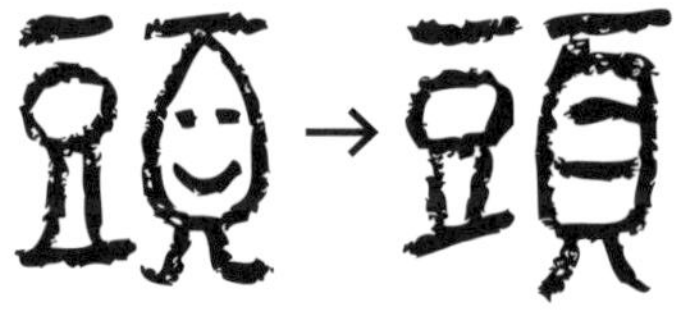

豆（あしの　ある　いれもの）＋頁
（おおきい　あたま）→体(からだ)の　一(いち)ばん
上(うえ)にある→あたま

豆 food vessel ＋ 頁 big head→placed on the top of the body
→head
豆（발 달린 용기）＋ 頁（큰 머리）
→몸의 가장 위에 있다→머리
豆 vasilha com pernas ＋ 頁 cabeça grande
→na parte mais alto do corpo→cabeça

頭	あたま	head	머리	cabeça
頭がいい	あたま がいい	smart	머리가 좋다	inteligente
頭痛(つう)	ず つう	headache	두통	dor de cabeça

193

顔

かお　face
얼굴
rosto

(18)

かお

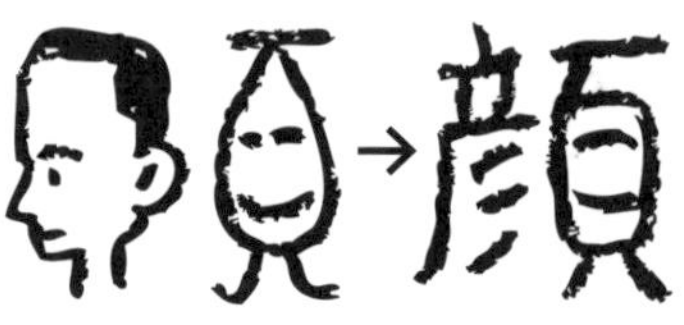

彦（うつくしい　ひたい）＋頁
（おおきい　あたま）→かお

彦 attractive forehead ＋ 頁 big head→face
彦（아름다운 이마）＋ 頁（큰 머리）→얼굴
彦 face bonita ＋ 頁 cabeça grande→rosto

顔	かお	face	얼굴	rosto
顔色[13]	かお いろ	complexion	안색	fisionomia do rosto

色→Lesson 13

194 首

くび — neck / 목 / pescoço
だいいちの — prime / 수, 제일 위 / primeiro

(9)

くび・シュ

かみの　長(なが)い　あたま→あたまを　ささえる　からだの　一(いち)ばん　上(うえ)に　ある　ところ→くび

head with long hair→the position stays high above the rest of the body to support head→neck

긴 머리→머리를 지탱하는 몸의 제일 윗부분→목

cabeça com cabelo comprida→parte mais alta do corpo que sustenta a cabeça→pescoço

首	くび	neck	목	pescoço
首都	しゅと	capital	수도	capital
手首	てくび	wrist	손목	munheca
首相(しょう)	しゅしょう	prime minister	수상	primeiro ministro

195 心

こころ — heart / 마음 / coração
きもち — feelings / 마음 / sentimentos

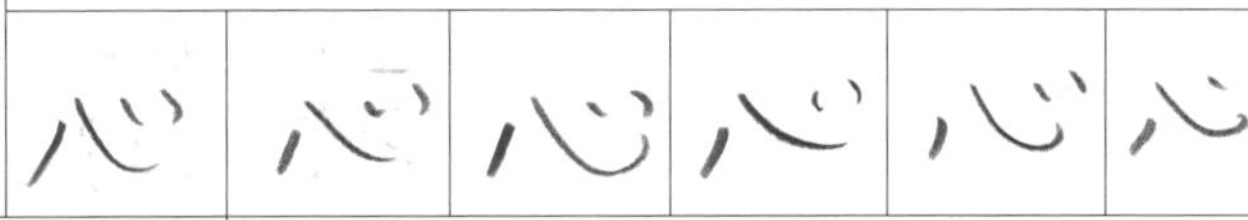

(4)

こころ・シン

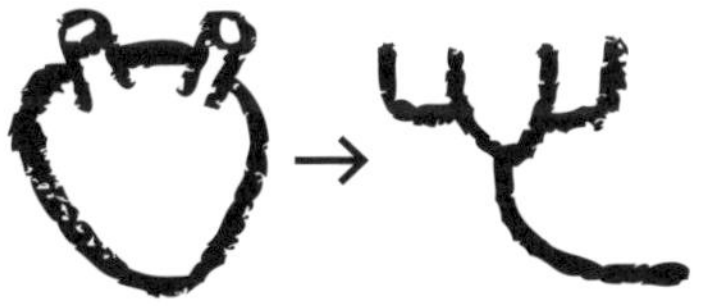

しんぞうの　かたち

shape of heart

심장의 모양

formato de coração

心	こころ	heart	마음	coração
安心する	あんしんする	to be relieved	안심하다	tranquilizar-se
心配(ぱい)する	しんぱいする	to worry	걱정하다	preocupar-se
中心	ちゅうしん	center	중심	centro

196 声

こえ — voice / (목)소리 / voz

聲

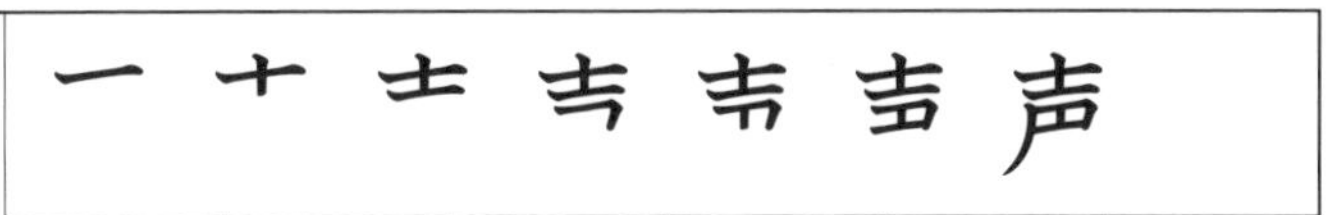

(7)

こえ・セイ

声（こえ）＋殳（おのを　もっている　て）＋耳（みみ）→いたを　ぼうで　たたくと　音(おと)が　聞(き)こえる→聞(き)こえるもの→こえ

声 voice ＋ 殳 hand holding an ax ＋ 耳 ear→hitting an instrument with a stick makes sounds→something can be heard→voice

声（목소리）＋殳（도끼를 쥔 손）＋耳（귀）→판자를 막대로 두드리는 소리가 들리다→들리는 것→목소리

声 voz ＋ 殳 mão segurando um machado ＋ 耳 orelha→escuta-se o som do cabo batendo a tábua→algo que se escuta→voz

声	こえ	voice	(목)소리	voz
大声	おおごえ	loud voice	큰 소리	voz alta

197

病

びょうき illness
병
doença

丶 亠 广 广 疒 疒 疒 疔 病 病 病

病 病 病 病 病 病 (10)

やまい
・
ビョウ

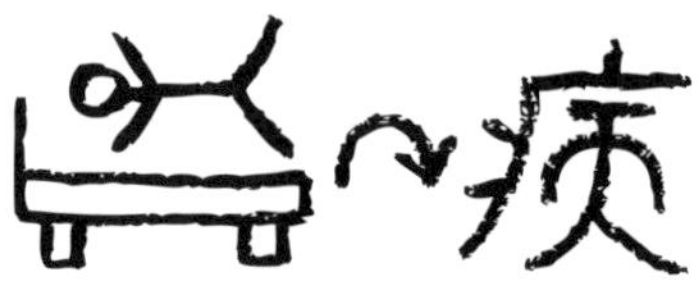

疒（ベッドと　ねている　ひと）＋ 丙（びょうきで　てあしが　きんちょう　している）→びょうき

疒 bed and lying person ＋ 丙 spreading arms and legs rigidly because of illness→illness

疒 (침대와 누워 있는 사람) ＋ 丙 (병으로 수족이 죄다) →병

疒 pessoa dormindo na cama ＋ 丙 pés e mãos irrequietos devido a doença→doença

病気	びょう き	illness	병	doença
病院[16]	びょう いん	hospital	병원	hospital
病人	びょう にん	sick person	병자	pessoa doente
急病	きゅう びょう	sudden illness	급병	doença repentina

院→Lesson 16

198

薬

くすり medicine
약
remédio

一 十 艹 艹 艹 甘 甘 甘 苗 茁 茁 蕐 蕐 薬 薬 薬

薬 薬 薬 薬 薬 薬 (16)

くすり
・
ヤク／ヤッー

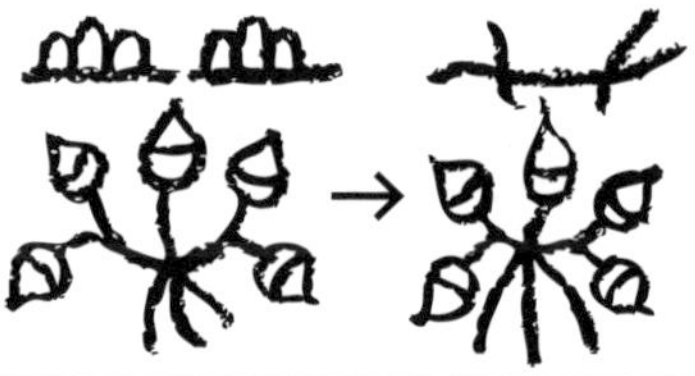

艹（くさ）＋ 楽（たのしい）
→人（ひと）を　気持（きも）ちよくさせる　くさ
→人（ひと）を　たすける　くさ→くすり

艹 plant ＋ 楽 pleasure (to make people comfortable) →plants to cure people→medicine

艹 (풀) ＋ 楽 (즐겁다) →사람을 기분 좋게 하는 풀
→사람을 살리는 풀→약

艹 capim ＋ 楽 divertido→capim que aconchega pessoas→capim que ajuda pessoas→remédio

薬	くすり	medicine	약	remédio
目薬	め ぐすり	eye lotion	안약	colírio
薬品[13]	やく ひん	medicine	약품	medicamento

品→Lesson 13

199

科

わけたもの category
구분한 것
categoria

丿 二 千 千 禾 禾 禾 私 科

科 科 科 科 科 科 (9)

カ

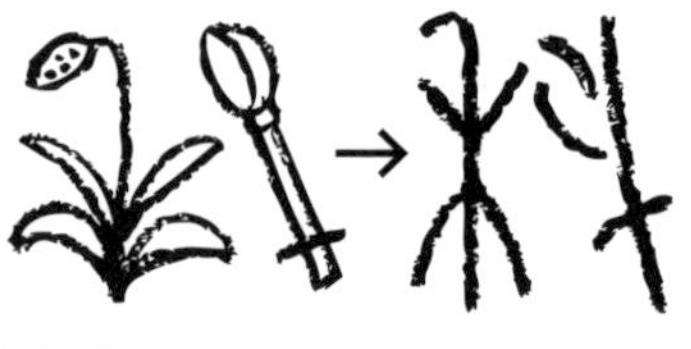

禾（いね）＋ 斗（はかり）
→米（こめ）を　はかる→分（わ）ける
→カテゴリー・わけたもの

禾 rice plant ＋ 斗 measure→measure grain
→sort→category

禾 (벼) ＋ 斗 (저울) →쌀의 무게를 달다
→구분하다→카테고리·구분한 것

禾 muda de arroz ＋ 斗 balança
→pesar arroz→dividir→categoria/divisão

科学	か がく	science	과학	ciência
教[18]科書	きょう か しょ	textbook	교과서	livro-texto
外科	げ か	surgery	외과	cirurgia

教→Lesson 18

200 内	うち inside 안 interior	丨 冂 内 内 (4)
うち・ナイ	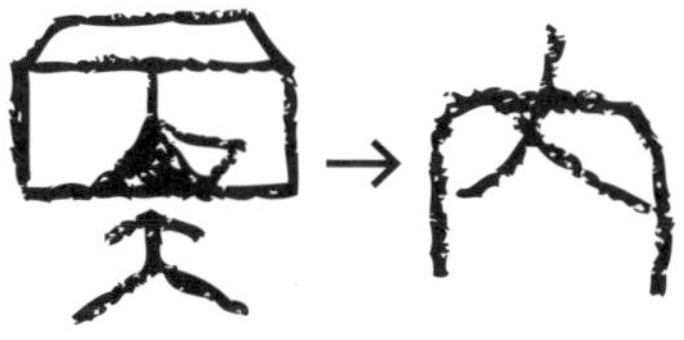	こや ＋ 入（はいる）→家(いえ)に 入(はい)る→家(いえ)の中(なか)→うち dwelling ＋ 入 enter →inside the house→inside 小屋（작은 집）＋ 入（들어가다）→집에 들어가다→집 안→안 cabana ＋ 入 entrar→entrar na casa →interior da casa→interior

内側(がわ)	うち がわ	inside	안쪽	lado de dentro
内科	ない か	internal medicine	내과	medicina interna
車内	しゃ ない	in the car	차내	interior do carro
案(あん)内する	あん ない する	to guide	안내하다	guiar

練習(れんしゅう) 1：漢字(かんじ)の 読(よ)み方(かた)を 書(か)きましょう。

PRACTICE : Write the meanings of the following kanji in hiragana;
연습 : 한자 읽는 음을 히라가나로 써 봅시다 .
Exercício : escreva a leitura dos kanjis.

1. 頭 あたま
2. 体 からだ
3. 声 こえ
4. 顔 かお
5. 病気 びょうき
6. 心 こころ
7. 科学 かがく
8. 薬 くすり
9. 病院 びょういん
10. 安心します あんしんします

11. 先生は とても 頭が いい かたです。
せんせいはとてもあたまがいいかたです。
12. もっと 大きい 声で 言ってください。
もっと おおきいこえで いってください。
13. 中国の 首都は どこですか。
ちゅうごくのしゅとはどこですか。
14. どうしたんですか。 顔色(いろ)が よくないですよ。
どうしたんですか。かおいろが よくないですよ。
15. 頭が いたいので、病院(いん)へ 行きます。
あたまがいたいので、びょういんへ いきます。

練習2：下の □に 漢字を 書きましょう。

1. あたま

頭

head
머리
cabeça

2. からだ

体

body
몸
corpo

3. こえ

声

voice
목소리
voz

4. かお

顔

face
얼굴
rosto

5. くび

首

neck
목
pescoço

6. こころ

心

heart
마음
coração

7. か がく

科 学

science
과학
ciência

8. くすり

薬

medicine
약
remédio

9. びょう き

病 気

illness
병
doença

10. あん しん

安 心 します

to be relieved
안심합니다
tranquilizar-se

11. おお こえ

大きい 声で 言ってください。

Please speak in a loud voice.
큰 소리로 말해 주십시오
Por favor, diga em voz alta.

12. くすり

薬を 飲めば、 なおります。

If you take medicine, you will recover from illness.
약을 먹으면 낫습니다
Se você tomar o remédio, você se cura.

Lesson
7~9

にほんごのうりょくしけん（JLPT）じっせん　れんしゅう

もんだい１　＿＿＿＿の　ことばは　ひらがなで　どう　かきますか。
１、２、３、４から　いちばん　いいものを　ひとつ　えらんで　ください。

1．台風で　池の　水が　あふれました。
　　①　　　②

① 1. だいふう　2. だいかぜ　3. たいふうん　4. たいふう
② 1. いけ　2. うみ　3. かわ　4. やま

2．夏休み　海へ　およぎに　行きます。
　　③　　　④

③ 1. はるやすみ　2. なつやすみ　3. あきやすみ　4. ふゆやすみ
④ 1. いけ　2. かわ　3. うみ　4. かい

3．今夜は　雪が　ふって　寒いですね。
　　　　　　⑤　　　　　⑥

⑤ 1. ゆぎ　2. あめ　3. ゆき　4. くもり
⑥ 1. さむい　2. さみい　3. さぶい　4. すずしい

4．あなたの　声を　聞いて、安心しました。
　　　　　　⑦　　　　　⑧

⑦ 1. ごえ　2. こえ　3. うた　4. うだ
⑧ 1. あんすん　2. あんじん　3. あんちん　4. あんしん

5．病気のときは　薬を　飲んで　早く　ねてください。
　　⑨　　　　　⑩

⑨ 1. ひょうき　2. びよき　3. びょうき　4. びょき
⑩ 1. くりす　2. くすり　3. ぐすり　4. くちゅり

6．地下に　古い　じてんしゃが　1台　あります。
　　⑪　　　　　　　　　　　⑫

⑪ 1. ちか　2. ちが　3. しか　4. じか
⑫ 1. いったい　2. いっだい　3. いちたい　4. いちだい

7．頭が　いたいので、仕事を　休みます。
　　⑬　　　　　　　⑭

⑬ 1. かお　2. あたま　3. おなか　4. くび
⑭ 1. ちごと　2. すごと　3. しごと　4. しこと

もんだい2 ＿＿＿＿の　ことばは　どう　かきますか。
1、2、3、4から　いちばん　いいものを　ひとつ　えらんで　ください。

1．もりの　中は　すずしい　かぜが　ふいて、気持ちがいいです。
　　①　　　　　　　　　　　②

① 1. 山　2. 林　3. 森　4. 海
② 1. 蚤　2. 凧　3. 帆　4. 風

2．サッカーせんしゅの　かおは　あせで　ひかっていました。
　　　　　　　　　　　　③　　　　　　④

③ 1. 顏　2. 顔　3. 顔　4. 願
④ 1. 当って　2. 光って　3. 取って　4. 洗って

3．今年の　なつは　とても　あついです。
　　　　　⑤　　　　　　　⑥

⑤ 1. 夏　2. 春　3. 頁　4. 夏
⑥ 1. 署い　2. 暖い　3. 暑い　4. 熱い

4．母の　びょうきが　なおって　あんしんしました。
　　　　　⑦　　　　　　　　　⑧

⑦ 1. 病気　2. 疸気　3. 病汽　4. 病気
⑧ 1. 安心　2. 空心　3. 安信　4. 変心

5．およぐ前は　手や　足や　くびなど、からだを　動かしたほうが　いいですよ。
　　　　　　　　　　　　　　⑨　　　　⑩

⑨ 1. 首　2. 盲　3. 首　4. 頁
⑩ 1. 休　2. 体　3. 任　4. 村

6．かがくは　せいようで　しんぽしました。
　　⑪　　　　⑫

⑪ 1. 科学　2. 料学　3. 花学　4. 秋学
⑫ 1. 西羊　2. 西洋　3. 東洋　4. 西洋

7．はやしに　入ると　ことりの　こえが　聞こえました。
　　⑬　　　　　　　　　　　　⑭

⑬ 1. 村　2. 彬　3. 森　4. 林
⑭ 1. 声　2. 意　3. 声　4. 音

Lesson 10

時（とき）

Time　때　Tempo

朝　昼　夜　夕　方　晩　計　曜　以　度

漢字（かんじ）の　意味（いみ）を　考（かんが）えて、線（せん）で　結（むす）びましょう。

Guess the meaning of kanji.　한자의 의미를 생각하여 선으로 연결해 봅시다.　Adivinhe o significado do kanji e faça a ligação.

朝	1 ●	● A ゆうがた	evening 저녁 anoitecer
昼	2 ●	● B ひる	noon 낮 meio-dia
夕方	3 ●	● C よる	night 밤 noite
夜	4 ●	● D あさ	morning 아침 manhã

イラストの　意味（いみ）を　考（かんが）えて、線（せん）で　結（むす）びましょう。

Guess the meaning of the illustrations below.　그림의 의미를 생각하여 선으로 연결해 봅시다.
Adivinhe o significado da ilustração e faça a ligação.

	5 ●	● A 計 はかる	measure 헤아리다, 재다 medir
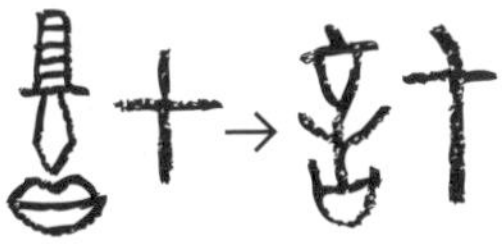	6 ●	● B 晩 ばん	night 저녁때, 밤 noite
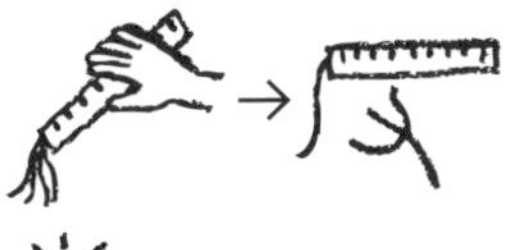	7 ●	● C 度 ど	degree 정도 vez
	8 ●	● D 以 ～から	starting point 이～ a partir de ～
	9 ●	● E 曜 かがやく	shine 빛나다 brilhar

201

朝

あさ　morning
아침
manhã

(12)

あさ
・
チョウ

艸（くさ）＋日（たいよう）＋月（つき）→広(ひろ)い　そうげんに　のぼる　たいようと　西(にし)の　空(そら)の　月(つき)→あさ

艸 grass ＋ 日 the sun ＋ 月 the moon→the sun rising over the field and the moon left in the west→morning

艸（풀）＋日（해）＋月（달）
→넓은 초원에 오르는 해와 서쪽 하늘의 달→아침

艸 capim ＋ 日 Sol ＋ 月 Lua→Sol nascendo num campo de capim e a Lua no céu do oeste→manhã

朝	あさ	morning	아침	manhã
今朝	*けさ	this morning	오늘 아침	esta manhã
朝日	あさ ひ	the morning sun	아침 해	Sol da manhã
朝食	ちょう しょく	breakfast	조식	café da manhã

202

昼

ひる　noon
낮
meio-dia

晝

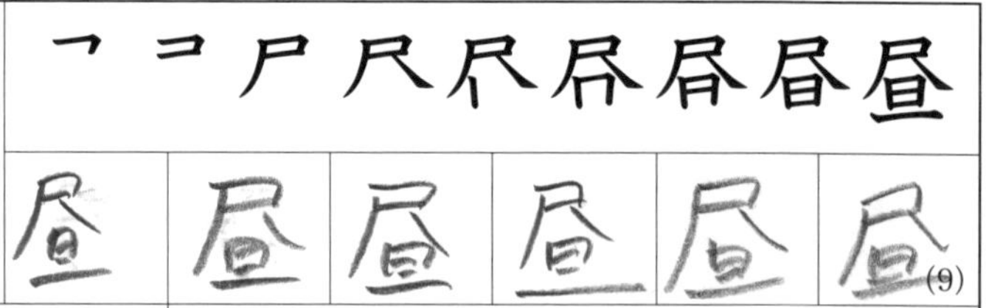
(9)

ひる
・
チュウ

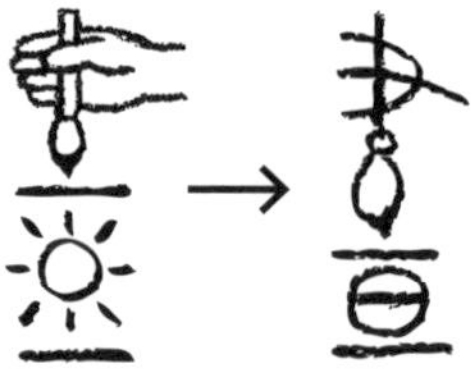

聿（ふで）＋旦（ひを　くぎる）→ふでで　日(ひ)を　くぎる→たいようが　出(で)ている　間(あいだ)→ひる

聿 brush ＋ 旦 divide the day→divide night and day with brush→day time

聿（붓）＋旦（날을 구분하다）→붓으로 날을 구분하다
→해가 나와 있는 동안→낮

聿 pincel ＋ 旦 dividir o Sol→dividir o Sol com o pincel
→período em que o Sol aparece→meio-dia

昼	ひる	noon	낮	meio-dia
昼休み	ひる やす み	lunch break	점심 시간	folga de almoço
昼ご飯[14]	ひる ご はん	lunch	점심밥	almoço
昼食	ちゅう しょく	lunch	점심 식사	almoço

飯→Lesson 14

203

夜

よる　night
밤
noite

(8)

よる
よ
・
ヤ

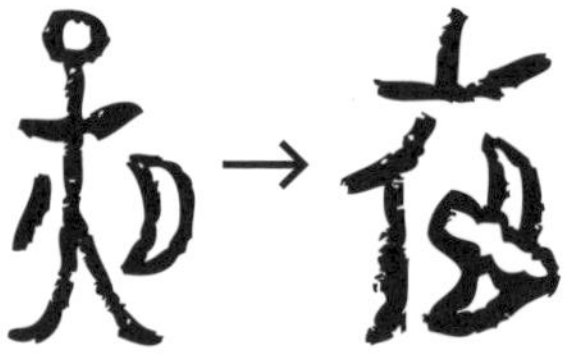

大（たっている　ひと）＋夕（みかづき）→月(つき)が　出(で)るとき→よる

大 standing person ＋ 夕 crescent moon
→when the moon appears→night

大（서 있는 사람）＋夕（초승달）
→달이 뜨는 때→밤

大 pessoa de pé ＋ 夕 Lua crescente
→hora que a Lua aparece→noite

夜	よる	night	밤	noite
今夜	こん や	tonight	오늘 밤	esta noite
夜店	よ みせ	night stall	밤의 노점	barraca noturna
夜食	や しょく	bedtime snack	야식	refeição leve à noite

204 夕

ゆうがた evening 저녁 anoitecer

(3)

ゆう

三日月(みかづき)の　え→ゆうがた

picture of a crescent moon→evening

초승달의 그림→저녁

figura da Lua crescente→anoitecer

夕日	ゆう ひ	sunset	석양	sol do anoitecer
夕食	ゆう しょく	supper	저녁 식사	jantar
七夕	*たなばた	Star Festival	칠석	festival das estrelas

205 方

ほうがく direction 방위 direções

ほうほう way 방법 modo

(4)

かた / ーがた · ホウ

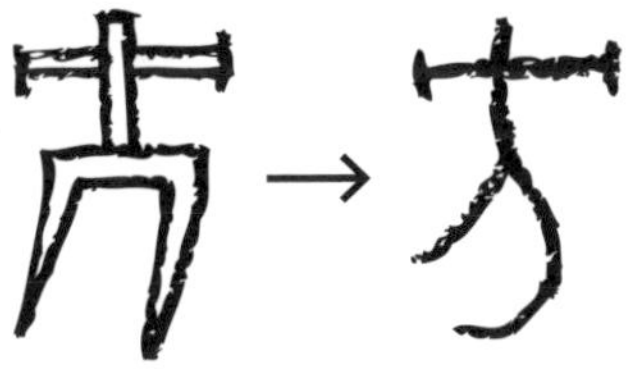

えの　ついた　すきの　え→えが

左右(さゆう)、上下(じょうげ)に　のびている→いろいろな

ほうがく→ほうがく

picture of a plow with a handle→crossing handle shows four directions→direction

손잡이가 붙은 쟁기의 그림→손잡이가 상하, 좌우로 뻗어 있다→여러 방위→방위

figura de enxada com cabo→o cabo se estende para direita, esquerda, acima e abaixo→várias direções→direções

読み方	よみ かた	how to read	읽는 법	modo de ler
夕方	ゆう がた	evening	저녁	anoitecer
あの方	あの かた	that person	저 분	aquela pessoa
方法(ほう)	ほう ほう	method	방법	método

206 晩

よる night 밤 noite

(12)

バン

日（たいよう）＋免（ぬけでる）

→日(ひ)の　光(ひかり)が　なくなるとき→ばん

日 the sun ＋ 免 escape→when the sun disappears→night

日（해）＋ 免（빠져 나오다）→햇빛이 없어질 때→밤

日 Sol ＋ 免 escapar→hora em que os raios solares se acabam→noite

今晩	こん ばん	tonight	오늘 밤	esta noite
毎晩	まい ばん	every night	매일 밤	todas as noites
晩ご飯[14]	ばん ごはん	dinner	저녁밥	jantar

飯→Lesson 14

207

計

はかる　measure
시계
medir

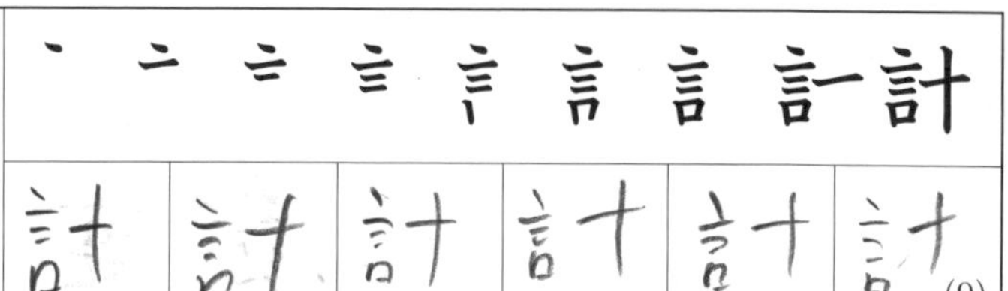
(9)

はか−る
・
ケイ

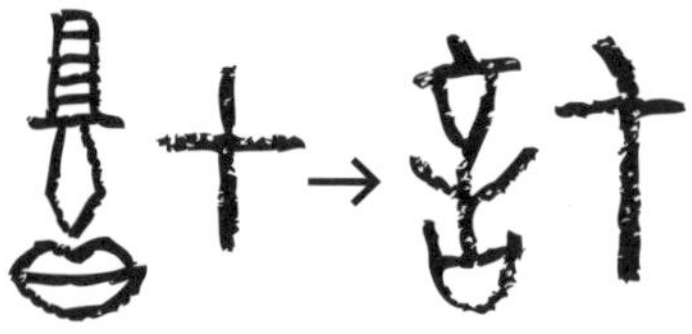

言（いう）＋十（じゅう）
→かぞえる→はかる

言 say ＋ 十 ten→count numbers→measure
言（말하다）＋ 十（10）→수를 세다→헤아리다, 재다
言 dizer ＋ 十 dez→contar→medir

時計	と けい	watch, clock	시계	relógio
計画	けい かく	plan	계획	plano
計る	はか る	to measure	헤아리다, 재다	medir
合[19]計	ごう けい	total	합계	total

合→Lesson 19

208

曜

かがやく　shine
빛나다
brilhar

(18)

ヨウ

日（たいよう）＋羽（はね）＋隹（とり）→とりの　はねが　日（ひ）の　光（ひかり）を　あびている→かがやく

日 the sun＋ 羽 wings ＋ 隹 bird→bird's wings in the sun →to shine
日（해）＋ 羽（날개）＋ 隹（새）
→새의 날개가 햇빛을 받고 있다→빛나다
日 Sol ＋ 羽 asa ＋ 隹 pássaro
→as asas do pássaro se banham de raios solares→brilhar

日曜日	にち よう び	Sunday	일요일	domingo
水曜日	すい よう び	Wednesday	수요일	quarta-feira
何曜日	なん よう び	what day of the week	무슨 요일	que dia da semana

209

以

〜から　starting point
~부터
a partir de 〜

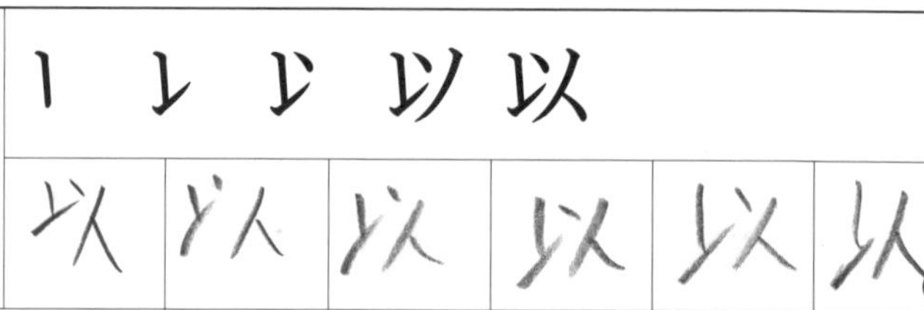
(5)

イ

すきと　人（ひと）の　え→すきを　使（つか）って　はじめる→〜から

picture of plow and person→start cultivating →starting point
쟁기와 사람의 그림→쟁기를 사용하여 시작하다 →~부터
figura de uma enxada e uma pessoa →usa a enxada e dá início→a partir de 〜

以上	い じょう	more than	이상	acima de
以下	い か	less than	이하	abaixo de
以外	い がい	except	의이	além
以前	い ぜん	previously	이전	antes de

210 度	ど degree 정도 grau ひんど frequency 빈도 frequencia	丶 亠 广 广 庐 庐 庐 度 度 度 度 度 度 度 度 (9)	
ド	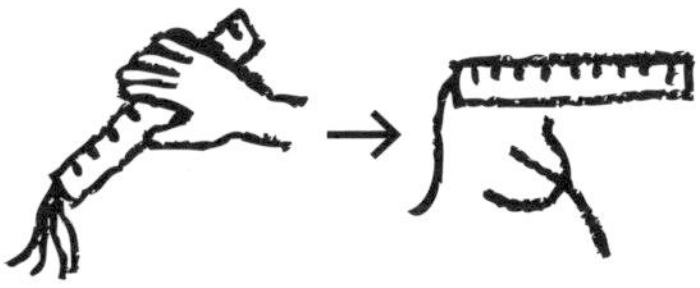	庶（ものさし）＋ 又（て） →ものさしで　はかる→ど 庶 scale ＋ 又 hand→measure something→degree 庶（자）＋ 又（손）→자로 재다→정도 庶 régua ＋ 又 mão →medir com régua→grau	

一度	いちど	once	한 번	uma vez
今度	こんど	next time	이번	próxima vez
25度	25ど	25 degrees	25도	25 graus
温度（おん）	おんど	temperature	온도	temperatura

練習（れんしゅう）1: 漢字（かんじ）の　読（よ）み方（かた）を　書（か）きましょう。

PRACTICE : Write the meanings of the following kanji in hiragana;
연습 : 한자 읽는 음을 히라가나로 써 봅시다 .
Exercício : escreva a leitura dos kanjis.

1. 朝 あさ
2. 昼 ひる
3. 夜 よる
4. 晩ごはん ばんごはん
5. 夕方 ゆうがた
6. 時計 とけい
7. 日曜日 にちようび
8. 今朝 けさ
9. 今夜 こんや
10. 今度 こんど
11. 先生、この漢字（かんじ）の　読み方が　わかりません。
 せんせい　よ　か
12. 夏休みの　計画を　たてました。
 なつやす　けいかく
13. 毎晩　ねる前に　メールを　チェックします。
 まいばん　まえ
14. かんじの　テストは　何曜日ですか。
 なようび
15. ねつが　37度　以上　あるときは　薬を　飲んだほうが　いいですよ。
 で　いじょう　くすり　の

練習2：下の □に 漢字を 書きましょう。

(れんしゅう した かんじ か)

1. あさ
朝
morning
아침
manhã

2. ひる
昼
noon
낮
meio-dia

3. よる
夜
night
밤
noite

4. ゆう がた
夕方
evening
저녁
anoitecer

5. こん ばん
今晩
this evening
오늘 밤
esta noite

6. と けい
時計
watch
시계
relógio

7. げつ よう び
月曜日
Monday
월요일
segunda-feira

8. い がい
以外
except
의이
além

9. こん ど
今度
next time
이번
próxima vez

10. け さ
今朝
this morning
오늘 아침
esta manhã

11. こん や
今夜
tonight
오늘 밤
esta noite

12. ゆう しょく
夕食
supper
저녁식사
jantar

13. まい ばん
毎晩
every night
매일 밤
todas as noites

14. けい かく
計画
plan
계획
plano

15. いち ど
一度
once
한 번
uma vez

16. きょう なん よう び
今日は何曜日ですか。
What day of the week is it today?
오늘이 무슨 요일입니까?
Que dia da semana é hoje?

Lesson 11

動詞（どうし） 1

Verbs 1　　동사 1　　Verbos 1

止　歩　走　起　持　待　借　貸　始　終

漢字（かんじ）の　意味（いみ）を　選（えら）びましょう。

Choose the meaning of kanji from the box below.

한자의 의미를 골라봅시다

Escolha o significado do kanji.

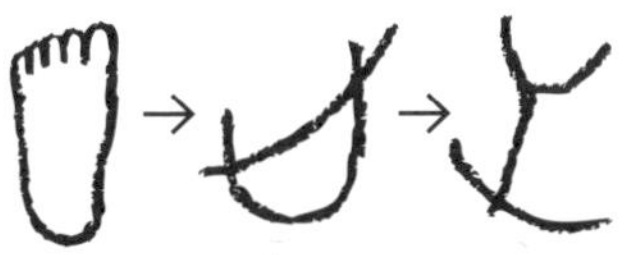

1 止 （ とまる ）

2 歩 （ あるく ）

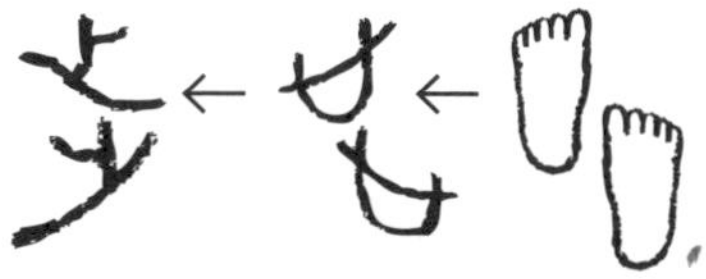

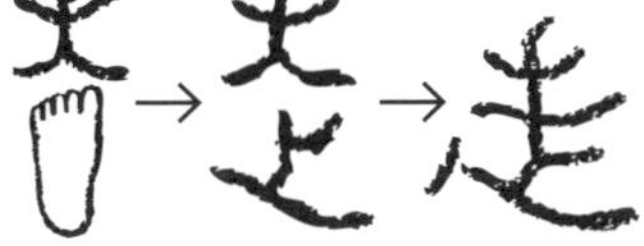

3 走 （ はしる ）

4 起 （ おきる ）

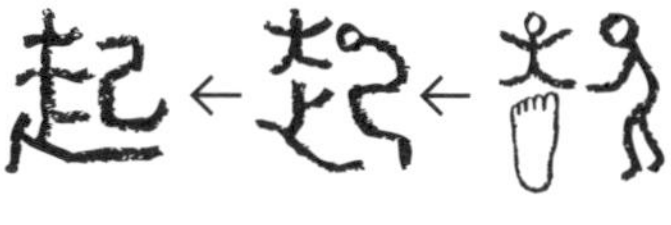

あるく　はしる　おきる　とまる

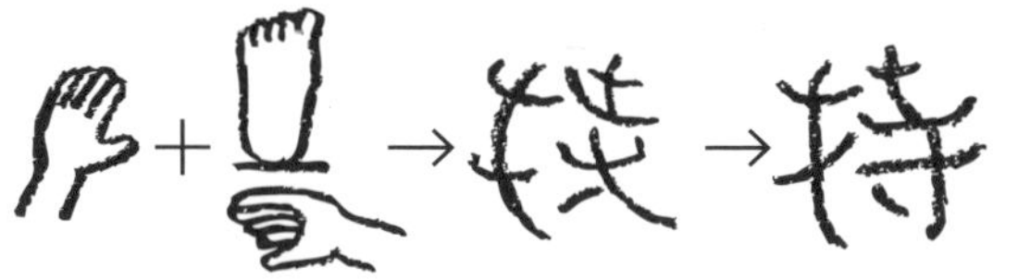

とどまる

Stay

그치다

parar

5 持 （ もつ ）

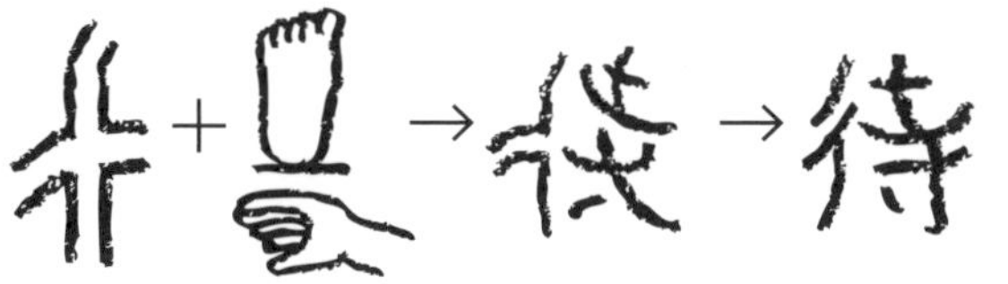

6 待 （ まつ ）

もつ　まつ

211 止

とまる　stop　멈추다　parar

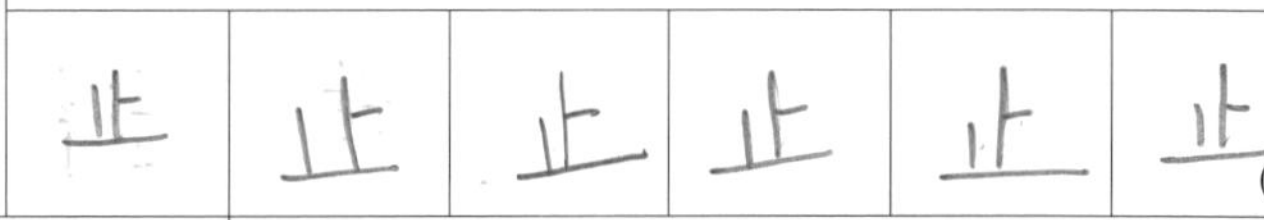

(4)

とーまる・シ

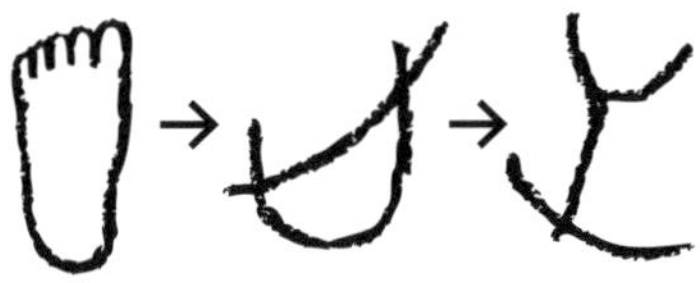

足(あし)あと→動(うご)かない→とまる

footprint→not moving→to stop

발자국→움직이지 않는다→멈추다

pegada→não se move→parar

止まる	と まる	to stop	멈추다	parar
中止する	ちゅう し する	to call off	중지하다	cancelar
一時停(てい)止	いち じ てい し	stop sign	일시정지	parada momentânea

212 歩

あるく　walk　걷다　andar

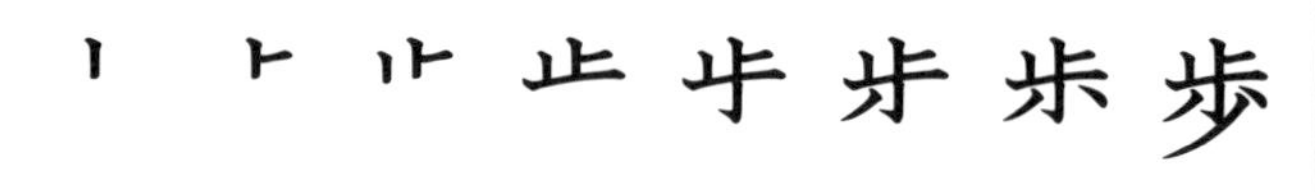

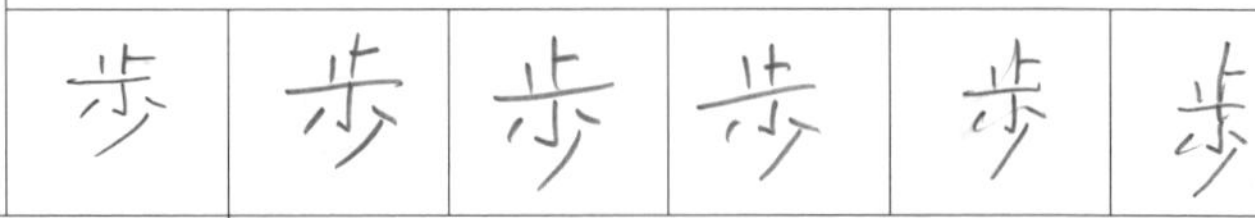

(8)

あるーく・ホ／ポ

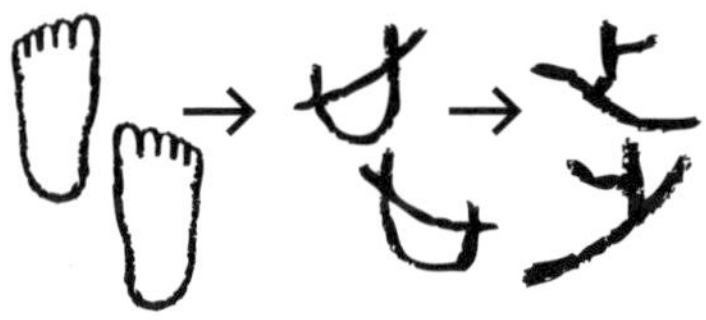

右足(みぎあし)と　左足(ひだりあし)の　足(あし)あと→あるく

footprints of right foot and left foot→to walk

오른발과 왼발의 자취→걷다

pagadas dos pés direito e esquerdo→andar

歩く	ある く	to walk	걷다	andar
散(さん)歩する	さん ぽ する	to take a walk	산보하다	passear
進[15]歩する	しん ぽ する	to make progress	진보하다	progredir
横断(おうだん)歩道	おう だん ほ どう	crosswalk	횡단보도	faixa de pedestre

進→Lesson 15

213 走

はしる　run　달리다　correr

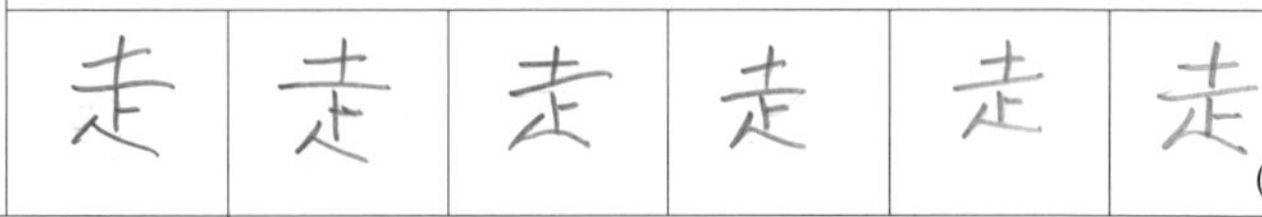

(7)

はしーる・ソウ

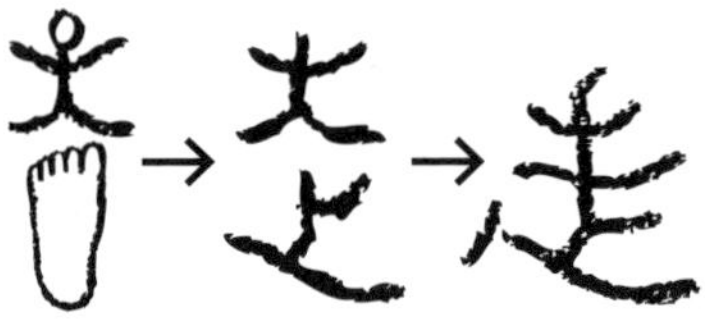

大（おおきい）＋足（あし）

→手足(てあし)を　大(おお)きく　ひろげた　人(ひと)が

手足(てあし)を　動(うご)かして　行(い)く→はしる

大 big + 足 foot→person who spreads arms and legs goes forward by moving them→to run

大 (크다) + 足 (발) →손발을 크게 벌려 움직이며 가다→걷다

大 grande + 足 pé→pessoa com os pés e mãos esticados anda movimentando os pés e as mãos→correr

走る	はし る	to run	달리다	correr
力走する	りき そう する	to run as fast as possible	역주하다	correr ao máximo

214 起

おきる　get up　일어나다　levantar-se

(10)

おーきる
おーこす
・
キ

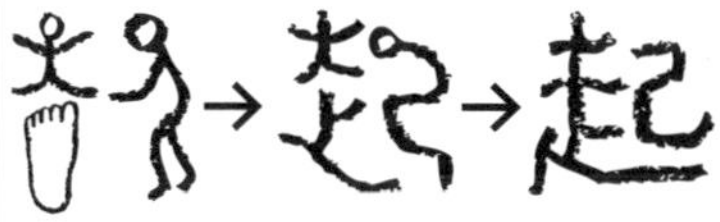

走（はしる）＋己（たちあがるかたち）→おきる
走 movement of legs ＋ 己 sign of standing up→to get up, to rise
走（달리다）＋己（일어나는 모양）→일어나나
走 correr ＋ 己 posição de alguém se levantando→levantar-se

起きる	お きる	to get up	일어나다	levantar-se
早起き	はや お き	early riser	일찍 일어남	levantar-se cedo
起業家 [12]	き ぎょう か	enterpreneur	기업가	empreendedor

家→Lesson 12

215 持

もつ　have　쥐다, 가지다　ter

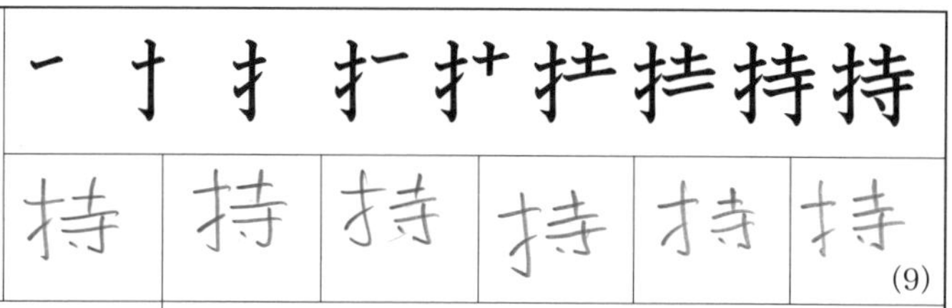
(9)

もーつ
・
ジ

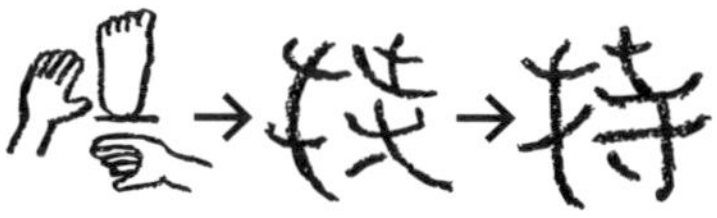

手（て）＋寺（とどまる）→もつ
手 hand ＋ 寺 stay→to have
手（손）＋寺（머물다）→쥐다
手 mão ＋ 寺 acumular→ter

持つ	も つ	to hold	쥐다, 가지다	ter
気持ち	き も ち	feeling	기분	sentimento
持ち物 [16]	も ち もの	belongings	소지품	pertences
支(し)持する	し じ する	to support	지지하다	apoiar

物→Lesson 16

216 待

まつ　wait　기다리다　esperar

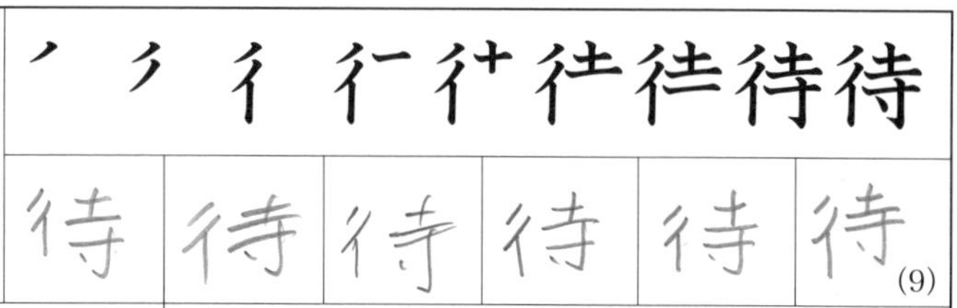
(9)

まつ
・
タイ

彳（いく）＋寺（とどまる）
→動(うご)かないでいる→まつ
彳 movement ＋ 寺 stay→stop moving→to wait
彳（가다）＋寺（머물다）→움직이지 않고 있다→기다리다
彳 ir ＋ 寺 acumular→estar sem se mover→esperar

待つ	ま つ	to wait	기다리다	esperar
待ち合 [19] わせ	ま ち あ わせ	rendezvous	시간, 장소를 정해 만나기로 함	encontro
招(しょう)待する	しょう たい する	to invite	초대하다	convidar
期(き)待する	き たい する	to hope	기대하다	ter expectativa

合→Lesson 19

217

借

かりる borrow
빌리다
tomar emprestado

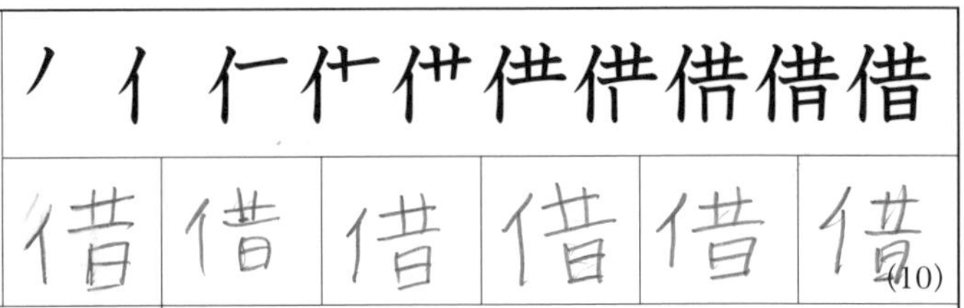

(10)

かーりる
・
シャク
シャッー

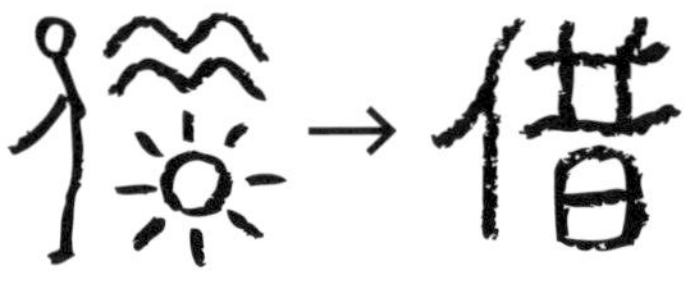

人（ひと）＋昔（むかし）
→人は　むかしの　めぐみを　かりて
生（い）きている→かりる

人 person + 昔 long succession of days
→people borrow blessings from the past→to borrow
人（사람）+ 昔（옛날）→사람은 옛 은혜를 빌려 살고 있다
→빌리다
人 pessoa + 昔 antigamente→as pessoas vivem tomando emprestado bençãos do passado→tomar emprestado

借りる	かりる	to borrow	빌리다	tomar emprestado
借金	しゃっきん	debt	돈을 꿈, 빚	dívida

218

貸

かす lend
빌려 주다
emprestar

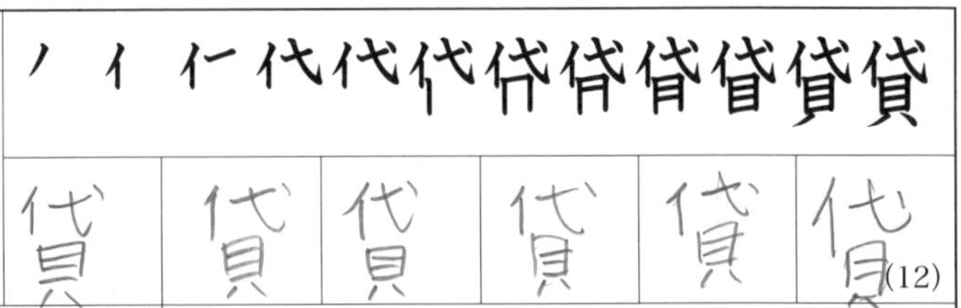

(12)

かーす
・
タイ

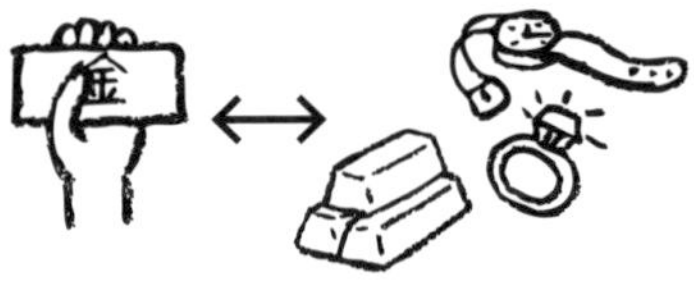

代（かわる）＋貝（おかね）
→かちの　あるものを　もらって
代（か）わりに　お金（かね）を　あたえる→かす

代 replace + 貝 money
→providing money instead of something valuable→to lend
代（대신하다）+ 貝（돈）→가치 있는 것을 받는 대신에 돈을 주다
→빌려 주다
代 substituir + 貝 dinheiro
→dar dinheiro em troca de algo de valor→emprestar

貸す	かす	to lend	빌려 주다	emprestar
貸家[12]	かしや	house for rent	셋집	aluguel
賃（ちん）貸マンション	ちんたいマンション	rented apartment	임대맨션	apartamento de aluguel

家→Lesson 12

219

始

はじまる begin
시작되다
começar

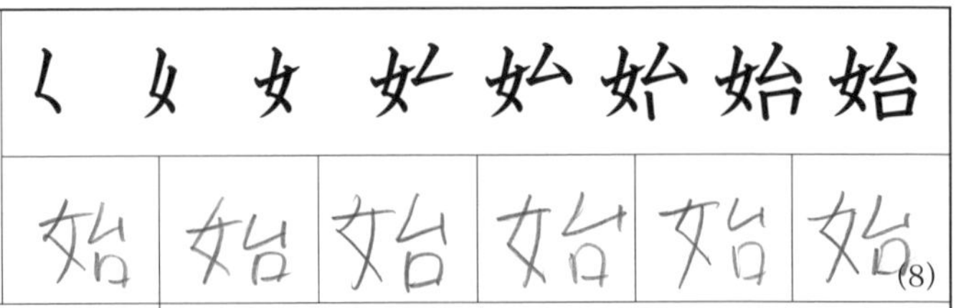

(8)

はじーまる
はじーめる
・
シ

女（おんな）＋台/胎（こどもが
やどる　ところ）
→いのちの　はじまり→はじまる

女 woman + 台/胎 womb
→beginning of life→to begin
女（여자）+ 台/胎（아이를 배는 곳）
→생명의 시작→시작되다
女 mulher + 台/胎 espaço que acomoda a criança
→início da vida→começar

始める	はじめる	to begin	시작하다	iniciar
開[20]始する	かいしする	to start	개시하다	iniciar
始発[17]	しはつ	first train	시발	que parte primeiro

開→Lesson 20　発→Lesson 17

220 **終**	おわる end 끝나다 acabar	く 幺 幺 糸 糸 糸 糹 紀 終 終 終 (11)
おーわる・シュウ	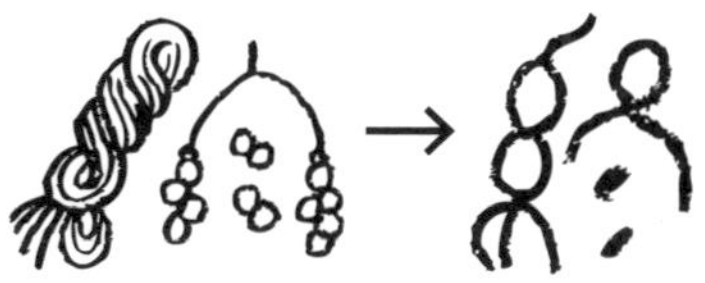	糸（いと）＋ 冬（ふゆ、1ねんの おわり）→いとを おわりまで まく →おわる

終わる	おわる	to end	끝나다	acabar
終電	しゅうでん	last train	마지막 전차, 막차	último trem
最(さい)終回[13]	さいしゅうかい	final episode	최종회	último capítulo

糸 thread＋冬 winter, the end of the year
→to wind thread to the end→to end
糸（실）＋冬（겨울, 1년의 끝）
→실을 끝까지 감다→끝나다
糸 linha ＋ 冬 inverno, fim de um ano
→enrolar a linha até o final→acabar

回→Lesson 13

練習(れんしゅう)1: 漢字(かんじ)の　読(よ)み方(かた)を　書(か)きましょう。

PRACTICE : Write the meanings of the following kanji in hiragana;
연습 : 한자 읽는 음을 히라가나로 써 봅시다 .
Exercício : escreva a leitura dos kanjis.

1. 歩きます あるきます
2. 起きます おきます
3. 待ちます まちます
4. 走ります はしります
5. 持っています もっています
6. 借ります かります
7. 貸します かします
8. 始めます はじめます
9. 止まります とまります
10. 終わります おわります
11. 雨(あめ)が　降(ふ)ったら　ハイキングは　中止(ちゅうし)します。
12. 天気(てんき)が　よくて　気持(きも)ちが　いいです。
13. 図書館(としょかん)で　本(ほん)を　借(か)りる　とき、何(なに)が　いりますか。
14. クラスが　終(お)わったら　すぐ　電話(でんわ)します。
15. すみませんが、　かさを　貸(か)して　いただけませんか。

練習2：下の □に 漢字を 書きましょう。

1. ある

歩きます

to walk
걷습니다
andar

2. お

起きます。

to get up
일어납니다
levantar-se

3. ま

待ちます

to wait
기다립니다
esperar

4. はし

走ります

to run
달립니다
correr

5. も

持っています

to hold
갖고 있습니다
ter

6. か

借ります

to borrow
빌립니다
tomar emprestado

7. か

貸します

to lend
빌려 줍니다
emprestar

8. はじ

始めます

to begin
시작합니다
começar

9. と

止まります

to stop
멈춥니다
parar

10. お

終わります

to end
끝납니다
acabar

11. き も

今日は 気持ちが いいです。

I feel fine today.
오늘은 기분이 좋습니다
Hoje o tempo está agradável.

Lesson 12 家族（かぞく）

Family　가족　Família

家　族　私　自　親　両　兄　弟　姉　妹

かぞくは　何人　ですか?
(　　　　　) 人

絵（え）をみて、漢字（かんじ）の　意味（いみ）を　考（かんが）えましょう。

Guess the meaning of the illustrations below.
그림을 보고 한자의 의미를 생각해 봅시다.
Veja a ilustração e adivinhe o significado do kanji.

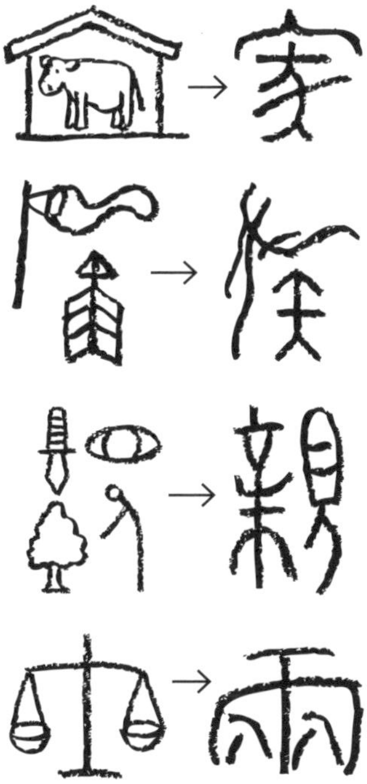

1 ●　　● A 族 いちぞく　tribe 일족 clã

2 ●　　● B 家 いえ　house 집 casa

3 ●　　● C 両 りょうほう　both 양쪽 ambos

4 ●　　● D 親 おや　parent 부모 pais

221 家

いえ　house
집
casa

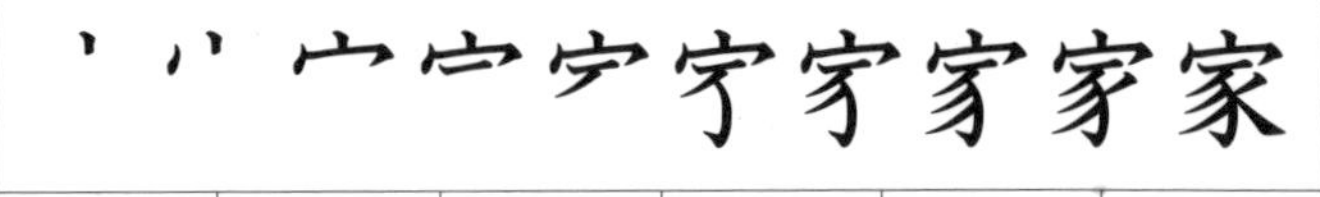

(10)

いえ
や・カケ

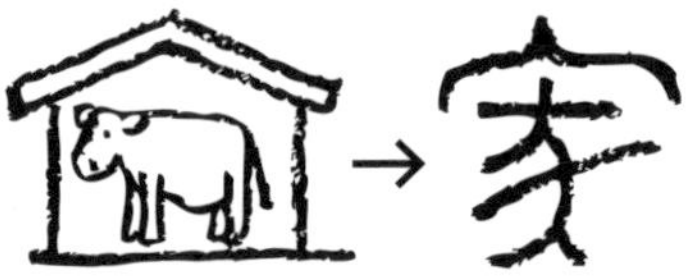

宀（やね）＋豕（ぶた）
→大切(たいせつ)な　動物(どうぶつ)を　かう
やねのある　建物(たてもの)→いえ

宀 roof ＋ 豕 pig
→building with roof where important animals are kept→house
宀（지붕）＋豕（돼지）
→소중한 동물을 키우는 지붕이 있는 건물→집
宀 telhado ＋ 豕 porco →prédio com telhado em que se criam animais importantes→casa

家	いえ	house	집	casa
画家	が か	painter	화가	pintor
家内	か ない	wife	아내	esposa
家庭(てい)	か てい	family	가정	família

222 族

いちぞく　tribe
족
clã

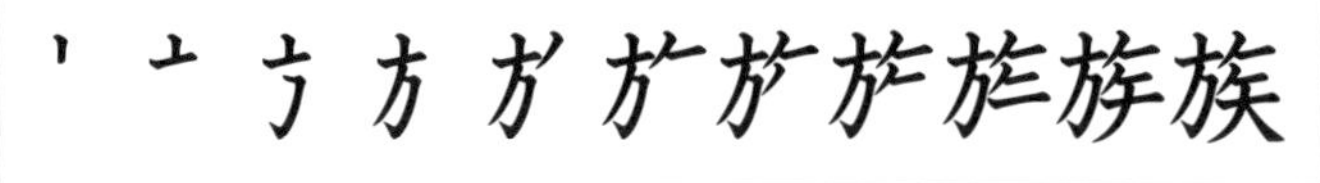

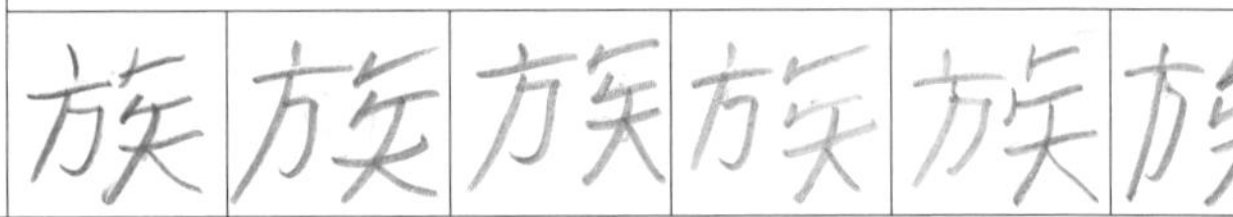

(11)

ゾク

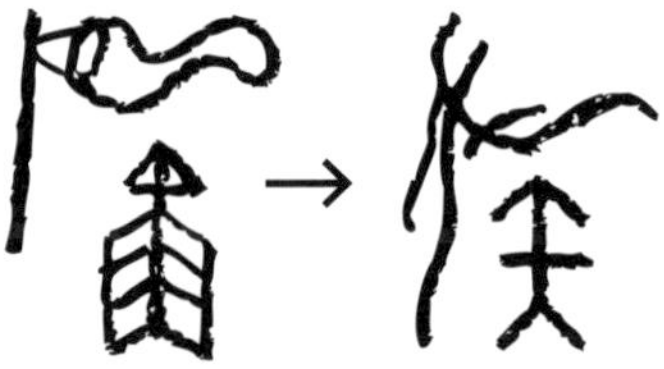

方（はた）＋矢（や）→はたの下(した)
やを　持(も)った　人(ひと)が　あつまる
→いちぞく

方 flag ＋ 矢 arrow→under a flag people gather with arrows →tribe
方（깃발）＋矢（화살）
→깃발 아래에 화살을 가진 사람이 모이다→족
方 bandeira ＋ 矢 flecha→pessoas segurando flechas se reúnem sob uma bandeira→clã

家族	か ぞく	family	가족	família
民[13]族	みん ぞく	race	민족	etnia
水族館[16]	すい ぞく かん	aquarium	수족관	aquário

民→Lesson 13　館→Lesson 16

223 私

わたし　I
나
eu

(7)

わたし／わたくし
・シ

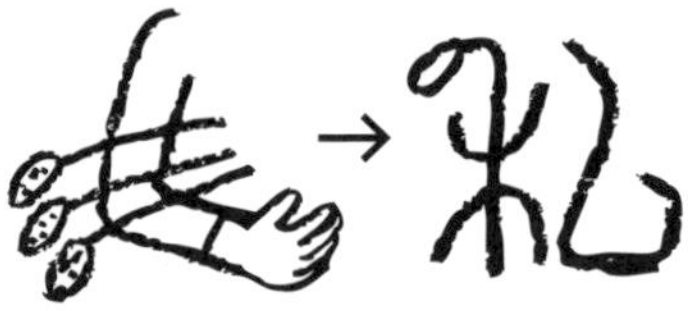

禾（いね）＋ム（かかえる）
→わたしの　作物(さくもつ)→わたし
禾 rice plant＋ ム hold→my crop→I
禾（벼）＋ム（안아 들다）→나의 작물→나
禾 muda de arroz ＋ ム abraçar→minha colheita→eu

私	わたし／わたくし	I	나	eu
私立大学	し りつ だい がく	private university	사립대학	universidade privada
私生活[13]	し せい かつ	private life	사생활	vida privada

活→Lesson 13

224 自

じぶん　oneself
자기 자신
si mesmo

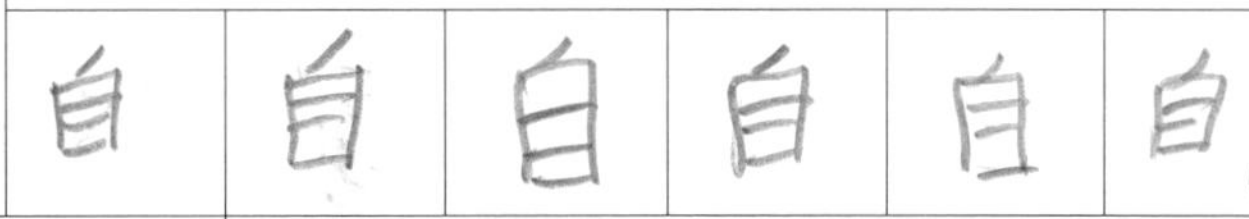

(6)

みずか－ら
・
ジシ

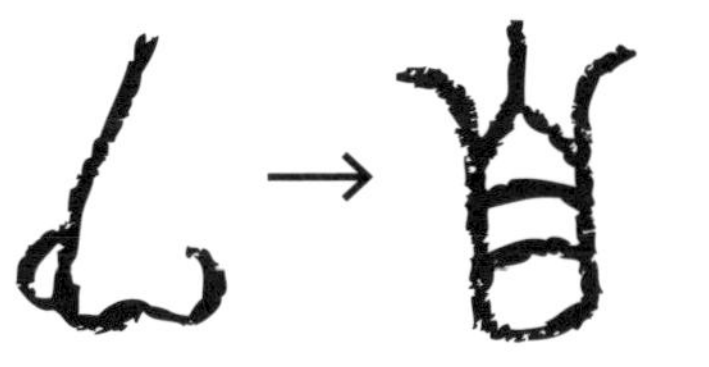

はなの　え→人は　じぶんの　ことを
いう　ときに　はなを　さす
→じぶん

picture of a nose→person points to his nose when he talks about himself→oneself
코의 그림→사람은 자신을 말할 때 코를 가리킨다
→자기 자신
figura de nariz→pessoas se referem a si apontando o próprio nariz→si mesmo

自分	じ ぶん	oneself	자기 자신	si mesmo
自動[17]ドア	じ どう ドア	automatic door	자동문	porta automática
自由(ゆう)	じ ゆう	freedom	자유	liberdade
自然(ぜん)	し ぜん	nature	자연	natureza

動→Lesson 17

225 親

おや　parent
부모
pais
したしい　close
친하다
íntimo

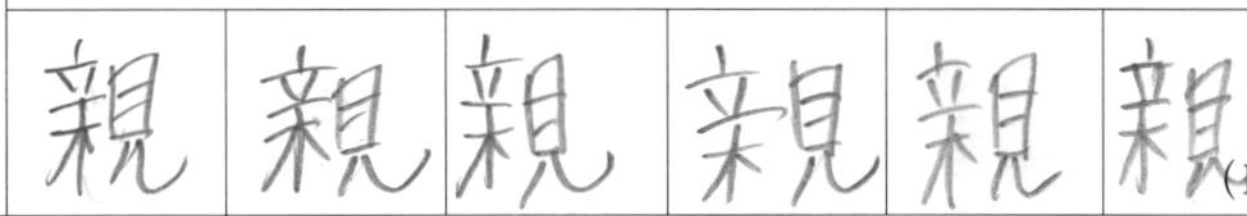

(16)

おや
した－しい
・
シン

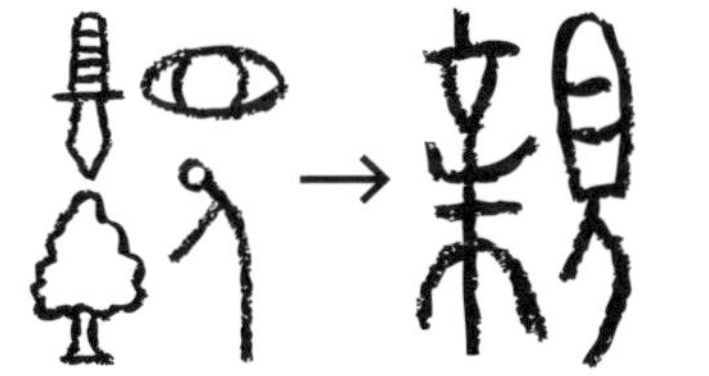

辛（いたさ）＋見　（みる）→子(こ)ども
の　いたさや　つらさを　いつも
見(み)ている人(ひと)→おや

辛 ache ＋ 見 watch→parents watch their children in hardships→parents
辛（아픔）＋ 見（보다）
→아이가 아프거나 힘든 것을 항상 보고 있는 사람→부모
辛 dor ＋ 見 ver
→pessoa que sempre vê a dor e o sofrimento da criança→pais

親	おや	parent	부모	pais
母親	はは おや	mother	모친	mãe
親切な	しん せつ な	kind	친절한	gentil
親しい	した しい	close	친하다	íntimo

226 両

りょうほう　both
양방
ambos

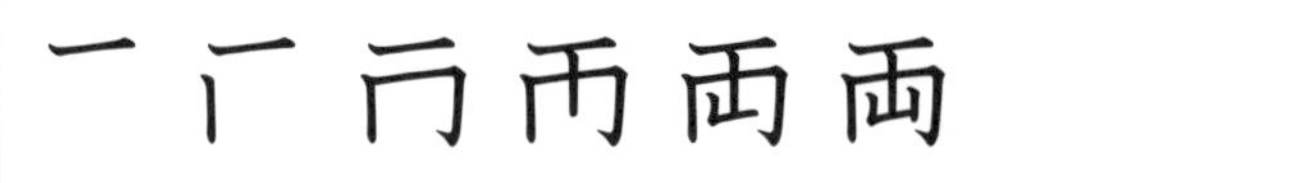

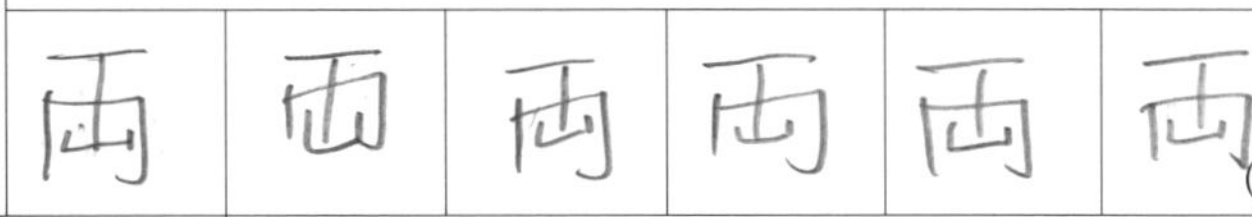

(6)

リョウ

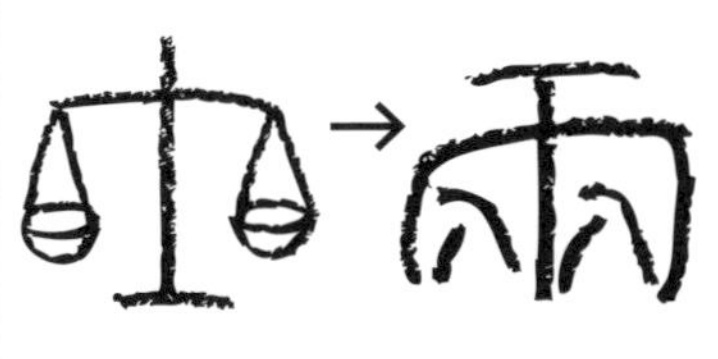

はかりの　え→りょうがわ
→りょうほう

picture of a scale→both sides→both
저울의 그림→양측→양방
figura de uma balança→os dois lados→ambos

両親	りょう しん	parents	양친	pais
両方	りょう ほう	both	양방	ambos
両手	りょう て	both hands	양손	ambas as mãos
両替(が)え	りょう が え	money exchange	환전	troca de dinheiro

227 兄

あに　elder brother
형, 오빠
irmão mais velho

丨 ワ ロ 尸 兄

兄 兄 兄 兄 兄 兄 (5)

あに・ケイ キョウ

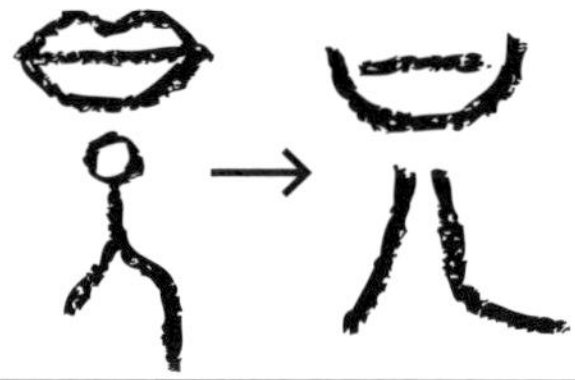

ロ（くち）＋ 儿（ひと）→あには きょうだいを だいひょうして 話(はな)す →あに

ロ mouth ＋ 儿 person→elder brother represents brothers and speaks→elder brother

ロ（입）＋ 儿（사람）→형은 형제를 대표하여 말한다 →형

ロ boca ＋ 儿 pessoa→o irmão mais velho fala em nome dos irmãos→irmão mais velho

兄	あに	one's elder brother	형, 오빠	irmão mais velho
お兄さん	*お にい さん	elder brother	형, 오빠	irmão mais velho

228 弟

おとうと　younger brother
남동생
irmão mais novo

丶 丷 当 当 弔 弟 弟

弟 弟 弟 弟 弟 弟 (7)

おとうと・ダイ

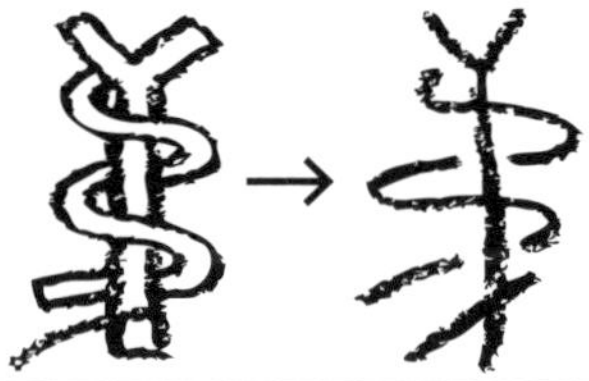

ぼうに ぬのを まいた え →低(ひく)いところを しめす →きょうだいの 下(した)→おとうと

picture of a pole with binding cloth→to show the low point →the lower among sons→younger brother

막대기에 천을 감은 그림→낮은 곳을 나타낸다 →형제의 아래→아우

figura com cabo envolto de pano→indica lugar baixo →embaixo dos irmãos→irmão mais novo

弟	おとうと	one's younger brother	남동생	irmão mais novo
兄弟	きょう だい	brothers	형제	irmãos

229 姉

あね　elder sister
언니, 누나
irmã mais velha

く 女 女 女' 女亠 女市 姉 姉

姉 姉 姉 姉 姉 姉 (8)

あね・シ

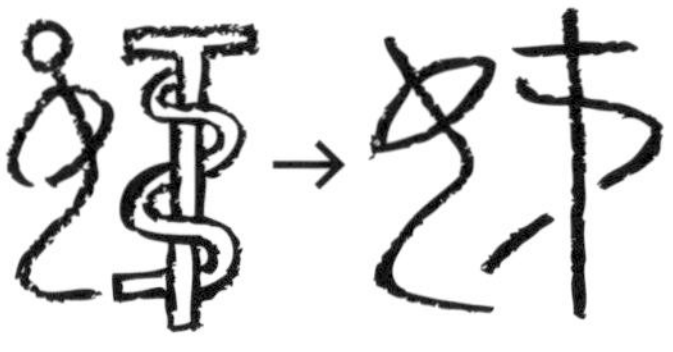

ぼうに ぬのを まいた え→高(たか)い ところを しめす→女(おんな)きょうだいの 上(うえ)→あね

picture of a pole with binding cloth→to show the high point →the higher among daughters→elder sister

막대기에 천을 감은 그림→높은 곳을 나타낸다 →여형제의 위→언니, 누이

figura com cabo envolto de pano→indica lugar alto →acima das irmãs→irmã mais velha

姉	あね	one's elder sister	언니, 누나	irmã mais velha
お姉さん	*お ねえ さん	elder sister	언니, 누나	irmã mais velha

230 妹	いもうと	younger sister 여동생 irmã mais nova	く 女 女 女一 女二 妌 妹 妹 妹 妹 妹 妹 妹 妹 (8)

いもうと・マイ	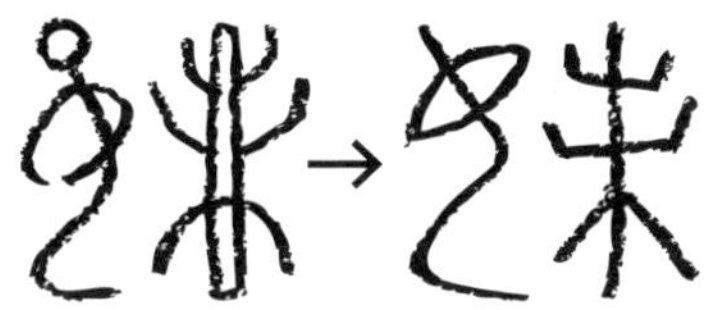	女（おんな）＋未（わかい　えだ） →大人(おとな)に　なっていない　わかい女(おんな) →いもうと 女 woman ＋ 未 immature→younger sister 女（여자）＋未（어린 가지） →어른이 안 된 어린 여자→여동생 女 mulher ＋ 未 galho novo →jovem mulher que não é adulta→irmã mais nova

妹	いもうと	one's younger sister	여동생	irmã mais nova
姉妹	しまい	sisters	자매	irmãs
姉妹都市	しまいとし	sister city	자매도시	cidade-irmã

練習(れんしゅう) 1：漢字(かんじ)の　読(よ)み方(かた)を　書(か)きましょう。

PRACTICE : Write the meanings of the following kanji in hiragana;
연습 : 한자 읽는 음을 히라가나로 써 봅시다 .
Exercício : escreva a leitura dos kanjis.

1．私 わたし
2．家 いえ
3．自分 じぶん
4．親 おや
5．両手 りょうて
6．お兄さん おにいさん
7．兄 あに
8．お姉さん おねえさん
9．弟 おとうと
10．妹 いもうと

11．家族は　両親と　姉が　二人です。
かぞく　りょうしん　あね　ふたり
12．親切な　人が　道を　おしえてくれました。
しんせつ　ひと　みち
13．母親の　誕生日(たんじょうび)に　兄弟が　あつまりました。
ははおや　きょうだい
14．私の　しゅみは　映画を　見ることです。
わたし　えいが　み
15．自動(どう)ドアは　便利です。
じ　べんり

練習(れんしゅう)2: 下(した)の □に 漢字(かんじ)を 書(か)きましょう。

1. いえ
[家]
house
집
casa

2. いもうと
[妹]
younger sister
여동생
irmã mais nova

3. にい
お[兄]さん
elder brother
형, 오빠
irmão mais velho

4. おや
[親]
parent
부모
pais

5. わたし
[私]
I
저, 나
eu

6. ねえ
お[姉]さん
elder sister
언니, 누나
irmã mais velha

7. あに
[兄]
brother
형, 오빠
irmão mais velho

8. おとうと
[弟]
younger brother
남동생
irmão mais novo

9. ちち おや
[父][親]
father
아버지
pai

10. はは おや
[母][親]
mother
어머니
mãe

11. じ ぶん
[自][分]
myself
자기자신
si mesmo

12. きょう だい
[兄][弟]
brothers
형제
irmãos

13. し まい
[姉][妹]
sisters
자매
irmãs

14. か ぞく りょう しん あね
[家][族]は [両][親]と [姉]が二人です。
I have my parents and two elder sisters.
가족은 부모님과 언니(누나)가 두 명입니다
Minha família são meus pais e minhas duas irmãs mais velhas.

Lesson 10~12

にほんごのうりょくしけん（JLPT）じっせん　れんしゅう

もんだい１　＿＿＿の　ことばは　ひらがなで　どう　かきますか。
１、２、３、４から　いちばん　いいものを　ひとつ　えらんで　ください。

１．日曜日　家族①　みんなで　夕食②を　食べます。

① 1. けいぞく　2. かそく　3. かぞく　4. かしょく
② 1. ゆうしよく　2. ようしょく　3. やしょく　4. ゆうしょく

２．両親③は　まいあさ　早く　起きます④。

③ 1. りょしん　2. りょうしん　3. りゅうしん　4. りようしん
④ 1. おきます　2. あきます　3. やきます　4. まきます

３．姉に　一度⑤だけ　お金を　借りました⑥。

⑤ 1. いちど　2. いっと　3. いちどう　4. いっど
⑥ 1. かりました　2. けりました　3. とりました　4. きりました

４．母⑦の　たんじょうパーティーの　計画⑧を　たてています。

⑦ 1. ちち　2. はあ　3. ばあ　4. はは
⑧ 1. けいが　2. けいかく　3. けいく　4. けえがく

５．姉⑨と　デパートで　待ち合わせ⑩　しています。

⑨ 1. あに　2. あね　3. おとうと　4. いもうと
⑩ 1. ほちあわせ　2. もちあわせ　3. はちあわせ　4. まちあわせ

６．妹と　私⑪は　歌の　レッスンを　始めました⑫。

⑪ 1. いもうと　2. おとうと　3. じぶん　4. わたくし
⑫ 1. まとめました　2. やめました　3. はじめました　4. もめました

７．昼休み⑬　近くの　こうえんまで　歩きました⑭。

⑬ 1. なつやすみ　2. ふゆやすみ　3. ひるやすみ　4. はるやすみ
⑭ 1. あるきました　2. あろきました　3. あきました　4. まきました

もんだい2 ＿＿＿＿の　ことばは　どう　かきますか。
1、2、3、4から　いちばん　いいものを　ひとつ　えらんで　ください。

1．あに(①)は　すてきな　車を　もっています(②)。

① 1. 発　2. 只　3. 兄　4. 光
② 1. 待っています　2. 持っています　3. 詩っています　4. 侍っています

2．いもうと(③)に　カメラを　かしました(④)。

③ 1. 妹　2. 妖　3. 好　4. 姝
④ 1. 借しました　2. 代しました　3. 化しました　4. 貸しました

3．おとうと(⑤)は　はしる(⑥)のが　はやいです。

⑤ 1. 第　2. 当　3. 弔　4. 弟
⑥ 1. 止る　2. 歩る　3. 走る　4. 起る

4．まいばん(⑦)　七時に　仕事が　おわります(⑧)。

⑦ 1. 毎晩　2. 毎勉　3. 明晩　4. 明勉
⑧ 1. 始ります　2. 柊わります　3. 終わります　4. 絡わります

5．こんや(⑨)　中村さんに　3回いじょう(⑩)　電話しましたが、でません。

⑨ 1. 合夜　2. 毎夜　3. 今夕　4. 今夜
⑩ 1. 以上　2. 似上　3. 以状　4. 以後

6．しまい(⑪)で　おなじ　とけい(⑫)を　持っています。

⑪ 1. 兄弟　2. 姉妹　3. 姉妹　4. 好妹
⑫ 1. 時計　2. 持計　3. 時斜　4. 持斜

7．どようび(⑬)　雨がふれば　キャンプは　ちゅうし(⑭)します。

⑬ 1. 土曜日　2. 土用日　3. 土曜日　4. 土焦日
⑭ 1. 央疋　2. 中疋　3. 中歩　4. 中止

Lesson 13 生活(せいかつ)

Everyday life　생활　Vida Diária

活　回　主　色　形　品　民　服　犬　同

イラストの　意味(いみ)を　考(かんが)えて、線(せん)で　結(むす)びましょう。

Guess the meaning of the illustrations below.
그림의 의미를 생각하여 선으로 연결해 봅시다 .
Adivinhe o significado do kanji da ilustração e faça a ligação.

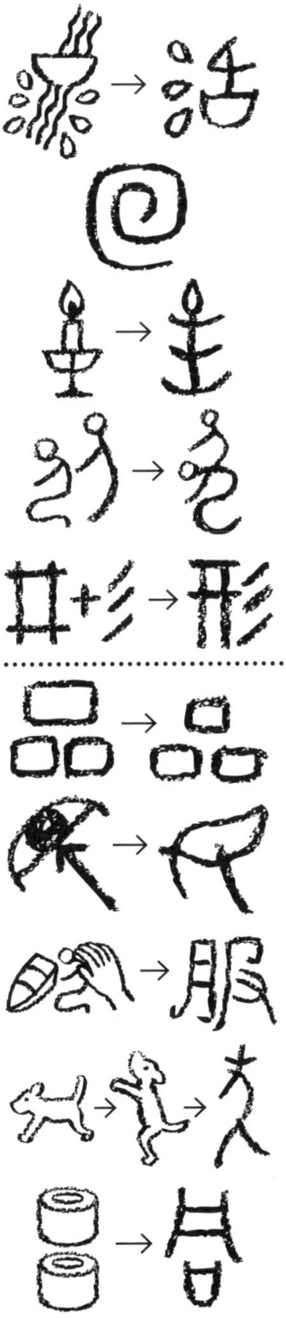

1 •　　• A 色 いろ　color 색 cor

2 •　　• B 活 いきいき　vivid 싱싱한 모양 vívido

3 •　　• C 回 まわる　turn 돌다 rodar

4 •　　• D 形 かたち　shape 형 forma

5 •　　• E 主 おもな　main 주된 principal

6 •　　• F 民 みん　people 백성 , 국민 povo

7 •　　• G 犬 いぬ　dog 개 cachorro

8 •　　• H 同 おなじ　same 같음 igual

9 •　　• I 品 しな　goods 물품 mercadoria

10 •　　• J 服 ふく　clothes 옷 roupa

231

活

いきいき　vivid
싱싱한 모양
vívido

(9)

カツ

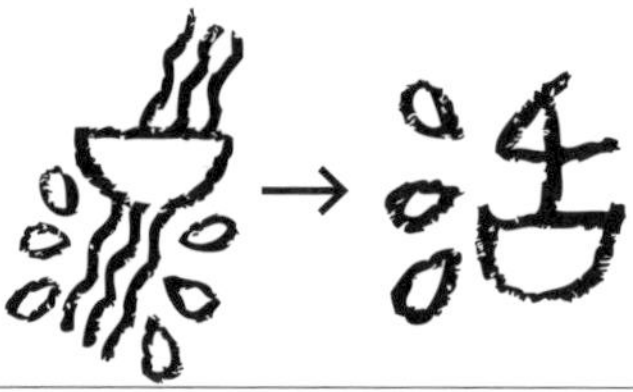

氵（みず）＋舌（あなから　いきおいよく　でる　おと）→水（みず）が　いきおい　よく　あなから　ながれる→いきいき

氵 water + 舌 sound of water running out of a hole →water runs vigorously→to go vigorously

氵（물）+ 舌（구멍에서 나오는 기세 좋은 소리）→구멍에서 물이 기세 좋게 흐르다→싱싱한 모양

氵 água + 舌 som emitido de burado com intensidade →água flui com intensidade de buraco→vívido

生活	せい かつ	living	생활	vida
活動[17]	かつ どう	activity	활동	atividade
活発[17]な	かっ ぱつ な	active	활발	ativo

動→Lesson 17　発→Lesson 17

232

回

まわる　turn
돌다
rodar

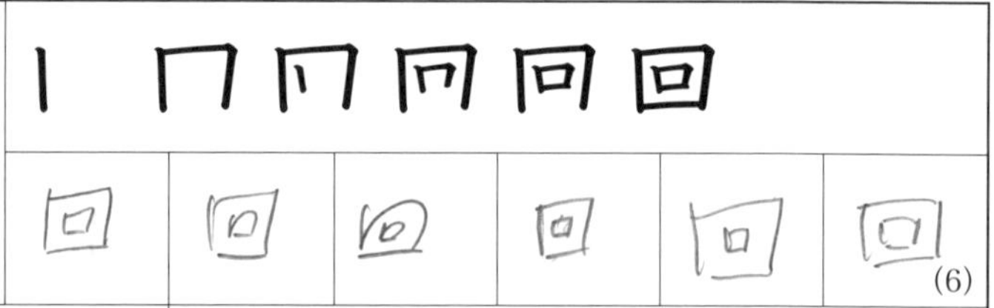
(6)

まわ－す
まわ－る
・
カイ

ものが　かいてんする　ようす→まわる

things turn over→to turn

물건이 회전하는 모양→돌다

imagem de algo rodando→rodando

回す	まわ す	to turn	돌리다	rodar
1回	いっ かい	once	한 번	uma vez
前回	ぜん かい	the last time	지난 회, 지난 번	vez anterior
回転[17]ずし	かい てん ずし	coveyor-belt sushi	회전초밥	sushi de esteira rolante

転→Lesson 17

233

主

おもな　main
주된
principal

しゅじん　master
주인
mestre, marido

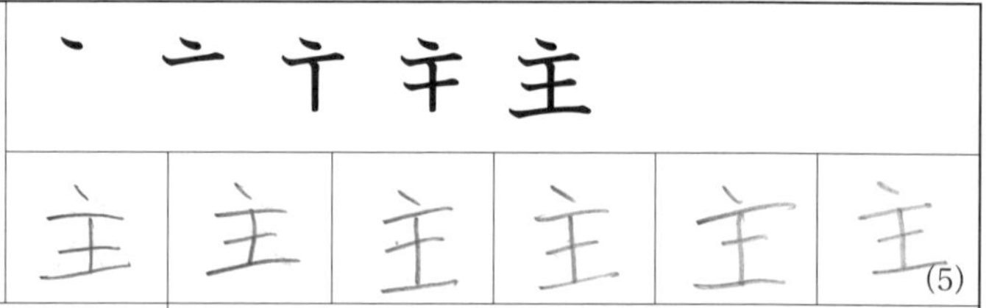
(5)

おも－な
ぬし
・
シュ

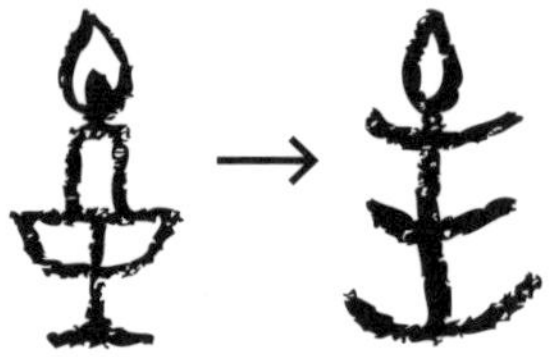

動（うご）かない　ろうそくの　ほのお→家（いえ）の　中心（ちゅうしん）→しゅじん

blaze burning still→center of the house→master

움직이지 않는 촛불→집의 중심→주인

figura de chama de vela que não se move →centro da casa→mestre

主人	しゅ じん	husband	주인	mestre, marido
主食	しゅ しょく	staple food	주식	alimento básico
主な	おも な	main	주된	principal
持ち主	も ち ぬし	owner	소유주	dono

234

色

いろ　color　색　cor

(6)

いろ・ショク　シキ

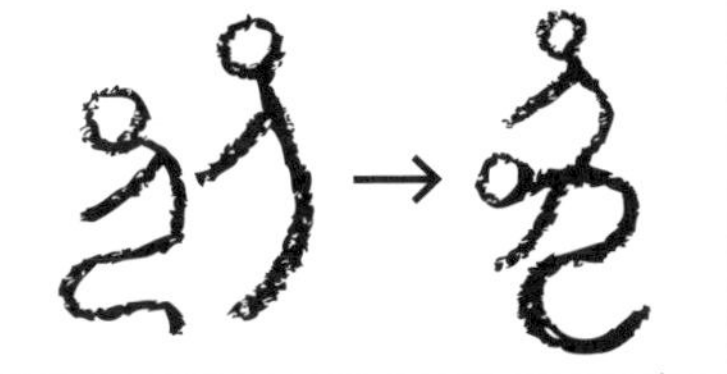

ク（たっている　ひと）＋巴（ひざまずいている　ひと）→後ろの人が　前の人の顔いろを　見ている→顔いろ→いろ

ク standing person ＋ 巴 crouching person→the rear person looking into the face of the front person→complexion→color

ク（서 있는 사람）＋巴（무릎을 꿇은 사람）
→뒷사람이 앞 사람의 안색을 보고 있다 안색→색

ク pessoa de pé ＋ 巴 pessoa de joelhos→a pessoa de trás vê a fisionomia da pessoa da frente→fisionomia do rosto→cor

色	いろ	color	색	cor
茶[14]色	ちゃ いろ	brown	갈색	marrom
特色	とく しょく	characteristic	특색	característica
景色	け しき	scenery	경치	vista

茶→Lesson 14

235

形

かたち　shape　형　forma

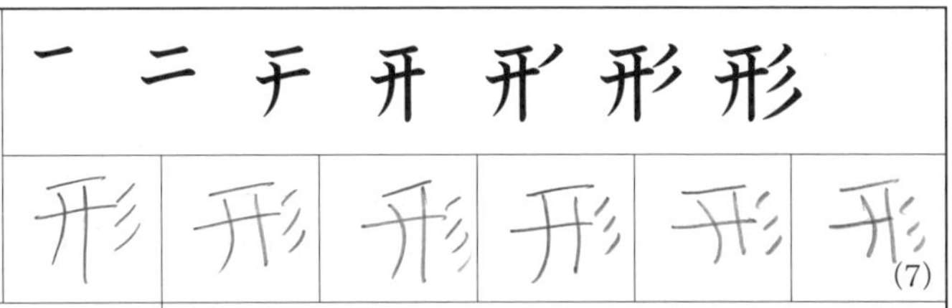

(7)

かたち・ケイ　ギョウ

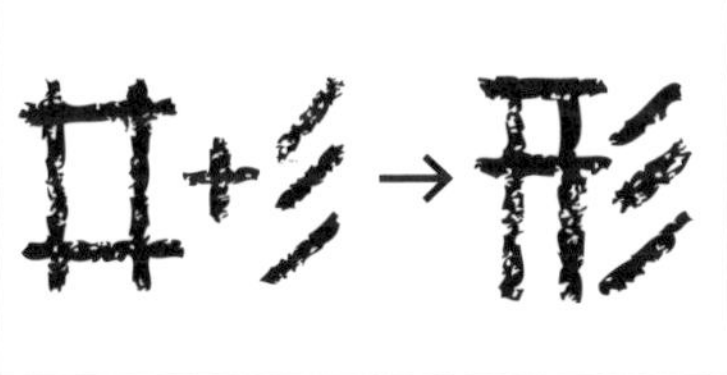

井（しかくい　わく）＋彡（もよう）→わくと　もようで　かたちが　できる→かたち

井 frame ＋ 彡 pattern→frame and pattern make shape→shape

井（사각 틀）＋彡（모양）
→틀과 모양으로 형태가 생긴다→형

井 armação quadrada ＋ 彡 estampa
→formato definido pela armação e estampa→forma

形	かたち	shape	형	forma
人形	にん ぎょう	doll	인형	boneca
正方形	せい ほう けい	square	정방형	quadrado
図[16]形	ず けい	figure	도형	diagrama

図→Lesson 16

236

品

しな　goods　물품　item

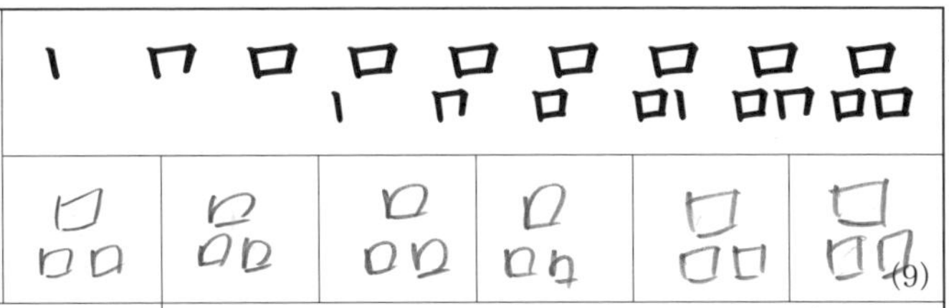

(9)

しな・ヒン

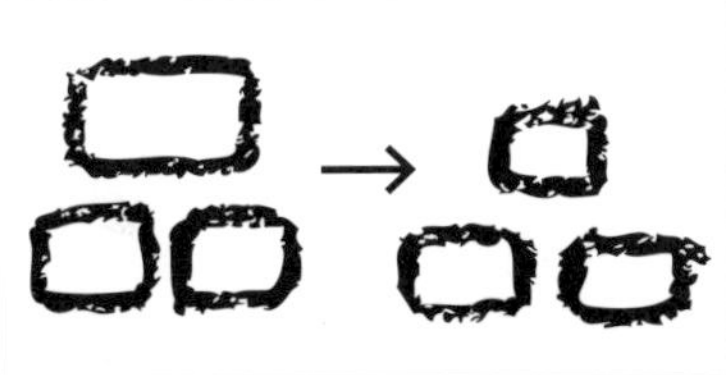

口＋口＋口→しかくい　入れ物が　3つ→いろいろな　もの→しな

口＋口＋口→three square containers→various things→goods

口＋口＋口→사각의 용기가 셋→여러 물건
→물품

口＋口＋口→três vasilhas quadradas
→várias coisas→mercadoria

品物[16]	しな もの	goods	물품	alimento
食料[14]品	しょく りょう ひん	food	식료품	alimento
電気製品	でん き せい ひん	electrical appliance	전기제품	equipamento elétrico
作[15]品	さく ひん	piece of work	작품	obra (de arte)

物→Lesson 16　料→Lesson 14　作→Lesson 15

237

民

ひとびと　people
사람들
pessoas

フ　コ　巳　𡰯　民

民　国民　市民　民族　民　民 (5)

ミン

目(め)を　はりで　さす→目(め)が　見(み)えない　どれいは　にげられない　→しはいされた　ひとびと→ひとびと

picture of a sticking eye→blind slave cannot run away →ruled people→people

눈을 바늘로 찌르다→눈이 보이지 않는 노예는 도망가지 못한다 →지배당한 사람들→사람들

fincar um prego no olho →escravo sem visão não foge→pessoas dominadas→pessoas

国民	こく みん	citizens of the state	국민	nação
市民	し みん	citizen	시민	cidadão
民族	みん ぞく	tribe	민족	etnia
民主主義(ぎ)	みん しゅ しゅ ぎ	democracy	민주주의	democracia

238

服

ふく　clothes
옷
roupas
したがう　obey
따르다
obedecer

丿　刀　月　月　月ㇷ　肌　服　服

服　服　服　服　服　服 (8)

フク

月（ふね）＋𠬝（ひとと　て）
→ふねで　人(ひと)を　働(はたら)かせる→したがう

月 boat ＋𠬝 person and hand
→make person work on the ship→to obey

月（배）＋𠬝（사람과 손）
→배에서 사람을 일하게 하다→따르다y

月 barco ＋𠬝 pessoa e mão
→mover pessoas por barco→obedecer

服	ふく	clothes	옷	roupas
洋服	よう ふく	Western clothing	양복	roupas ocidentais
和(わ)服	わ ふく	Japanese clothing	일본 옷	roupas japonesas
制(せい)服	せい ふく	uniform	제복	uniforme

239

犬

いぬ　dog
개
cachorro

一　ナ　大　犬

犬　犬　犬　犬　犬　犬 (4)

いぬ・ケン

耳(みみ)を　たてて　走(はし)っている　いぬ

picture of a dog running with ears up

귀를 세워 달리는 개

figura de cachorro correndo de orelha em pé

犬	いぬ	dog	개	cachorro
子犬	こ いぬ	puppy	강아지	filhote de cachorro
日本犬	に ほん けん	Japanese dog	일본견	cachorro japonês

240

同

おなじ　same
같음
igual

同 同 同 同 同 同 (6)

おなーじ
・
ドウ

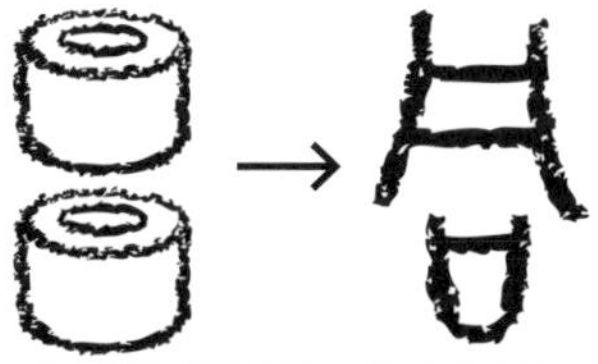

上下(じょうげ)二(ふた)つの　あなの　あいた　つつ
→おなじ　ちょっけいの　あな
→おなじ

two tubes with a hole→same size in hole
→same
상하로 두 개의 구멍이 있는 통
→같은 직경의 구멍→같음
tubo com buracos abertos em cima e embaixo
→buracos com mesmo diâmetro→igual

同じ	おなじ	same	같음	igual
同時に	どうじに	at the same time	동시에	simultaneamente
同級(きゅう)生	どうきゅうせい	classmate	동급생	colega de classe

練習(れんしゅう)1: 漢字(かんじ)の　読(よ)み方(かた)を　書(か)きましょう。

PRACTICE : Write the meanings of the following kanji in hiragana;
연습 : 한자 읽는 음을 히라가나로 써 봅시다 .
Exercício : escreva a leitura dos kanjis.

1. 生活 せいかつ　　2. 一回 いっかい

3. 主人 しゅじん　　4. 色 いろ

5. 形 かたち　　6. 品物(もの) しなもの

7. 国民 こくみん　　8. 洋服 ようふく

9. 犬 いぬ　　10. 同じ おなじ

11. べんきょうは　大変(たいへん)ですが、日本の　生活(せいかつ)は　楽(たの)しいです。

12. 一か月に　一回(いっかい)　友だちと　映画(えいが)を　見に行きます。

13. パーティーで　いろいろな　形(かたち)や　色(いろ)の　服(ふく)を　きている　人に　会いました。

14. となりの　うちの　ご主人(しゅじん)は　毎朝(まいあさ)　犬(いぬ)と　さんぽしています。

15. 今晩(こんばん)　市民(しみん)ホールへ　行きます。

練習(れんしゅう)2：下(した)の □に 漢字(かんじ)を 書(か)きましょう。

1. せいかつ
[生][活]
life
생활
vida

2. かい
1[回]
once
1회
uma vez

3. しゅじん
[主][人]
husband
남편
marido

4. いろ
[色]
color
색
cor

5. かたち
[形]
shape
형
forma

6. しな
[品]物(もの)
goods
물품
mercadoria

7. しみん
[市][民]
citizen
시민
cidadão

8. ふく
[服]
clothes
옷
roupa

9. いぬ
[犬]
dog
개
cachorro

10. おな
[同]じ
same
같다
igual

11. しょくひん
[食]料(りょう)[品]
foods
식료품
alimento

12. こいぬ
[子][犬]
puppy
강아지
filhote de cachorro

13. ぜんかい
[前][回]
the last time
전회
vez anterior

14. まわ
[回]します
to turn
돌립니다
rodar

15. いもうと にんぎょう ふく
[妹]に [人][形]の [服]を つくって あげました。
I made a doll's cloth for my sister.
여동생에게 인형 옷을 만들어 주었습니다
Eu fiz uma roupa da boneca para minha irmã mais nova.

Lesson 14 食べ物（たべもの）

Food　음식　Comida

米　料　理　肉　鳥　野　菜　茶　飯　味

（　　　）に　読（よ）みかたを　書（か）きましょう。

Write the meaning of kanji in the brackets in hiragana.

(　　) 에 읽기를 히라가나로 써 봅시다

Escreva a leitura do kanji nos parênteses.

(ex　りょうり)

毎日　料理　を　しますか。

どんな　ものが　すきですか。

パイナップル　いちご　りんご　すいか

くだものです。

キャベツ　きゅうり　にんじん　たまねぎ

(1　やさい　)

野菜　です。

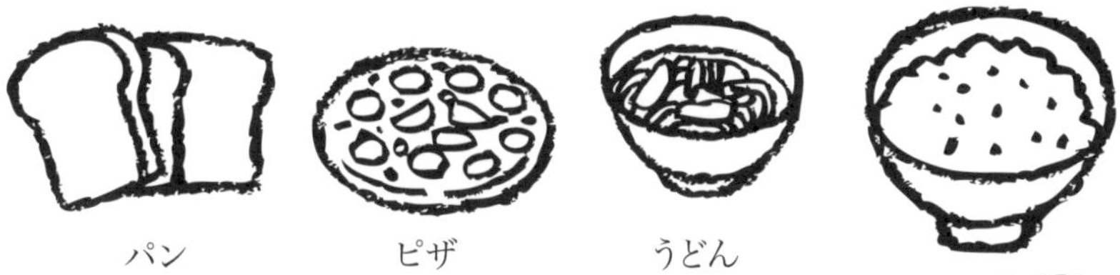

パン　ピザ　うどん

(2　ご　はん　)

ご飯　です。

ハム・ソーセージ

ぶたにく　ぎゅうにく

(3　とりにく　)

鳥肉　です。

ぎゅうにゅう　ビール　みず

(4　お　ちゃ　)

お茶　です。

241

米

こめ　rice
쌀
arroz

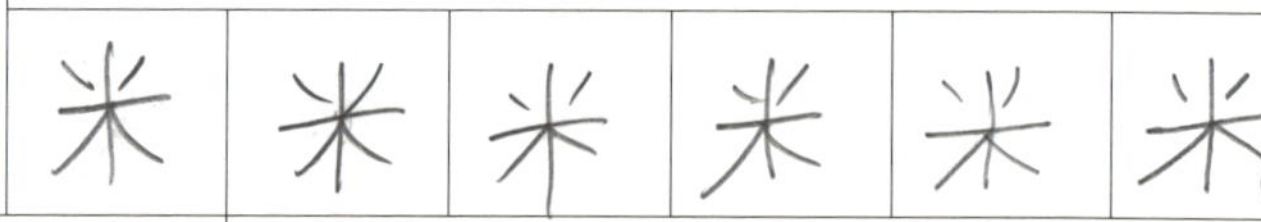

(6)

こめ・マイ
ベイ

こめつぶの ついた　いねの ほ
picture of rice ear with grains
쌀알이 맺은 벼 이삭
mudas de arroz com espiga

米	こめ	rice	쌀	arroz
米国	べい こく	U.S.A	미국	Estados Unidos da América
白米	はく まい	polished rice	백미, 흰 쌀	arroz branco

242

料

はかる　measure
헤아리다, 재다
medir
ざいりょう　materials
재료
ingrediente

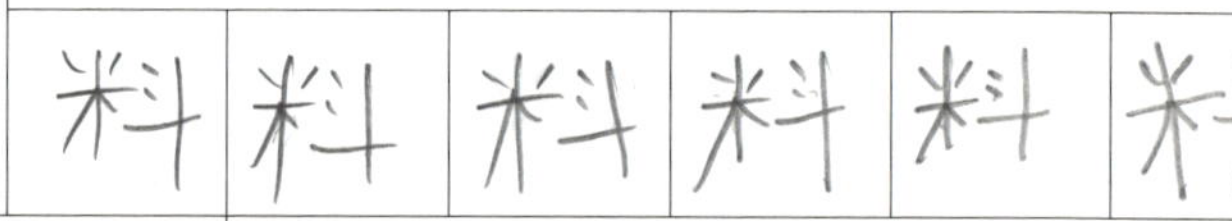

(10)

リョウ

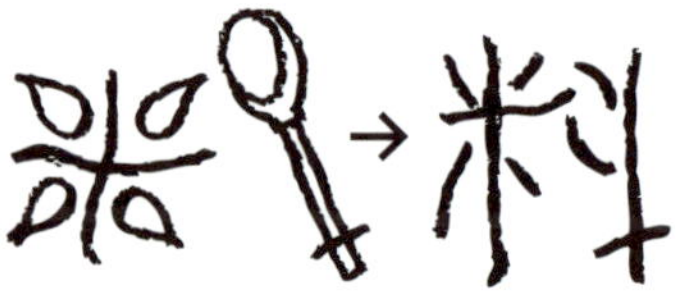

米（こめ）＋斗（ます）→はかる
米 rice ＋ 斗 measuring tool→to measure
米（쌀）＋斗（되）→헤아리다, 재다
米 arroz ＋ 斗 instrumento de medida
→medir

料金	りょう きん	fee, charge	요금	taxa
食料品	しょく りょう ひん	foods	식료품	alimento
資料	し りょう	documents, data	자료	material
材料	ざい りょう	materials	재료	ingrediente

243

理

りゆう　reason
이유
razão

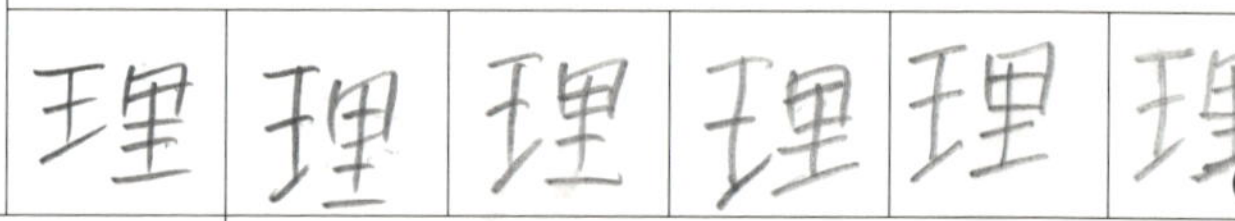

(11)

リ

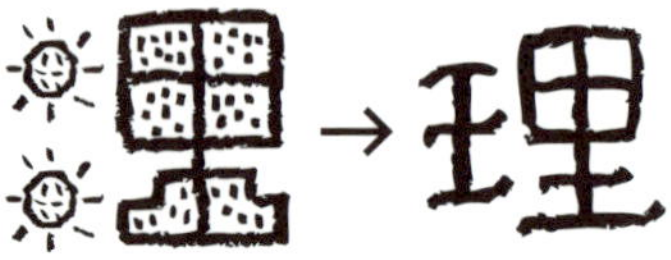

王（ほうせき）＋里（きれいに　わけられた　た）
→ほうせきは　いしの　せいしつに
あわせて　けずらなければならない→りゆう
王 jewels ＋ 里 neatly divided field→jewels must be cut according to their nature→reason
王（보석）＋里（깨끗하게 구획이 나뉘어진 논）
→보석은 돌의 성질에 맞추어 깎아야 한다→이유
王 pedra preciosa ＋ 里 arrozal bem dividido→é necessário polir a pedra preciosa de acordo com a qualidade da pedra→motivo

料理	りょうり	cooking	요리	prato
地理	ちり	geography	지리	geografia
無理な	むりな	impossible	무리한	impossível
理由	りゆう	reason	이유	razão

244 肉

にく　meat
고기
carne

丨 冂 内 内 肉 肉

(6)

ニク

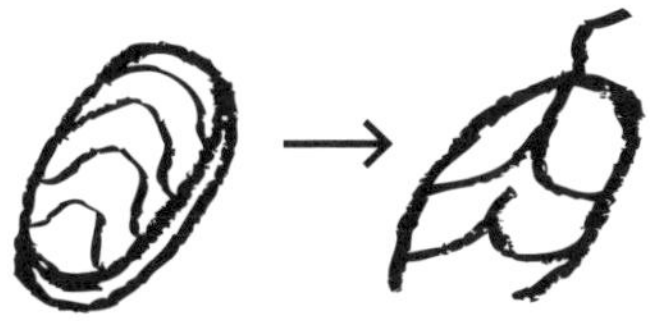

にくの　え
picture of meat
고기의 그림
figura de carne

肉	にく	meat	고기	carne
牛肉	ぎゅう にく	beef	소고기	carne de vaca
肉屋	にく や	butcher	고깃간	açougue
筋(きん)肉	きん にく	muscle	근육	músculo

245 鳥

とり　bird
새
pássaro

丿 亻 卢 户 白 自 鳥 鳥 鳥 鳥 鳥

(11)

とり
・
チョウ

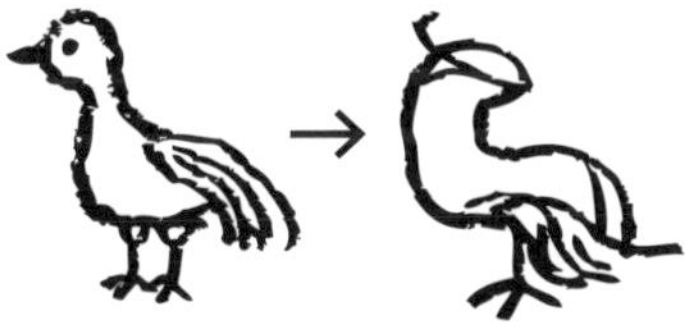

とりの　え
picture of a bird
새의 그림
figura de pássaro

鳥	とり	bird	새	pássaro
小鳥	こ とり	little bird	작은 새	passarinho
白鳥	はく ちょう	swan	백조	cisne

246 野

のはら　field
들, 들판
várzea

丨 冂 日 日 甲 甲 里 野 野 野 野

(11)

の
・
ヤ

野原(はら)	の はら	fields	들, 들판	várzea
野鳥	や ちょう	wild bird	야조	pássaro selvagem
分野	ぶん や	genre, area	분야	área

里（さと）＋予（まだ）→開発(かいはつ)されていない　さと　の　地(ち)→のはら
里 village ＋ 予 not yet→undeveloped area around village →field
里（촌락）＋ 予（아직）→개발되지 않은 시골 땅 →들
里 vila ＋ 予 ainda →vila ainda não desenvolvida→várzea

247 菜

やさい vegetable / 야채 / verdura

一 十 艹 … 菜

菜 菜 菜 菜 菜 菜 (11)

な・サイ

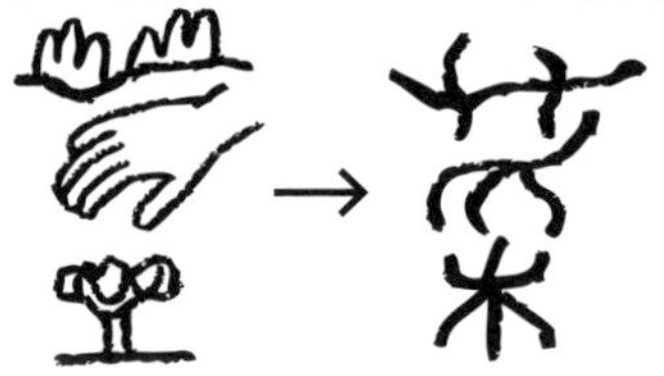

艹（くさ）＋ 采（きのめを　つみとる）→やさい

艹 plants ＋ 采 picking sprouts of trees→vegetable

艹（풀）＋ 采（나무의 순을 뜯다）→야채

艹 capim ＋ 采 colher o broto de árvore→verdura

野菜	や さい	vegetable	야채	verdura
菜食	さい しょく	vegetarian diet	채식	vegetarianismo
青菜	あお な	leafy green vegetable	푸성귀	verdura

248 茶

ちゃ tea / 차 / chá

一 十 艹 … 茶

茶 茶 茶 茶 茶 茶 (9)

チャ / サ

お茶	お ちゃ	tea	차	chá
茶色	ちゃ いろ	brown	갈색	marrom
喫(きっ)茶店	きっ さ てん	coffee shop	다방	cafeteria
紅(こう)茶	こう ちゃ	black tea	홍차	chá preto

艹（くさ）＋ 余（ゆったりした　じかん）→人(ひと)を　リラックスさせる　しょくぶつ→おちゃ

艹 plants ＋ 余 spare time→plants which make people relax →tea

艹（풀）＋ 余（느긋한 시간）→사람을 느긋하게 하는 식물→차

艹 capim ＋ 余 tempo relaxado →planta que relaxa a pessoa→chá

249 飯

ごはん cooked rice / 밥 / arroz cozido

ごはん meal / 밥 / refeição

ノ 人 … 飯

飯 飯 飯 飯 飯 飯 (12)

めし・ハン

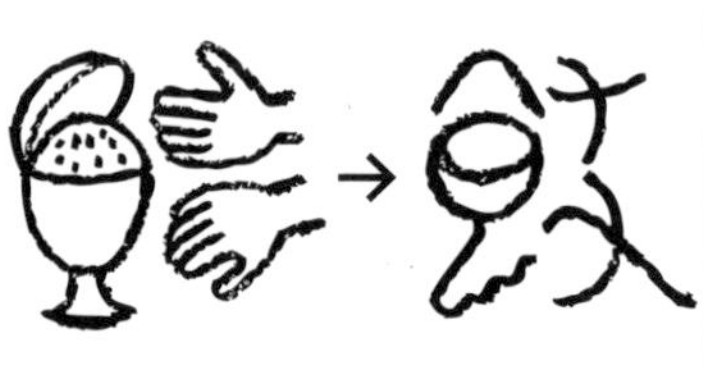

ご飯	ご はん	cooked rice, meal	밥	arroz cozido／refeição
夕飯	ゆう はん	supper	저녁밥	jantar
晩ご飯	ばん ご はん	supper	저녁밥	jantar
昼飯	ひる めし	lunch	점심밥	almoço

食（たべる）＋ 反（そらす）→手(て)を　ひっくりかえして　ものを　食(た)べる→ごはん

食 eat ＋ 反 turn over→eating food by turning over a hand →meal

食（먹다）＋ 反（젖히다）→손을 뒤로 젖혀서 먹다 →밥

食 comer ＋ 反 inclinar-se para trás →comer algo revirando a mão→refeição

250 味	あじ taste 맛 sabor	味 (stroke order) (8)

あじ・ミ

口（くち）＋未（まだ　わかい　き）→はじめての　ものを　食（た）べてみる→あじわう

口 mouth ＋ 未 not yet→trying the taste of something new→to taste

口（입）＋未（아직 어린 나무）→처음 먹어 보다→맛보다

口 boca ＋ 未 árvore ainda jovem→comer algo pela primeira vez→saborear

味	あじ	taste	맛	sabor
意[19]味	いみ	meaning	의미	significado
趣（しゅ）味	しゅみ	hobby	취미	hobby
興（きょう）味	きょうみ	interest	흥미	interesse

意→Lesson 19

練習（れんしゅう）1：漢字（かんじ）の　読（よ）み方（かた）を　書（か）きましょう。

PRACTICE : Write the meanings of the following kanji in hiragana;
연습 : 한자 읽는 음을 히라가나로 써 봅시다 .
Exercício : escreva a leitura dos kanjis.

1．米 こめ　　　2．野菜 やさい

3．お茶 おちゃ　　　4．肉 にく

5．味 あじ　　　6．地理 ちり

7．料理 りょうり　　　8．ご飯 ごはん

9．茶色 ちゃいろ　　　10．食料品 しょくりょうひん

11．電話料金は　毎月　どのくらいですか。（料金：りょうきん　毎月：まいつき）

12．「禁煙席（きんえんせき）」は　どういう　意味ですか。（意味：いみ）

13．牛肉と　鳥肉と　どちらが　いいですか。（牛肉：ぎゅうにく　鳥肉：とりにく）

14．夕飯の　あとで　お茶を　飲みましょう。（夕飯：ゆうはん　茶：ちゃ）

15．肉も　魚も　野菜も　食べなければなりません。（肉：にく　魚：さかな　野菜：やさい）

練習(れんしゅう)2：下(した)の　□に　漢字(かんじ)を　書(か)きましょう。

1. こめ
米
rice
빛
arroz

2. や さい
野菜
vegetable
야채
verdura

3. ちゃ
お茶
tea
차
chá

4. にく
肉
meat
고기
carne

5. ち り
地理
geography
지리
geografia

6. あじ
味
taste
맛
sabor

7. りょう り
料理
cooking
요리
prato

8. はん
ご飯
cooked rice
밥
arroz, refeição

9. ちゃ いろ
茶色
brown
갈색
marrom

10. しょく りょう ひん
食料品
foods
식료품
alimento

11. み
これは どういう 意味ですか。
What does this mean?
이것은 무슨 의미입니까?
O que significa isto?

12. にく　や さい
肉より 野菜が すきです。
I prefer vegetable to meat.
고기보다 야채를 좋아합니다
Eu prefiro verdura à carne.

Lesson 15

部(ぶ)首(しゅ)

radicals　부수　Partes de Kanji

代　使　作　化　信　進　送　返　洗　注

漢字(かんじ)を作(つく)る部分(ぶぶん)は　部首(ぶしゅ)と呼(よ)ばれ、決(き)まった場所(ばしょ)に　おかれます。
部首(ぶしゅ)には　それぞれ　意味(いみ)が　あります。

The elements which compose kanji are located in a fixed place and they are called Bushu radicals.
They have a common meaning according to their figure.
한자를 만드는 부분은 부수라고 하며, 정해진 위치에 놓입니다. 부수에는 각각 의미가 있습니다.
A parte que constitui o kanji se chama radical e tem posição fixa. Cada radical tem o seu significado.

へん
left
왼쪽부수
esquerda

代 使 作 注 洗

にょう
lower left
받침
esquerdainferior

送 返 進

右側(みぎがわ)の部分(ぶぶん)を　下(した)の四角(しかく)から　えらんで　漢字(かんじ)を作(つく)りましょう。

Choose the appropriate component from the box and make the kanji for the word.
오른쪽 부분을 골라 한자를 만들어 봅시다.
Construa um kanji escolhendo a parte direita.

亻	ひと person 사람 pessoa	亻[本] からだ body　몸 corpo	1 亻[木] やすみます to rest　쉽니다 descansar	2 亻[動] はたらきます to work　일합니다 trabalhar	3 亻[主] すみます to live　삽니다 morar
氵	みず water 물 água	4 氵[也] いけ pond　못 lago	5 氵[毎] うみ sea　바다 mar	6 氵[京] すずしい cool　선선하다 fresco	7 氵[毎] 大きいうみ ocean　큰 바다 grande mar
女	おんな woman 여자 mulher	8 女[市] あね elder sister 언니, 누이 irmã mais velha	9 女[未] いもうと younger sister 여동생 irmã mais nova	10 女[子] すきな to like　좋아하는 favorito	11 女[台] はじめます to begin　시작합니다 iniciar

京　子　毎　市　本　動　台　主　木　未　也　羊

251

代

かわる　replace
대신하다
ser substituído
だい　generation
대, 세대
geração

(5)

かーわる
かーえる
・
ダイ
タイ

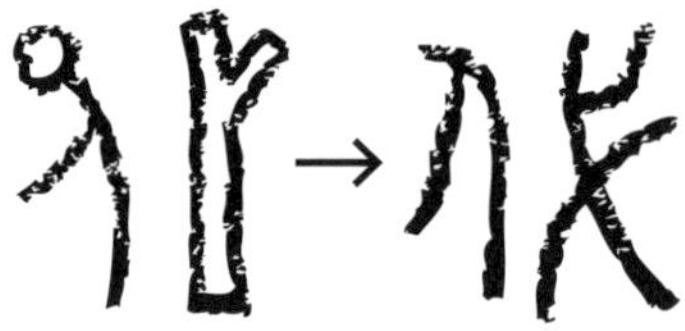

イ（ひと）＋弋（くい）→くいは ぜんぶ 同じ（おな） 大きさで（おお） とりかえられる →かわりの 人（ひと）→かわる

イ person ＋ 弋 stake→stakes are the same and be replaced each other→replaced person→to replace

イ（사람）＋弋（말뚝）→말뚝은 전부 같은 크기로 교체할 수 있다→대신하는 사람→대신하다

イ pessoa ＋ 弋 estaca →estacas são todas substituídas por outras de mesmo tamanho→pessoa substituta→ser substituído

代わる	か わる	take somebody's place	대신하다	ser substituído
代わりに	か わりに	insead	대신에	em lugar de
時代	じ だい	age	시대	era
ガス代	ガス だい	gas charge	가스 요금	conta de gás

252

使

つかう　use
쓰다
usar

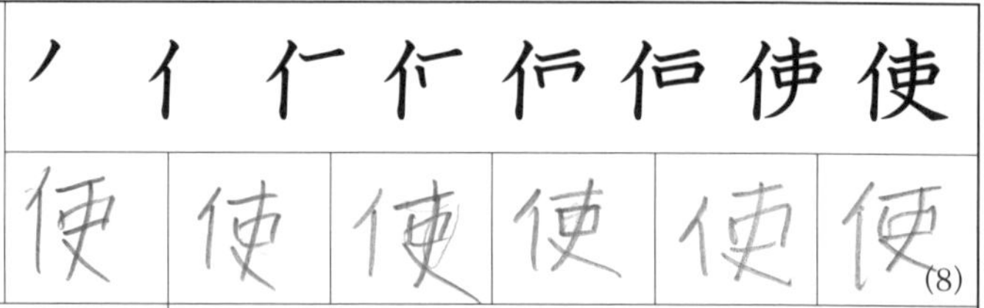
(8)

つかーう
・
シ

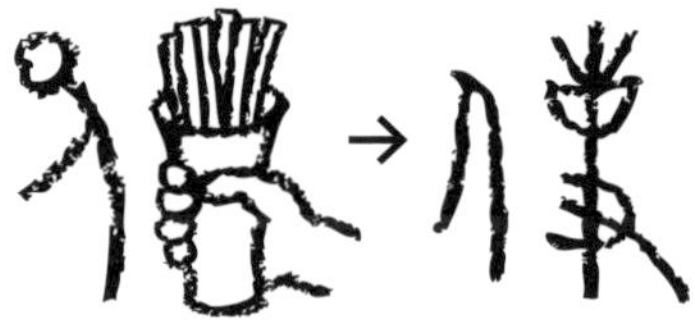

イ（ひと）＋事（しごと）
→人（ひと）を 働かせる（はたら）→つかう

イ person ＋ 事 work→make person work→to use

イ（사람）＋事（일）→사람을 일하게 하다→쓰다

イ pessoa ＋ 事 trabalho→fazer uma pessoa trabalhar→usar

使う	つか う	to use	쓰다	usar
大使館[16]	たい し かん	embassy	대사관	embaixada
使用[19]中	し よう ちゅう	be engaged onsomething	사용중	ocupado, em uso

館→Lesson 16　用→Lesson 19

253

作

つくる　make
만들다
fazer

(7)

つくーる
・
サク / サッ
サ

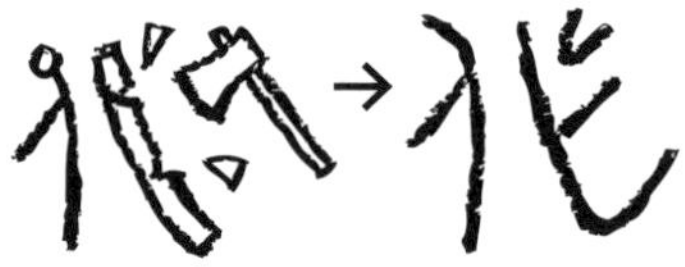

イ（ひと）＋乍（おので ものを つくる）
→つくる

イ person ＋ 乍 make things with an ax→to make

イ（사람）＋乍（도끼로 물건을 만들다）→만들다

イ pessoa ＋ 乍 fabricar algo com machado→fazer

作る	つく る	to make	만들다	fazer
作文	さく ぶん	essay	작문	composição
作家	さっ か	writer	작가	autor
作業	さ ぎょう	operation	작업	tarefa

254 **化**

かわる turn into / 변하다 / mudar

ノ イ イ' 化

化 化 化 化 化 化 (4)

ば－ける · カ ケ

イ（たっている　ひと）＋ヒ（すわっている　ひと）→立(た)っている人(ひと)が　すわる→かわる

イ person standing + ヒ person sitting →person standing to sitting down→to change

イ（서 있는 사람）+ ヒ（앉아 있는 사람）→서 있는 사람이 앉다→변하다

イ pessoa de pé + ヒ pessoa sentada →pessoa de pé se senta→mudar

変化する	へんかする	to change	변화하다	mudar
文化	ぶんか	culture	문화	cultura
化学	かがく	chemistry	화학	química
映画化	えいがか	making into a movie	영화화	transformar em filme

255 **信**

しんじる believe / 믿다 / acreditar

ノ イ イ' イ' 仁 信 信 信 信

信 信 信 信 信 信 (9)

シン

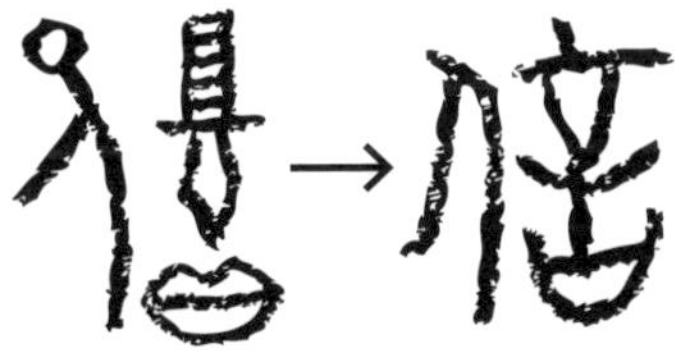

イ（ひと）＋言（はっきり　いう）→人(ひと)が はっきり 言(い)ったことは しんじる　ことが　できる→しんじる

イ person + 言 speak clearly→word spoken clearly from a person can be believed→to believe

イ（사람）+ 言（분명히 말하다）→사람이 분명이 말한 것은 믿을 수 있다→믿다

イ pessoa + 言 dizer com clareza →algo dito com clareza pode ser acreditado→acreditar

信じる	しんじる	to believe	믿다	acreditar
信号[16]	しんごう	signal	신호	semáforo
自信	じしん	confidence	자신	auto-confiança
通[17]信	つうしん	correspondence	통신	telecomunicação

号→Lesson 16　通→Lesson 17

256 **進**

すすむ advance / 나아가다 / advance

ノ イ イ' 亻' 什 件 隹 隹 隹 進 進

進 進 進 進 進 進 (11)

すす－む すす－める · シン

辶（いく）＋隹（とり）→鳥(とり)が　とぶように　行(い)く→すすむ

辶 go + 隹 bird→move like a bird→to advance

辶（가다）+ 隹（새）→새가 나는 것처럼 가다→나아가다

辶 ir + 隹 pássaro→o passáro se vai como voando→progredir

進む	すすむ	to proceed	나아가다	progredir
進歩	しんぽ	progress	진보	progresso
先進国	せんしんこく	advanced nation	선진국	país desenvolvido

257

送

おくる send
보내다
enviar

丶 丷 䒑 兰 关 关 关 送 送

送 送 送 送 送 送 (9)

おく－る
・
ソウ

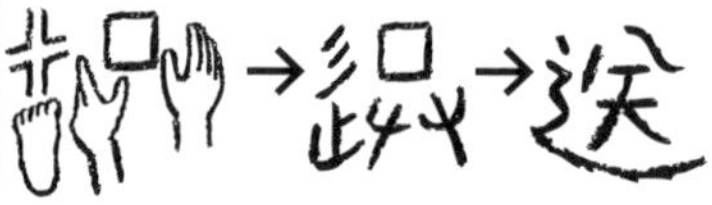

⻌（いく）＋关（りょうてで　ものを　とどける）→おくる

⻌ movement ＋关 hand things→to send

⻌（가다）＋关（양손으로 물건을 보내다）→보내다

⻌ ir ＋ 关 entregar com as duas mãos→enviar

送る	おくる	to send	보내다	enviar
送金	そうきん	remittance	송금	remessa de dinheiro
放送 (ほう)	ほうそう	broadcasting	방송	transmitir
送信	そうしん	send (e-mail)	송신	envio

258

返

かえす return
되돌리다
devolver

一 厂 反 反 反 返 返

返 返 返 返 返 返 (7)

かえ－す
・
ヘン

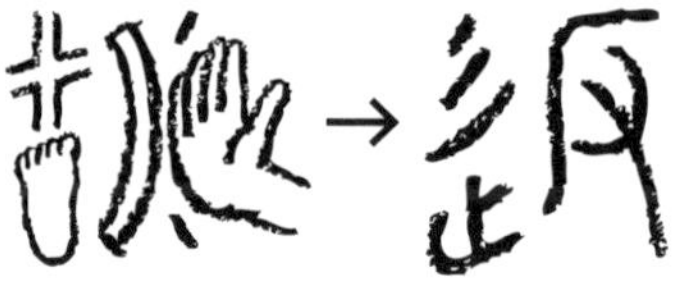

⻌（いく）＋反（もとに　もどる）→行(い)って　もとへ　もどる→かえる

⻌ movement ＋ 反 go back to the same place →to return

⻌（가다）＋反（본래 상태로 돌아가다）→가서 본래 상태로 되다→돌아가다

⻌ ir ＋ 反 voltar à origem →ir e voltar à origem→devolvo

返す	かえす	return	되돌리다	devolver
返事	へんじ	answer	답장	resposta
返信	へんしん	reply (e-mail)	회신	resposta
くり返す	くりかえす	to repeat	되풀이하다	repetir

259

洗

あらう wash
씻다
lavar

丶 丶 氵 氵 氵 汁 洗 洗 洗

洗 洗 洗 洗 洗 洗 (9)

あら－う
・
セン

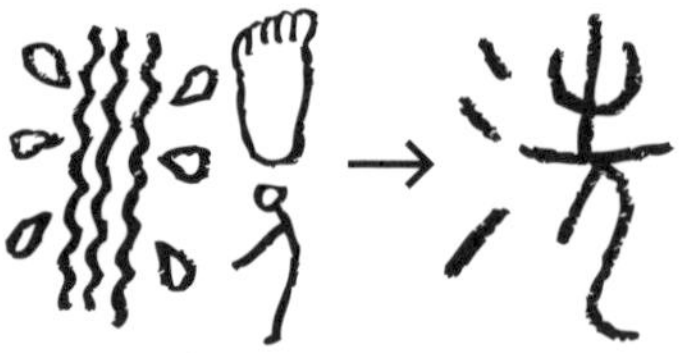

氵（みず）＋止（あし）＋儿（ひと）→ひとが　足先(あしさき)に　水(みず)をかける→あらう

氵 water ＋ 止 foot ＋ 儿 person →person pours water to his foot→to wash

氵（물）＋止（발）＋儿（사람）→사람이 발끝에 물을 뿌리다→씻다

氵 água ＋ 止 pé ＋ 儿 pessoa →pessoa jogando água da ponta do pé→lavar

洗う	あらう	to wash	씻다	lavar
手洗い	てあらい	hand wash	손 씻기	lavagem à mão
お手洗い	おてあらい	rest room	화장실	toalete
洗濯 (たく)	せんたく	washing	세탁	lavagem de roupa

260 注	そそぐ pour 붓다 derramar, regar	丶 丶 氵 氵 汁 汁 注 注 (8)
そそーぐ・チュウ		氵（みず）＋主（うごかない ろうそくの ほのお）→水（みず）を しずかに じっと ながす→そそぐ 氵 water ＋ 主 burning candle →pour the water like a column→to pour 氵（물）＋主（움직이지 않는 촛불）→물을 조용히 고정하여 흘리다→붓다 氵 água ＋ 主 chama de vela que não se move →derramar a água devagar→derramar

注意[19]する	ちゅう い する	to pay attention	주의하다	prestar atenção
注文[18]する	ちゅう もん する	to order	주문하다	pedir
注射（しゃ）	ちゅう しゃ	injection	주사	injeção

意→Lesson 19　文→Lesson 18

練習（れんしゅう）1: 漢字（かんじ）の　読（よ）み方（かた）を　書（か）きましょう。

PRACTICE : Write the meanings of the following kanji in hiragana;
연습 : 한자 읽는 음을 히라가나로 써 봅시다 .
Exercício : escreva a leitura dos kanjis.

1. 代わります かわります　　2. 使います つがいます

3. 作ります つくります　　4. 信じます しんじる

5. 進みます すすみます　　6. 送ります おくる

7. 返します かえします　　8. 洗います あらいます

9. 注意します ちゅういします　　10. 変化します へんがします

11. 私（わたし）は　コンビニで　電気代（でんきだい）を　はらいます。

12. 20世紀（き）（せいき）に　科学（かがく）が　進歩（しんぽします）しました。

13. 妹（いもうと）は　大使館（かん）（たいしかん）で　働（はたら）いています。

14. 作家（さっか）は　パソコンを　使（つか）って　仕事（しごと）をします。

15. 今、返信（へんしん）メールを　送信（そうしん）しました。

練習2：下の □に 漢字を 書きましょう。

1. つく
作ります
to make
만듭니다
fazer

2. か
代わります
to take somebody's place
대신합니다
substituir-se

3. しん
信じます
to believe
믿습니다
acreditar

4. へんか
変化します
to change
변화합니다
mudar

5. おく
送ります
to send
보냅니다
enviar

6. かえ
返します
to return
되돌립니다
devolver

7. すす
進みます
to advance
나아갑니다
progredir

8. つか
使います
to use
씁니다
usar

9. ちゅうい
注意します
to pay attention
주의합니다
prestar atenção

10. じだい
時代
age
시대
era

11. さくぶん
作文
composition
작문
composição

12. そうきん
送金
remittance
송금
envio de dinheiro

13. ふく　てあら
この服は手洗いしてください。
Please wash this cloth by hand.
이 옷은 손빨래 하십시오
Lave esta peça de roupa à mão.

Lesson 13~15

にほんごのうりょくしけん（JLPT）じっせん　れんしゅう

もんだい１　＿＿＿＿の　ことばは　ひらがなで　どう　かきますか。
１、２、３、４から　いちばん　いいものを　ひとつ　えらんで　ください。

1．休みの　日は　いつも　主人①が　料理②を　します。

① 1. しゅうじん　2. しゆじん　3. しゅしん　4. しゅじん
② 1. りょおり　2. りょうり　3. りょり　4. りようり

2．母の　しゅみは　人形③を　作る④　ことです。

③ 1. じんぎょう　2. にんぎょう　3. ひとぎょう　4. にんきょう
④ 1. さくる　2. すくる　3. つくる　4. ずくる

3．国から　食料品⑤が　たくさん　送られて⑥　きました。

⑤ 1. しくりょうひん　2. しょくりうひん　3. しょくりょうしん　4. しょくりょうひん
⑥ 1. あげられて　2. おくられて　3. つくられて　4. とおられて

4．この　かばんは　形⑦は　いいけれど　色⑧が　すきじゃありません。

⑦ 1. けい　2. かたし　3. かたち　4. かだち
⑧ 1. いら　2. いろ　3. いる　4. しな

5．あの　スーパーは　お米⑨も　野菜⑩も　安いです。

⑨ 1. おこみ　2. おこめ　3. おはん　4. おごめ
⑩ 1. やせい　2. やすい　3. やちゃい　4. やさい

6．国民⑪が　安心して　生活⑫できる　国に　したいです。

⑪ 1. ごくみん　2. こっみん　3. こくみん　4. くにみん
⑫ 1. せいかつ　2. せえかつ　3. せかつ　4. せいかづ

7．軽くて⑬　使いやすい⑭　パソコンを　買いたいです。

⑬ 1. かろくて　2. がるくて　3. かるくて　4. からくて
⑭ 1. つかいやすい　2. すかいやすい　3. ずかいやすい　4. しかいやすい

もんだい2 ＿＿＿＿の　ことばは　どう　かきますか。
1、2、3、4から　いちばん　いいものを　ひとつ　えらんで　ください。

1．母の　かわりに（①）　ふくを（②）　クリーニング屋へ　もっていきました。

①　1. 変わり　2. 代わり　3. 化わり　4. 貸わり
②　1. 眅　2. 服　3. 販　4. 股

2．ばんごはん（③）は　とりにく（④）の　カレーに　しましょう。

③　1. 晩ご飯　2. 免ご飯　3. 勉ご飯　4. 夕ご飯
④　1. 豚肉　2. 牛肉　3. 生肉　4. 鳥肉

3．さんぽの　あとで　いぬ（⑤）の　足を　あらいます（⑥）。

⑤　1. 伏　2. 犬　3. 太　4. 大
⑥　1. 洗います　2. 決います　3. 侁います　4. 洗います

4．図書館（としょかん）に　かがく（⑦）や　ちり（⑧）の　せんもんの　本が　ありますか。

⑦　1. 料学　2. 杵学　3. 科学　4. 科学
⑧　1. 地利　2. 地理　3. 池理　4. 他理

5．この　店の　コーヒーは　母の　いれた　コーヒーと　おなじ（⑨）　あじ（⑩）だ。

⑨　1. 周じ　2. 同じ　3. 円じ　4. 向じ
⑩　1. 咪　2. 昧　3. 味　4. 眛

6．おてあらい（⑪）は　どこですか。あの　ちゃいろ（⑫）の　ドアです。

⑪　1. お手洗い　2. お毛洗い　3. お手洸い　4. お毛洸い
⑫　1. 茶色　2. 荼色　3. 茶色　4. 苍色

7．テストが　おわったら（⑬）　本を　かえして（⑭）　ください。

⑬　1. 始わったら　2. 終わったら　3. 柊わったら　4. 絡わったら
⑭　1. 返して　2. 返して　3. 仮して　4. 眅して

Lesson 16 場所（ばしょ）

Place　장소　Lugares

場　建　物　院　館　堂　室　工　図　号

いろいろな建物（たてもの）

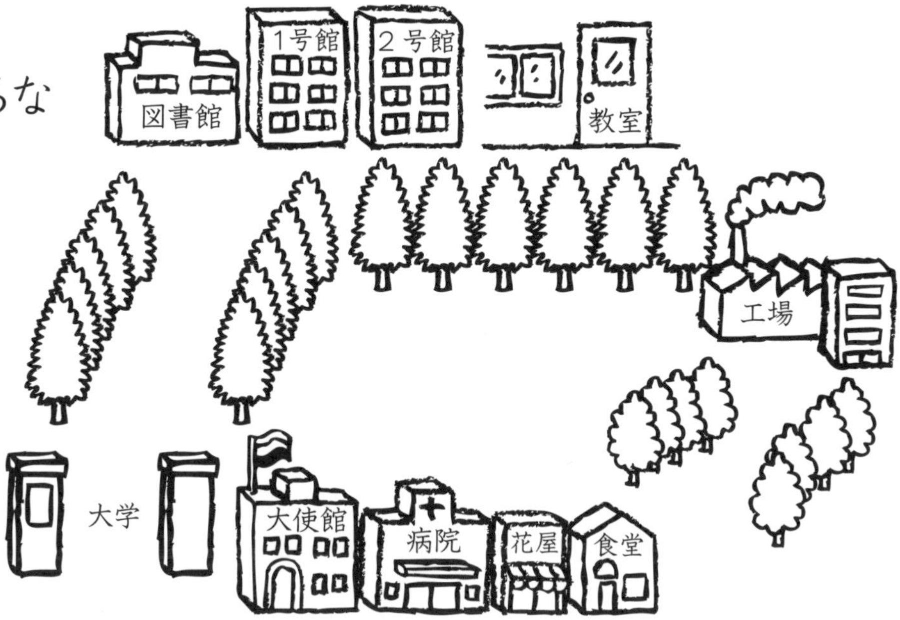

漢字（かんじ）の　意味（いみ）を　考（かんが）えて、線（せん）で　結（むす）びましょう。

Guess the meaning of kanji.　한자의 의미를 생각하여 선으로 연결해 봅시다.
Adivinhe o significado do kanji e faça a ligação.

図書館	1 ●	● A きょうしつ	classroom 교실 sala de aula
1号館	2 ●	● B たいしかん	embassy 대사관 embaixada
教室	3 ●	● C としょかん	library 도서관 biblioteca
工場	4 ●	● D いちごうかん	building No.1 1 호관 prédio número um
大使館	5 ●	● E しょくどう	dining room 식당 refeitório
病院	6 ●	● F こうじょう	factory 공장 fábrica
食堂	7 ●	● G びょういん	hospital 병원 hospital

261

場

ばしょ　place
장소
lugar

(12)

ば・ジョウ

土（とち）＋昜（たいようが　したを てらす）→日（ひ）が　よく　あたる　土地（とち） →ばしょ

土 ground ＋ 昜 the sun shining down →sunny ground→place

土（토지）＋ 昜（태양이 아래를 비추다）→해가 잘 드는 토지→장소

土 terreno ＋ 昜 Sol iluminando a terra abaixo →terreno bem iluminado→lugar

場所	ばしょ	place	장소	lugar
工場	こうじょう	factory	공장	fábrica
広場	ひろば	square	광장	praça
運動[17]場	うんどうじょう	playground	운동장	playground

動→Lesson 17

262

建

たてる　build
세우다, 짓다
construir

(9)

たーてる・ケン

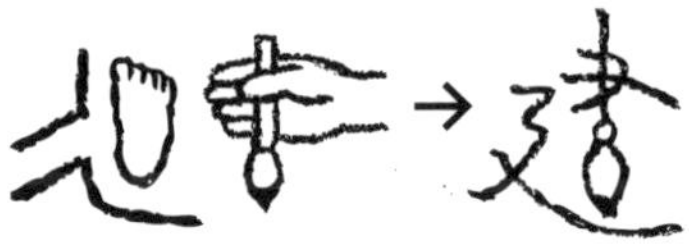

廴（うごき）＋ 聿（ふで） →ふでのように　まっすぐ　たてる →しっかりと　たてる→たてる

廴 movement ＋ 聿 brush →make something stand straight→to build

廴（움직임）＋ 聿（붓）→붓과 같이 똑바로 세우다 → 견고하게 세우다→세우다

廴 movimento ＋聿 pincel→estar de pé como um pincel →estar de pé firme→construir

建てる	たてる	to build	세우다, 짓다	construir
建物	たてもの	building	건물	prédio
建築（ちく）	けんちく	construction	건축	arquitetura

263

物

もの　thing
물건, 것
coisa

(8)

もの・ブツ　モツ

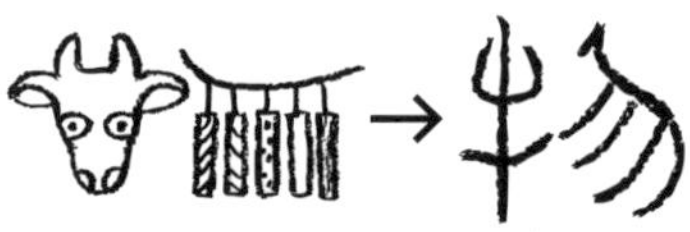

牛（うし）＋ 勿（かざり） →かざりを　つけた　牛（うし） →いけにえの　ささげもの→もの

牛 cow ＋ 勿 streamers→decorated cow →cow for sacrifice→thing

牛（소）＋ 勿（장식）→장식을 단 소 →제물로 바치는 것→물건, 것

牛 boi ＋ 勿 adorno→boi com adorno →oferenda de sacrifício→coisa

物	もの	thing	물건, 것	coisa
買い物	かいもの	shopping	물건을 삼, 쇼핑	compras
動[17]物	どうぶつ	animal	동물	animal
荷（に）物	にもつ	baggage	짐	bagagem

動→Lesson 17

264 院

かこいの　ある
たてもの
institution
울타리가 있는 건물
prédio cercado

フ ろ 阝 阝' 阝' 阝' 阝 阝 阝 院

院 院 院 院 院 院 (10)

イン

阝（もりつち）＋完（まるく　かこむ）→土(つち)の　へいに　かこまれた　大(おお)きい　たてもの→かこいの　ある　たてもの

阝 embankment ＋ 完 surround
→big building surrounded by wall→institution

阝（쌓은 흙）＋ 完（둥글게 둘러싸다）
→흙담에 둘러싸인 큰 건물→울타리가 있는 건물

阝 bancos de terra ＋ 完 cercar em círculo
→prédio grande cercado de muros de terra→prédio cercado

病院	びょう いん	hospital	병원	hospital
入院する	にゅう いん する	to be hospitalized	입원하다	internar-se
大学院	だい がく いん	graduate school	대학원	pós-graduação

265 館

おおきい
たてもの
mansion
큰 건물
prédio grande

ノ 八 人 今 今 今 今 食 食 食' 食' 食' 飣 飣 館 館

館 館 館 館 館 館 (16)

カン

食（たべる）＋官（やくにん）→やくにんが　集(あつ)まって　食事(しょくじ)をする　家(いえ)→おおきい　たてもの

食 eat ＋ 官 official→house officials gather and eat
→big house

食（먹다）＋ 官（관리）
→관리가 모여 식사를 하는 집→큰 건물

食 comer ＋ 官 official
→casa em que oficiais se reúnem para comer→prédio grande

映画館	えい が かん	movie theater	영화관	sala de cinema
大使館	たい し かん	embassy	대사관	embaixada
旅館	りょ かん	inn	여관	hotel em estilo japonês
美術館(びじゅつかん)	び じゅつ かん	art museum	미술관	museu de arte

266 堂

りっぱな
たてもの
hall
당: 훌륭한 건물
pavilhão

丨 丨丨 丨丨丶 ⺌ 尚 尚 尚 尚 堂 堂 堂

堂 堂 堂 堂 堂 堂 (11)

ドウ

尚（まどが　ある　たかい　たてもの）＋土（もりつち）→もり土(つち)の　上(うえ)に　たてた　高(たか)い　たてもの→りっぱな　たてもの

尚 tall building with windows＋土 mound
→tall building on the ground→hall

尚（창이 있는 높은 건물）＋ 土（쌓은 흙）
→흙을 쌓아 높이 세운 건물→훌륭한 건물

尚 prédio alto com janelas ＋ 土 banco de terra
→prédio alto construído sobre bancos de terra→pavilhão

食堂	しょく どう	dining room	식당	refeitório
講堂(こう)	こう どう	auditorium	강당	auditório

267 室

へや room
방
sala, cômodo

(9)

シツ

宀（いえ）＋至（いたる）
→やが家(いえ)の おくまで とどく
→おくの へや→へや
宀 house ＋ 至 reach
→an arrow reaches the back of the house→backroom→room
宀（집）＋ 至（다다르다）
→화살이 집 안까지 닿다→안에 있는 방→방
宀 casa ＋至 alcançar→a flecha alcança o interior da casa
→sala no interior→sala

教[18]室	きょうしつ	classroom	교실	sala de aula
地下室	ちかしつ	basement	지하실	sala subterrânea
待合[19]室	まちあいしつ	waiting room	대합실	sala de espera
事務(む)室	じむしつ	office	사무실	escritório

教→Lesson 18　合→Lesson 19

268 工

ものを つくる
craft
물건을 만들다
manufatura

(3)

コウ

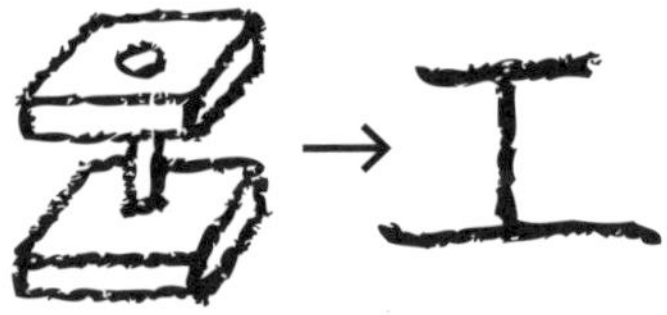

こうぐの え→ものを つくる
picture of tool→making things→craft
공구의 그림→물건을 만들다
figura de ferramenta→fabricar algo

工場	こうじょう	factory	공장	fábrica
工事	こうじ	construction	공사	obra
工業	こうぎょう	manufacturing	공업	indústria manufatureira
工作	こうさく	handicraft	공작	artesanato

269 図

ず drawing
그림
figura

圖

(7)

ズ
ト

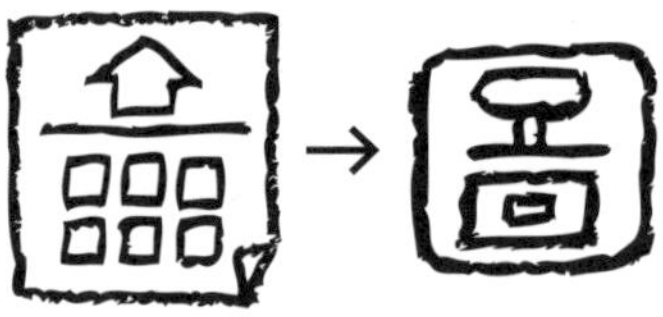

□（かこい）＋啚（こめぐら）→村(むら)の こめぐらと 田(た)の ばしょを 書(か)いた 紙(かみ)→ちず→ず
□ enclosure ＋ 啚 storehouse for rice
→map for storehouse and rice field→drawing
□（울타리）＋ 啚（쌀창고）
→마을의 쌀창고와 논의 장소를 그린 종이→지도→그림
□ cercamento ＋ 啚 armazém de arroz→papel com o armazém de arroz e arrozal da vila desenhados→mapa→figura

図	ず	figure	그림	figura
地図	ちず	map	지도	mapa
図書館	としょかん	library	도서관	biblioteca
合[19]図	あいず	signal	신호	sinal

合→Lesson 19

270

号

ばんごう　suffix for order　번호　sufixo de ordem

どなる　shout　고함치다　gritar

号　号　号　号　号　号 (5)

ゴウ

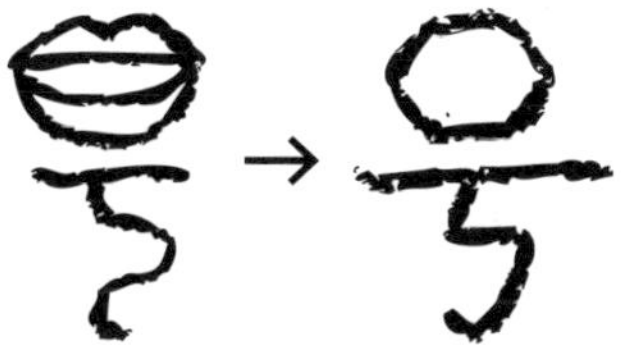

口（くち）＋丂（つかえて　まがる）
→ふつうの　声(こえ)が　出(で)ない
→おおごえで　どなる

口 mouth ＋ 丂 curve→make extraordinary voice
→shout

口 (입) ＋ 丂 (받히어 돌아가다)
→보통의 소리가 안 나오다→큰 소리로 고함치다

口 boca ＋ 丂 entortar-se via força
→não emitir voz comum→gritar

信号	しんごう	signal	신호	semáforo
電話番(ばん)号	でんわばんごう	telephone number	전화번호	número de telefone
3号室	さんごうしつ	room No.3	3호실	sala número 3
号令(れい)	ごうれい	command	호령	comando

練習(れんしゅう)1: 漢字(かんじ)の　読(よ)み方(かた)を　書(か)きましょう。

PRACTICE : Write the meanings of the following kanji in hiragana;
연습 : 한자 읽는 음을 히라가나로 써 봅시다 .
Exercício : escreva a leitura dos kanjis.

1. 場所 ばしょ
2. 建てます たてます
3. 買い物 かいもの
4. 病院 びょういん
5. 大使館 たいしかん
6. 食堂 しょくどう
7. 教室(きょう) きょうしつ
8. 工場 こうじょう
9. 地図 ちず
10. 信号 しんごう
11. あそこに　白い（しろ）　建物（たてもの）が　あります。
12. このへんは　車（くるま）の　工場（こうじょう）が　たくさん　あります。
13. 友（とも）だちが　入院（にゅういん）しているので、おみまいに　行きました。
14. この道（みち）は　工事（こうじ）を　していますから、気（き）をつけてください。
15. 土曜日（どようび）、いっしょに　図書館（としょかん）へ　行きませんか。

練習2：下の □に 漢字を 書きましょう。
(れんしゅう した かんじ か)

1. ばしょ
場所
place
장소
lugar

2. た
建てます
to build
세웁니다
construir

3. もの
物
thing
물건
coisa

4. びょういん
病院
hospital
병원
hospital

5. えいがかん
映画館
movie theater
영화관
sala de cinema

6. しょくどう
食堂
dining room
식당
refeitório

7. きょうしつ
教室
classroom
교실
sala de aula

8. こうじょう
工場
factory
공장
fábrica

9. ちず
地図
map
지도
mapa

10. しんごう
信号
signal
신호
semáforo

11. たてもの
建物
building
건물
prédio

12. か もの
買い物
shopping
물건 사기
compras

13. たいしかん
大使館
embassy
대사관
embaixada

14. としょかん
図書館
library
도서관
biblioteca

15. びょうき にゅういん
友だちが 病気 で 入院 しています。
My friend is sick and in hospital.
친구가 병원에 입원했습니다
Meu amigo está internado no hospital por causa de uma doença.

Lesson 17　交通（こう つう）

Traffic　교통　Trânsito

交　通　動　乗　降　運　転　帰　発　着

漢字（かんじ）の　読（よ）み方（かた）を　四角（しかく）から　えらびましょう。

Write the meaning of the kanji.　한자의 읽기를 □에서 골라 봅시다
Escolha a leitura do kanji do quadro.

つきます
のります
~~おります~~
しゅっぱつします

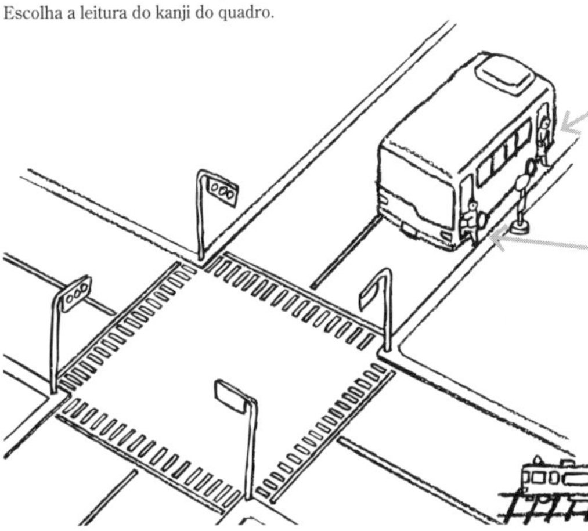

降ります
(ex. おります)

乗ります
A (のります)

電車が 出発します
B (しゅっぱつします)

電車が 着きます
C (つきます)

イラストの意味（いみ）を　考（かんが）えて　線（せん）で　結（むす）びましょう。

Guess the meaning of the illustrations below.　그림을 보고 한자의 생각해 봅시다 .
Escolha a leitura do kanji do quadro.

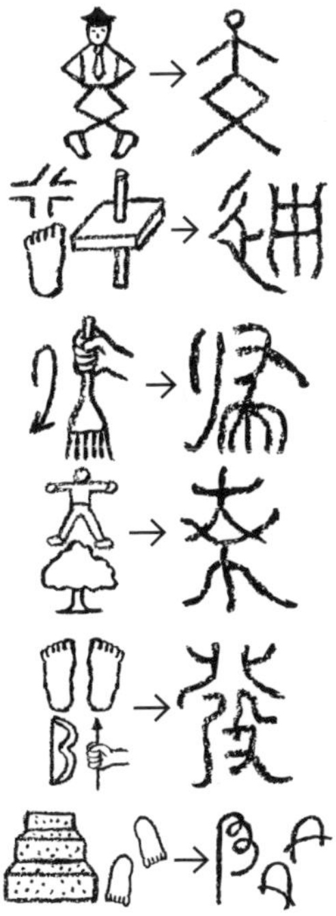

1 •
2 •
3 •
4 •
5 •
6 •

• A　帰　return　돌아가다　ir embora
• B　降　get off　내리다　descer
• C　発　leave　출발하다　partir
• D　交　cross　교차하다　cruzar
• E　通　go through　통하다　passar
• F　乗　get on　타다　subir

271 交

まじわる　cross
교차하다
cruzar

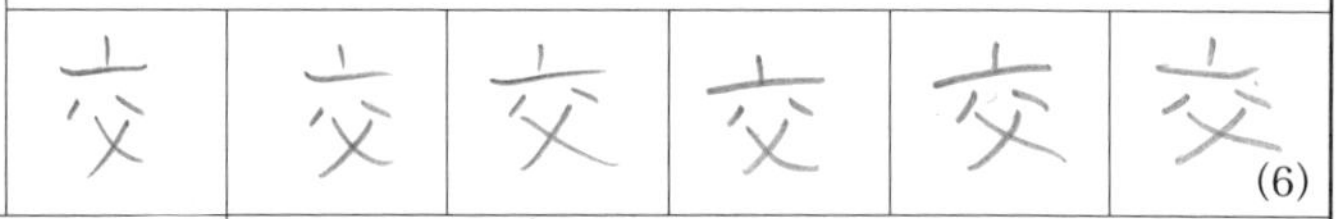

(6)

まじ－わる
・
コウ

人(ひと)が　足(あし)を　こうさした　形(かたち)
→まじわる
person sitting with legs crossed→to cross
사람이 다리를 교차한 모양→교차하다
figura de pessoa com pernas cruzadas→cruzar

交通	こう つう	traffic	교통	trânsito, tráfego
交差点(さてん)	こう さ てん	crossing	교차로	cruzamento
交番(ばん)	こう ばん	police box	파출소	posto policial
交代(たい)	こう たい	change	교대	revezamento

272 通

とおる　go through
통하다, 지나다
passar
かよう　commute
다니다
frequentar

(10)

とお－る
かよ－う
・
ツウ

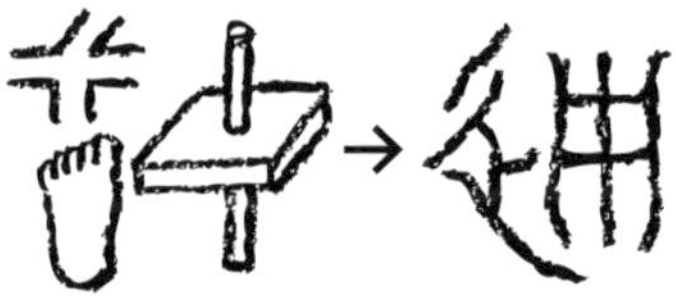

辶（いく）＋甬（いたに　ぼうを
つきとおす）→止(と)まらないで
つき進(すす)む→とおる
辶 go ＋ 甬 make a stick penetrate a board
→move on without stopping→to go through
辶（가다）＋甬（판자에 봉을 꽂다）
→멈추지 않고 나아가다→통하다
辶 ir ＋ 甬 atravessar o cabo na tábua
→não parar e avançar→passar

通る	とお る	to go through	통하다, 지나다	passar
通う	かよ う	to commute	다니다	frequentar
通学	つう がく	commute to school	통학	frequentar a escola
大通り	おお どお り	main street	큰 거리	avenida

273 動

うごく　move
움직이다
mover-se

(11)

うご－く
・
ドウ

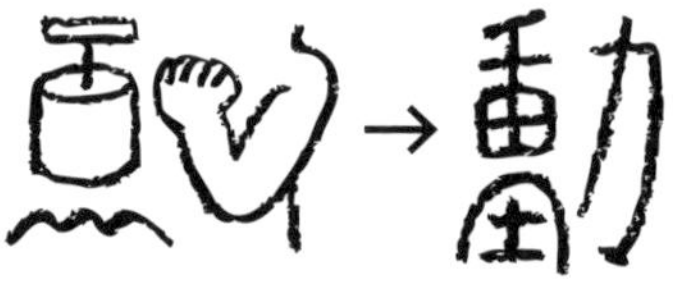

重（おもい）＋力（ちから）
→重(おも)いものを　力(ちから)いっぱい　おす
→うごく
重 heavy ＋ 力 power
→to push something heavy with all one's strength→to move
重（무겁다）＋力（힘）
→무거운 물건을 힘껏 누르다→움직이다
重 pesado ＋ 力 força→empurrar algo pesado com toda a força
→mover-se

動く	うご く	to move	움직이다	mover-se
運動	うん どう	exercise	운동	movimento
自動車	じ どう しゃ	car	자동차	automóvel
動物	どう ぶつ	animal	동물	animal

274 乗

のる — get on / 타다 / subir

一 二 三 乒 乖 乖 乗 乗 乗 (9)

のーる・ジョウ

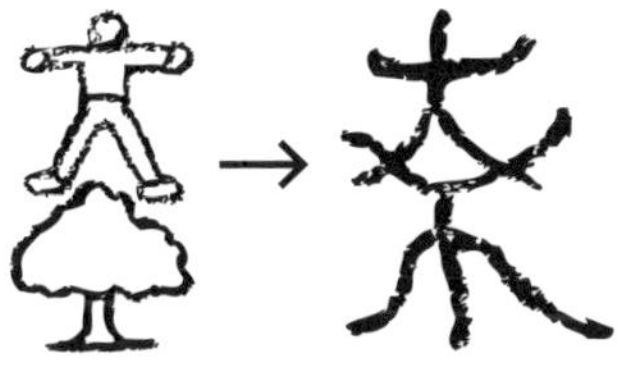

人(ひと)が 木(き)の 上(うえ)に のぼっている →高(たか)い 所(ところ)に のぼる→のる

person climbing a tree →climb up somewhere high→to get on

사람이 나무 위에 오르고 있다→높은 곳에 오르다 →타다

pessoa subindo em árvore→subir em lugar alto →subir

乗る	のる	to get on	타다	subir
タクシー乗り場	のりば	taxi stand	택시 타는 곳	ponto de táxi
乗車券(けん)	じょうしゃけん	ticket to ride	승차권	tíquete de passagem

275 降

おりる — get off / 내리다 / descer

ふる — fall / (비가) 오다 / cair (chuva)

フ 了 阝 阝' 阝ク 阝夂 阝夅 降 降 降 (10)

おーりる・ふーる・コウ

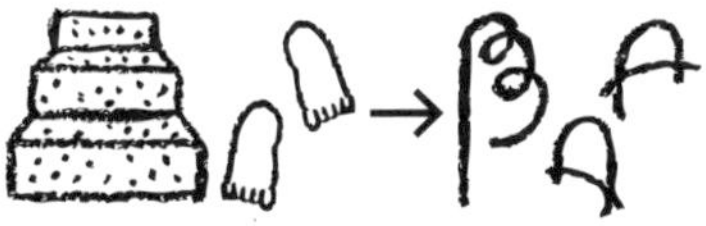

阝(もり土) ＋ 夅(したへ むかう あし) →低(ひく)い 所(ところ)へ 行(い)く→おりる

阝 hill ＋ 夅 footprints going down →to get off

阝 (쌓인 흙) ＋ 夅 (아래를 향하는 발) →낮은 곳으로 가다→내리다

阝 banco de terra ＋夅 pé voltado para baixo →ir para lugar baixo→descer

降りる	おりる	to get off	내리다	descer
(雨が)**降る**	ふる	to rain	(비가) 오다	cair (chuva)
乗り降り	のりおり	get on and get off	내리다	subir e descer
降雨量(りょう)	こううりょう	rainfall	(비가) 오다	quantidade de chuva

276 運

はこぶ — transport / 운반하다 / transportar

うん — luck / 운 / sorte

丶 冖 冖 冖 冒 冒 冒 冒 軍 軍 運 運 (12)

はこーぶ・ウン

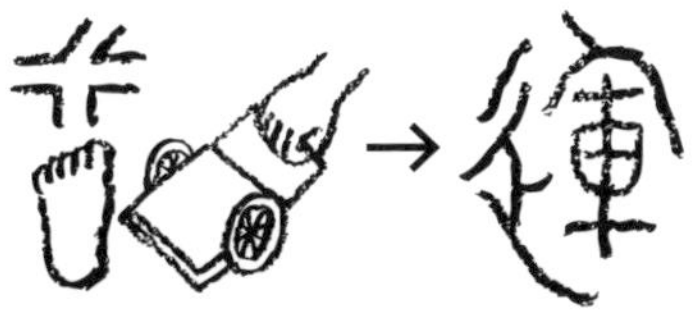

辶(すすむ) ＋ 軍(てと くるま) →手(て)で 車(くるま)を おして 進(すす)む→はこぶ

辶 go ＋ 軍 hand and car→go forward pushing a cart by hand →to transport

辶 (나아가다) ＋ 軍 (손과 수레) →손으로 수레를 밀어 나아가다→운반하다

辶 avançar ＋ 軍 mão e carro →avançar empurrando o carro com a mão→transportar

運ぶ	はこぶ	to transport	운반하다	transportar
運動	うんどう	exercise	운동	movimento
運がいい	うん	lucky	운이 좋다	sortudo
運賃(ちん)	うんちん	fare	운임	frete, tarifa

277

転

ころがる　roll
구르다
rolar

轉

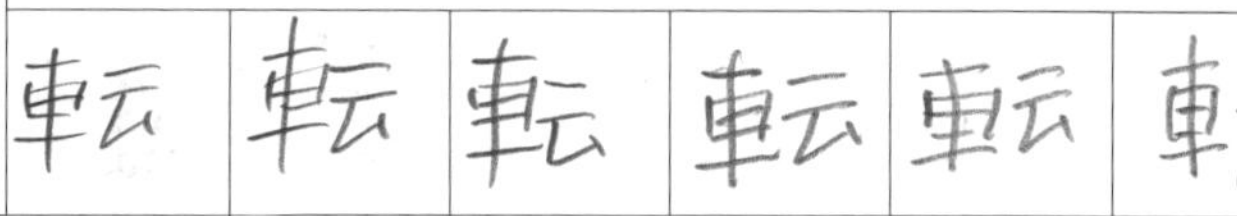

(11)

ころ－がる
・
テン

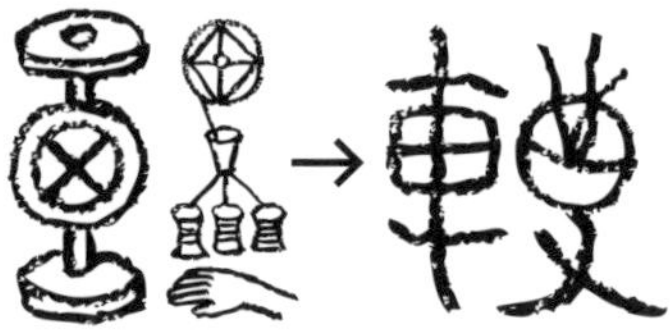

車（くるま）＋専（いとまきと　て）→いとまきのように　くるくるまわる→ころがる

車 car + 専 a thread reel and hand
→go round and round like a reel→to roll

車（수레）+ 専（실패와 손）
→실패와 같이 빙글빙글 돌아가다→구르다

車 carro + 専 o novelo de linha emáo
→rodar como o novelo de linha→rolar

運転する	うん てん する	to drive	운전하다	dirigir
自転車	じ てん しゃ	bicycle	자전거	bicicleta
回転	かい てん	rolling	회전	rodamento
転勤(きん)	てん きん	job transfer	전근	transferência de local trabalho

278

帰

かえる　return
돌아가다,
돌아오다
ir embora

(10)

かえ－る
・
キ

リ（もどる）＋帚（ほうきを　もった　て）→花(はな)むこが　花(はな)よめを　つれて　もどる→かえる

リ go back + 帚 hand holding a broom
→groom goes back home with his bride→to return

リ（되돌아가다）+ 帚（빗자루를 쥔 손）
→신랑이 신부를 데리고 오다→돌아오다

リ retornar + 帚 mão segurando vassoura
→o noivo retorna com uma noiva→ir embora

帰る	かえ る	to return	돌아가다, 돌아오다	ir embora
帰国する	き こく する	to return one's countrry	귀국하다	voltar ao país
お帰りなさい	お かえ りなさい	welcome home	어서오세요(귀가한 가족에게)	bem-vindo de volta

279

発

しゅっぱつする
leave
출발하다
partir

發

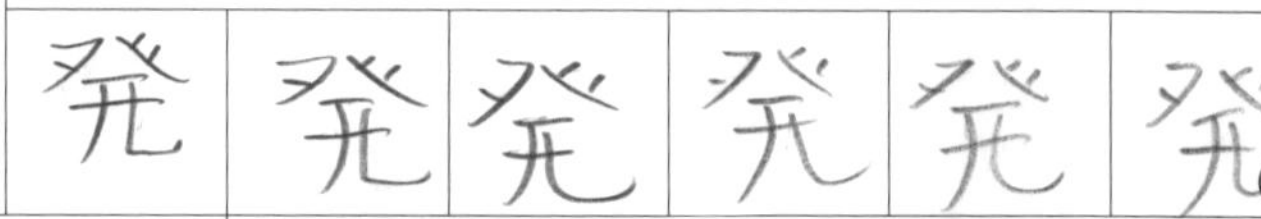

(9)

ハツ／－パツ

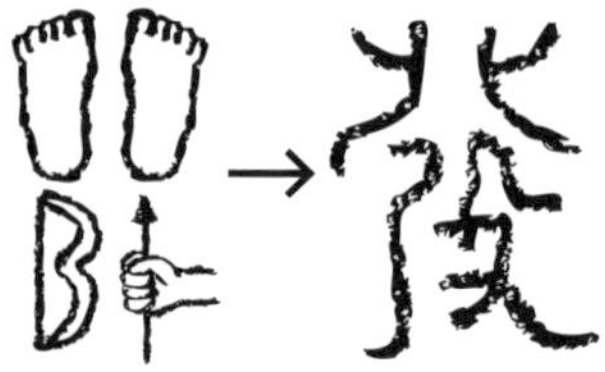

癶（りょうあし）＋弓（ゆみ）＋殳（やを　もつ　て）→いきおいよく　やを　とばす→しゅっぱつする

癶 footprints + 弓 bow + 殳 hand holding an arrow
→shooting an arrow→to leave

癶（두 발）+ 弓（활）+ 殳（화살을 든 손）
→기세좋게 화살을 날리다→출발하다

癶 ambas as pernas + 弓 arco + 殳 mão segurando a flecha
→atirar a flecha com força→partir

出発する	しゅっ ぱつ する	to leave	출발하다	partir
発見	はっ けん	discovery	발견	descoberta
発明	はつ めい	invention	발명	invenção
発車	はっ しゃ	departure	발차	partida de veículo

280 着	きる wear 입다 vestir つく 著 arrive 도착하다 chegar	 着 着 着 着 着 着 (12)
きーる つーく ・ チャク	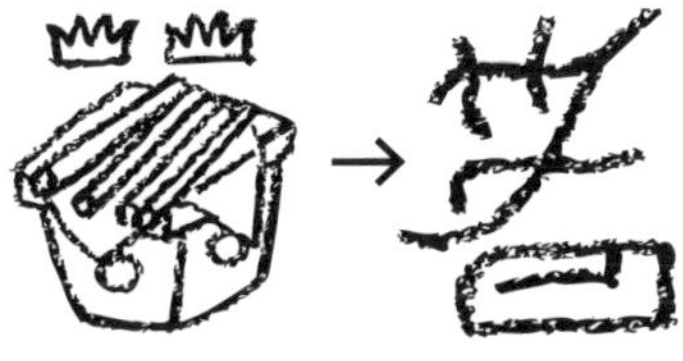	艹（くさ）＋ 者（あつめる）→くさや木(き)を 集(あつ)めて みにつける→きる 艹 plants ＋ 者 gather→bring grass and trees together and put them on the body→to wear 艹 (풀) ＋ 者 (모으다) →풀이나 나무를 모아 몸에 걸치다→입다 艹 capim ＋ 者 ajuntar→ajuntar capim e árvores e vestí-los →vestir

着る	きる	to put on clothes	입다	vestir
着く	つく	to arrive	도착하다	chegar
着物	きもの	clothes, kimono	옷, 기모노	quimono
着信(メール)	ちゃくしん	incoming e-mail	착신(메일)	recebimento (e-mail)

練習(れんしゅう)1: 漢字(かんじ)の　読(よ)み方(かた)を　書(か)きましょう。

PRACTICE : Write the meanings of the following kanji in hiragana;
연습 : 한자 읽는 음을 히라가나로 써 봅시다 .
Exercício : escreva a leitura dos kanjis.

1．（バスが）通ります とおります　2．乗ります のります

3．帰ります かえります　4．着きます つきます

5．出発します しゅっぱつします　6．（大学に）通っています かよっています

7．動きます うごきます　8．着物 きもの

9．運転します うんてんします　10．自動車 じどうしゃ

11．いま 雨が 降っています。
　　あめ ふ

12．あなたは 自転車に 乗れますか。
　　じてんしゃ の

13．つぎの 駅で 電車を 降ります。
　　えき でんしゃ おります

14．この テレビは 重いので 運ぶことが できません。
　　おも はこ

15．交通が 便利な ところに 住みたいです。
　　こうつう べんり す

れんしゅう　した　かんじ　か

練習2: 下の □に 漢字を 書きましょう。

1. の
[乗]ります
to get on
탑니다
subir

2. お
[降]ります
to get off
내립니다
descer

3. こう つう
[交][通]
traffic
교통
trânsito

4. かえ
[帰]ります
to return
돌아갑니다
voltar

5. とお
[通]ります
to go through
지나갑니다
passar

6. き もの
[着][物]
clothes
옷
quimono

7. しゅっ ぱつ
[出][発]します
to leave
출발합니다
partir

8. つ
[着]きます
to arrive
도착합니다
chegar

9. じ どう しゃ
[自][動][車]
car
자동차
automóvel

10. うん てん
[運][転]します
to drive
운전합니다
dirigir

11. うご
[動]きます
to move
움직입니다
mover-se

12. ふ
雨が[降]ります
to rain
비가 옵니다
chover

13. かよ
あの人は 大学に [通]っています。
The man attends a university.
그 사람은 대학에 다닙니다
Aquela pessoa frequenta uma universidade.

Lesson 18 学校 1

School 1　학교 1　Escola 1

漢　字　文　教　勉　習　英　考　研　究

下(した)の（　　　　）に　ひらがなを　書(か)きましょう。

Write the appropriate word in the brakets in hiragana.
아래 (　　　) 에 히라가나를 써 봅시다 .
Escreva o hiragana adequado nos parênteses.

時間割　timetable　시간표　Um horáriode classe					
	月	火	水	木	金
1	国語	英語 	数学	英語 	国語
2	英語 	数学	国語	音楽 	地理 
3	音楽 	理科	習字 	生物 	漢字 

1. 月曜日　3時間目は　何を　勉強(べんきょう)しますか。（おんがく　　　　　　）
2. 火曜日　1時間目は　何を　勉強(べんきょう)しますか。（えいご　　　　　　）
3. 水曜日　3時間目は　何を　勉強(べんきょう)しますか。（しゅうじ　　　　　　）
4. 木曜日　3時間目は　何を　勉強(べんきょう)しますか。（せいぶつ　　　　　　）
5. 金曜日　2時間目は　何を　勉強(べんきょう)しますか。（ちり　　　　　　）
6. 金曜日　3時間目は　何を　勉強(べんきょう)しますか。（かんじ　　　　　　）

281

漢

かん（くにのなまえ）
HanChina
한:중국의 한나라
Império Han

(13)

カン

氵（みず）＋革（かわ）＋火（ひ）→火（ひ）にほした　動物（どうぶつ）のかわのように　かわいた　川（かわ）→かわいた　川（かわ）が　ある国（くに）→かん（国（くに））

氵 water ＋ 革 leather ＋ 火 fire→dry river like a leather →country where the dry river is→Han China

氵（물）＋革（가죽）＋火（불）→불에 쬐인 동물의 가죽과 같이 마른 강→마른 강이 있는 나라→한나라

氵 água ＋ 革 couro ＋ 火 fire→rio seco como couro de animais seco com fogo→país com um rio seco→Han (império)

漢字	かんじ	Chinese character	한자	ideograma chinês
漢方薬	かんぽうやく	Chinese herbal medicine	한방약	erva medicinal chinesa

282

字

じ　character
자, 글자
caracter

(6)

ジ

宀（やね）＋子（こども）→家（いえ）の　中（なか）で　子（こ）どもは　つぎつぎと　生（う）まれる→つぎつぎと　生（う）まれる　かんじ→じ

宀 house ＋ 子 children→children are born one after another in the house→characters are made one after another

宀（지붕）＋子（아이）→집 안에 아이가 계속 태어나다 →계속 생겨나는 한자→글자

宀 telhado ＋ 子 criança →crianças nascem uma atrás da outra dentro da casa→kanjis criados um atrás do outro→caracter

字	じ	letter	자, 글자	caracter
漢字	かんじ	Chinese character	한자	ideograma chinês
活字	かつじ	type	활자	letra tipografada
習字	しゅうじ	calligraphy	습자	calligrafia

283

文

ぶん　sentence
문, 글
sentença

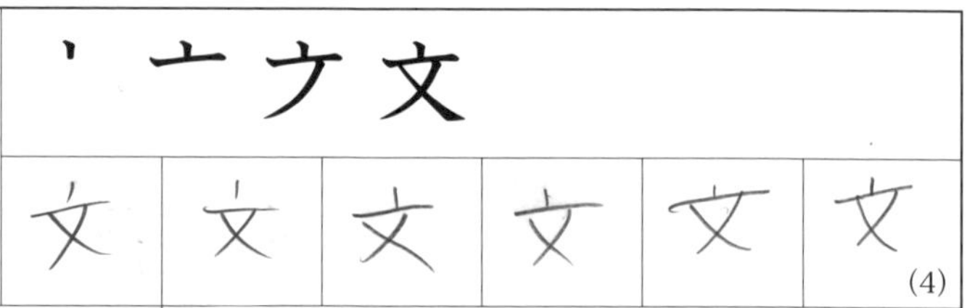

(4)

ふみ
・
ブン
モン

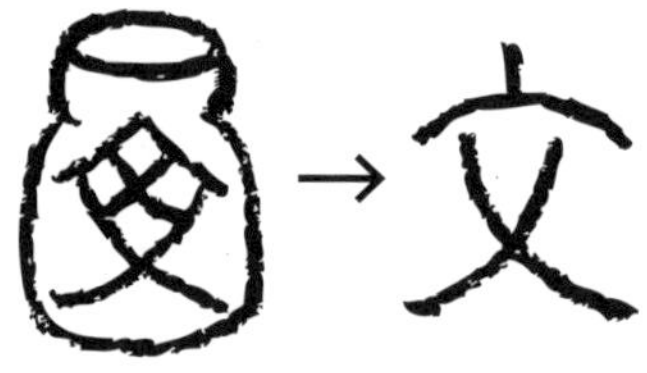

むかし　どきに　つけた　もよう→もじ→ぶん

originally a pattern on an earthenware pot →character→sentence

옛날 토기에 새긴 모양→문자→글

estampa de porcelanas de antigamente →alfabeto→sentença

文	ぶん	sentence	문, 글	sentença
文学	ぶんがく	literature	문학	literatura
文字	もじ	chracter	문자	alfabeto
注文する	ちゅうもんする	to order	주문하다	fazer pedido

284

教

おしえる　teach　가르치다　ensinar

教

(11)

おし－える
・
キョウ

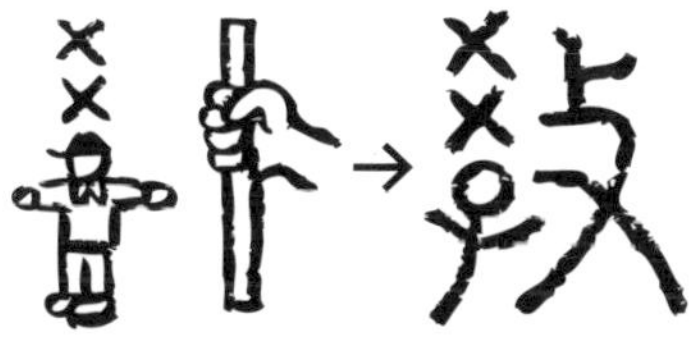

×（まじわる）＋子（こども）＋攵（ぼうを　もつ　て）→ぼうを　持(も)って　大人(おとな)が　こどもと　交(まじ)わる→おしえる

× mix + 子 child + 攵 hand holding a stick
→holding a stick and mix with children→to teach

×（교차하다）＋子（아이）＋攵（막대기를 쥔 손）
→어른이 막대기를 잡고 아이와 어울리다→가르치다

× misturar-se + 子 criança +攵 mão segurando um cabo→um adulto com um bastão se mistura com uma criança→ensinar

教える	おし える	to teach	가르치다	ensinar
教室	きょう しつ	class room	교실	sala de aula
教科書	きょう か しょ	text book	교과서	livro-texto
教会	きょう かい	church	교회	igreja

285

勉

がんばる　strive　노력하다　dar duro

(10)

ベン

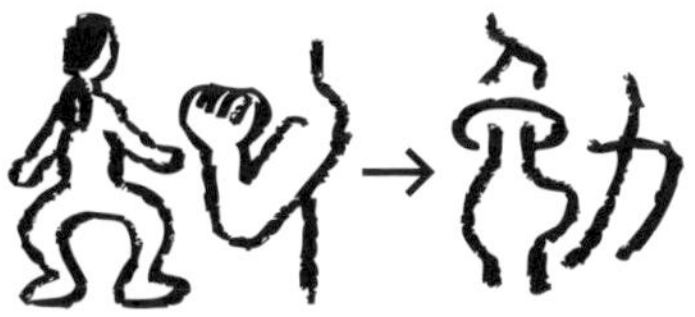

免（こどもを　うむ　え）＋力（ちから）→力(ちから)を　入れて　がんばる→どりょくする、がんばる

免 picture of a woman giving birth + 力 power
→try to do something with all your power→to strive

免（아이를 낳는 그림）＋力（힘）
→힘들여 애쓰다→노력하다, 애쓰다

免 figura de mulher dando luz +力 força
→esforçar-se com vigor→esforçar-se, dar duro

勉強する	べん きょう する	to study	공부하다	estudar

286

習

ならう　learn　배우다　aprender

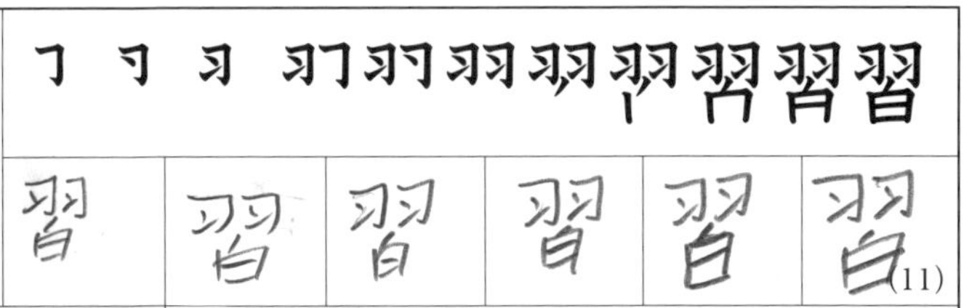

(11)

なら－う
・
シュウ

羽（はね）＋白（しろ）→子(こ)どもの　白(しろ)い　鳥(とり)が　はねを動(うご)かして　とび方(かた)を　ならう→ならう

羽 wings + 白 white
→young white bird flaps wings and learns to fly→to learn

羽（날개）＋白（흰 색）
→어린 흰 새가 날개를 움직여 나는 법을 배우다→배우다

羽 asa + 白 branco→um filhote de passáro branco move as asas e aprende como se voa→aprender

習う	なら う	to learn	배우다	aprender
練(れん)習	れん しゅう	practice	연습	exercício
復(ふく)習する	ふく しゅう する	to review	복습하다	revisão
習慣(かん)	しゅう かん	custom	습관	costume

287 英

すぐれた superior
뛰어난
superior

(8)

ひで・エイ

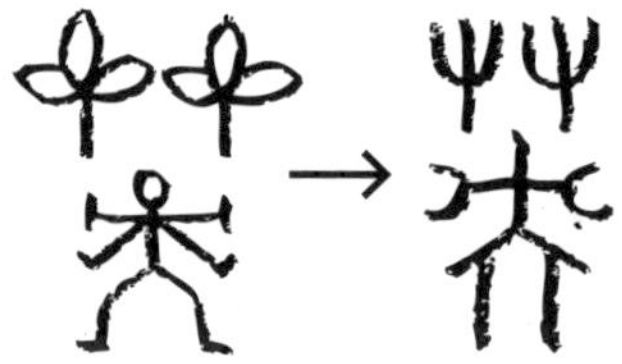

艹（しょくぶつ）＋央（ひとの　まんなかを　おさえた　え）→中（なか）が　くぼんだ　うつくしい花（はな）→うつくしい→すぐれた

艹 plant + 央 man blocked at the center→beautiful flower with a hollow center→beautiful→superior

艹（식물）＋央（사람의 한가운데를 누른 그림）→가운데가 쏙 들어간 아름다운 꽃→아름답다→뛰어나다

艹 planta + 央 homem pressionado no meio →bela flor com o interior côncavo→bonito→superior

英語	えい ご	English	영어	língua inglesa
英国	えい こく	England	영국	Inglaterra
英雄（ゆう）	えい ゆう	hero	영웅	herói

288 考

かんがえる
think
생각하다
pensar

(6)

かんが―える・コウ

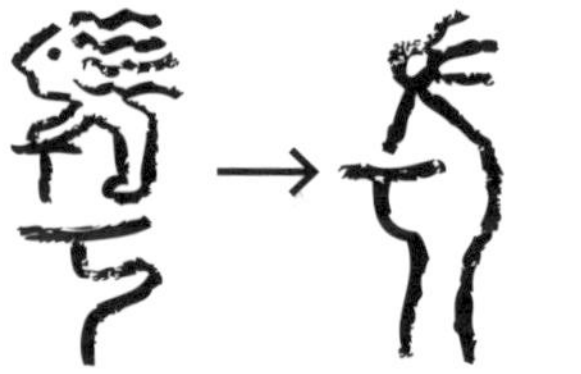

耂（としより）＋丂（ふくざつな、まがった）→こしの　まがった　年（とし）よりの　ように　ふかく　かんがえる→かんがえる

耂 old man + 丂 complicated, curved→think deeply like an old man with his back bent down→to think

耂（노인）＋丂（복잡한, 굽은）→허리가 굽은 노인과 같이 깊이 생각하다→생각하다

耂 idoso + 丂 complicado, torto→pensar profundamente como um idoso de costas curvadas→pensar

考える	かんが える	to think	생각하다	pensar
考古学	こう こ がく	archaeology	고고학	arqueologia
参（さん）考書	さん こう しょ	reference book	참고서	referência

289 研

みがく polish
갈고 닦다
polir

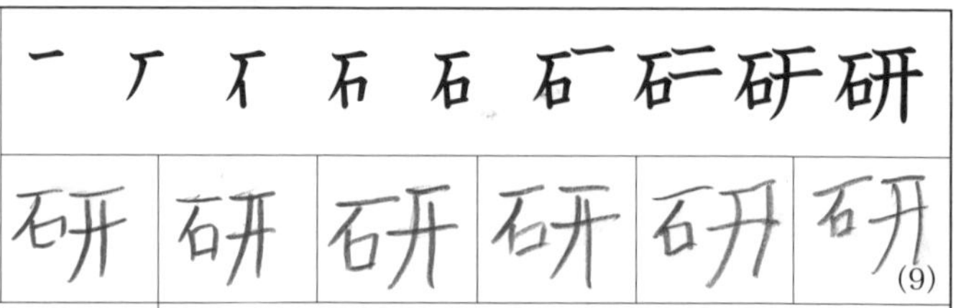

(9)

と―ぐ・ケン

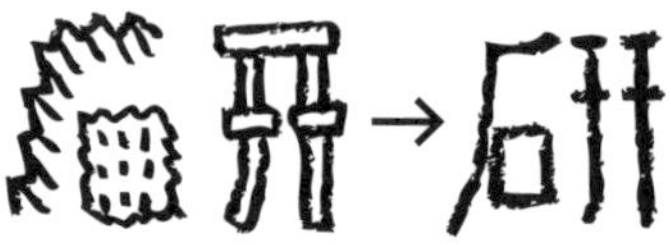

石（いし）＋干干（たかさを　そろえる）→石（いし）を　みがいて　たいらにする→みがく

石 stone + 干干 making poles the same height →polishing the stone the same height→to polish

石（돌）＋干干（높이를 같게 하다）→돌을 갈아서 평평하게 하다→연마하다

石 pedra + 干干 alinhar a altura →polir a pedra e deixá-la plana→polir

研究する	けん きゅう する	do research	연구하다	pesquisar

290

究

ふかくしらべる
investigate
깊이 조사하다
investigar

(stroke order) 究

究　究　究　究　究　究(ゲ)

キュウ

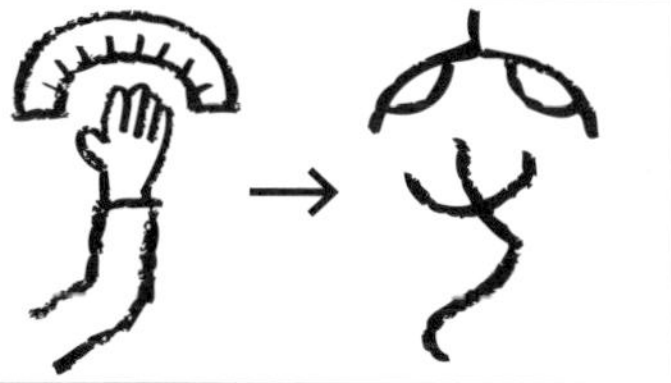

穴（あな）＋ 九（まげたて）→手（て）を まげて　あなの　おくまで　さがす →ふかく　しらべる

穴 hole ＋九 bent elbow→examine the hole with bent elbow →to investigate

穴（구멍）＋ 九（굽힌 손）
→팔을 굽혀 구멍 속까지 찾다→깊이 조사하다

穴 buraco ＋ 九（braço curvado）
→curvar o braço e procurar até o fundo→investigar a fundo

研究者	けんきゅうしゃ	researcher	연구자	pesquisador
研究室	けんきゅうしつ	laboratory	연구실	sala de pesquisa

練習（れんしゅう）1: 漢字（かんじ）の　読（よ）み方（かた）を　書（か）きましょう。

PRACTICE : Write the meanings of the following kanji in hiragana;
연습 : 한자 읽는 음을 히라가나로 써 봅시다 .
Exercício : escreva a leitura dos kanjis.

1. 漢字 かんじ
2. 文 ぶん
3. 文字 ぶんがく
4. 英語 えいご
5. 勉強します べんきょうします
6. 教えます おしえます
7. 習います ならいます
8. 考えます かんがえます
9. 研究します けんきゅうします
10. 教室 きょうしつ
11. 漢字（かんじ）を　勉強（べんきょう）　しています。
12. 日本語の　教科書（きょうかしょう）を　注文（ちゅうもん）しました。
13. 小学校から　英語（えいご）を　習（なら）っています。
14. 研究（けんきゅう）の　テーマを　考（かんがえ）えています。
15. 西洋（せいよう）の　文学（ぶんがく）を　教（おし）えています。

練習(れんしゅう) 2：下(した)の □に 漢字(かんじ)を 書(か)きましょう。

1. かん じ
漢字
Chinese character
한자
kanji

2. ぶん
文
sentence
문장
sentença

3. きょう しつ
教室
classroom
교실
sala de aula

4. べん きょう
勉強
study
공부
estudo

5. かんが
考えます
to think
생각합니다
pensar

6. ちゅう もん
注文します
to order
주문합니다
fazer pedido

7. きょう か しょ
教科書
textbook
교과서
livro-texto

8. れん しゅう
練習します
to practice
연습합니다
fazer exercício

9. けん きゅう
研究します
to research
연구합니다
pesquisar

10. えい ご なら
小学校から 英語を 習っています。
I've been learning English from the primary school.
초등학교 때부터 영어를 배우고 있습니다
Eu estudo inglês desde o ensino fundamental I.

11. ぶん がく おし
大学で 文学を 教えています。
I'm teaching literature in the college.
대학에서 문학을 가르치고 있습니다
Eu ensino literatura numa universidade.

Lesson 16~18

にほんごのうりょくしけん（JLPT）じっせん　れんしゅう

もんだい１　＿＿＿＿の　ことばは　ひらがなで　どう　かきますか。
１、２、３、４から　いちばん　いいものを　ひとつ　えらんで　ください。

１．映画館で　アニメを　見てから、買い物をしました。
　　①　　　　　　　　　　　　　　　②

①　1. えいがかん　2. ええがかん　3. えいかがん　4. ええかがん
②　1. かいもん　2. けいもん　3. かいもの　4. がいもの

２．友だちが　入院しているので、花を　買って行きました。
　　　　　　　③　　　　　　　　④

③　1. にゅいん　2. にゅういん　3. にんいん　4. にゅいいん
④　1. かみ　2. さくら　3. はな　4. あな

３．毎日　自転車で　学校へ　通っています。
　　　　　⑤　　　　　　　⑥

⑤　1. じどうしゃ　2. じてんしゃ　3. じとうしゃ　4. じでんしゃ
⑥　1. とおって　2. もどって　3. わたって　4. かよって

４．日本人に　英語を　教えています。
　　　　　　⑦　　　⑧

⑦　1. ええご　2. えご　3. えいご　4. えいこ
⑧　1. おしえています　2. おせえています　3. おじえています　4. あしえています

５．漢字は　むずかしいですが、研究すると　おもしろいです。
　　⑨　　　　　　　　　　　⑩

⑨　1. はんじ　2. はんし　3. かんし　4. かんじ
⑩　1. けんきゅ　2. けんきゅう　3. げんきゆう　4. げんきゅう

６．毎週　土曜日は　図書館で　勉強します。
　　　　　　　　　⑪　　　⑫

⑪　1. としょかん　2. としよかん　3. とうしょかん　4. とうしよかん
⑫　1. べんぎょう　2. べんきょ　3. べんきょう　4. べんきょっ

７．教室に　大きい　世界地図が　はってあります。
　　⑬　　　　　　⑭

⑬　1. きょしち　2. きよしつ　3. きょうしづ　4. きょうしつ
⑭　1. せいかちづ　2. せかいちじゅ　3. せかいちず　4. せいかちず

もんだい2 ＿＿＿＿の　ことばは　どう　かきますか。
1、2、3、4から　いちばん　いいものを　ひとつ　えらんで　ください。

1．この<u>こうじょう</u>①は　1年前に　<u>たてられました</u>②。

① 1. 工陽　2. 工業　3. 工場　4. 工場
② 1. 立てられました　2. 建てられました　3. 立られました　4. 建られました

2．わたしの　しゅみは　車を　<u>うんてん</u>③することと　外国語を　<u>ならう</u>④ことです。

③ 1. 蓮転　2. 運車　3. 運転　4. 連軻
④ 1. 習う　2. 教う　3. 送う　4. 翌う

3．日本を　朝　<u>しゅっぱつ</u>⑤すると、夜　国へ　<u>つきます</u>⑥。

⑤ 1. 到着　2. 出発　3. 帰着　4. 進発
⑥ 1. 暑きます　2. 付きます　3. 着きます　4. 使きます

4．国へ　<u>かえる</u>⑦前に　<u>たいしかん</u>⑧へ　行きました。

⑦ 1. 送る　2. 返る　3. 帰る　4. 変る
⑧ 1. 太使館　2. 大作館　3. 大使院　4. 大使館

5．<u>じどうしゃ</u>⑨が　多いですから、<u>しんごう</u>⑩を　わたるときは　気をつけてください。

⑨ 1. 自動車　2. 自転車　3. 自働車　4. 自重車
⑩ 1. 信語　2. 進号　3. 信号　4. 新号

6．パーティーに　何を<u>きて</u>⑪いくか　<u>かんがえます</u>⑫。

⑪ 1. 来て　2. 着て　3. 切て　4. 帰て
⑫ 1. 教えます　2. 習えます　3. 考えます　4. 老えます

7．タクシーに　<u>のって</u>⑬　<u>びょういん</u>⑭へ　行きました。

⑬ 1. 思って　2. 乗って　3. 着って　4. 通って
⑭ 1. 病院　2. 医院　3. 疾院　4. 病皖

Lesson 19　学校(がっこう) 2

School 2　학교 2　Escola 2

問　題　試　験　質　合　答　用　紙　意

期末(きまつ)[1]試験　問題用紙　　名前＿＿＿＿＿＿＿＿

注意①答えは解答(かいとう)[2]用紙に書きなさい。
②名前がない場合は0点(てん)です。

問題1　以下の質問に答えなさい。

問1　魚はなぜ水の中で生きられるのですか。

問2　きりんの首はなぜ長いのですか。

1 期末：final 기말 final　　2 解答：answer 해답 resposta

漢字(かんじ)の　意味(いみ)を　考(かんが)えて、線(せん)で　結(むす)びましょう。

Guess the meaning of kanji.　한자의 의미를 생각하여 선으로 연결해 봅시다.
Adivinhe o significado do kanji e faça a ligação.

試験	1	A もんだいようし	test paper 문제용지 folha de perguntas
問題用紙	2	B こたえ	answer 답 resposta
注意	3	C しけん	examination 시험 exame
答え	4	D しつもん	question 질문 pergunta
場合	5	E ばあい	case 경우 caso
質問	6	F ちゅうい	attention 주의 atenção

291

問

たずねる ask 묻다 perguntar

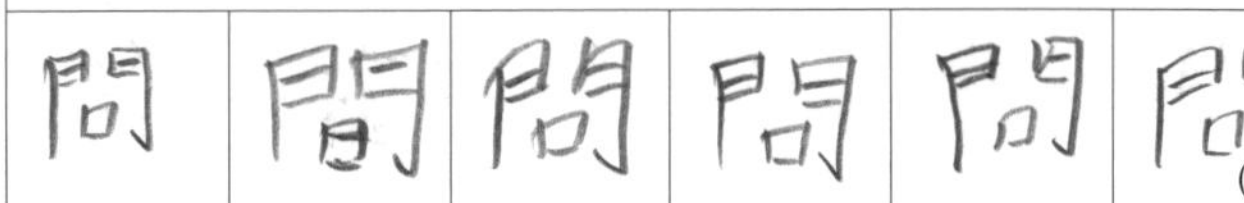

(11)

とーう
とい
・
モン

門（もん）＋口（くち）→門の
そばで　わからないことを　聞く
→たずねる

門 gate ＋ 口 mouth→ask something at the gate
→to ask
門（문）＋口（입）→문 옆에서 모르는 것을 묻다
→묻다
門 portal ＋ 口 boca
→perguntar o que não se sabe perto do portal→perguntar

問	とい	question	문	questão
問題	もん だい	question	문제	problema
質問する	しつ もん する	to ask a question	질문하다	perguntar

292

題

だい title 제 título

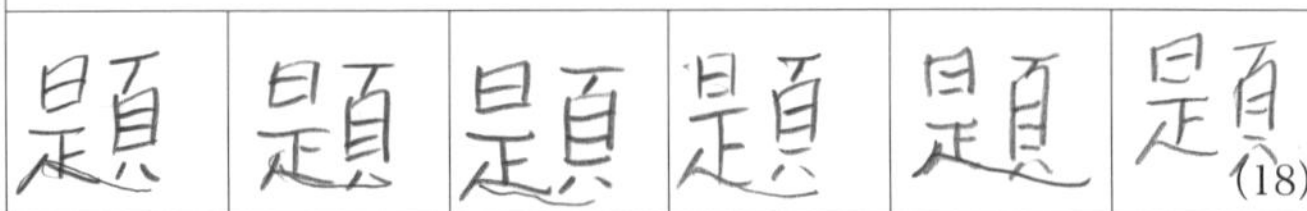

(18)

ダイ

是（つきでる）＋頁（かお）→顔の
中で　めだつ　ところ→ひたい→だい

是 stick out ＋ 頁 face→the part standing out in a face
→forehead→title
是（뚫고 나오다）＋頁（얼굴）
→얼굴에서 두드러지는 곳→이마→표제
是 salientar-se ＋ 頁 rosto →algo que se destaca no rosto
→face→título

題名	だい めい	title	제목	título
問題	もん だい	question	문제	problema
宿題	しゅく だい	homework	숙제	lição de casa
話題	わ だい	topic	화제	tópico

293

試

ためす try 시험하다 tentar

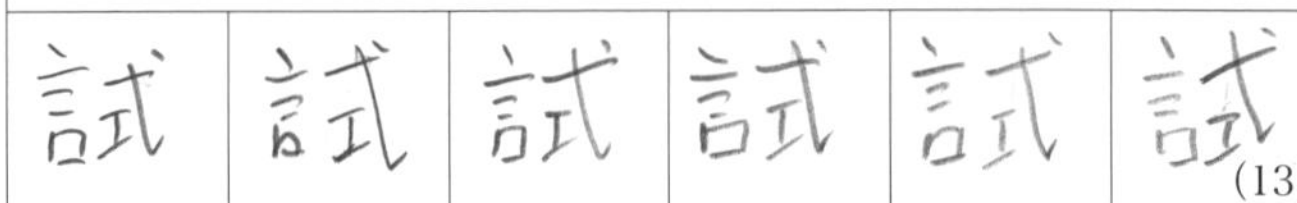

(13)

ためーす
・
シ

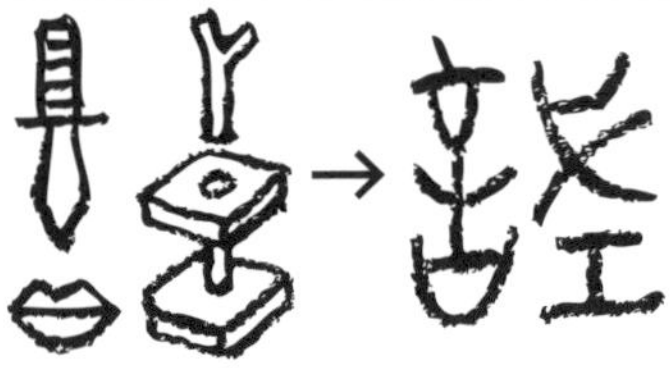

言（ことば）＋式（きまり）
→ことばで　きまりを　しつもんする
→ためす

言 word ＋ 式 rule→ask the rule→to test
言（말）＋式（정해진 것）
→말로 정해진 것을 질문하다→시험하다
言 fala ＋ 式 regra
→perguntar sobre a regra pela fala→tentar

試合	し あい	game	시합	partida (de jogo)
試験	し けん	examination	시험	exame
入試	にゅう し	entrance exam	입시	exame de ingresso
試す	ため す	to try	시험하다	tentar

294 験

しらべる　examine　조사하다　examinar

驗

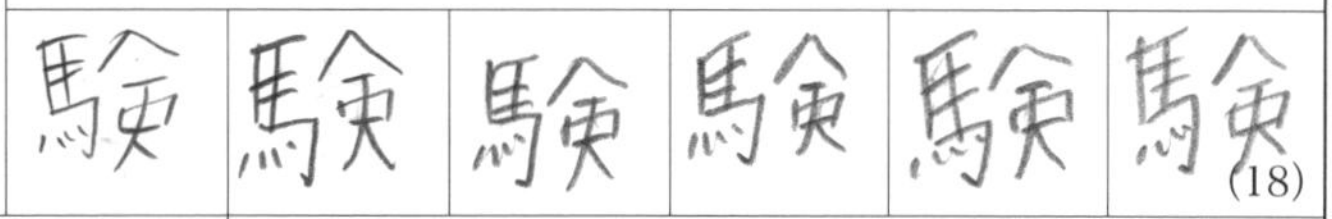

(18)

ケン

馬（うま）＋ 僉（たくさんの　ものや　ひとを　あつめる）
→よい　馬（うま）を　えらぶ→しらべる

馬 horse ＋ 僉 gather many things and people
→examine horses→to examine

馬（말）＋ 僉（많은 물건이나 사람을 모으다）
→좋은 말을 고르다→조사하다

馬 cavalo ＋ 僉 ajuntar muitas pessoas e coisas
→escolher um bom cavalo→examinar

試験	し けん	examination	시험	exame
実（じっ）験	じっ けん	experiment	실험	experimento
経（けい）験	けい けん	experience	경험	experiência
受（じゅ）験する	じゅ けん する	to take an examination	수험하다	prestar exame

295 質

しつ　quality　질　qualidade

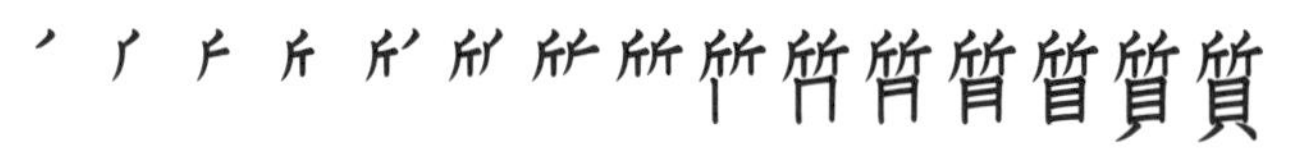

(15)

シツ

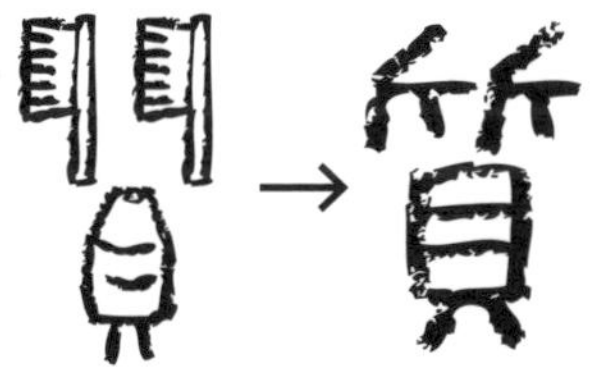

斦（おの 2つ→おなじ　おもさ）＋ 貝（かい/おかね）→同（おな）じ　かちの　もの→同（おな）じ　しつ→しつ

斦 two axes/same weight ＋ 貝 shell/money→things same value
→same quality→quality

斦（도끼 2개→같은 무게）＋ 貝（조개 / 돈）
→가치가 같은 것→같은 질→질

斦 dois machados→igual peso ＋ 貝 marisco/dinheiro
→coisas de mesmo valor→igual qualidade→qualidade

質問する	しつ もん する	to ask a question	질문하다	perguntar
品質	ひん しつ	quality	품질	qualidade

296 合

あう　fit　맞다　combinar

(6)

あ-う
・
ゴウ
ガッー

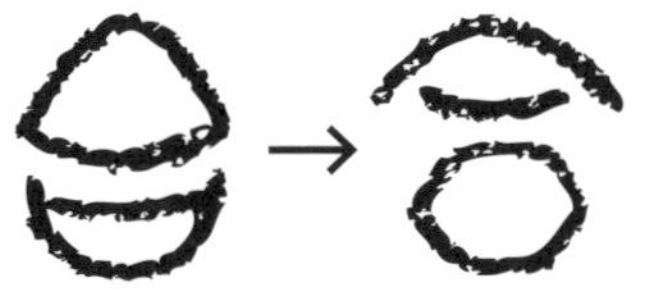

亼（ふた）＋ 口（いれもの）
→ふたと　入（い）れ物（もの）が　ぴったり　あう
→あう

亼 lid ＋ 口 container→lid fits the container
→to fit

亼（뚜껑）＋ 口（용기）→뚜껑과 용기가 딱 맞다
→맞다

亼 tampa ＋ 口 vasilha
→tampa e vasilha se combinam perfeitamente→combinar

間に合う	ま に あ う	to be in time	제 시간에 대다	dar tempo
試合	し あい	game	시합	partida (de jogo)
場合	ば あい	case	경우	caso
都合がいい	つ ごう がいい	convenient	기회가 좋다	conveniente

297

答

こたえる　answer　대답하다　responder

(12)

こた−える・トウ

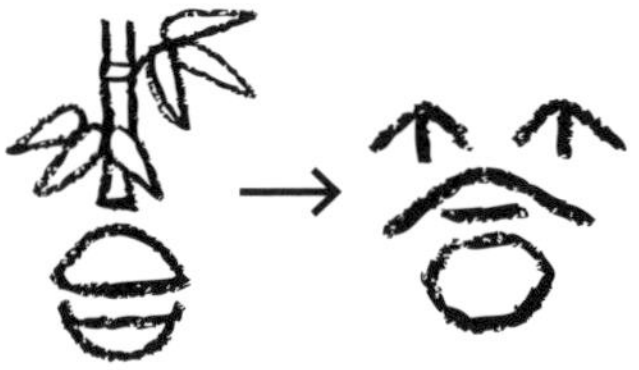

竹（たけ）＋合（あう）→たけの入れ物と　ふたが　あうように　しつもんに　あう　こたえを　する→こたえる

竹 bamboo + 合 fit→answer perfectly to a question like a bamboo container and its lids→to answer

竹（대나무）＋合（맞다）→대나무 용기와 뚜껑이 맞듯 질문에 대답하다→답하다

竹 bambu + 合 combinar→dar resposta de modo a combinar com a pergunta, assim como a vasilha de bambu e a tampa se combinam→responder

答える	こた える	to answer	대답하다	responder
答え	こた え	answer	답	resposta
解答	かい とう	answer	해답	resolução

298

用

つかう　use　쓰다　usar

よう　errand　용건　afazer

(5)

もち−いる・ヨウ

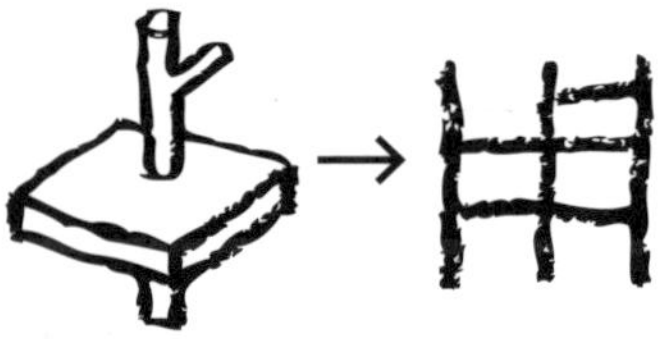

しかくい　いたと　ぼう→どうぐを　つかう→つかう

board and stick→use the tool→to use

네모난 판자와 막대기→도구를 사용하다→사용하다

tábua quadrada e cabo→usar ferramenta→usar

用事	ようじ	business	볼일	afazer
利用する	りよう する	to use	이용하다	usar
子ども用	こども よう	for children	어린이용	para criança
使用禁止	しよう きんし	Do not use.	사용금지	uso proibido

299

紙

かみ　paper　종이　papel

(10)

かみ・シ

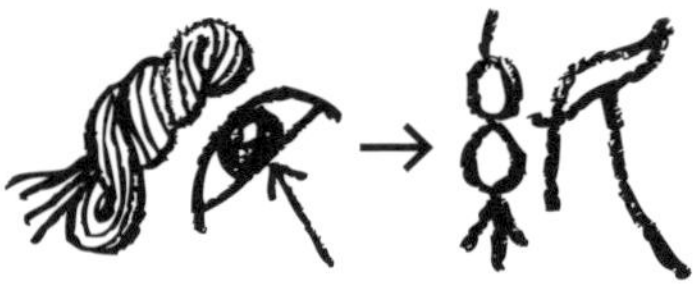

糸（いと）＋氏（めを　つぶされた　ひと）→いとの　せんいを　つぶして　ひらたくする→かみ

糸 thread + 氏 people pressed→press the fiber→paper

糸（실）＋氏（눈이 먼 사람）→실의 섬유를 펴서 평평하게 하다→종이

糸 linha + 氏 pessoa com olho esmagado→esmagar a fibra da linha e aplanar→papel

紙	かみ	paper	종이	papel
手紙	て がみ	letter	편지	carta
コピー用紙	コピー ようし	photocopying paper	복사용지	papel para fotocópia
新聞紙	しん ぶん し	a piece of newspaper	신문지	papel de jornal

300 意	かんがえ intention 생각 pensamento	丶 亠 亣 立 产 音 音 音 音 意 意 意 意
		意 意 意 意 意 意 (13)

イ

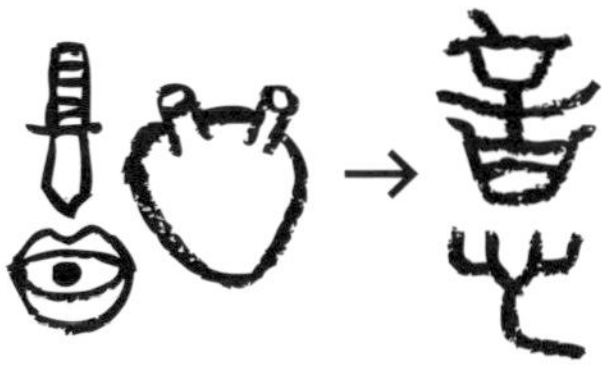

音（おと）＋ 心（こころ）
→心（こころ）の　中（なか）の　ことば→かんがえ

音 sound ＋ 心 heart→words in one's mind
→intention

音（소리）＋ 心（마음）→마음 속의 말
→생각

音 som ＋ 心 coração
→fala de dentro do coração→pensamento

意味	いみ	meaning	의미	significado
注意する	ちゅういする	to pay attention	주의하다	prestar atenção
用意する	よういする	to prepare	준비하다	preparar
意見	いけん	opinion	의견	opinião

練習（れんしゅう）1: 漢字（かんじ）の　読（よ）み方（かた）を　書（か）きましょう。

PRACTICE : Write the meanings of the following kanji in hiragana;
연습 : 한자 읽는 음을 히라가나로 써 봅시다 .
Exercício : escreva a leitura dos kanjis.

1. 問題 もんだい
2. 試験 しけん
3. 質問 しつもん
4. 間に合います まにあいます
5. 答え こたえ
6. 用事があります ようじがあります
7. 紙 かみ
8. 意見 いけん
9. 試合 しあい
10. 用意します よういします

11. 今日の　試験は　やさしかったですが、問３は　できませんでした。
（きょう）（しけん）（とい）

12. 雨の　場合は　中止です。
（あめ）（ばい）（ちゅうし）

13. さいきん　手紙を　書かなくなりました。
（てがみ）（か）

14. コピー用紙が　なくなったら、事務（む）室に　とりに　行ってください。
（ようし）（じ）（しつ）

15. 信号を　わたるときは　車に　注意しましょう。
（しんごう）（くるま）（ちゅうい）

練習(れんしゅう)2: 下(した)の □に 漢字(かんじ)を 書(か)きましょう。

1. もん だい
問題
question
문제
problema

2. し けん
試験
examination
시험
exame

3. し あい
試合
game
시합
partida

4. よう じ
用事
business
볼일
afazer

5. て がみ
手紙
letter
편지
carta

6. い み
意味
meaning
의미
significado

7. だい めい
題名
title
제목
título

8. ば あい
場合
case
경우
caso

9. い けん
意見
opinion
의견
opinião

10. しつ もん
質問します
to ask a question
질문합니다
perguntar

11. ま あ
間に合います
to be in time
제 시간에 맞게 댑니다
dar tempo

12. こた
答えます
to answer
답합니다
responder

13. り よう
利用します
to use
이용합니다
usar

14. ちゅう い
注意します
to pay attention
주의합니다
prestar atenção

15. よう い
用意します
to prepare
준비합니다
preparar

Lesson 20 動詞（どうし） 2

Verbs 2　동사 2　Verbos2

引　開　閉　去　死　集　知　売　説　思

同（おな）じ　部分（ぶぶん）を　もつ　漢字（かんじ）。

Kanji having the same elements.　같은 부분을 갖는 한자.

Kanjis com partes iguais.

漢字（かんじ）の　意味（いみ）を　考（かんが）えましょう。

Guess the meaning of kanji.　한자의 의미를 생각해 봅시다.

Veja a ilustração e adivinhe o significado dos kanjis

1

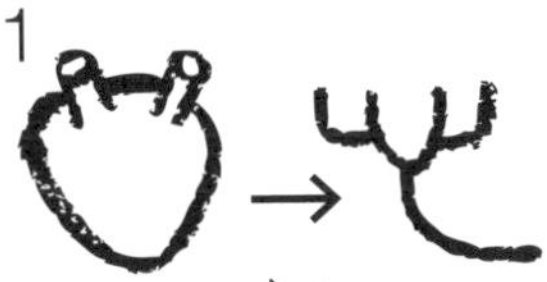

心

heart
마음
coração

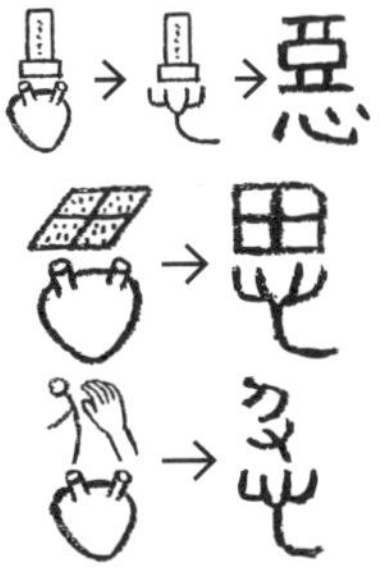

悪	1	A おもう	think 생각하다 pensar
思	2	B わるい	bad 나쁘다 ruim, mau
急	3	C いそぐ	hurry 서두르다 apressar-se

2

門

gate
문
portal

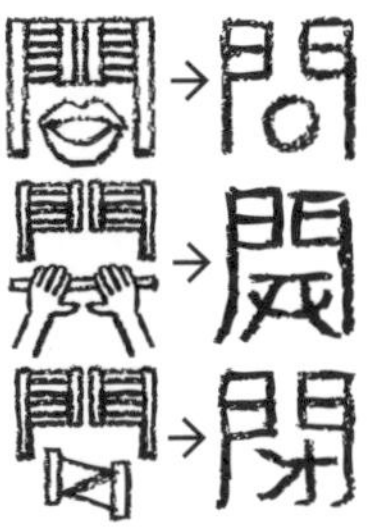

問	4	D しめる	close 닫다 fechar
開	5	E あける	open 열다 abrir
閉	6	F たずねる	ask 묻다

3

弓

bow
활
flecha

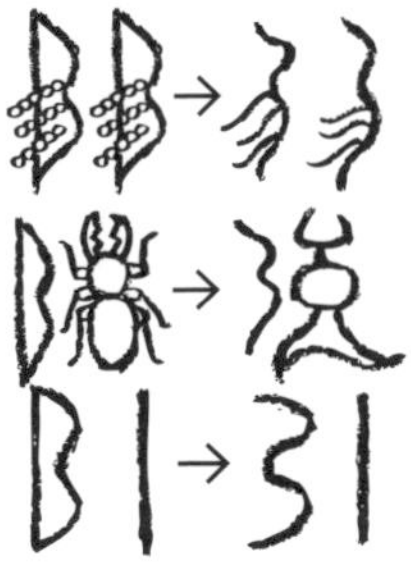

弱	7	G よわい	weak 약하다 fraco
強	8	H ひく	pull 당기다 puxar
引	9	I つよい	strong 강하다 forte

4

矢

arrow
화살
flecha

短	10	J いちぞく	tribe 일족 clã
族	11	K みじかい	short 짧다 curto
知	12	L しっている	know 알고 있다 saber

301 引

ひく　pull
당기다
puxar

(4)

ひーく
・
イン

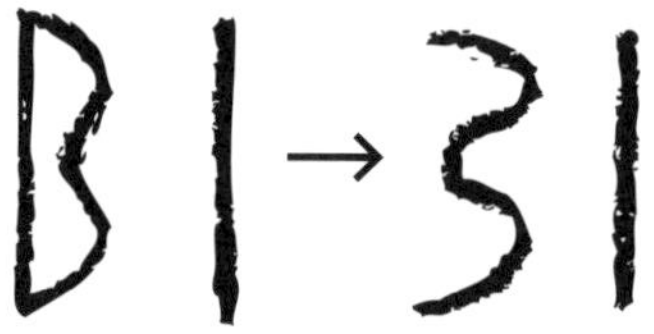

弓（ゆみ）＋丨（まっすぐの　しるし）
→ゆみを　ひく→ひく

弓 bow ＋ 丨 sign for straight ahead
→to pull back a bow→to pull

弓（활）＋丨（똑바른 표시）→활을 당기다
→당기다

弓 flecha ＋ 丨 sinal reto →puxar a flecha
→puxar

引く	ひく	to pull	당기다	puxar
引き出し	ひきだし	withdraw ~~money~~	서랍	gaveta
引力	いんりょく	gravity	인력	força de gravidade

302 開

あける　open
열다
abrir

(12)

あーける
ひらーく
・
カイ

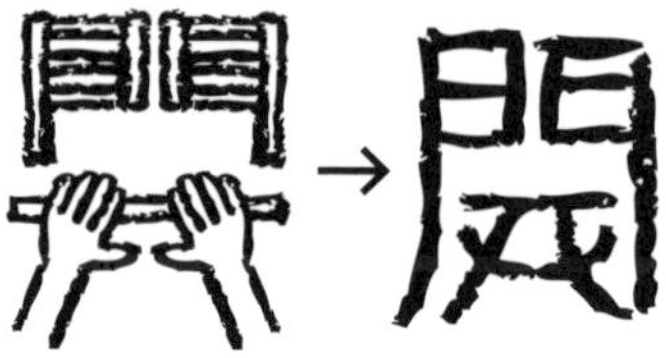

門（もん）＋ 幵（ぼうと　ふたつの　て）→門（もん）の　かぎを　あける→あける

門 gate ＋ 幵 bar and two hands→to unlock the gate
→to open

門（문）＋ 幵（막대기와 두 손）
→문 열쇠를 열다→열다

門 portal ＋ 幵 cabo mais duas mãos
→destrancar o portal→abrir

開ける	あける	to open	열다	abrir
開く	ひらく	to open	열리다	abrir-se
開店	かいてん	opening of shop	개점	abertura de loja
開始する	かいしする	to start	개시하다	iniciar

303 閉

しめる　close
닫다
fechar

(11)

しーめる
とーじる
・
ヘイ

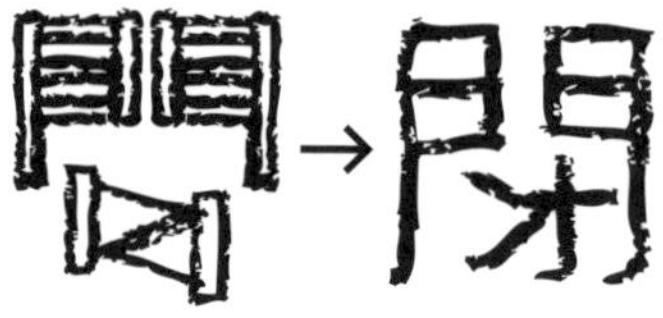

門（もん）＋ 才（せき）
→門（もん）に　かぎを　する→しめる

門 gate ＋ 才 barrier→to lock the gate
→to close

門（문）＋ 才（둑）→문에 자물쇠를 걸다
→닫다

門 portal ＋ 才 barreira→trancar o portal
→fechar

閉める	しめる	to close	닫다	fechar
閉じる	とじる	to close	닫다, 닫히다	fechar
閉館する	へいかんする	to close facilities	폐관하다	fechar o prédio
閉会式（しき）	へいかいしき	closing ceremony	폐회식	cerimônia de encerramento

304 去

さる leave / 떠나다 / ir-se

一 十 土 去 去 (5)

さーる
・
キョ / コ

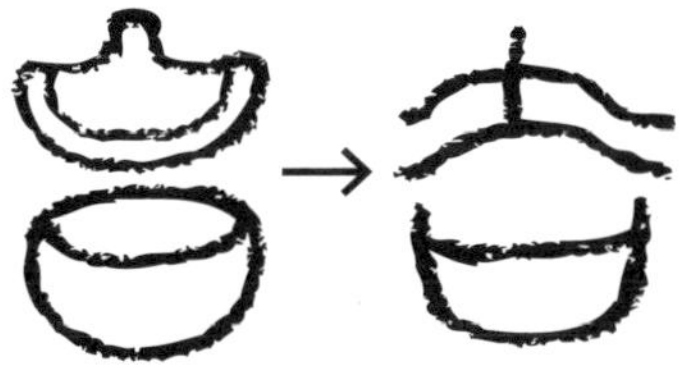

二重(にじゅう)の　ふたの　ある　米(こめ)の
いれもの→米(こめ)を　食(た)べてしまう
→なくなる→さる

A rice container with double-lids→when all rice is consumed →nothing left→to leave

이중으로 뚜껑이 있는 쌀의 용기→쌀을 먹다 →없어지다→떠나다

vasilha de arroz com dupla tampa→acaba-se comendo o arroz →acabar→ir-se

去年	きょ ねん	last year	지난 해, 작년	ano passado
過(か)去	か こ	the past	과거	passado
消(しょう)去	しょう きょ	erasing	소거	eliminação

305 死

しぬ die / 죽다 / morrer

一 厂 万 歹 歹 死 (6)

しーぬ
・
シ

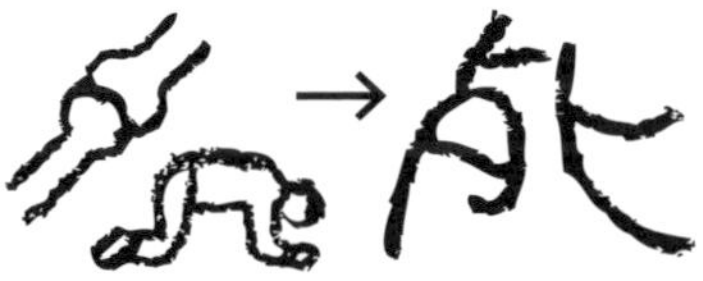

歹（ほね）＋ 匕（たおれた　ひと）
→しぬ

歹 bone ＋ 匕 fallen down person→to die

歹（뼈）＋ 匕（쓰러진 사람）→죽다

歹 osso ＋ 匕 pessoa caída →morrer

死ぬ	し ぬ	to die	죽다	morrer
死者	し しゃ	the dead	사자	pessoa morta
急死	きゅう し	sudden death	급사	morte repentina
病死	びょう し	die of disease	병사	morte por doença

306 集

あつめる collect / 모으다 / juntar

あつまる gather / 모이다 / reunir-se

ノ イ イ' 亻 什 件 隹 隹 隹 隼 集 集 (12)

あつーめる
あつーまる
・
シュウ

隹（とり）＋ 木（き）→たくさんの
鳥(とり)が　木(き)に　いる→あつまる

隹 bird ＋木 tree→many birds in the tree →to gather

隹（새）＋ 木（나무）→새가 나무에 많이 있다 →모이다

隹 pássaro ＋ 木 árvore→muitos pássaros estão na árvore →reunir-se

集める	あつ める	to collect	모으다	juntar
集まる	あつ まる	to gather	모이다	reunir-se
文集	ぶん しゅう	miscellany	문집	antologia
集合する	しゅう ごう する	to get together	집합하다	reunir-se

307 知

しっている
know
알고 있다
saber

ノ ㇐ 𠂉 𠂒 矢 知 知 知

知 知 知 知 知 知 (8)

しーる・チ

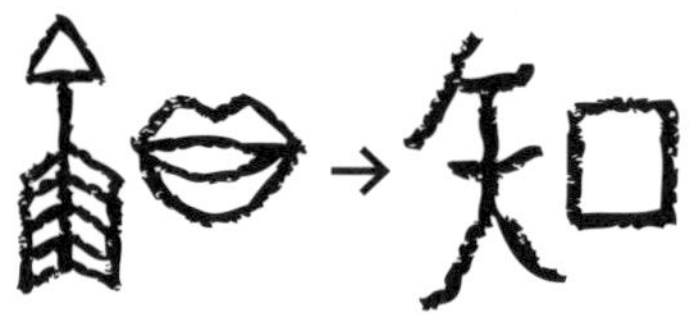

矢（や）＋口（くち）→やが とぶように はやく 正(ただ)しい ことを 言(い)う→しっている

矢 arrow ＋ 口 mouth→to say something correct with a speed of flying arrow→to know

矢 （화살）＋口（입）→화살처럼 빨리 바른 것을 말하다 →알고 있다

矢 flecha ＋ 口 boca
→dizer algo rápido e correto como a flecha que voa→saber

知る	しる	to know	알다	saber, conhecer
知り合い	しりあい	acquaintance	아는 사이	conhecido
通知	つうち	notice	통지	notificação
知識(しき)	ちしき	knowledge	지식	conhecimento

308 売

うる sell
팔다
vender

賣

一 十 士 𠮷 声 壳 売

売 売 売 売 売 売 (7)

うーる・バイ

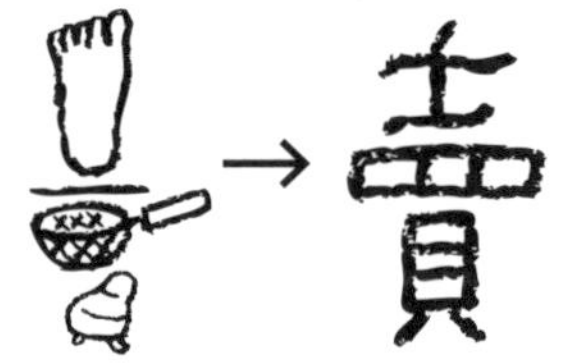

士（だす）＋買（かう）→買(か)う 人(ひと)の 前(まえ)に ものを 出(だ)す→うる

士 show ＋ 買 buy
→to put something out in front of the customer→to sell

士（내다）＋ 買（사다）
→살 사람 앞에 물건을 꺼내다→팔다

士 tirar ＋ 買 comprar
→mostrar coisas na frente da pessoa que compra→vender

売る	うる	to sell	팔다	vender
売店	ばいてん	stand	매점	venda
売り場	うりば	counter	매장	local de venda
自動販(はん)売機(き)	じどうはんばいき	vending machine	자동판매기	máquina de venda automática

309 説

せつめいする
explain
설명하다
exlicar

丶 亠 亠 言 言 言 言 言 言' 言' 訁 訁 訁 説

説 説 説 説 説 説 (14)

とーく・セツ

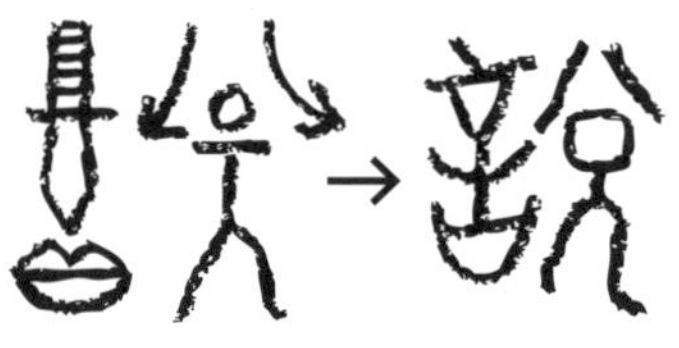

言（いう）＋兌（わける と あに）→兄(あに)が 分(わ)かるように 言(い)う →せつめいする

言 say ＋ 兌 divide and elder brother→elder brother tells the story in an understandable way→to explain

言（말하다）＋ 兌（나누면 형）
→형이 알도록 말하다→설명하다

言 dizer ＋ 兌 irmão mais velho que divide
→dizer de forma que o irmão mais velho entenda→explicar

説明する	せつめいする	to explain	설명하다	explicar
小説	しょうせつ	novel	소설	romance, novela

310

思

おもう think 생각하다 pensar

思 思 思 思 思 思 (9)

おもーう・シ

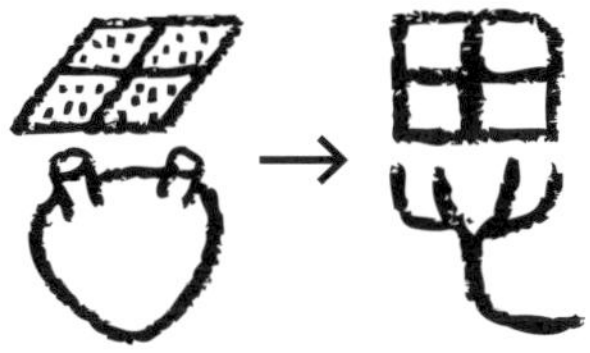

田（た）＋心（こころ）→むかし人びとの心には いつも田と米の ことがあった→おもう

田 rice field ＋ 心 heart
→long ago people always have field and rice in mind→to think

田（논）＋心（마음）
→옛날에는 항상 논과 쌀에 대한 것이 마음속에 있었다→생각하다

田 arrozal ＋ 心 coração→antigamente no coração das pessoas sempre havia arrozal e arroz→pensar

思う	おもう	to think	생각하다	pensar
思い出す	おもいだす	to remember	생각해 내다	recordar-se
思い出	おもいで	memory	추억	recordação
思想	しそう	thought	사상	pensamento

練習1：漢字の　読み方を　書きましょう。

PRACTICE : Write the meanings of the following kanji in hiragana;
연습 : 한자 읽는 음을 히라가나로 써 봅시다 .
Exercício : escreva a leitura dos kanjis.

1．開けます あけます　　2．集めます あつめます

3．引きます ひきます　　4．閉めます しめます

5．死にます しにます　　6．知っています しっています

7．売ります うります　　8．思います おもいます

9．説明します せつめいします　　10．去年 きょねん

11．写真をみて、死んだ父を　思い出しました。
しゃしん　し　ちち　おもいだ

12．私のしゅみは　切手を　集めることです。
わたし　きって　あつ

13．新しいカメラの　使い方を　説明しましょう。
あたら　つかいかた　せつめい

14．この　小説が　今、一番　売れています。
しょうせつ　いま　いちばん　う

15．ノートを　開いて　メモを　してください。
ひら

練習(れんしゅう)2: 下(した)の □に 漢字(かんじ)を 書(か)きましょう。

1. あ
[開]けます
to open
엽니다
abrir

2. あつ
[集]めます
to collect
모읍니다
juntar

3. ひ
[引]きます
to pull
당깁니다
puxar

4. し
[閉]めます
to close
닫습니다
fechar

5. し
[死]にます
to die
죽습니다
morrer

6. おも
[思]います
to think
생각합니다
pensar

7. う
[売]ります
to sell
팝니다
vender

8. し
[知]っています
to know
알고 있습니다
saber, conhecer

9. きょ ねん
[去][ ]
last year
작년
ano passado

10. せつ めい
[説][明]します
to explain
설명합니다
explicar

11. う
エコカーが [売]れています。
Eco-cars sell well.
에코카가 잘 팔립니다
Vendem-se muitos carros ecológicos.

Lesson 19~20

にほんごのうりょくしけん（JLPT）じっせん　れんしゅう

もんだい１　＿＿＿＿の　ことばは　ひらがなで　どう　かきますか。
１、２、３、４から　いちばん　いいものを　ひとつ　えらんで　ください。

1．質問の　意味を　考えました。
　　①　　　②

① 1. しちもん　2. しちかん　3. しつもん　4. しつかん
② 1. いみ　2. いまい　3. おとみ　4. いあじ

2．問題集を　開いて　ください。
　　③　　　　④

③ 1. もんでいしゅ　2. もんだいしゆう　3. もんだいしゅ　4. もんだいしゅう
④ 1. あいて　2. ひらいて　3. といて　4. きいて

3．試験が　何時に　はじまるか　知っていますか。
　　⑤　　　　　　　　　　　　　⑥

⑤ 1. じけん　2. じっけん　3. しけん　4. しっけん
⑥ 1. していますか　2. しっていますか　3. ちっていますか　4. まっていますか

4．引き出しの　中に　説明書が　あります。
　　⑦　　　　　　　⑧

⑦ 1. ひきでし　2. ひきだし　3. びきでし　4. ひきたし
⑧ 1. せつめいしょ　2. せつめいしょう　3. せちめいしょ　4. せちめえしょう

5．あすから　旅行するので　今　用意を　しています。
　　　　　　⑨　　　　　　　　⑩

⑨ 1. りょうこう　2. りょこう　3. りよこう　4. りょごう
⑩ 1. じゅんび　2. じゅんい　3. よい　4. ようい

6．門は　8時に　閉まります。
　　⑪　　　　　⑫

⑪ 1. かど　2. あいだ　3. もん　4. かん
⑫ 1. ちまります　2. じまります　3. つまります　4. しまります

7．日曜日　都合が　よければ　みんなで　集まりませんか。
　　　　　⑬　　　　　　　　　　　　⑭

⑬ 1. つごう　2. つあい　3. とあい　4. すごう
⑭ 1. まとまりませんか　2. あつまりませんか　3. しまりませんか　4. あすまりませんか

もんだい2 ＿＿＿＿の　ことばは　どう　かきますか。
1、2、3、4から　いちばん　いいものを　ひとつ　えらんで　ください。

1．しつもん①が　むずかしかったので　こたえ②られませんでした。

① 1. 資門　2. 質門　3. 資問　4. 質問
② 1. 合え　2. 答え　3. 谷え　4. 荅え

2．かぞく③に　おみやげを　買おうと　おもって④　います。

③ 1. 家族　2. 豕族　3. 家旅　4. 豕旅
④ 1. 思って　2. 恩って　3. 悪って　4. 想って

3．まどを　あける⑤ときは　そのレバーを　ひいて⑥ください。

⑤ 1. 開ける　2. 閉ける　3. 聞ける　4. 閃ける
⑥ 1. 弓いて　2. 弱いて　3. 引いて　4. 弜いて

4．しけん⑦の　時間に　まにあい⑧ませんでした。

⑦ 1. 実験　2. 試験　3. 実検　4. 試検
⑧ 1. 間に合い　2. 問に会い　3. 間に会い　4. 問に合い

5．きょねん⑨　10年間　かっていた　犬が　しにました⑩。

⑨ 1. 走年　2. 去年　3. 走年　4. 去年
⑩ 1. 列にました　2. 犯にました　3. 花にました　4. 死にました

6．そのかわいい　メモようし⑪は　どこでうって⑫いますか。

⑪ 1. 用低　2. 車紙　3. 用紙　4. 用祇
⑫ 1. 売って　2. 賣って　3. 読って　4. 壱って

7．先生が　漢字の　いみ⑬を　せつめい⑭してくれました。

⑬ 1. 意味　2. 竜未　3. 意未　4. 産昧
⑭ 1. 悦明　2. 脱朋　3. 説明　4. 説朋

コラム

人の漢字

漢字のなかに、いろいろな人が　かくれています。
グループに　分けましょう。

（手足を広げる）
れい　大

（よこをむく）

（すわる）

（足だけ？）

⇨こたえは　つぎの　ページに　あります。

こたえ

（手足を広げる）

大
立
赤

（よこをむく）

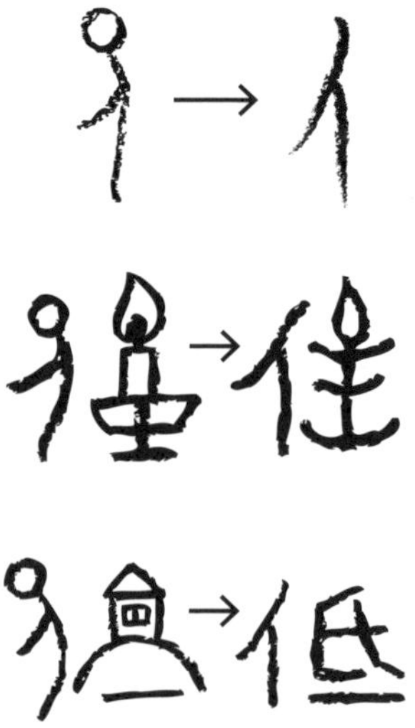

人
住
低

（すわる）

化
北
死

（足だけ？）

兄
見
先

コラム

手と足の漢字

漢字の中に　手と足が　かくれています。
手のグループと　足のグループに　分けましょう。

友　走
書　出　止
歩　有　先　左　建
帰　右　正　降

（手グループ）

れい　右

（足グループ）

⇨こたえは　つぎの　ページに　あります。

こたえ

（手グループ）

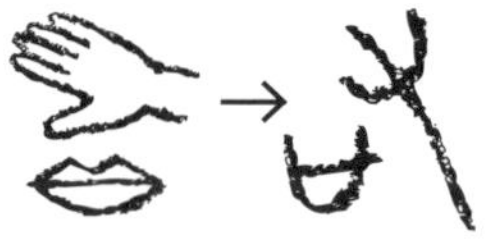
右

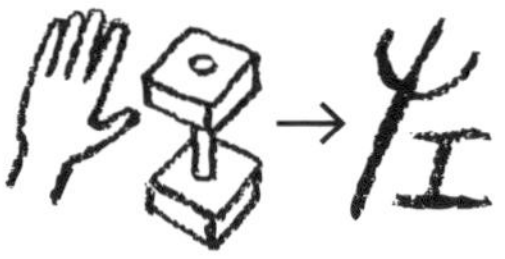
左

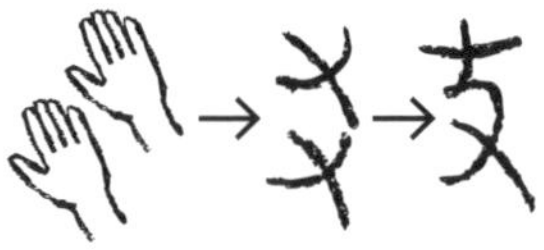
友

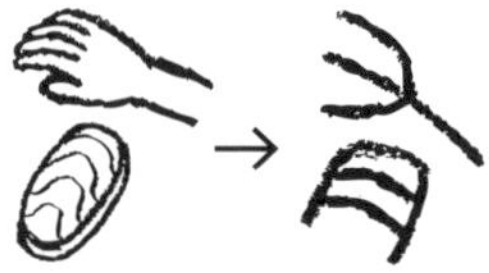
有

書

帰

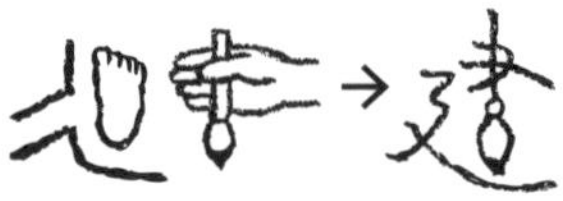
建

（足グループ）

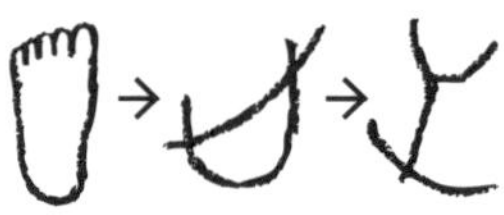
止

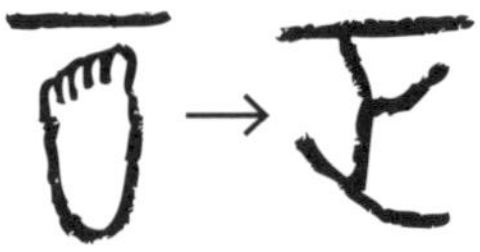
正

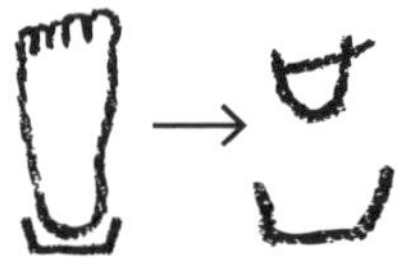
出

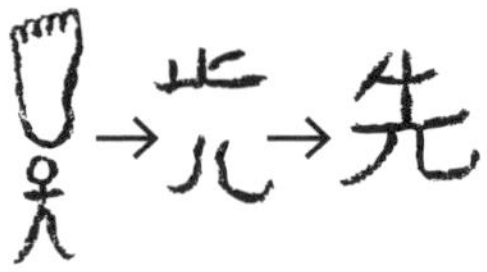
先

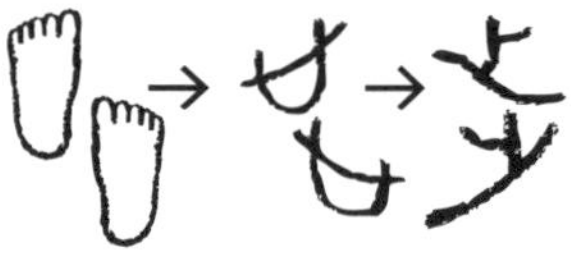
歩

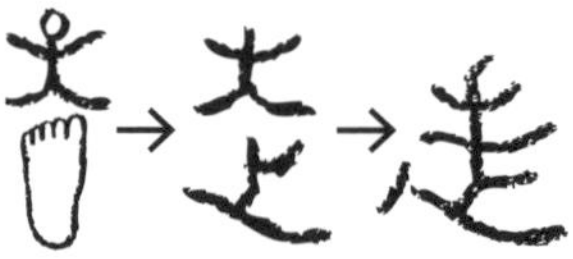
走

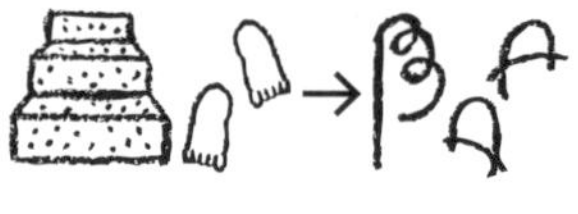
降

コラム

漢字を　つくりましょう

左の漢字と　右の漢字で　漢字を作りましょう。

1

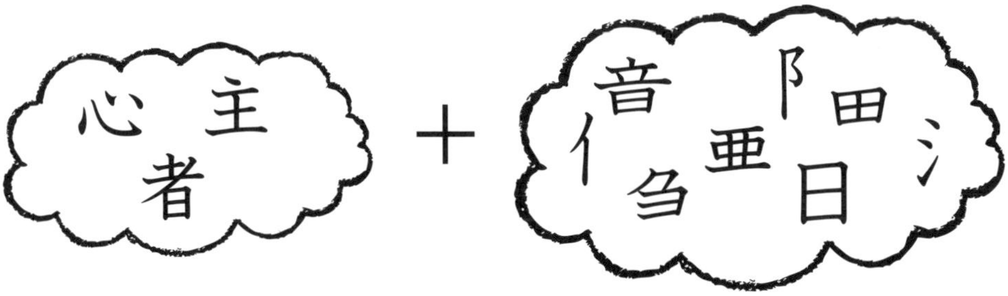

れい　悪

2

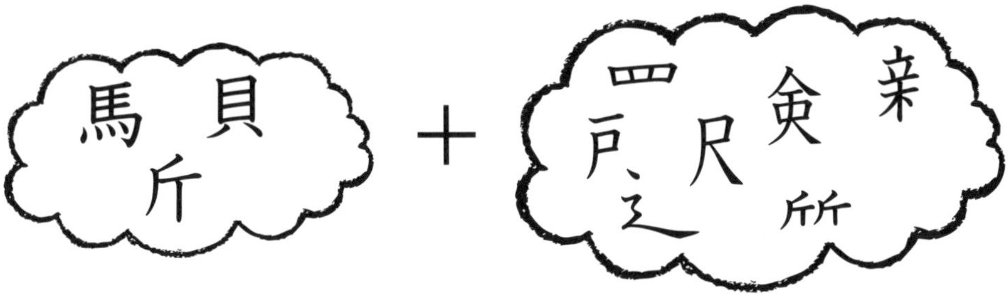

⇨こたえは　つぎの　ページに　あります。

こたえ

1

心

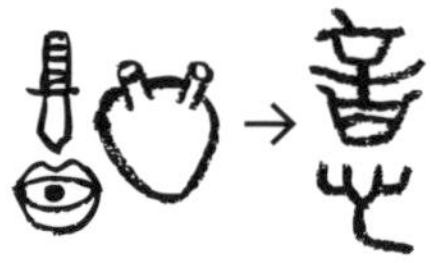 意
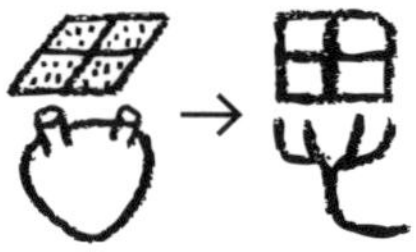 思
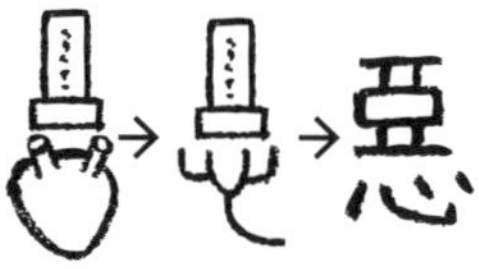 悪
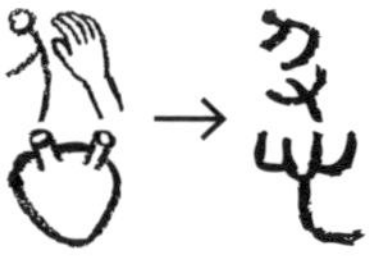 急

主

 住
 注

者

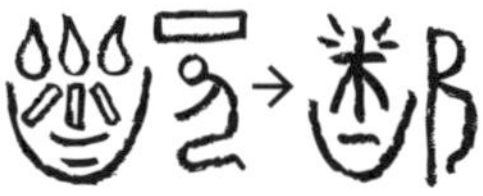 都
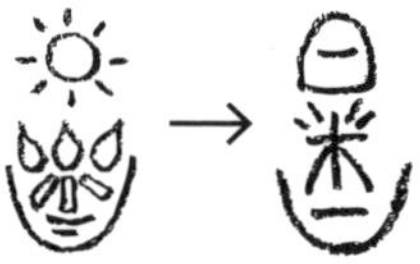 暑

2

馬

 駅
 験

貝

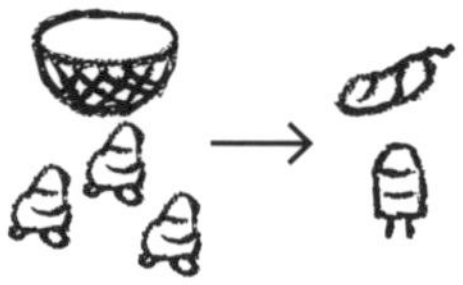 買
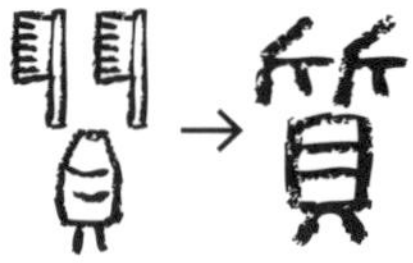 質

斤

 新
 近
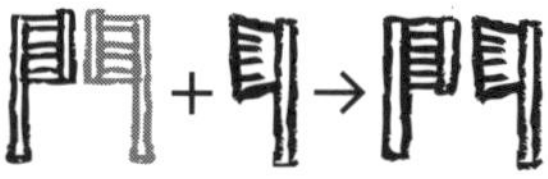 所

Lesson
1～20

そうごう　れんしゅう

もんだい１　＿＿＿の　ことばは　ひらがなで　どう　かきますか。
１、２、３、４から　いちばん　いいものを　ひとつ　えらんで　ください。

1．大変です。急いで　来てください。
　　①　　　　②

① 1. だいへん　2. たあへん　3. たいへん　4. おおへん
② 1. いそいで　2. きゅいで　3. いぞいで　4. すぐいで

2．いつか　世界中を　旅行したいです。
　　　　　　③　　　④

③ 1. せかいなか　2. せかいじゅう　3. せがいじゅう　4. せがいじゅ
④ 1. りょごう　2. りよごう　3. りょこう　4. りょうこう

3．朝から　頭が　いたいです。
　　⑤　　⑥

⑤ 1. おさ　2. あざ　3. よる　4. あさ
⑥ 1. あたま　2. かお　3. あだま　4. くび

4．遠くで　鳥の　声が　します。
　　⑦　　⑧

⑦ 1. どおく　2. とうぐ　3. とおく　4. とうく
⑧ 1. しま　2. とり　3. どり　4. ことり

5．雪が　降ると、山は　真っ白に　なります。
　　⑨　⑩

⑨ 1. ゆぎ　2. ゆき　3. あめ　4. くも
⑩ 1. おりる　2. おちる　3. ふりる　4. ふる

6．都合が　良かったら、ぜひ　いらっしゃって　ください。
　　⑪　　　⑫

⑪ 1. つごう　2. とごう　3. つごお　4. づごお
⑫ 1. いかったら　2. よかったら　3. よいかったら　4. いいかったら

7．今夜は　寒いですね。
　　⑬　　⑭

⑬ 1. いまよる　2. けさ　3. こんや　4. こんばん
⑭ 1. さむい　2. さぶい　3. さみい　4. さまい

8. 正しい 答えが わかりません。
⑮ ⑯

⑮ 1. たたしい 2. だたしい 3. ただしい 4. たあしい
⑯ 1. こだえ 2. ごだい 3. こだい 4. こたえ

9. 大学を 出たら、銀行で 働きたいです。
⑰ ⑱

⑰ 1. ぎんごう 2. ぎんご 3. きんこう 4. ぎんこう
⑱ 1. うごきたい 2. はたらきたい 3. うごぎたい 4. はだらきたい

10. あのコンビニは 近くて 便利です。
⑲ ⑳

⑲ 1. ちかくて 2. ちがくて 3. ちかぐて 4. ちかいくて
⑳ 1. ふべん 2. べんり 3. ふうべん 4. びんり

11. 信号を わたるとき 走っては いけません。
㉑ ㉒

㉑ 1. しんご 2. しんこう 3. しんごう 4. しいご
㉒ 1. あるっては 2. はしっては 3. かけっては 4. きっては

12. 発車するまで もう しばらく お待ちください。
㉓ ㉔

㉓ 1. しゅっぱつ 2. はしゃ 3. しゅぱつ 4. はっしゃ
㉔ 1. おもちください 2. おたちください 3. おまちください 4. おむちください

13. このアパートは 安くて 広いですが、ちょっと 交通が 不便です。
㉕ ㉖

㉕ 1. こうつう 2. こうづう 3. こうつ 4. こつう
㉖ 1. ふびん 2. ふべん 3. へびん 4. ふうべん

14. 病院で 薬を たくさん もらいました。
㉗ ㉘

㉗ 1. びょういん 2. びよういん 3. びょいん 4. びよいん
㉘ 1. くずり 2. くづり 3. くつり 4. くすり

15. 私の　家族は　みんな　この　電車を　利用しています。
　　　　㉙　　　　　　　　　　　　㉚

㉙ 1. かそく　2. がぞく　3. がそく　4. かぞく
㉚ 1. りよう　2. りょう　3. しよう　4. しょう

16. この　ロボットは　人間の　ように　動きます。
　　　　　　　　　　㉛　　　　　　　㉜

㉛ 1. にんけん　2. ひとかん　3. にんげん　4. じんけん
㉜ 1. はたらきます　2. いごきます　3. いきます　4. うごきます

17. 今　工事中なので　地図の　とおりに　行くことが　できません。
　　　㉝　　　　　㉞

㉝ 1. こじちゅう　2. こおじちゅう　3. こうじちゆう　4. こうじちゅう
㉞ 1. ちす　2. ちず　3. じず　4. じす

18. 私は　妹と　いっしょに　日本で　生活して　います。
　　㉟　　　　　　　　　　　　　　㊱

㉟ 1. あたし　2. わだし　3. わたし　4. あだし
㊱ 1. せいかつして　2. せえかちして　3. せえかつして　4. せいかちして

19. 山田さんは　来週　試験が　あるのを　知らないかも　しれません。
　　　　　　　　　　㊲　　　　　　　㊳

㊲ 1. じゅぎょう　2. しげん　3. しけん　4. じっけん
㊳ 1. わからない　2. しらない　3. ちらない　4. ひらない

20. 姉は　去年　けっこんして　外国に　住んでいます。
　　㊴　　㊵

㊴ 1. あに　2. あね　3. いもうと　4. おとうと
㊵ 1. きょうねん　2. ぎょねん　3. きよねん　4. きょねん

21. この　漢字の　意味が　分かりますか。
　　　　㊶　　　㊷

㊶ 1. かんし　2. かんじ　3. がんじ　4. もじ
㊷ 1. いあじ　2. いみい　3. いみ　4. よみ

もんだい2 ＿＿＿＿の　ことばは　ひらがなで　どう　かきますか。
1、2、3、4から　いちばん　いいものを　ひとつ　えらんで　ください。

1．どんな　ところ①に　すみたい②ですか。

① 1. 所場　2. 場所　3. 場　4. 所
② 1. 住たい　2. 往たい　3. 往みたい　4. 住みたい

2．かのじょは　あかるくて③、そのうえ　とても　しんせつ④です。

③ 1. 明るくて　2. 暗るくて　3. 明くて　4. 赤るくて
④ 1. 新切　2. 規切　3. 親切　4. 視切

3．あの　いけ⑤の　前で　しゃしん⑥を　とりませんか。

⑤ 1. 池　2. 地　3. 海　4. 泄
⑥ 1. 写新　2. 映画　3. 映真　4. 写真

4．へんな⑦　おと⑧が　しますね。こわれているかも　しれません。

⑦ 1. 亦な　2. 奕な　3. 変な　4. 恋な
⑧ 1. 高　2. 音　3. 香　4. 直

5．これは　父から　もらった　とくべつ⑨な　とけい⑩です。

⑨ 1. 特別　2. 別特　3. 持別　4. 待別
⑩ 1. 時間　2. 特計　3. 特間　4. 時計

6．このへんは　よる⑪に　なると　くらい⑫ですから、気をつけて　ください。

⑪ 1. 朝　2. 夜　3. 夕　4. 昼
⑫ 1. 黒い　2. 明い　3. 暗い　4. 映い

7．しゅみは　うたを　うたう⑬　ことです。一週間に　いっかい⑭　カラオケに　行きます。

⑬ 1. 哥う　2. 歌う　3. 口う　4. 岢う
⑭ 1. 1階　2. 1会　3. 1合　4. 1回

8．友だちに　かみを　みじかく　きってもらいました。
⑮　⑯

⑮　1. 短かく　2. 近く　3. 短く　4. 長く
⑯　1. 切って　2. 来って　3. 着って　4. 功って

9．おいしゃさんに「一日　30分　あるいて　ください」と　言われました。
⑰　⑱

⑰　1. お医暑さん　2. お匿者さん　3. お医者さん　4. お医看さん
⑱　1. 走いて　2. 歩いて　3. 急いて　4. 帰いて

10．あきに　なると、木のはが　あかく　なります。
⑲　⑳

⑲　1. 私　2. 春　3. 科　4. 秋
⑳　1. 赤く　2. 黒く　3. 青く　4. 白く

11．友だちに　CDを　かしましたが、まだ　かえして　くれません。
㉑　㉒

㉑　1. 借しました　2. 貸しました　3. 買しました　4. 持しました
㉒　1. 返して　2. 答して　3. 帰して　4. 返して

12．日本りょうりは　すきですか。
㉓　㉔

㉓　1. 理料　2. 理科　3. 料理　4. 科理
㉔　1. 孖き　2. 好き　3. 着き　4. 娘き

13．日本に　いる　あいだに、おちゃを　ならいたいです。
㉕　㉖

㉕　1. お茶　2. お菜　3. 大茶　4. お荼
㉖　1. 教いたい　2. 教いたい　3. 習いたい　4. 習いたい

14．としょかんで　パソコンの　本を　かりました。
㉗　㉘

㉗　1. 図絵館　2. 図書館　3. 図読館　4. 図書院
㉘　1. 返りました　2. 帰りました　3. 貸りました　4. 借りました

15. えいがは　6時半からですから、まだ　まにあいますよ。
㉙ えいが　㉚ まにあいます

㉙ 1. 英画　2. 映画　3. 絵画　4. 動画
㉚ 1. 間に会います　2. 問に合います　3. 問に会います　4. 間に合います

16. ようじが　あるので、今日は　早く　かえりたいです。
㉛ ようじ　㉜ かえりたい

㉛ 1. 工事　2. 甲事　3. 里事　4. 用事
㉜ 1. 返りたい　2. 帰りたい　3. 掃りたい　4. 借りたい

17. じてんしゃに　乗るときは　車に　ちゅういして　ください。
㉝ じてんしゃ　㉞ ちゅういして

㉝ 1. 自動車　2. 自働車　3. 自軽車　4. 自転車
㉞ 1. 柱意して　2. 注意して　3. 中意して　4. 主意して

18. じゅぎょうが　おわっても　学生は　きょうしつに　います。
㉟ おわって　㊱ きょうしつ

㉟ 1. 終わって　2. 始わって　3. 絡わって　4. 絳わって
㊱ 1. 赦室　2. 教室　3. 教宝　4. 赦宝

19. 先生は　いつも　えいごで　せつめいして　くれます。
㊲ えいご　㊳ せつめいして

㊲ 1. 瑛語　2. 英語　3. 英話　4. 瑛話
㊳ 2. 説明して　2. 説朋して　3. 悦朋して　4. 悦明して

20. 新しい　カメラの　つかいかたを　おしえて　いただけませんか。
㊴ つかいかた　㊵ おしえて

㊴ 1. 使い方　2. 使い万　3. 伸い方　4. 使い才
㊵ 1. 赦えて　2. 習えて　3. 教えて　4. 敕えて

21. きょうから　漢字の　べんきょうを　はじめます。
㊶ べんきょう　㊷ はじめます

㊶ 1. 勉教　2. 免強　3. 免教　4. 勉強
㊷ 1. 終めます　2. 始めます　3. 婚めます　4. 姤めます

もんだい３ メモ

パトリックさんは　毎日（まいにち）　いそがしいので　やらなければならないことを
メモして　わすれないように　れいぞうこに　はって　おきます。
メモの ＿＿＿＿＿ の　ことばは　ひらがなで　どう　かきますか。
１、２、３、４から　いちばん　いいものを　ひとつ　えらんで　ください。

今週やること

1　①<u>銀行</u>で３万円出す

2　②<u>時計</u>の修理（しゅうり）をたのむ

3　③<u>旅行</u>の　④<u>写真</u>を　⑤<u>送る</u>

4　母に電話

5　⑥<u>食料品</u>を買う

→ List　⑦<u>鳥肉</u>　200g
お米　2kg
野菜
りんご
牛乳（にゅう）

① 1. ぎんこ　2. ぎんご　3. ぎんこう　4. きんこう

② 1. どけい　2. とけえ　3. どげい　4. とけい

③ 1. りよこう　2. りょこう　3. りゃこう　4. りょこ

④ 1. しゃしん　2. さしん　3. しやしん　4. しゃしい

⑤ 1. とる　2. かりる　3. おくる　4. かえる

⑥ 1. しよくりようひん　2. しょくりょうしん　3. しよくりようしん　4. しょくりょうひん

⑦ 1. ぎゅうにく　2. とりにく　3. ぶたにく　4. やきにく

もんだい4　お知らせ

ごみの　① 正しい　分け方と　出し方		
		場所
資源ごみ	ペットボトル、プラスチック、びん、かん 古い ② 紙（Ⓐ しんぶんし、ざっし）	ごみ置き場
もえるごみ	Ⓑ たべもの、③ 洋服、くつ	ごみ置き場
もえないごみ	ガラス、陶器（④ 茶わん、さら）	ごみ置き場
大きいごみ	1辺が30cm ⑤ 以上のもの 30cm以上 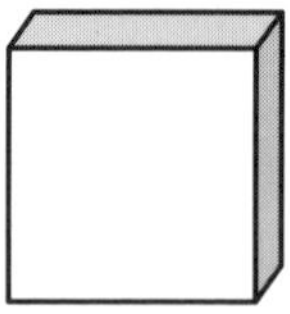	マンション 裏口
⑥ 注意1【ペットボトルの出し方】 ぜんぶ Ⓒ つかう　→　きたない Ⓓ ばあいは Ⓔ あらう →　ビニール袋にいれる 注意2　大きいごみを出す2週間前までに ⑦ 区に電話してください		

もんだい4-1

＿＿＿＿の　ことばは　ひらがなで　どう　かきますか。
1、2、3、4から　いちばん　いいものを　ひとつ　えらんで　ください。

① 1. あたらしい　2. たたしい　3. あらたしい　4. ただしい

② 1. がみ　2. かび　3. かみ　4. しみ

③ 1. よふく　2. ようふく　3. おふく　4. わふく

④ 1. しゃわん　2. ちやわん　3. じゃわん　4. ちゃわん

⑤ 1. いうえ　2. いじょう　3. いじょ　4. いじよう

⑥ 1. ちゆうい　2. つゅうい　3. ちゅうい　4. ちゅい

⑦ 1. く　2. し　3. まち　4. と

もんだい4-2

＿＿＿の　ことばは　どう　かきますか。
1、2、3、4から　いちばん　いいものを　ひとつ　えらんで　ください。

Ⓐ　1. 親聞氏　2. 親聞紙　3. 新間紙　4. 新聞紙

Ⓑ　1. 食べ物　2. 飲べ物　3. 食べ埸　4. 食べ沕

Ⓒ　1. 倹う　2. 使う　3. 便う　4. 作う

Ⓓ　1. 所会　2. 所合　3. 場会　4. 場合

Ⓔ　1. 侁う　2. 住う　3. 洗う　4. 注う

もんだい5　掲示物（けいじぶつ）

＿＿＿の　ことばは　ひらがなで　どう　かきますか。
1、2、3、4から　いちばん　いいものを　ひとつ　えらんで　ください。

気をつけてください！

トイレのタンクの上に　① 重い　② 物をおかないでください。
ふたを　③ 強くおしたり、④ 引いたりしないでください。

①　1. かるい　2. さむい　3. おもい　4. あつい

②　1. にもつ　2. もん　3. かばん　4. もの

③　1. つよく　2. よわく　3. すよく　4. しろく

④　1. ちいたり　2. ひいたり　3. きいたり　4. おいたり

もんだい6 広告（こうこく）

売り出し中

都心に近い！ガーデニングができるマンション

東京駅まで電車で15分

中村駅まで歩いて10分　① 自転車で3分

Ⓐ ちかに駐車場（ちゅうしゃじょう）

Ⓑ おくじょうに ② 池とミニガーデン

Ⓒ ひろいベランダで花や ③ 野菜を作ることもできます！

もんだい6-1

＿＿＿＿の　ことばは　ひらがなで　どう　かきますか。
1、2、3、4から　いちばん　いいものを　ひとつ　えらんで　ください。

① 1. じでんしゃ　2. じてんしゃ　3. じどうしゃ　4. じだんしや

② 1. いけ　2. かわ　3. いげ　4. うみ

③ 1. やざい　2. くだもの　3. やさい　4. くたもの

もんだい6-2

＿＿＿＿の　ことばは　どう　かきますか。
1、2、3、4から　いちばん　いいものを　ひとつ　えらんで　ください。

Ⓐ 1. 池下　2. 池上　3. 地下　4. 地上

Ⓑ 1. 屋外　2. 店上　3. 家上　4. 屋上

Ⓒ 1. 広い　2. 近い　3. 低い　4. 早い

解答

Lesson 1

P25 2 かわ 3 た 4 ひ 5 つき 6 ひ 7 みず 8 き 9 きん 10 つち

P29 1 やま 2 かわ 3 た 4 ひ 5 つき 6 ひ 7 みず 8 き 9 かね
10 つち 11 にち（よう）び・（ふじ）さん 12 げつ（よう）び・きん（よう）び
13 ど（よう）び・やまだ 14 がわ 15 すい（よう）び

P30 1 山 2 川 3 田 4 日 5 月 6 火 7 水 8 木 9 金 10 土
11 月 12 日（よう）日 13 月（よう）日 14 火（よう）日
15 水（よう）日 16 木（よう）日 17 金（よう）日 18 土（よう）日

Lesson 2

P31 2 二 3 三 4 四 5 五 6 六 7 七 8 八 9 九 10 十

P35 1 ひと（つ） 2 ふた（つ） 3 みっ（つ） 4 よっ（つ） 5 いつ（つ）
6 むっ（つ） 7 なな（つ） 8 やっ（つ） 9 ここの（つ） とお・じゅう
11 いちがつついたち 12 ふたり 13 しちがつなのか 14 じゅうぶん
15 はちがつようか

P36 1 一 2 二 3 三 4 四 5 五 6 六 7 七 8 八 9 九 10 十
11 一月一日 12 二人 13 十分（な） 14 八月八日 15 六月六日

Lesson 3

P37 2—C 3—D 4—A 5—E 6—G 7—H 8—J 9—F

P41 1 ひゃく 2 にせんねん 3 さんまんえん 4 うえ・じょう 5 した・げ
6 なか・ちゅう 7 とし・ねん 8 じょうげ 9 よじはん 10 ごふん
11 なな・あ（がります） 12 わ（かります） 13 はんぶん・わ（けました）
14 （らい）ねん・ちゅう（がく） 15 いちにちじゅう

P42 1 上 2 下 3 五百円 4 中 5 一万円 6 半 7 上下 8 二千年
9 分（かります） 10 分 11 一日中 12 上（がります） 13 下（がります）
14 半分（ずつ）分（けました）

P43 もんだい1 ① 3 ② 2 ③ 3 ④ 1 ⑤ 4 ⑥ 1 ⑦ 2 ⑧ 4 ⑨ 3
⑩ 4 ⑪ 3 ⑫ 1 ⑬ 4 ⑭ 3

P44 もんだい2 ① 1 ② 3 ③ 3 ④ 4 ⑤ 2 ⑥ 3 ⑦ 3 ⑧ 1 ⑨ 2
⑩ 4 ⑪ 3 ⑫ 1 ⑬ 3 ⑭ 2

Lesson 4

P45 1—B 3—A 4—E 5—D
2—d 3—a 4—e 5—b

P49 1 ひと 2 こ（ども） 3 おんな 4 おとこ 5 め 6 くち 7 みみ
8 て 9 あし 10 ちから 11 ひとり 12 じょうず 13 （いり）ぐち
14 おとこ（の）こ・さんにん 15 いちにちめ

P50 1 人 2 子 3 女 4 男 5 目 6 口 7 耳 8 手 9 足 10 力
11 一人 12 二人 13 三人 14 男女 15 一日目 16 上手（な）
17 下手（な） 18 （入）口

Lesson 5

P51 1—D 3—E 4—B 5—C 6—J 7—I 8—F 9—H

P55 1 ちち 2 せんせい 3 がっこう 4 （お）とう（さん） 5 とも（だち） 6 ほん 7 （お）かあ（さん） 8 まいとし 9 がくせい 10 はは 11 なんにん 12 せんげつ 13 まいにち・なに 14 （お）さき（に） 15 ねん・にほん・う（まれました）

P56 1 （お）父（さん） 2 （お）母（さん） 3 先生 4 何 5 学生 6 友（だち） 7 本 8 何時 9 父、母・日本 10 毎日・学校

Lesson 6

P57 2 みなみ 3 きた 4 にし 5 まえ 6 ひだり 7 うしろ 8 みぎ

P61 1 まえ 2 うし（ろ） 3 そと 4 みぎ（と）ひだり 5 ぜんご 6 ひがし 7 にし 8 みなみ 9 きた 10 なんぼく 11 せんせい・なまえ 12 さんねんご・がい（こく） 13 とうなん 14 まえ・とも（だち） 15 さゆう

P62 1 東 2 西 3 左 4 右 5 北 6 南 7 前 8 後（ろ） 9 外 10 （6）名 11 南北 12 東西 13 前後 14 左右 15 （二）年後・外（国） 16 先生・名前

P63 もんだい1 ① 3 ② 3 ③ 2 ④ 4 ⑤ 3 ⑥ 4 ⑦ 3 ⑧ 4 ⑨ 4 ⑩ 4 ⑪ 2 ⑫ 4 ⑬ 4 ⑭ 2

P64 もんだい2 ① 1 ② 3 ③ 3 ④ 4 ⑤ 3 ⑥ 4 ⑦ 1 ⑧ 2 ⑨ 3 ⑩ 1 ⑪ 3 ⑫ 4 ⑬ 3 ⑭ 4

Lesson 7

P65 1—C 2—E 4—B 5—D 6—H 7—F 8—J 9—G

P69 1 うし 2 うま 3 さかな 4 かい 5 あめ 6 くるま 7 もん 8 ごぜん 9 ごご 10 てんき 11 にほんじん・さかな 12 ろくがつ・あめ 13 てんき 14 もん・まえ 15 ごぜん・ごご

P70 1 牛 2 馬 3 魚 4 貝 5 雨 6 天気 7 車 8 門 9 午前 10 午後 11 門・前 12 気 13 毎日・牛（にゅう）

Lesson 8

P71 1—D 2—C 4—E 5—B 7—I 8—F 9—H 10—J

P75 1 なが（い） 2 ちい（さい） 3 たか（い） 4 おお（きい） 5 あたら（しい） 6 ふる（い） 7 はや（い） 8 おお（い） 9 すく（ない） 10 やす（い） 11 こうこうせい 12 すこ（し） 13 しゃちょう 14 やす（くて）・おお（きい） 15 しんねん

P76 1 高（い） 2 安（い） 3 新（しい） 4 早（い） 5 古（い） 6 少（ない） 7 長（い） 8 多（い） 9 小（さい） 10 大（きい） 11 日本（ご）・少（し） 12 新（しい）・大学

Lesson 9

P77 1—D 3—E 4—B 5—C 7—I 8—J 9—H 10—F

P81 1 い（きます） 2 き（ます） 3 た（べます） 4 み（ます） 5 はい（ります） 6 で（ます） 7 た（ちます） 8 か（きます） 9 い（います） 10 の（みます） 11 だいがく・にゅうがく 12 らいげつ・だ（します） 13 あたら（しい）・けんがく 14 ほん・い（れます） 15 でぐち・い（きかた）

P82 1 行（きます） 2 来（ます） 3 入（ります） 4 書（きます）

5 <u>見</u>（ます） 6 <u>言</u>（います） 7 （読）<u>書</u> 8 入口 9 来年 10 見学
11 出口・<u>立</u>（っています） 12 <u>食</u>（べて）・<u>飲</u>（みました）

P83 もんだい1 ① 3 ② 1 ③ 2 ④ 2 ⑤ 1 ⑥ 3 ⑦ 4 ⑧ 1 ⑨ 1
⑩ 2 ⑪ 3 ⑫ 4 ⑬ 2 ⑭ 3

P84 もんだい2 ① 3 ② 3 ③ 4 ④ 1 ⑤ 2 ⑥ 1 ⑦ 1 ⑧ 4 ⑨ 4
⑩ 2 ⑪ 1 ⑫ 3 ⑬ 3 ⑭ 1

Lesson 10

P85 1― c 2― a 3― b

P89 1 <u>はな</u>（します） 2 <u>よ</u>（みます） 3 <u>ちゅう</u>（ごく）<u>ご</u> 4 あいだ
5 <u>き</u>（きます） 6 <u>か</u>（います） 7 <u>やす</u>（みます） 8 じかん
9 いっしゅうかん 10 みち 11 にほんご・しんぶん・<u>よ</u>（みたい）
12 <u>やす</u>（み）・ひ・なに 13 ちち・どくしょ
14 せんしゅう・<u>か</u>（いました） 15 らいしゅう・にほんご・<u>はな</u>（します）

P90 1 <u>読</u>（みます） 2 <u>話</u>（します） 3 <u>聞</u>（きます） 4 <u>買</u>（います）
5 <u>休</u>（みます） 6 間 7 道 8 来週 9 時間 10 日本語
11 父・読書 12 （1）<u>週間</u>・<u>買</u>（い物）

Lesson 11

P91 2―d 3―e 4―a 5―b

P95 1 いま 2 みせ 3 えき 4 かいしゃ 5 そら 6 くに 7 <u>しろ</u>（い）<u>はな</u>
8 <u>あ</u>（います） 9 がいこく 10 でんき 11 やま・くうき 12 ことし
13 くに・でんわ 14 えき・まえ・みせ
15 でんしゃ・<u>くう</u>（こう）・<u>い</u>（きます）

P96 1 駅 2 店 3 今 4 国 5 花 6 <u>白</u>（い） 7 空 8 会社 9 電気
10 <u>会</u>（います） 11 外国・電話 12 今年

P97 もんだい1 ① 3 ② 1 ③ 4 ④ 4 ⑤ 3 ⑥ 4 ⑦ 1 ⑧ 2 ⑨ 3
⑩ 1 ⑪ 2 ⑫ 2 ⑬ 3 ⑭ 2

P98 もんだい2 ① 1 ② 3 ③ 2 ④ 3 ⑤ 4 ⑥ 3 ⑦ 2 ⑧ 2 ⑨ 3
⑩ 2 ⑪ 2 ⑫ 4 ⑬ 3 ⑭ 2

P101 もんだい1 ① 4 ② 3 ③ 3 ④ 2 ⑤ 2 ⑥ 4 ⑦ 1 ⑧ 3 ⑨ 4
⑩ 1 ⑪ 4 ⑫ 3 ⑬ 3 ⑭ 2 ⑮ 3 ⑯ 1 ⑰ 4 ⑱ 2
⑲ 4 ⑳ 4 ㉑ 2 ㉒ 3 ㉓ 4 ㉔ 2 ㉕ 3 ㉖ 4 ㉗ 4
㉘ 1

P103 もんだい2 ① 2 ② 3 ③ 3 ④ 4 ⑤ 2 ⑥ 3 ⑦ 3 ⑧ 3 ⑨ 3
⑩ 3 ⑪ 4 ⑫ 1 ⑬ 1 ⑭ 3 ⑮ 2 ⑯ 4 ⑰ 3 ⑱ 1
⑲ 1 ⑳ 4 ㉑ 1 ㉒ 3 ㉓ 3 ㉔ 1 ㉕ 2 ㉖ 1 ㉗ 4
㉘ 1

P105 もんだい3-1 ① 2 ② 4 ③ 4 ④ 1 ⑤ 3
もんだい3-2 A 2 B 3 C 1 D 4

P106 もんだい4-1 ① 4 ② 2 ③ 3
もんだい4-2 A 4 B 1 C 2

Part 2

Lesson 1

P109 2－C　3－A　4－E　5－D　6－F

P113 1　じゅうしょ　2　ところ　3　とうきょう　4　きょうと　5　きょうとふ
6　やまぐちけん　7　きょうとし　8　く　9　まち　10　むら
11　ところ・す（みたい）　12　つ（ごう）　13　けん
14　とうきょうと・く　15　てんき・むら

P114 1　住（んでいます）　2　所　3　東京　4　京都　5　（大阪）府　6　（山口）県
7　（横浜）市　8　（北）区　9　（箱根）町　10　（山川）村　11　住所
12　都（合）　13　市長

Lesson 2

P115 あか（るい）　ちか（い）　つよ（い）　おも（い）　ふと（い）

P119 1　あか（るい）　2　ちか（い）　3　つよ（い）　4　かる（い）　5　ふと（い）
6　くら（い）　7　とお（い）　8　よわ（い）　9　おも（い）　10　ほそ（い）
11　きんじょ・あたら（しい）　12　あした、あす・いっしゅうかん
13　えき・とお（い）　14　ほん（だな）・おも（くて）
15　ふと（くて）・か（きやすい）

P120 1　明（るい）　2　暗（い）　3　遠（い）　4　近（い）　5　強（い）　6　弱（い）
7　重（い）　8　軽（い）　9　太（い）　10　細（い）　11　明日　12　近所

Lesson 3

P121 1－D　3－B　4－C　5－F　6－G　7－E

P125 1　わか（れます）　2　り（ようします）　3　き（ります）　4　いそ（ぎます）
5　とくべつ（な）　6　きって　7　しんせつ（な）　8　ふべん（な）
9　ゆうめい（な）　10　げんき（な）　11　す（き）　12　とっきゅう・べんり
13　たいせつ（な）・はなし　14　きゅう（に）・あめ　15　こうぶつ・とくべつ（に）

P126 1　元気（な）　2　有名（な）　3　不便（な）　4　特別（な）　5　大切（な）
6　切（ります）　7　別（れます）　8　急（ぎます）　9　切手・好（き）
10　特急・便利（だ）

P127 ①　4　②　1　③　2　④　4　⑤　3　⑥　3　⑦　1　⑧　3　⑨　3　⑩　4
⑪　1　⑫　3　⑬　2　⑭　4

P128 ①　4　②　1　③　3　④　4　⑤　2　⑥　3　⑦　4　⑧　1　⑨　2　⑩　3
⑪　3　⑫　1　⑬　2　⑭　4

Lesson 4

P129 1　ひく（い）　2　ひろ（い）　3　みじか（い）　4　よ（い）　5　わる（い）
6　ただ（しい）　7　へん（な）
2－B　3－A

P133 1　ひく（い）　2　ひろ（い）　3　みじか（い）　4　よ（い）　5　わる（い）
6　ただ（しい）　7　たいへん（な）　8　あか　9　あお　10　くろ
11　とお（くても）・ひろ（い）・す（みたい）　12　わる（い）
13　くろ（い）・へん（な）　14　（お）しょうがつ・くに
15　あお（くて）・みじか（い）・か（いました）

P134 1 低(い) 2 広(い) 3 短(い) 4 良(い) 5 悪(い)
6 正(しい) 7 変(な) 8 赤(い) 9 青(い) 10 黒(い)
11 大変(な) 12 正月 13 変(わります) 14 赤(ちゃん)
15 青・変(わります)

Lesson 5

P135 1 えいが 2 おんがく 3 りょこう 4 せかい 5 しゃしん 6 うた(う)
P139 1 しゃしん 2 おと 3 うた 4 せかい 5 おんがく 6 えいが
7 りょかん 8 がか 9 かしゅ 10 たの(しい)
11 りょこう・(けい)かく 12 おと 13 せわ・たいへん
14 ま(ん)なか 15 うた(ったり)・たの(しかった)
P140 1 写真 2 音 3 歌 4 世界 5 音楽 6 映画 7 旅行 8 画家
9 歌手 10 楽(しい) 11 音 12 世話

Lesson 6

P141 2－C 3－A 4－D 5－F 6－G 7－E
P145 1 おくじょう 2 ぎん 3 もの 4 ほんや 5 かじ 6 いしゃ 7 てんいん
8 さんぎょう 9 う(みます) 10 はたら(きます) 11 かいしゃいん
12 しごと 13 だいじ(な)・(よう)じ 14 ぎんこう・はたら(いています)
15 まち・さんぎょう
P146 1 医者 2 銀 3 会社員 4 大事(な) 5 産業 6 仕事 7 店員
8 工業 9 屋上 10 本屋・火事 11 銀行・働(いています)
P147 ① 3 ② 4 ③ 3 ④ 1 ⑤ 1 ⑥ 3 ⑦ 2 ⑧ 3 ⑨ 1 ⑩ 3
⑪ 4 ⑫ 2 ⑬ 4 ⑭ 2
P148 ① 4 ② 2 ③ 1 ④ 2 ⑤ 3 ⑥ 1 ⑦ 1 ⑧ 4 ⑨ 3 ⑩ 4
⑪ 2 ⑫ 4 ⑬ 3 ⑭ 2

Lesson 7

P149 2－C 3－B 4－A 5－F 6－G 7－E
P153 1 はやし 2 もり 3 ちか(てつ) 4 いけ 5 うみ 6 ゆき 7 ひかり
8 かぜ 9 せいよう 10 だいどころ 11 さんだい・き(ました)
12 とうよう・す(き) 13 まち・おおゆき 14 たいふう・ちか(づいています)
15 でんち・い(れました)
P154 1 池 2 雪 3 光 4 海外 5 森 6 林 7 西洋 8 海 9 風
10 土地 11 (電)池 12 台所 13 北海道・台風

Lesson 8

P155 2－B 3－A 4－C 5－F 6－H 7－E 8－G
P159 1 きせつ 2 はる 3 なつ 4 あき 5 ふゆ 6 あつ(い) 7 さむ(い)
8 あたた(かい) 9 すず(しい) 10 しゅんかしゅうとう
11 なつやす(み)・ほっかいどう 12 はる・す(き) 13 あき・きせつ
14 あつ(い)ひ 15 ふゆ・さむ(い)
P160 1 季節 2 春 3 夏 4 秋 5 冬 6 暑(い) 7 寒(い) 8 暖(かい)
9 涼(しい) 10 夏休(み) 11 秋田県 12 冬休(み) 13 春夏秋冬
14 冬・寒(い)

Lesson 9

P161 1 からだ 2 こえ 3 あたま 4 かお 5 こころ 6 びょう(いん) 7 くすり
P165 1 あたま 2 からだ 3 こえ 4 かお 5 びょうき 6 こころ 7 かがく

8　くすり　9　びょういん　10　あんしん（します）　11　せんせい・あたま
12　おお（きい）・こえ　13　ちゅうごく・しゅと　14　かお（いろ）
15　あたま・びょう（いん）

P166　1　頭　2　体　3　声　4　顔　5　首　6　心　7　科学　8　薬　9　病気
10　安心（します）　11　大（きい）・声　12　薬

P167　① 4　② 1　③ 2　④ 3　⑤ 3　⑥ 1　⑦ 2　⑧ 4　⑨ 3　⑩ 2
⑪ 1　⑫ 4　⑬ 2　⑭ 3

P168　① 3　② 4　③ 3　④ 2　⑤ 1　⑥ 3　⑦ 4　⑧ 1　⑨ 3　⑩ 2
⑪ 1　⑫ 2　⑬ 4　⑭ 3

Lesson 10

P169　1－D　3－A　4－C　6－A　7－C　8－E　9－D

P173　1　あさ　2　ひる　3　よる　4　ばん（ごはん）　5　ゆうがた　6　とけい
7　にちようび　8　けさ　9　こんや　10　こんど　11　せんせい・よ（み）かた
12　なつやす（み）・けいかく　13　まいばん・まえ
14　なんようび　15　(37) ど・いじょう・くすり・の（んだ）

P174　1　朝　2　昼　3　夜　4　夕方　5　今晩　6　時計　7　月曜日　8　以外
9　今度　10　今朝　11　今夜　12　夕食　13　毎晩　14　計画　15　一度
16　今日　何曜日

Lesson 11

P175　1　とまる　2　あるく　3　はしる　4　おきる　5　もつ　6　まつ

P179　1　ある（きます）　2　お（きます）　3　ま（ちます）　4　はし（ります）
5　も（っています）　6　か（ります）　7　か（します）　8　はじ（めます）
9　と（まります）　10　お（わります）　11　あめ・ちゅうし
12　てんき・きも（ち）　13　か（りる）・なに　14　お（わったら）・でんわ
15　か（して）

P180　1　歩（きます）　2　起（きます）　3　待（ちます）　4　走（ります）
5　持（っています）　6　借（ります）　7　貸（します）　8　始（めます）
9　止（まります）　10　終（わります）　11　気持（ち）

Lesson 12

P181　1－B　3－D　4－C

P185　1　わたし　2　いえ　3　じぶん　4　おや　5　りょうて　6　（お）にい（さん）
7　あに　8　（お）ねえ（さん）　9　おとうと　10　いもうと
11　かぞく・りょうしん・あね　12　しんせつ（な）・みち
13　ははおや・きょうだい　14　わたし・えいが　15　じ（どう）・べんり

P186　1　家　2　妹　3　（お）兄（さん）　4　親　5　私　6　（お）姉（さん）
7　兄　8　弟　9　父親　10　母親　11　自分　12　兄弟　13　姉妹
14　家族・両親・姉

P187　① 3　② 4　③ 2　④ 1　⑤ 1　⑥ 1　⑦ 4　⑧ 2　⑨ 2　⑩ 4
⑪ 4　⑫ 3　⑬ 3　⑭ 1

P188　① 3　② 2　③ 1　④ 4　⑤ 4　⑥ 3　⑦ 1　⑧ 3　⑨ 4　⑩ 1
⑪ 2　⑫ 1　⑬ 3　⑭ 4

Lesson 13

P189　2－C　3－E　4－A　5－D　6－I　8－J　9－G　10－H

P193　1　せいかつ　2　いっかい　3　しゅじん　4　いろ　5　かたち　6　しな（もの）

7　こくみん　8　ようふく　9　いぬ　10　おな（じ）
11　たいへん・せいかつ・たの（しい）　12　いっかい・えいが
13　かたち・いろ・ふく　14　（ご）しゅじん・まいあさ・いぬ
15　こんばん・しみん

P194　1　生活　2　(1) 回　3　主人　4　色　5　形　6　品（物）　7　市民　8　服
9　犬　10　同（じ）　11　食（料）品　12　子犬　13　前回　14　回（します）
15　妹・人形・服

Lesson 14

P195　1　やさい　2　（ご）はん　3　とりにく　4　（お）ちゃ

P199　1　こめ　2　やさい　3　（お）ちゃ　4　にく　5　あじ　6　ちり　7　りょうり
8　（ご）はん　9　ちゃいろ　10　しょくりょうひん
11　（でんわ）りょうきん・まいつき　12　いみ　13　ぎゅうにく・とりにく
14　ゆうはん・（お）ちゃ　15　にく・さかな・やさい

P200　1　米　2　野菜　3　（お）茶　4　肉　5　地理　6　味　7　料理　8　（ご）飯
9　茶色　10　食料品　11　（意）味　12　肉・野菜
⑪　1　⑫　3　⑬　2　⑭　1

Lesson 15

P201　1　木　2　動　3　主　4　也　5　毎　6　京　7　羊　8　市　9　未　10　子
11　台

P205　1　か（わります）　2　つか（います）　3　つく（ります）　4　しん（じます）
5　すす（みます）　6　おく（ります）　7　かえ（します）　8　あら（います）
9　ちゅうい（します）　10　へんか（します）　11　わたし・でんきだい
12　かがく・しんぽ　13　はたら（いています）　14　さっか・つか（って）
15　へんしん・そうしん

P206　1　作（ります）　2　代（わります）　3　信（じます）　4　変化（します）
5　送（ります）　6　返（します）　7　進（みます）　8　使（います）
9　注（意します）　10　時代　11　作文　12　送金　13　服・手洗（い）

P207　①　4　②　2　③　2　④　3　⑤　4　⑥　2　⑦　3　⑧　2　⑨　2　⑩　4
⑪　3　⑫　1　⑬　3　⑭　1

P208　①　2　②　2　③　1　④　4　⑤　2　⑥　1　⑦　4　⑧　2　⑨　2　⑩　3
⑪　1　⑫　3　⑬　2　⑭　1

Lesson 16

P209　2－D　3－A　4－F　5－B　6－G　7－E

P213　1　ばしょ　2　た（てます）　3　か（い）もの　4　びょういん　5　たいしかん
6　しょくどう　7　（きょう）しつ　8　こうじょう　9　ちず　10　しんごう
11　しろ（い）・たてもの　12　くるま・こうじょう
13　とも（だち）・にゅういん　14　みち・こうじ・き
15　どようび・としょかん

P214　1　場所　2　建（てます）　3　物　4　病院　5　映画館　6　食堂　7　（教）室
8　工場　9　地図　10　信号　11　建物　12　買（い）物　13　大使館
14　図書館　15　病気・入院

Lesson 17

P215　A　の（ります）　B　しゅっぱつ（します）　C　つ（きます）　1－D　2－E　3－A
4－F　5－C

P219 1 とお（ります） 2 の（ります） 3 かえ（ります）
4 つ（きます） 5 しゅっぱつ（します） 6 かよ（っています）
7 うご（きます） 8 きもの 9 うんてん（します） 10 じどうしゃ
11 あめ・ふ（って） 12 じてんしゃ・の（れますか）
13 えき・でんしゃ・お（ります） 14 おも（い）・はこ（ぶ）
15 こうつう・べんり（な）
P220 1 乗（ります） 2 降（ります） 3 交通 4 帰（ります） 5 通（ります）
6 着物 7 出発（します） 8 着（きます） 9 自動車 10 運転（します）
11 動（きます） 12 降（ります） 13 通（っています）

Lesson 18

P221 1 おんがく 2 えいご 3 しゅうじ 5 ちり 6 かんじ
P225 1 かんじ 2 ぶん 3 もじ 4 えいご 5 べんきょう（します）
6 おし（えます） 7 なら（います） 8 かんが（えます）
9 けんきゅう（します） 10 きょうしつ 11 かんじ・べんきょう
12 きょうかしょ・ちゅうもん 13 えいご・なら（って）
14 けんきゅう・かんが（えています） 15 ぶんがく・おし（えています）
P226 1 漢字 2 文 3 教室 4 勉強 5 考（えます） 6 注文（します）
7 教科書 8 （練）習（します） 9 研究（します）
10 英語・習（っています） 11 文学・教（えています）
P227 ① 1 ② 3 ③ 2 ④ 3 ⑤ 2 ⑥ 4 ⑦ 3 ⑧ 1 ⑨ 4 ⑩ 2
⑪ 1 ⑫ 3 ⑬ 4 ⑭ 3
P228 ① 4 ② 2 ③ 3 ④ 1 ⑤ 2 ⑥ 3 ⑦ 3 ⑧ 4 ⑨ 1 ⑩ 3
⑪ 2 ⑫ 3 ⑬ 2 ⑭ 1

Lesson 19

P229 2－A 3－F 4－B 5－E 6－D
P233 1 もんだい 2 しけん 3 しつもん 4 ま（に）あ（います） 5 こた（え）
6 ようじ 7 かみ 8 いけん 9 しあい 10 ようい（します）
11 きょう・しけん・とい（3） 12 あめ・ばあい・ちゅうし
13 てがみ・か（かなくなりました） 14 ようし・じ（む）しつ
15 しんごう・くるま・ちゅうい
P234 1 問題 2 試験 3 試合 4 用事 5 手紙 6 意味 7 題名 8 場合
9 意見 10 質問（します） 11 間（に）合（います） 12 答（えます）
13 利用（します） 14 注意（します） 15 用意（します）

Lesson 20

P235 1－B 2－A 3－C 4－F 5－E 7－G 8－I 9－H 10－K
11－J 12－L
P239 1 あ（けます） 2 あつ（めます） 3 ひ（きます） 4 し（めます）
5 し（にます） 6 し（っています） 7 う（ります） 8 おも（います）
9 せつめい（します） 10 きょねん 11 し（んだ）・おも（い）だ（しました）
12 きって・あつ（める） 13 つか（い）かた・せつめい
14 しょうせつ・う（れています） 15 ひら（いて）
P240 1 開（けます） 2 集（めます） 3 引（きます） 4 閉（めます）
5 死（にます） 6 思（います） 7 売（ります） 8 知（っています）
9 去年 10 説明（します） 11 売（れています）

P241 ① 3 ② 1 ③ 4 ④ 2 ⑤ 3 ⑥ 2 ⑦ 2 ⑧ 1 ⑨ 2 ⑩ 4

⑪ 3 ⑫ 4 ⑬ 1 ⑭ 2

P242 ① 4 ② 2 ③ 1 ④ 1 ⑤ 1 ⑥ 3 ⑦ 2 ⑧ 1 ⑨ 2 ⑩ 4

⑪ 3 ⑫ 1 ⑬ 1 ⑭ 3

P249 ① 3 ② 1 ③ 2 ④ 3 ⑤ 4 ⑥ 1 ⑦ 3 ⑧ 2 ⑨ 2 ⑩ 4

⑪ 1 ⑫ 2 ⑬ 3 ⑭ 1

P250 ⑮ 3 ⑯ 4 ⑰ 4 ⑱ 2 ⑲ 1 ⑳ 2 ㉑ 3 ㉒ 2 ㉓ 4 ㉔ 3

㉕ 1 ㉖ 2 ㉗ 1 ㉘ 4

P251 ㉙ 4 ㉚ 1 ㉛ 3 ㉜ 4 ㉝ 4 ㉞ 2 ㉟ 3 ㊱ 1 ㊲ 3 ㊳ 2

㊴ 2 ㊵ 4 ㊶ 2 ㊷ 3

P252 ① 4 ② 4 ③ 1 ④ 3 ⑤ 1 ⑥ 4 ⑦ 3 ⑧ 2 ⑨ 1 ⑩ 4

⑪ 2 ⑫ 3 ⑬ 2 ⑭ 4

P253 ⑮ 3 ⑯ 1 ⑰ 3 ⑱ 2 ⑲ 4 ⑳ 1 ㉑ 2 ㉒ 4 ㉓ 3 ㉔ 2

㉕ 1 ㉖ 3 ㉗ 2 ㉘ 4

P254 ㉙ 2 ㉚ 4 ㉛ 4 ㉜ 2 ㉝ 4 ㉞ 2 ㉟ 1 ㊱ 2 ㊲ 2 ㊳ 1

㊴ 1 ㊵ 3 ㊶ 4 ㊷ 2

P255 ① 3 ② 4 ③ 2 ④ 1 ⑤ 3 ⑥ 4 ⑦ 2

P256 ① 4 ② 3 ③ 2 ④ 4 ⑤ 2 ⑥ 3 ⑦ 1

P257 Ⓐ 4 Ⓑ 1 Ⓒ 2 Ⓓ 4 Ⓔ 3 ① 3 ② 4 ③ 1 ④ 2

P258 ① 2 ② 1 ③ 3 Ⓐ 3 Ⓑ 4 Ⓒ 1

音訓索引（おんくんさくいん） On-Kun Index／음훈 색인／Índice On-Kun

語彙索引（ごいさくいん） Vocabulary Index／어휘 색인／Índice Remissivo

す

せ

そ

た

ち

つ

て

ひ

ふ

へ

ほ

ま

み

【著者】
唐澤和子・木上伴子・渋谷幹子（東京大学大学院 社会基盤専攻　日本語教室）

【翻訳】
英語　Michael Handford（東京大学大学院 社会基盤専攻 准教授）
韓国語　金　美貞（関西外国語大学 非常勤講師）
ブラジルポルトガル語
Marcelo FUKUSHIMA（神戸女学院大学 専任講師）

DTP・イラスト　朝日メディアインターナショナル株式会社
印刷・製本　日経印刷株式会社
カバーデザイン　岡﨑裕樹（株式会社アスク　デザイン部）

日本語能力試験対策
にほんごチャレンジ　N4・N5［かんじ］

2010年10月5日　初版 第1刷発行

本体価格　1300円

発　行　株式会社アスク出版
〒162-8558　東京都新宿区下宮比町2-6
TEL. 03-3267-6864　FAX. 03-3267-6867
発行人　天谷修平

Printed in Japan　ISBN 978-4-87217-757-2